浙江金融职业学院“985”工程二期(攀越计划)建设成果

金融高等职业教育课程建设研究

——浙江金融职业学院课程建设十年

主　编　周建松
副主编　王　琦　方　华　郭福春

浙江工商大学出版社
ZHEJIANG GONGSHANG UNIVERSITY PRESS

图书在版编目(CIP)数据

金融高等职业教育课程建设研究：浙江金融职业学院课程建设十年 / 周建松主编. —杭州：浙江工商大学出版社，2014.12

ISBN 978-7-5178-0564-9

Ⅰ.①金… Ⅱ.①周… Ⅲ.①高等职业教育—课程建设—研究—浙江省—文集 Ⅳ.①G712-53

中国版本图书馆 CIP 数据核字(2014)第 140638 号

金融高等职业教育课程建设研究

——浙江金融职业学院课程建设十年

主　编 周建松

副主编 王　琦　方　华　郭福春

责任编辑 刘　韵
封面设计 许寅华
责任校对 何小玲
责任印制 包建辉
出版发行 浙江工商大学出版社
(杭州市教工路 198 号　邮政编码 310012)
(E-mail:zjgsupress@163.com)
(网址:http://www.zjgsupress.com)
电话:0571-88904980,88831806(传真)
排　　版 杭州朝曦图文设计有限公司
印　　刷 杭州恒力通印务有限公司
开　　本 787mm×1092mm　1/16
印　　张 22.75
字　　数 540 千
版 印 次 2014 年 12 月第 1 版　2014 年 12 月第 1 次印刷
书　　号 ISBN 978-7-5178-0564-9
定　　价 49.00 元

编 委 会

前　言

2003年，是浙江金融职业学院发展史上极其不平凡而又十分重要的一年，学院实现了整体迁址下沙新校区，学院自主招生的首届高职学生正式毕业，学院接受了教育行政主管部门组织的人才培养工作水平评估并且获得优秀，应该说，由浙江银行学校升格以后的浙江金融职业学院，从这个时候才真正理顺了关系、理清了思路，理直气壮地在独立自主的办学道路上前进。也就从这个时候开始，学院正式开始逐渐推进内涵建设。

高职教育的内涵建设包括十分丰富的内容。作为高等教育的一个类型，必须突破压缩饼干式的办学模式，积极构建一个以“开放办学为前提，产教融合、校企合作为特征”的办学思路，探索建立以“工学结合、学做统一”的人才培养模式。这些无疑是十分科学而又有效的措施，至今这些已经写入了《教育规划纲要》等重要文件，并获得各级党政部门的赞赏，为广大高职教育工作者所认可。诚然，整个高职教育战线内部的专家学者尤其是第一线的教师干部做了积极有益的工作，并付出了十分艰巨的劳动，我所在的学校，作为国家首批28所示范性高等职业院校之一，更为之做了第一个吃螃蟹的人。

十年来，全体金院人艰苦奋斗、励精图治，不仅经历了初来下沙“风大雨水少、沙多绿化少、路远交通难”的困难与考验，更经历了内涵建设“抓抢机遇、时不我待、只争朝夕”的努力。学院各项内涵建设取得了令社会广泛认同和赞誉的瞩目成绩，并在2009年以优秀成绩通过教育部、财政部的国家示范验收，学校的专业建设、课程建设成绩斐然，为十年金院发展和腾飞写上了浓浓的一笔。

2013年，学院各项工作以党的十八大和十八届三中全会为指导，以“三个十年”为抓手，全面回顾了自2013年以来，在办学思想、办学理念、专业课程建设、育人体系建设、师资队伍建设、管理机制建设、校园文化建设等多方面取得的成绩，存在的问题和改进的方向，尤其是如何在总体经验上改进提高、创新发展，成为我们重要工作抓手和主要工作动力，其中专业和课程建设情况，既是内涵建设的重要载体，也是我们总结经验的重要内涵。

十年来，教务处在学院党委的统一领导和院长、分管教学院领导的具体组织下，围绕优化专业布局、创新专业建设模式、提高专业建设水平做了大量并卓有成效的工作，金融管理与实务、会计、保险、国际贸易实务、计算机信息管理等5个专业列入国家示范建设专业，财务管理等9个专业列入省特色专业建设项目，投资与理财、市场营销专业列入中央财政支持的专业服务产业发展项目建设，金融管理与实务、会计、国际贸易实务等3个专业作为省优势专业项目，金融专业国家资源库建设又由我校牵头建设并列入教育部、财政部支持。所有这些，彰显了我校专业建设的水平和实力。

教务处在狠抓专业建设的同时，也着手抓了课题建设，可以说，以项目化改革为抓手的课程改革，曾经是学校示范建设进程中的一项革命，我曾经在大会上说，示范建设必须以专业为龙头，以课程为基础，要在课程建设中发现教师、培养教师、重用教师。实践证明，这场“革命”是成功的，也是有成效的，我校的课程建设同校园文化建设、校友会工作、先进的办学理念一起，至今为人们所赞誉和肯定。

我作为学院的首任院长，组织和指挥了这一系列工作，并命题编写了这两本书，教务处希望我写个前言，说了以上这些话，一是回顾了这段时间的工作，二是感谢全体教师的辛勤付出，三是表达我自己的心情，希望同志们继续努力，希望读者们批评指正。

周建松

2014 年 1 月 8 日

目　　录

综合柜员业务的全真立体化教学与优秀柜员培养
——“商业银行综合柜台业务”课程建设十年

周建松　董瑞丽

一、课程建设概况

“商业银行综合柜台业务”课程开设历史悠久，其前身是“储蓄与出纳”课程，后经课程内容的统筹规划，新调整组合了个人临柜业务的主要操作内容，以“商业银行综合柜台业务”课程名称进行了改革建设，经过十多年的建设积累，课程建设基础良好。该课程自开设以来，不断更新完善，制定并实施了课程建设规划，特别是在近十年的建设过程中，在完善课程基本建设要素基础上，逐渐形成了该课程的教学特色，并于2004年被评为浙江省省级精品课程，2006年成功申报为国家精品课程，2011年立项为高等职业教育金融专业国家教学资源库重点建设课程，2013年作为省级推荐项目参加国家级精品资源共享课程的申报并已成功立项。

作为高等职业院校金融管理与实务专业的核心课程，“商业银行综合柜台业务”课程始终以学生就业为导向明确课程目标定位，不断更新课程建设理念，始终坚持实务类课程的实训指导功能，遵循课程的专业性、情境性、实用性、易操作性、可自测性的原则，在明确课程目标和建设思路的前提下，进一步完善课程的建设内容。目前，“商业银行综合柜台业务”课程在修订与完善教学大纲的基础上，进一步明确了教学内容；结合金融专业国家教学资源库和精品资源共享课的建设平台要求，编写了理实一体化教材并第二版发行；重新制作并完成课程全套教学录像；完成最新版的与教材配套的完整教学课件；确定终版动画与视频共23个；完成典型案例库60个；按照项目内容编制习题库，题目涉及面宽广、数量丰富；制作完成课程实训业务平台，包括典型业务实训21个；建立丰富的资料库；完成制作凭证印章库105个等，以期待对建设成果不断地优化与完善，力求做到更实、更新、更好，让我们的课程资源能更多地融入最新的血液，便于它更好地推广使用。

二、课程建设过程质量

(一)建设理念和思路

“商业银行综合柜台业务”课程打破以知识传授为主要特征的传统学科课程模式，转变为以工作项目与任务为中心组织课程内容，在邀请银行业务专家对金融管理与实务专业所涵盖的业务岗位群进行任务与职业能力分析基础上，以就业为导向，以银行综合柜员岗位为核心，以银行各项临柜个人业务操作为主体，按照高职学生认知特点，采用并列与流程相结合的结构展示教学内容，让学生在完成具体项目的过程中来构建相关理论知识，并发展职业能力。

本课程包括商业银行柜员基本职业能力训练、个人存款业务处理、个人贷款业务处理、个人支付结算业务处理、个人代理业务处理、个人外汇业务处理、电子银行业务处理、商业银行柜面突发事件处理、金融综合业务技能操作练习9个学习项目，这些学习项目是以商业银行一线综合柜员岗位的基本素质、基本能力、基本规范、基本业务、基本操作等“五基要求”为线索来设计。课程内容突出对学生职业能力的训练，课程理论知识的选取紧紧围绕工作任务完成的需要来进行，同时又充分考虑了高等职业教育对理论知识学习的需要，并融合了相关职业资格证书对知识、技能和态度的要求。

课程每个工作项目的学习与实训都按以标准业务操作流程为载体设计的活动来进行，以每一项工作任务为中心整合理论与实践，实现理论与实践的一体化。教学过程中所涉及的每一工作任务模块都以相关的银行业务制度法规为基准，按照业务操作的流程顺序逐项学习各项临柜业务的操作要点，借助银行真实操作设备、仿真业务凭证、业务印章、业务操作程序，通过设计情景模拟、角色互换等实训练习，结合真实案例分析，培养学生胜任银行综合柜员岗位的职业能力。同时要通过与银行业的广泛合作、校内实训基地建设等多种途径，采取工学交替、半工半读等形式，充分开发学习资源，给学生提供丰富的实践机会。教学效果评价采取过程评价与结果评价相结合的方式，通过理论与实践相结合，重点评价学生的职业能力。

该门课程为理实一体化课程，建议总学时为72学时。

(二)课程团队建设

“商业银行综合柜台业务”课程的师资队伍结构合理、配比优化，教师学缘结构合理，在校教师既有毕业于南开大学、浙江大学等名校，也有曾深造于西南财经大学、西安交通大学等西部高等学府，更有来自五湖四海的曾供职于不同商业银行的主讲教师，知识面和业务领域覆盖了商业银行综合柜台业务的各个方面，集结了各地的业务特色和要求，有利于丰富课程内容，提升课程辐射面。

主讲教师年龄背景和学历背景不断优化，45岁以下的具有高级职称青年骨干教师人数占比较大，绝大多数教师都有10年以上的教学经验，校内主讲教师均为硕士学历及以上，有1人在职攻读博士学历。校外兼职教师来自不同的商业银行，都是行业的业务骨干或部门主管，积累丰富而全面的银行柜面实践能力，甚至还有一些是长期从事金融教学工作的资深教师。

“商业银行综合柜台业务”课程发展离不开师资队伍的建设。通过“青蓝工程”“学术结对”等新老教师的传、帮、带活动，加强新老教师之间的经验传递和技术指导，鼓励青年教师在职攻读硕士、博士学位，深入行业进行实践锻炼，开展多种形式的短期培训、银行业务知识培训、教师基本功培训、教学方法和技巧及课堂处理技术培训、多媒体课件制作培训等，组织校内外教师的信息交流会、业务恳谈会等，有效促进”商业银行综合柜台业务”课程教师队伍整体业务素质的不断提高，业务知识的不断拓宽，教学方法的不断优化。

(三)资源建设情况

1. 随着课程建设的不断深入，课程所涉及的教学大纲也在不断地修正与完善，在进一步明确课程性质、课程建设思路和课程目标的基础上，课程内容和教学要求有了更加清晰的认定，明确了每一个章节的教学内容和教学要求(包括知识目标和能力目标)，教学课时安排，以及活动设计的形式和内容等。教学大纲的明确界定，为课程建设打下了坚实的基础，也为课程其他内容的建设做好了指引和参考。

2. 编制与课程内容相吻合的理实一体化教材，内容不仅突出课程的重点和难点，还配以大量的业务流程图、凭证模板、业务印章、图片、丰富的知识链接，相关的活动练习、各章的课后测试题等。该教材编写精细，内容设计合理，逻辑性强，囊括商业银行整个对私业务的全部内容，被同类院校所广泛采用，社会口碑极好，目前广泛推行的是 2012 年 8 月中国金融出版社第二版出版的教材。

3. 制作课程全套的教学课件，共 1332 张，均运用统一的模板，除了简明的教学内容文字展示外，还配以大量的流程图、凭证、印章、动画、视频、案例等资料，特别是凭证和印章的填写和加盖都做到每一个步骤的动态演示，而且在每一个活动最后还设计有活动练习题目，便于课题教学中学生的随学随练。课件的制作力求呈现动态、立体式的教学材料，让学生易学、易懂、易于操作。

4. 录制课程教学全程录像，录像的内容与教材和课件相吻合，做到同步一致。课程全程录像不仅是整个课程课堂教学过程的展示，也是教学内容、课件、业务活动的演示和学生实训练习全过程的展示和真实的信息反馈。整个课程教学录像的展示力求做到真实、形象、便于普及，也易于学生课后的复习浏览。

5. 为了便于学生课后的复习，课程建设的另一个重点是建立丰富的习题库，项目一至项目八的每一个项目都编制了不少于 100 道题量的习题库，共 832 道题，题型主要有判断题、单选题、多选题、业务题、简答题、分析题等几类，题目设计合理、严谨，每道题目都有标准答案，习题库内容包含整个课程的全部知识点。

6. 为了突出课程的重要知识点，让学生能够更好地理解、消化，案例库的建设也作为课程建设的一个方面，针对比较典型的银行柜面业务，课程组精心收集典型案例，编辑整理，共制作文本案例 60 个，并对每一案例配以动画插图，使案例的内容越发鲜活生动，制作了原创动画案例 4 个，收集了视频动画类案例 19 个，案例库内容丰富，形式多样，成为课程教学极佳的教学资料。

7. 鉴于“商业银行综合柜台业务”是一门以实训为主的课程，课程建设十分注重业务实训的操作演示，针对课程中比较重要和典型的实训活动，为了便于学生课堂和课后的实训操

图 1 “商业银行综合柜台业务”课程案例库图样清单

作与复习，课程建设还重点搭建实训业务平台，制作 21 个典型业务的实训操作流程展示，并预留相关的实训练习作业，让学生可以参照业务平台所展示的内容和实训操作的过程，自己动手独立完成相关的实训活动。

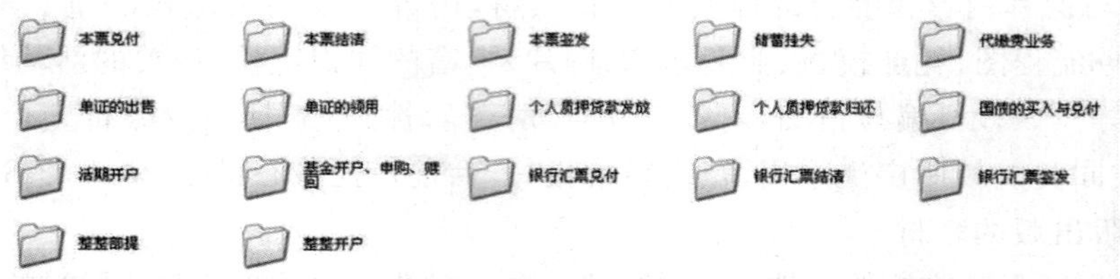

图 2 “商业银行综合柜台业务”课程实训活动练习图样清单

8. 针对“商业银行综合柜台业务”课程的实训特点，整个课程涉及许多的银行业务凭证和印章，为了便于学生查阅相关的业务凭证和印章，更好地了解凭证与印章的功能，课程建设中还包括凭证印章库的构建，一共包含 89 种凭证和 16 种印章，均以课件的形式展示。每一种凭证分别展示功能、联次介绍，以及填写的整个过程；每一种印章也都介绍其用途和功能，以及加盖的模板。丰富的凭证印章库不仅冲击着学习者的视觉效果，而且其形象生动的动态展示也易于学习者的自学掌握。

图 3 “商业银行综合柜台业务”课程部分实训凭证印章图样清单

9. 课程建设中还包括动画视频库的制作。鉴于课程中所涉及的有些银行内容操作环节比较重要和复杂，为了更好地展示这部分内容，课程建设还原创制作了 21 个动画，配置了 2 段小视频。本着突出重点，简明清晰的制作风格要求，每一个动画和视频都精短扼要，重点突出，画面生动，在教学中起到了很大的辅助作用，学生也易学易懂。同时收集了39个视频动画，丰富了课程教学资源。

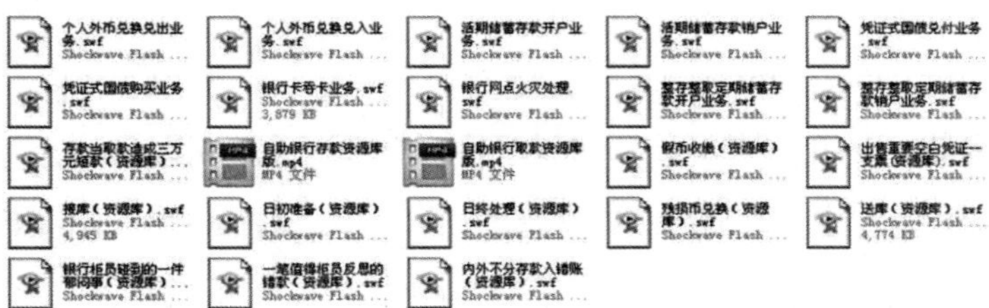

图4 “商业银行综合柜台业务”课程原创动画视频图样清单

图5 “商业银行综合柜台业务”课程引用动画视频图样清单

10. 为了便于学生课前的预习和课后的复习，“商业银行综合柜台业务”课程还建立了丰富的资料库。按照课程相关的项目来划分，最后细分到项目中的每个业务，所涉及的相关法律法规、业务规定、相关网站链接，以及学习参考书目等内容均包括在课程资料库的建设之中，做到内容全面，排列清晰，便于学习者的查找。

图6 “商业银行综合柜台业务”课程资料库(相关法律法规)图样清单

图 7 “商业银行综合柜台业务”课程资料库(最新业务规定)图样清单

11. 评价课程建设水准的一个很重要依据是学生的学习效果。“商业银行综合柜台业务”课程十分注重学生实践能力的培养，设置了科学、合理、全面的评价考核体系。无论是课堂还是课下，都注重对学生实训作业的考评。学生的实训作业既是对课堂教学内容理解程度的直接反映，也是学生自我展示实训操作能力的窗口。课程建设中全过程的学生实训作业均保存完好，评价准确，易于事后的查阅。

表 1 “商业银行综合柜台业务”课程考核指标体系(节选)

<table>
<tr><th>序号</th><th colspan="2">考核项目</th><th>考核依据</th><th>考核标准</th><th>占总成绩比例(%)</th></tr>
<tr><td>1</td><td rowspan="8">综合柜台业务分项目实训</td><td>银行柜员书写规范练习</td><td>学生练习的账页</td><td>1. 数字书写整洁、清楚、认真(40%)
2. 能按书写规定和规范要求书写(60%)</td><td rowspan="8">40</td></tr>
<tr><td>2</td><td>重要单证领用、出售、使用(作废)、上缴业务处理；印章领用和交接班处理</td><td>1. 学生填制的表外凭证
2. 学生登记的实习登记簿</td><td>1. 凭证填写正确、清晰、规范(30%)
2. 凭证齐全，没有缺损，整理规范(20%)
3. 签章正确、规范(20%)
4. 登记簿登记正确、规范(30%)</td></tr>
<tr><td>3</td><td>活期储蓄存款业务操作处理</td><td>学生填制的活期储蓄业务凭证</td><td rowspan="6">1. 凭证填写正确、清晰、规范(30%)
2. 签章正确、规范(30%)
3. 凭证齐全，没有缺损、凭证整理规范(20%)
4. 计息准确(20%)</td></tr>
<tr><td>4</td><td>整存整取定期储蓄存款业务操作处理</td><td>学生填制的整整储蓄业务凭证</td></tr>
<tr><td>5</td><td>定活两便储蓄存款业务操作处理</td><td>学生填制的定活两便储蓄业务凭证</td></tr>
<tr><td>6</td><td>个人通知存款储蓄存款业务操作处理</td><td>学生填制的个人通知存款储蓄业务凭证</td></tr>
<tr><td>7</td><td>个人质押贷款业务操作处理</td><td>学生填制的个人质押贷款业务凭证</td></tr>
<tr><td>8</td><td>银行本票业务操作处理</td><td>学生填制的个人银行本票业务凭证</td></tr>
</table>

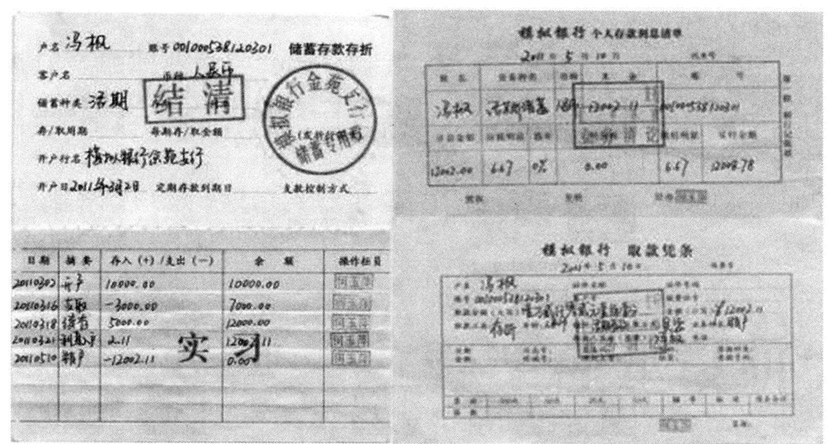

图 8 "商业银行综合柜台业务"课程学生实训过程考核资料(部分)

(四)资源上网情况

1. 上网资料已筹建完成。

作为金融专业教学资源库建设中的十门课程之一,"商业银行综合柜台业务"课程在不断的建设与完善中,着重于网络资源的构建与整合,先后建立并在后期准备陆续上网的资料包括教学大纲、电子教案、教学课件、业务平台、资料库、习题库、案例库、凭证印章库等。以上各类上网资料均已按照项目划分清晰,内容罗列条理整齐,目前已全部按照金融专业资源库的建设标准上传入库,同时搭建了课程资源展示平台与学生在线自主学习平台。

自 2012 年底,"商业银行综合柜台业务"课程又开始筹划申报国家精品资源共享课程,在原有建设基础上对课程建设的整体内容进行梳理、归类,按照精品资源共享课程申报及资料上传的要求,所有上网资料均已建设完成,既有课程的概要,包括课程简介、教学大纲、教学日历、考评方式与标准、学习指南等,又有教学团队的情况介绍;既有课程基本资源的建设,又有课程拓展资源的完善;另外,还有参考资料的补充,包括教案及评价考核内容。目前该课程已成功立项国家精品资源共享课程建设项目。

图 9 “商业银行综合柜台业务”课程资源共享课申报内容展示(部分)

2. 资源共享已初步形成。

在金融专业资源库建设过程中，作为子项目的“商业银行综合柜台业务”课程共有 10 所院校参加，该课程教、学、做、考一体化的项目教学模式已经被参与院校广为采纳。随着课程教学资源库建设的递进，资源共享在 10 所院校中已形成共享状态，大家同用一门教材，同建各项教学资源，边建边用，边用边完善，已初步形成气候，课程的多媒体教学课件、特色类动画视频、专业性业务凭证、印章等教学资源的设计制作上已形成了标准性模板和共享性机制，并在校际间一定范围网络空间中共享共用。

(五)教学方法改革

“商业银行综合柜台业务”作为专业实务课程，打破了以知识传授为主要特征的传统学科课程教学模式，注重微观教学改革实践，转变为以工作任务为中心组织课程内容，全方位实施融教、学、做、考为一体的项目化课堂教学改革模式，在课程目标定位、课程整体设计、课程教学模式改革、课程实践性教学资源建设等方面进行了积极探索与实践，取得了较好的改革成效，为全面打造优势院校、优势专业树立了品牌效应。

1. 以学生就业为导向明确课程目标定位，更新课程建设理念。

“商业银行综合柜台业务”课程是金融专业核心课程，本课程在邀请行业专家对金融专业所涵盖的业务岗位群进行工作任务与职业能力分析基础上，针对金融专业人才培养“熟练柜台业务操作、熟知产品、熟悉营销，具有一定后续发展能力和发展潜力的高素质技术技能型金融人才”的目标定位，以就业为导向，以岗位职业能力标准为目标，针对专业学生未来可能的就业工作岗位，从银行基层一线业务岗位的实际出发，以存款、结算、贷款、代理等各项临柜个人业务操作能力培养为核心，明确课程的教学目标定位。同时按照高职学生的认知特点和人才培养特色，采用业务操作过程方式展示教学内容，通过做中学、学中做的项目化教学模式改革，让学生在完成具体的银行临柜业务项目过程中来构建相关专业知识，发展职业能力，以提升学生对银行柜员岗位的适应能力，强化高等职业教育人才培养实践性和应用型特色。

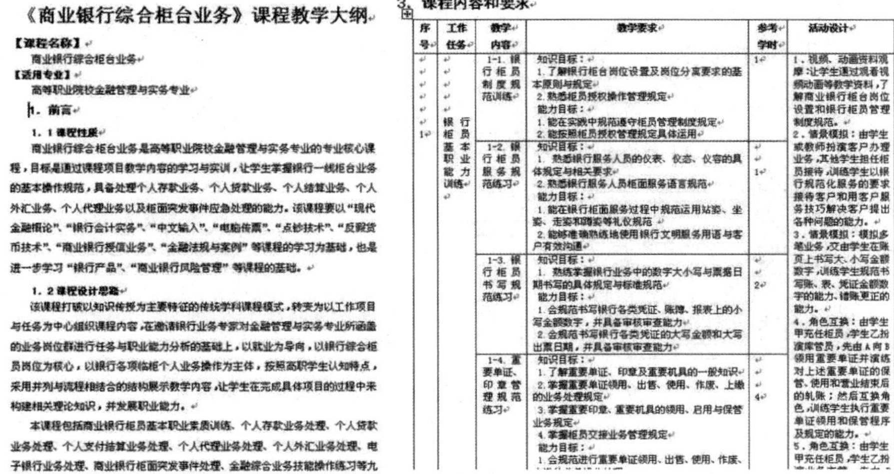

《商业银行综合柜台业务》课程教学大纲

【课程名称】

商业银行综合柜台业务

【适用专业】

高等职业院校金融管理与实务专业

1. 前言

1. 1 课程性质

商业银行综合柜台业务是高等职业院校金融管理与实务专业的专业核心课程，目标是通过课程项目教学内容的学习与实训，让学生掌握银行一线柜台业务的基本操作规范，具备处理个人存款业务、个人贷款业务、个人结算业务、个人外汇业务、个人代理业务以及柜面突发事件应急处理的能力。该课程要以“现代金融概论”、“银行会计实务”、“中文输入”、“电脑传票”、“点钞技术”、“反假货币技术”、“商业银行授信业务”、“金融法规与案例”等课程的学习为基础，也是进一步学习“银行产品”、“商业银行风险管理”等课程的基础。

1. 2 课程设计思路

该课程打破以知识传授为主要特征的传统学科课程模式，转变为以工作项目与任务为中心组织课程内容，在邀请银行业务专家对金融管理与实务专业所涵盖的业务岗位群进行任务与职业能力分析的基础上，以就业为导向，以银行综合柜员岗位为核心，以银行各项临柜个人业务操作为主体，按照高职学生认知特点，采用并列与流程相结合的结构展示教学内容，让学生在完成具体项目的过程中来构建相关理论知识，并发展职业能力。

本课程包括商业银行柜员基本职业素质训练、个人存款业务处理、个人贷款业务处理、个人支付结算业务处理、个人代理业务处理、个人外汇业务处理、电子银行业务处理、商业银行柜面突发事件处理、金融综合业务技能操作练习等九

3. 课程内容和要求

序号	工作任务	教学内容	教学要求	参考学时	活动设计
1	银行柜员基本职业能力训练	1-1. 银行柜员制度规范训练	知识目标： 1. 了解银行柜台岗位设置及岗位分离要求的基本原则与规定 2. 熟悉柜员授权操作管理规定 能力目标： 1. 能在实践中规范遵守柜员管理制度规定 2. 能按照柜员授权管理规定具体运用	1	1. 视频、动画资料观摩：让学生通过观看视频动画等教学资料，了解商业银行柜台岗位设置和银行柜员管理制度规范。 2. 情景模拟：由学生或教师扮演客户办理业务，其他学生担任柜员接待，训练学生以银行规范化服务的要求接待客户和用客户服务技巧解决客户提出各种问题的能力。 3. 情景模拟：模拟多笔业务，交由学生在账页上书写大、小写金额数字，训练学生规范书写账、表、凭证金额数字的能力、错账更正的能力。 4. 角色互换：由学生甲充任柜员，学生乙扮演库管员，先由A向B领用重要单证并演练对上述重要单证的保管、使用和营业结束后的轧账；然后互换角色，训练学生执行重要单证领用和保管程序及规定的能力。 5. 角色互换：由学生甲充任柜员，学生乙扮
		1-2. 银行柜员服务规范练习	知识目标： 1. 熟悉银行服务人员的仪表、仪态、仪容的具体规定与相关要求 2. 熟悉银行服务人员柜面服务语言规范 能力目标： 1. 能在银行柜面服务过程中规范运用站姿、坐姿、走姿和蹲姿等礼仪规范 2. 能够准确熟练地使用银行文明服务用语与客户有效沟通	1	
		1-3. 银行柜员书写规范练习	知识目标： 1. 熟练掌握银行业务中的数字大小写与票据日期书写的具体规定与标准规范 能力目标： 1. 会规范书写银行各类凭证、账簿、报表上的小写金额数字，并具备审核审查能力 2. 会规范书写银行各类凭证的大写金额和大写出票日期，并具备审核审查能力	2	
		1-4. 重要单证、印章管理规范练习	知识目标： 1. 了解重要单证、印章及重要机具的一般知识 2. 掌握重要单证领用、出售、使用、作废、上缴的业务处理规定 3. 掌握重要印章、重要机具的领用、启用与保管业务规定 4. 掌握柜员交接业务管理规定 能力目标： 1. 会规范进行重要单证领用、出售、使用、作废、	4	

图 10 “商业银行综合柜台业务”课程教学大纲(节选)

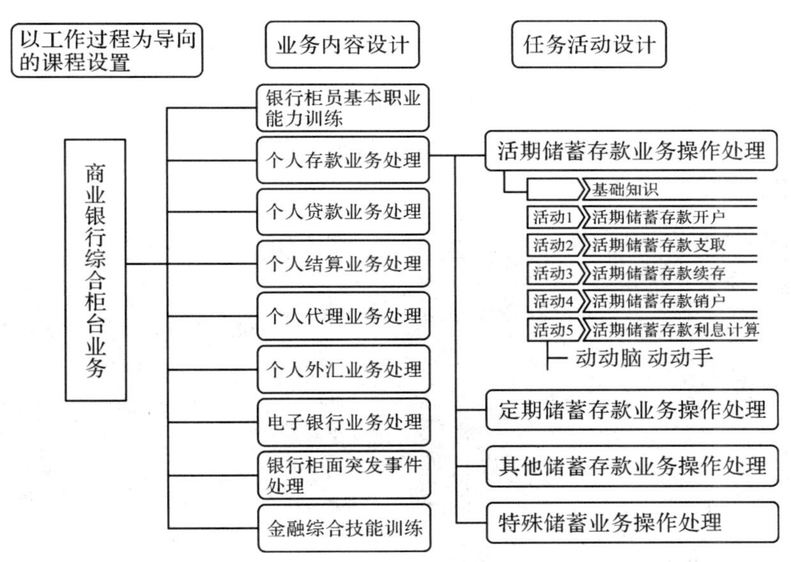

图 11 “商业银行综合柜台业务”课程教学内容与任务活动设计(节选)

2. 以工作过程为主线组织课程教学内容，编写理实一体化项目课程教材。

根据目前银行一线业务岗位处理的主要工作内容和岗位所需要的基本职业素养，具体将课程教学内容划分为商业银行柜员基本职业能力训练、个人存款业务处理、个人贷款业务处理、个人支付结算业务处理、个人代理业务处理等九项内容。每一个项目内容都是一个相对独立的银行业务领域，在每一个银行业务领域中，根据具体业务类型细分为若干模块，每个模块由具体的银行业务引入，在一定教学目标指引下，通过不同的工作任务、项目活动及活动练习所构成。教学内容全部按照银行业务工作过程操作处理所需的知识目标和能力素质目标来构建，全方位全过程展示商业银行一线柜台个人业务处理工作规范与工作过程，真正反映实际业务岗位工作与社会实践的需要。

图 12 “商业银行综合柜台业务”课程理实一体化教材

3. 以项目教学为核心，依托实训化操作平台，实施教学做考一体化课程教学模式改革。

(1)以工作任务为导向，以项目活动为载体，实施理论与实践一体化教学。

课程采用以工作任务为导向，以项目活动为载体，学中做、做中学的项目化教学模式。教学过程中所涉及的每一工作任务模块都应以相关的银行业务制度法规为基准，按照业务操作的流程顺序逐项学习各项临柜业务的操作要点，借助银行真实操作设备、仿真业务凭证、业务印章、业务操作程序，通过设计情景模拟、角色互换等实训练习，结合真实案例分析，以每一项工作任务为中心整合专业知识与实践操作技能，实现理论与实践的一体化教学，培养学生胜任银行综合柜员岗位的职业能力。

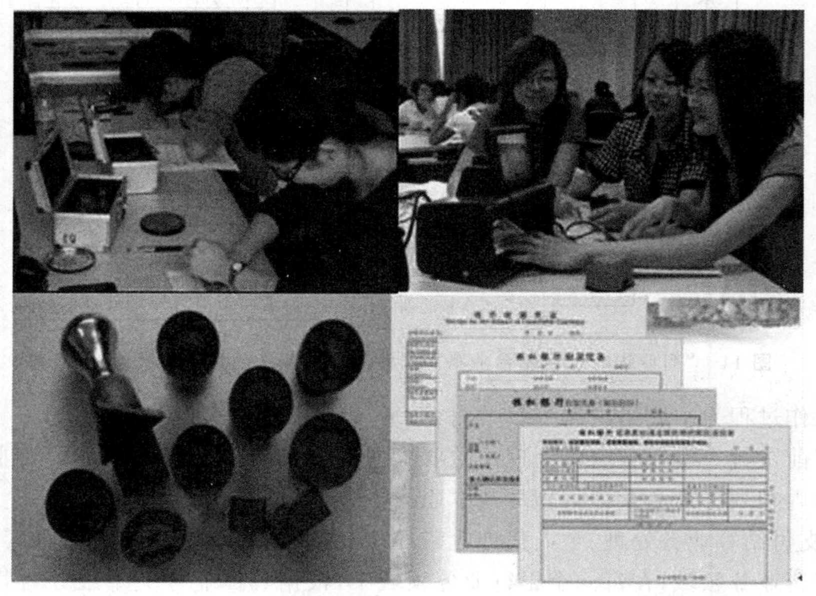

图 13 “商业银行综合柜台业务”课程理实一体化教学过程与实训用具(部分)

(2)设计制作了图文并茂的多媒体教学课件，动态展示业务工作过程。

课程教学团队在教学过程中密切与行业企业的实践联系，收集了大量的行业一手资料，精心设计制作了图文并茂、可视性强、教学效果好的多媒体教学课件。为满足易学、易用、易操作的实践教学要求，课件不仅做到文字、图片及影像资料的并容，还涵盖动态的工作任务流程图、银行操作界面录入和凭证、印章的填制与盖章，真正做到图文并茂、流程清晰、动态演示、形象易懂。

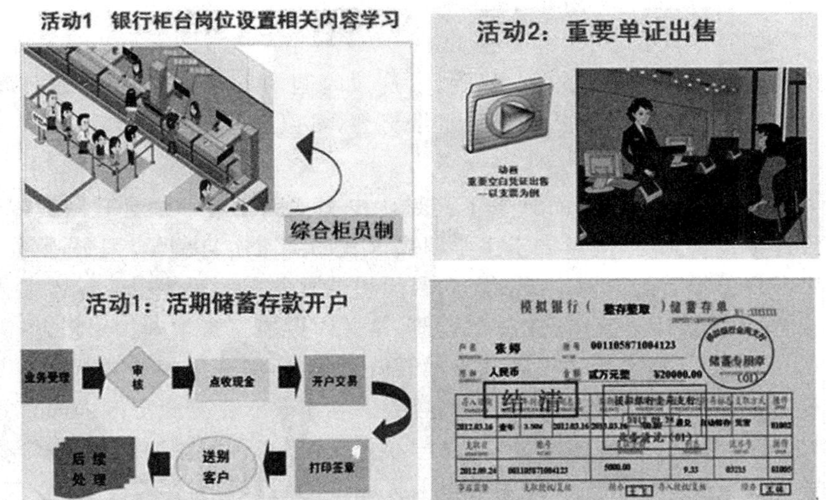

图 14 “商业银行综合柜台业务”课程教学做一体化多媒体教学课件(节选)

(3)搭建了场景仿真的银行业务实践场所，真实再现银行职场氛围。

在教学模式改革过程中，为突出对学生职场环境氛围的熏陶，通过与行业合作建成一个能完全模拟银行真实环境全真化的校内实训室——现代银行柜员实训中心，以及金苑模拟银行、银行业务操作室、货币鉴定实验室、技能实训室、银行职业技能鉴定中心等为一体的全方位、多功能的实验实训场地。

图 15 再现银行职业场景的现代银行柜员实训中心实验室

现代银行柜员实训中心在场景布局上划分了客户休息区、大堂经理区、现金业务高柜区、非现金业务低柜区、后台业务处理区等环境格局，配备了包括服务器、小型机、电脑、票据打印机、捆钞机、磁码机、假币识别仪、银行业务软件、身份证鉴别仪、复点机等主要银行设备，用于满足学生在真实环境、真实情景、真实业务流程下进行银行各项业务的实训操作，全面掌握银行的具体运作程序，真正实现对学生毕业与上岗“零过渡”的金融专业人才培养目标。

图 16 其他系列配套实验室场景

图 17 实验室配置的各种银行专用机具

(4)自主研发并购置了多项银行业务实训操作软件，过程体验银行业务电子化操作处理。

课程项目教学实施过程中，为突出职业性特色，操作性特征，课程组自主研发并购置了银行各类业务操作实训软件，包括专业教师自主设计研发的金融综合技能练习与考核操作系统，有活期/定期储蓄开户的录入、银行卡开卡等 5 个部分内容，侧重于对学生电脑传票的操作技巧、五笔字型汉字录入法的操作要领掌握和银行柜面业务相关凭证信息录入操作速度及准确率考核；上海鹏达软件公司开发的银行模拟教学平台，有综合管理、个人业务、中间业务、电子银行业务等8个内容，侧重于对学生银行临柜各项业务操作流程的练习与考核，这两套软件系统各有特色，互为补充。此外，教学实训软件还包括西财科技现代商业银行业务系统和专业教师自主研发的反假货币上岗资格考试系统等，在再现银行业务电子化操作的同时，为课程项目教学的标准化过程考核提供了技术支持。

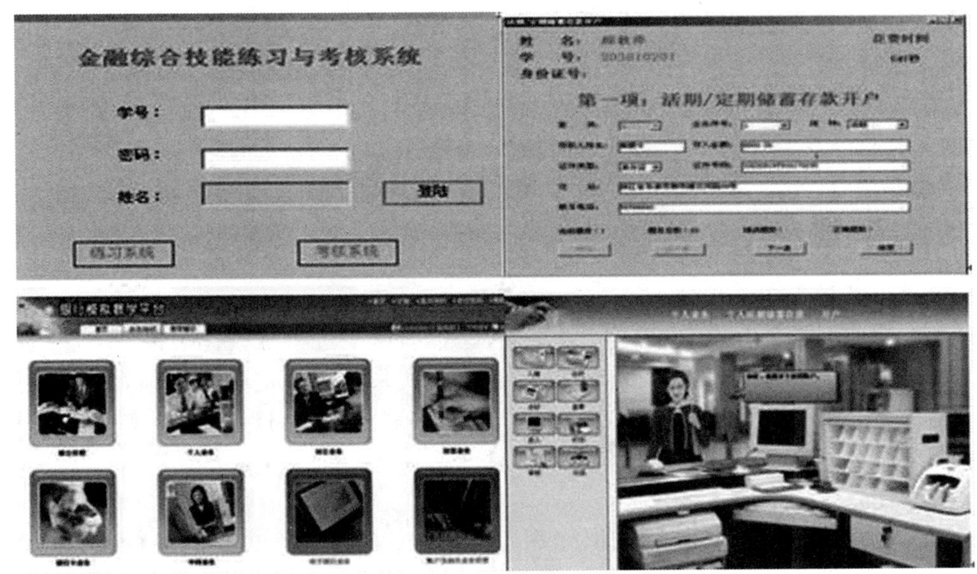

图18 “商业银行综合柜台业务”课程采用的部分实训操作软件

4. 以提升学生综合能力为宗旨构建多元化课程教学评价指标体系。

课程项目化教学实施过程中，将一张试卷定成绩的考试形式改为对学生的知识和能力相结合的综合素质进行全面性多视角评价的形式，侧重于学生对学习方法的掌握和综合能力的提高。如结合课堂提问、学生作业、平时测验、实验实训以及考试情况，过程考核和结果考核相结合，采用平时20%、实训考核40%、期末综合考核40%的方式来综合评定学生成绩。特别注重学生动手能力和实践中分析问题、解决问题能力的考核，对在学习和应用上有独特见解的学生应特别给予鼓励，以能否完成项目实践活动任务以及完成情况给予评定，综合评价学生能力。多元化的教学评价指标体系体现了项目驱动、实践导向课程的特征，体现了理论与实践操作的统一。

三、课程建设的经验总结与取得的成果

（一）经验总结

“商业银行综合柜台业务”课程立足微观教学改革，打破了以知识传授为主要特征的传统学科课程教学模式，转变为以工作任务为中心组织课程内容，全方位实施融教、学、做、考为一体的项目化课程教学改革模式。

本课程建立在银行柜面工作任务与职业能力分析基础上，以就业为导向、以银行各临柜岗位为核心、以银行临柜业务操作过程为主线，按照高职学生认知特点，设计了包括商业银行各项业务处理在内的九项教学内容。每个项目又细分为若干个模块，每个模块由具体的银行业务引入，在一定教学目标指引下，通过不同的工作任务、项目活动及活动练习所构成。

本课程教学突出工作过程导向的职业院校课程改革思路，围绕具体项目活动展开课堂教学设计，辅之以多元素、形象化、立体化、有较好实践指导性的多媒体教学课件，全套仿真银行业务凭证和银行业务印章，突出银行业务电子化操作处理与标准化考核的实训操作软件系统，以及再现银行营业职场氛围的现代银行柜员实训中心实训室等各类教学辅助资料设施，让学生在完成具体项目活动过程中构建相关业务知识，熟练银行柜面各项业务操作技能，提升学生岗位职业能力水平。

主要的创新点与应用推广效果体现为以下几方面：

1.项目化教学模式全程导入。

课程在课堂教学中，全程导入项目化教学模式，教学全过程融教、学、做、考为一体，采用平时20%、实训考核40%、期末综合考核40%的方式来综合评定学生成绩，注重学生实务动手能力提高与岗位职业素质的提升，充分体现高等职业教育财经类专业实务课程承载的高端技能应用型人才培养特色所在。

2.实践性教学要素全程融入。

课程在实践性教学要素融入方面，做到了全过程、全业务、全方位。银行业务具体操作处理中需要的各类业务凭证、业务印章、银行专用仪器设备、专用的业务处理软件，以及银行营业大厅等实践性教学要素的使用渗透到课堂教学每一项目业务活动的实务操作练习中，真正体现了实务类专业课程的实践性特色和岗位职业能力导向性特征。

3.行业类规格标准全程引入。

课程在相关业务内容选取与工作过程的规范处理中，全程引入行业企业的规格标准。所有的业务凭证和业务印章均按照商业银行式样模板设计制作，所有的业务处理规范均按照商业银行的业务操作规程执行，所有的仪器设备、专业用具均按照商业银行的样品定制采购，校内银行业务实训室的场景建造也完全仿照银行物理网点的布局式样进行设计。课程教学团队引入了银行一线业务专家，全程参与课程设计和课程教学，随时提供业务发展动态的技术咨询支持，保证了实务类专业课程教学与实践的无缝对接。

4.教学效果广为显现。

课程教、学、做、考一体化教学与实训项目涵盖了银行从业人员职业技能水平和专业岗位适应能力等多方面的要求，强化了对学生岗位职业能力的培养，学生就业能力水平得到进一步提升。2011届，银领学院学生数量已经突破1000人，参与银领学院订单人才培养的订单单位增加到36家，2012届订单企业达到44家，截至2012年4月底，2013届银行订单需求已达1215人。同时该课程已经成为学院金苑培训中心组织的各金融机构新行员岗前培训的核心课程，学年培训规模达50期，人数达5000余人次。

5.教学模式广为认同。

课程教、学、做、考一体化的项目教学模式已经得到校内校外的广泛认同，金融专业群核心课程均已采用该模式教学。课程负责人多次在全国性专业与课程建设研讨会上做经验交流，校外同类院校、系部、专业对这一教学模式和具体的教学过程非常感兴趣，山西金融职业学院、陕西银行学校、海南银行学校、广州工程职业技术学院等部分院校的教师专程来校进班级进行课程的随班跟听，与课程主讲教师共同探讨交流教学技巧，系部、学院层面年均接待近50余所同类院校对口经验交流，示范引领作用意义凸现。

6.教学资源广为采用。

课程理实一体化教材一经出版就被多所院校采用，印量已接近20000册，教材第二版即将出版发行。课程教学中使用的自主研发实训操作软件引发多所院校的购买兴趣。金融专业国家教学资源库建设项目已经启动，作为子项目建设的本课程在多媒体教学课件、特色类动画视频、专业性业务凭证、印章等教学资源的设计制作上形成了标准性模板和共享性机制。

（二）课程建设十年取得的各项成果

1.承担的教学教改研究项目。

"商业银行综合柜台业务"课程组教师团队在近年来的教学改革过程中，先后主持11项省部级、厅局级和院级课题，具体内容见表2。

表2　课程团队承担的教学教改研究项目

序　号	项目名称	来　源	时　间
1	"金融专业国家教学资源库项目研究与建设"	浙江省高职高专院校中青年专业带头人专业领军项目	2013.6—2015.12
2	杭州银行临柜业务培训教材	杭州银行横向委托研究课题	2012.3—2012.10
3	高等职业教育金融专业教学资源库"商业银行综合柜台业务"课程中心建设	教育部立项建设项目	2012.3—2014.12
4	高职院校校内外实训基地共享平台构建应用研究——以浙江金融职业学院金融专业为例	中国高等职业技术教育研究会"十二五"规划课题	2011.7—2012.6
5	校企合作育人管理平台的长效机制建设——以浙江金融职业学院银领学院为例	省教育厅、财政厅新世纪教改项目	2010.8—2013.9
6	银行业务实训基地	浙江省财政支持的省级示范实训基地建设项目	2010.6—2013.12
7	高职院校教学资源库网络化建设与应用研究	浙江省教育技术研究规划课题	2010.6—2011.5
8	财经类专业实务课程项目教学改革探索与实践	教育部高职高专经济类教指委重点课题	2009.11—2010.12
9	金融专业教学改革与教学资源库建设	省社科联研究课题	2008.9—2009.12
10	商业银行综合柜台业务课程项目教学改革	浙江金融职业学院院级教改课题	2008.7—2008.9
11	现代银行新柜员人才培养模式研究	省教育厅、财政厅新世纪教改项目	2007.9—2010.9

2. 公开发表的各类教学教改研究论文。

“商业银行综合柜台业务”课程组成员先后在各类教育类期刊发表了82篇关于教育教学研究类论文，具体清单见表3。

表3　课程团队成员公开发表的教学改革类研究论文

序　号	作　者	名　称	发表期刊名称	时　间
1	周建松	提高质量:高职院校师资队伍建设的着力点	职业技术教育	2012.6
2	周建松	审慎发展五年制高等职业教育	职业技术教育	2012.8
3	周建松	构建开放、多元、立体的高职教育质量评价体系	中国高教研究	2012.8
4	周建松	以提高质量为核心的高职院校管理队伍专业化建设	现代教育管理	2012.1
5	周建松	构建以专业群为基点的多功能校企合作体	中国高等教育	2011.6
6	周建松	论“六业贯通”的高职教育人才培养理念及其实践	现代教育科学	2012.3
7	周建松	高等职业教育“三全育人”机制初探	学校党建与思想教育	2012.1
8	周建松	试析高职院校青年教师的培养及其目标	黑龙江高教研究	2012.1
9	周建松	高等职业院校“龙头引领型”专业结构理论与实践	中国职业技术教育	2012.8
10	周建松	基于内涵建设和特色发展的高职院校管理理念	中国职业技术教育	2012.6
11	周建松	以制度创新推动高等职业教育可持续发展	中国高教研究	2012.4
12	周建松	基于高职教育内涵建设的微观教学改革研究	中国大学教学	2012.6
13	周建松	提高质量:高职院校师资队伍建设的着力点	教育研究	2012.1
14	周建松	审慎发展五年制高等职业教育	教育发展研究	2012.5
15	周建松	《教育规划纲要》颁布以来我国高等职业教育新变化	职业技术教育	2012.12
16	朱维巍 董瑞丽	高职院校校内外实训基地共享平台构建及应用研究	中国职业技术教育	2013.8
17	董瑞丽	校企合作共赢模式下财经类院校示范实训基地建设探讨——以浙江省级示范实训基地银行业务实训基地建设为例	浙江金融职业学院学报	2013.1
18	朱维巍	基于情境教学的高职院校课程教学实践	天津职业大学学报	2012.1
19	朱维巍	高职金融专业共享型教学资源库建设思路与实践	金融理论与教学	2012.6
20	朱维巍	可持续发展理念下商业银行员工培训体制的思考	浙江金融职业学院学报	2012.1

续表

序　号	作　者	名　称	发表期刊名称	时　间
21	周建松	从校企合作共生体的视角看高职教育的新发展	教育与职业	2011.12
22	周建松	高职院校主体专业(群)校企合作综合体建设的探索——以浙江金融职业学院金融专业(群)为例	现代教育科学(高教研究)	2011.4
23	周建松	构建以专业群为基点的多功能校企合作体	中国高等教育	2011.6
24	周建松	高职院校专业带头人培养机制研究和实践	职业技术教育	2011.1
25	周建松	努力建设与校企合作、工学结合相协调的高等职业院校运行新机制	中国职业技术教育	2011.12
26	周建松	关于高职院校培育名师名家的若干思考	江苏高教	2011.5
27	周建松	面向2020年的高等职业教育	职业技术教育	2011.12
28	周建松	凝聚在纲要的旗帜下切实重视职业教育科学研究工作	中国职业技术教育	2011.1
29	周建松	主动作为培养高素质技能型农村金融人才	中国高等教育	2011.9
30	周建松	试论以提高质量为核心的高职教育发展观	中国高教研究	2011.4
31	周建松	试析高等职业院校特色人才队伍体系的建设	黑龙江高教研究	2011.7
32	董瑞丽	国家级教学资源库建设方案思考——以金融专业教学资源库建设为例	职业技术教育	2011.11
33	朱维巍 董瑞丽	高职"商业银行综合柜台业务"国家精品课程开发与建设	职业技术教育	2011.8
34	朱维巍	高职院校校内外实践教学对接的路径探析	职业技术教育	2011.3
35	朱维巍	高职院校教学资源库网络化建设与应用研究	中国职业技术教育	2011.3
36	周建松	高职院校专业带头人培养机制研究和实践	黑龙江高教研究	2010.8
37	周建松	关于高等职业教育改革与建设若干问题的思考—基于高职教育的类型特征	中国高教研究	2010.11
38	周建松	基于可持续发展的高职教育专业建设机制研究	中国高教研究	2010.4
39	周建松	浅议现代高职院校长的管理理念与素养	中国高等教育	2010.1
40	周建松	试论高等职业教育办学特色和水平的内涵要素——基于高等教育与普通高校、中职教育的比较与分析	中国职业技术教育	2010.1
41	周建松	以"三低"谋"三高":高等职业教育发展政策和机制创新的研究与实践	中国高教研究	2010.7
42	周建松	以专业群(为)单元 探索建立开放合作育人机制	中国高等教育	2010.9

续表

序号	作者	名称	发表期刊名称	时间
43	周建松	高职教育文化订单人才培养长效机制建设的实践与探索——以浙江金融职业学院银领学院为例	高教探索	2010.11
44	周建松	订单式人才培养模式的长效机制建设	金融教学与研究(河北金融学院学报)	2010.5
45	董瑞丽	基于岗位能力本位积极探索高职院校实务类课程教学改革——以金融专业国家精品课程“商业银行综合柜台业务”为例	职业技术教育	2010.8
46	朱维巍	杭州高职院校情境教学现状及问题研究	青岛职业技术学院学报	2010.5
47	周建松	基于国家示范引领的高职教育可持续发展研究	中国高教研究	2009.12
48	周建松	高职院校订单人才培养的理论与实证分析	高等工程教育研究	2009.6
49	周建松	示范院校建设:理念、机制、绩效	温州职业技术学院	2009.2
50	周建松	建设国家示范性高等职业院校的责任与使命	中国高等教育	2009.1
51	周建松	国家示范性高职院校的“六全”模式建设实践	中国大学教学	2009.11
52	周建松	试论国家示范高职院校“百花园”建设	中国高教研究	2009.1
53	周建松	在国家示范高职建设过程培育和共享文化	浙江金融	2009.1
54	周建松	推进浙江高等职业教育强省建设的行动纲领	浙江金融职业学院学报	2009.3
55	周建松	试论价值创造视阈下的高职学习模式创新	职业技术	2009.6
56	周建松	高等职业教育可持续发展问题的分析与思考	黑龙江高教研究	2009.6
57	周建松	努力建设中国最具魅力的高职院校	浙江金融	2009.1
58	周建松	探索和建立高职教育可持续发展生态	中国高等教育	2009.9
59	周建松	试论价值创造视阈下的高职学习模式创新	教育与职业	2009.9
60	周建松	经济类高等职业院校工学结合人才培养模式改革的系统设计与实践	中国高教研究	2009.1
61	周建松	国家示范高职院校建设的真谛:机制创新与文化引领	职业技术	2009.1
62	周建松	生态学视阈下的高职院校开放合作办学模式构建	高等教育研究	2009.11
63	董瑞丽	基于就业导向的高职金融专业实践课程体系建设	职业技术教育	2009.11
64	董瑞丽	谈高职金融专业实践课程考核评价体系的合理构建	中国教育发展研究	2009.11
65	韩国红	银行业务课程立体化实训架构搭构设想——以浙江金融职业学院为例	浙江金融职业学院学报	2009.4

续表

序号	作者	名称	发表期刊名称	时间
66	周建松	建设"开放合作　尚德重能"的高职教育文化	中国高教研究	2008.12
67	周建松	高职院校人才培养的教育理念体系构建	江苏高教	2008.5
68	周建松	高等职业教育办学体制与人才培养模式改革的双重创新	黑龙江高教研究	2008.1
69	周建松	确立和探寻基层复合型人才的培养机制	中国高等教育	2008.9
70	周建松	国家示范高职院校建设的真谛:机制创新与文化引领	中国高教研究	2008.9
71	周建松	基于职业能力本位的高素质技能型金融人才培养	中国高教研究	2008.3
72	周建松	以校友资源为纽带　促高职教育新发展	中国高等教育	2008.1
73	周建松	校企合作、工学结合与优质银领人才培养	浙江金融	2008.3
74	周建松	寻求高职学历教育与岗前培训的最佳契合点	浙江金融	2008.3
75	周建松	高素质高技能应用型金融人才培养的市场调研	浙江金融	2008.3
76	周建松	中国高职教育的历史扫描和现实任务	浙江金融职业学院学报	2008.3
77	周建松	在价值创造中学习	浙江金融职业学院学报	2008.2
78	周建松	加强高职教育教学研究,促进学校健康快速发展	浙江金融职业学院学报	2008.1
79	周建松	浙江打造"高职教育强省"	浙江经济	2008.6
80	周建松	行业、校友、集团公生态:高职院校办学模式创新	中国大学教学	2008.2
81	朱维巍	基于高职生综合素质的校企合作探索	济南职业学院学报	2008.3
82	朱维巍	从价值取向透视高职教育"订单培养"的发展策略	职业教育研究	2008.2

3.课程团队所获得的各类教学奖项。

"商业银行综合柜台业务"课程组成员在多年的教学实践过程中,积极探索,勇于创新,获得了多项教学奖励,具体清单见表4。

表4　课程团队成员获得的各项教学荣誉及奖励

序号	项目名称	奖项类别及等级	授予单位	时间
1	综合柜员业务的全真立体化教学与优秀柜员培养	学院第五届教学成果特等奖	学院	2012
2	金融专业教学资源库建设思考	第十四届全国职业教育优秀论文二等奖	教育部职业技术教育中心研究所中国职业技术教育学会	2012

续表

序　号	项目名称	奖项类别及等级	授予单位	时　间
3	财经类专业实务课程项目教学改革探索与实践	中国高等职业技术教育研究会第十三次学术年会优秀教育研究成果课题优秀奖	中国高等职业技术教育研究会	2012
4	高职院校教学资源库网络化建设与应用研究	中国高等职业技术教育研究会第十三次学术年会优秀教育研究成果一等奖	中国高等职业技术教育研究会	2012
5	基于专业岗位职业能力积极探索实务类课程项目教学改革—以金融专业国家精品课程商业银行综合柜台业务为例	第十三届全国职业教育优秀论文评选二等奖	教育部职业技术教育中心研究所、中国职业技术教育学会	2011
6	《商业银行柜面操作技能》	2011 年普通高等教育精品教材	教育部	2011
7	高职金融专业共享型教学资源库建设思路与实践	荣获浙江省高等职业教育研究会 2011 年会学术交流一等奖	浙江省高等职业教育研究会	2011
8	银行实务类课程项目教学改革实践探索——以商业银行综合柜台业务课程为例	首届高职院校财经类课程建设论坛征文二等奖	教育部高职高专经济类专业教指委	2009
9	“商业银行综合柜台业务”项目课程教材	学院第四届教学成果二等奖	学院	2008
10	“商业银行综合柜台业务”课程教学团队	学院优秀教学团队	学院	2008
11	金融综合技能练习与考核操作系统	学院科技开发项目成果三等奖	学院	2007
12	“商业银行综合柜台业务”国家级精品课程建设	学院教学创新奖	学院	2007

4.公开出版的课程项目教学改革特色教材。

2008 年 9 月,“商业银行综合柜台业务”课程项目化教学改革教材由中国金融出版社出版,该教材共分为商业银行柜员基本职业能力训练、个人存款业务处理、个人贷款业务处理、个人结算业务处理、个人结算业务处理、代理业务处理、个人外汇业务处理、电子银行业务处理、商业银行柜面突发事件处理、金融综合技能业务训练等 9 个项目。

2008 年版的《商业银行综合柜台业务》自公开出版发行后,在社会上引起广泛的关注,被许多高职院校金融专业所采纳,发行量一路飙升。后在出版社的一再要求下,结合近几年商业银行有关规定的相继出台,“商业银行综合柜台业务”课程组糅合最新的知识点,又深入行业收集了大量的资料,把几年教学中所反馈的教材中的一些问题一一进行修订、补充与完

图 19 “商业银行综合柜台业务”课程主教材

善，在 2012 年 9 月如期由中国金融出版社出版教材《商业银行综合柜台业务》第二版。该教材在原有教材的基础上，内容更加丰富、新颖，结构更加清晰、明快，还在每一个项目最后附上章节的小测试，便于学生自学和课后的复习使用。

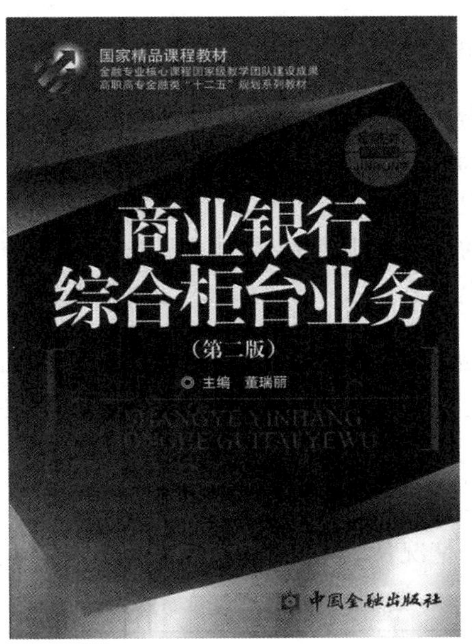

图 20 “商业银行综合柜台业务”课程主教材(第二版)

教材《商业银行综合柜台业务》第二版的出版并不是终点，现已完成金融专业教学资源库的教材编写工作，与第二版教材在内容展示、图片处理、结构设置等环节都焕然一新，别出心裁，充分展示两套教材的区别和各自的亮点。

(三)学生评教情况

“商业银行综合柜台业务”课程在每学期的授课过程中，普遍受到学生的关注和重视，鉴于其以实训为主，突出学生实际操作能力的训练，而且还包含大量的银行柜面业务基础知识，学生的学习热情高涨，出勤率基本能做到全勤。在课堂教学过程中，学生与教师的互动很好，能主动、积极地参与各项实训活动练习，基本能按时、保质保量完成老师布置的课堂和课后的各项实训作业。在师生交流互动的学习过程中，学生对教师的教学水平有高度的评价，每学期的生评教都高于平均水平。

表 5　金融系 2009—2013 年教学评价考核结果

(以下内容根据学校教务处生评教系统统计)

姓　名	2009—2010 学年		2010—2011 学年		2011—2012 学年		2012—2013 学年	
	(1)	(2)	(1)	(2)	(1)	(2)	(1)	(2)
董瑞丽	94.32	99.22	94.66	95.44	98.14	98.46	95.84	99.92
韩国红	93.8	96.86	93.22	94.1	95.1	96.34	94.56	98.6
朱维巍	94.56	99.04	94.68	95.14	97.3	96.96	95.64	99.24
凌海波	91.5	92.7	92.6	92.98	95.26	95.82	96.46	99.36
翟　敏	93.38	99.08	96.3		96.32	95.92	96.24	98.3
郑晓燕	89.74	94.1	93.16	91.82	95.08	95.78	92.18	98.44

(四)课程网络资源使用情况

针对“商业银行综合柜台业务”课程所设计的网络资源使用情况，课程组曾做过相关的问卷调查，对具体的网络资源使用情况有以下几点信息汇总。

1. 应用频率和途径情况调查。

通过对师生两个方面的网络资源使用情况的调查，发现两者在使用频率上还存在很大的差异。从平均每周用于上网查找教学资源的时间来看，具体差异性可见表 6。

表 6　平均每周上网查找教学资源的时间(单位:小时)

小时数	＜1	1≤X≤5	5＜X≤10	＞10
学生	31.2%	43.7%	19.8%	5.3%
教师	3.9%	29.4%	45.3%	21.4%

而获取网络资源的途径情况从表 7 可见一斑。

表 7　网络教学资源的查找途径

类型 主体	搜索引擎输入关键词检索查找	提供分类导航的门户网站查找	校园网站查找	其他
学生	50.1%	19.6%	28.6%	1.7%
教师	40.5%	32.7%	21.5%	5.3%

2. 内容情况调查。

对于课程相关的网络资源的具体内容的搜索结果见表 8。

表 8　网络教学资源库的需求及满足情况

主体 / 类型	学生		教师		
	需求情况	满足情况	需求情况	满足情况	参与建设情况
媒体素材	36.6%	12.6%	69.3%	38.9%	85.3%
试题库	76.3%	22.0%	76.6%	32.8%	42.1%
课件	49.0%	28.7%	88.9%	14.9%	87.3%
案例库	32.3%	13.4%	60.7%	27.5%	23.6%
电子教案	8.6%	5.2%	68.3%	12.7%	56.9%
资料库	23.7%	19.6%	54.0%	24.4%	27.2%
视频库	41.8%	23.9%	85.2%	5.9%	89.7%
网络课程	4.5%	2.2%	20.9%	10.2%	34.6%

3. 应用效果情况调查。

这部分的调查主要是针对网络资源对学生的学习的效果，具体见图 21。

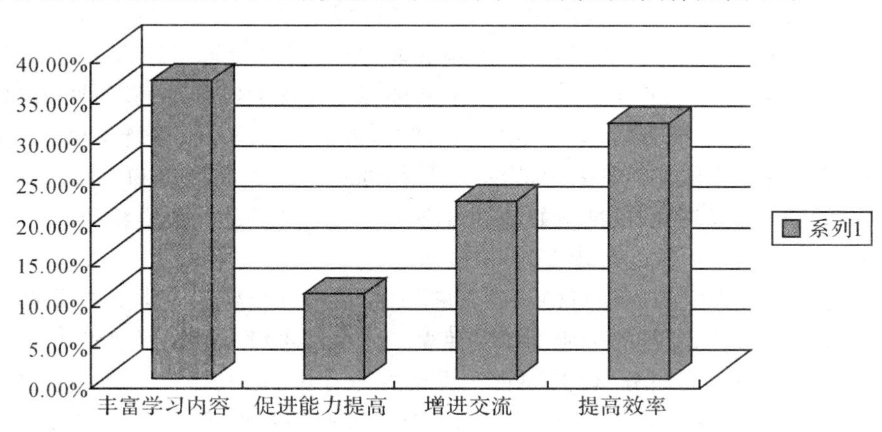

图 21　网络教学资源库对学生学习的帮助情况分析图

四、课程建设不足与对策

(一)不足

1. 课程内容的更新要求较高。

“商业银行综合柜台业务”课程是以银行柜面业务为主的，反映银行柜面业务的真实性、操作性，其各个业务的知识点紧扣行业发展的实际，与之对应的教材、课件等内容也需要做及时的修改和更新,特别是银行业务电子化操作水平的不断提升,在现实中,要求课程建设的内容、课程教学的过程实施也必须要时时体现这种现实要求,但是课程建设需要一定的过程,一些教学内容的实施需要一定的环境及平台条件,教学班级的规模与数量也在某种程度上制约了创新教学模式的全面实施,这是课程建设过程中一直面临并致力解决的矛盾问题之一。

2.课程建设对教师团队的整体要求较高。

课程建设主要的承载者是教师,作为一门银行实务类课程,"商业银行综合柜台业务"课程的建设与教学过程实施,都需要主讲教师有着丰富的实践经验,自身有着熟练的操作水平,同时能不断吸收新业务、学习新内容,才能对课程的课程内涵建设起到实质作用,才能在教学过程中达到较好的课堂授课效果。新教师的成长需要过程,老教师的新业务学习与吸收需要时间与精力,在目前各种教学任务繁重的情况下,很难保证也很难做到希望与现实的统一,超负荷的工作会对效果产生一定影响。

(二)对策

1.课程建设要突出高职特色,体现专业特点。

不论是依托金融专业教学资源库建设平台,还是融汇于浙江省金融优势专业建设之中,"商业银行综合柜台业务"课程建设脱离不开专业群的支撑,只有突出金融特色,体现浓浓的专业特点,才能发展的更远。因为课程建设要基于高职院校人才培养目标的定位,在各个环节上要有别于普通高等院校的课程建设,展现高职特色。"商业银行综合柜台业务"课程结合前期的建设成果,在后期的建设过程中要不断地突出课程的实训性、操作性、实用性、职业性的特征,让高职特色不离其根本,专业特征不离其宗。要积极采取可能采用的方式方法体现实务类课程的教学要求与教学效果的统一,目前课程组已经在引进和自行开发设计相关的业务操作练习与考核系统,以期更好地体现金融行业业务处理的现实特质。

2.课程建设团队要力求标准规范培养。

随着金融专业教学资源库项目建设的不断深化,以浙江金融职业学院牵头的"商业银行综合柜台业务"课程共同参与的十所院校已建立了一个密不可分的课程建设团队,大家在一起共同建设、共同商榷、共同分享、共同推进。在这过程中,也锻炼了教师的业务能力。同时,每年一定数量的行业培训任务的承担,也是对教师密切行业联系,缩短教学与实践零距离的一种较好路径。为快速培养课程团队新教师的教学能力水平,统一教学标准要求,课程团队统一了教学过程的每一要素要求,如:授课计划、教学课件、考试试卷等,但是对于教师整体业务素质的提升,还是需要时间的历练。为此,必要的师资储备、青蓝工程、实习锻炼等都应是较好的方式之一。

推动金融基础课程教学改革
共建共享优质教学资源

——“现代金融概论”课程建设十年

郭福春　吴金旺

一、课程建设概况

我院的“现代金融概论”课程是国家示范性建设重点专业、浙江省特色专业金融管理与实务专业及专业群的核心课程。该门课程和浙江金融职业学院以及他的前身浙江银行学校共生共荣，具有悠久的课程开设历史。

2000年，我院自筹建以来，就确立了以金融专业为核心的教学发展思路，对“现代金融概论”课程的设置，教学内容的充实、调整、衔接、整合，教学方法方式改革、师资队伍建设等方面进行了深入研究。

2001年，“现代金融概论”被列为首批院级重点建设课程。制定并实施了课程建设规划，建立了试题库，应用多媒体教学手段，建立了实验室和货币陈列室。

2002年，提出了金融专业实行模块化教学改革，“现代金融概论”尝试项目化教学改革。

2004年，为了进一步加强“现代金融概论”课程建设，提高课堂教学质量，形成课程建设的亮点与特色，对“现代金融概论”开展课程包建设，通过专家组验收并获得A级评价。

2005年，被评为省级精品课程。

2006年，成为国家示范性高职院校建设专业金融管理与实务专业核心课程。

2007年通过验收，建设效果专家评价优良。

2008年，入选国家精品课程，课程建设成果向全国辐射。

2011年，成为金融专业国家教学资源库十门核心课程之一，是十门课程的基础课程，重点建设十类要素：教学大纲、教材、电子教案、教学课件、习题库、业务平台、案例库、资料库和自主学习平台。

2012年，金融管理与实务专业获得浙江省优势专业立项，“现代金融概论”成为重点建设课程之一。

2013年5月，入选国家精品资源共享课程，创新建设了大量丰富的数字化教学资源，利用现代信息技术手段，推动课程优质教育资源开发和普及共享。2013年9月，成功在爱课程网站上线，网址为：http://sns.icourses.cn/jpk/getCourseDetail.action?courseId=2942。

随着浙江金融职业学院的发展，金融管理与实务专业不断进步，“现代金融概论”经过十多年持续深化改革与创新，强调成果应用。在课程建设理念、师资队伍建设、教学内容组织、教学方法与教学手段改革、实践性教学内容与方式创新、实验室与实训基地建设等方面取得了良好的进展，形成了特有的金融高职教育特色。

二、课程性质及建设思路

（一）课程性质

“现代金融概论”是为我院金融类专业学生奠定金融专业知识基础、非金融类专业学生普及金融知识而开设的金融基础课，为进一步学习金融专业知识打下基础，为将来可能到金融机构工作奠定金融知识基础。因此“现代金融概论”在教学中要确定其基础地位，明确教学目标，区别于金融专业教育。学生通过金融基础知识和基础理论的学习，能运用金融基本理论、基础知识和基本研究方法初步分析货币、金融政策，初步解释货币、金融现象，初步判断货币、金融发展趋势的能力。“现代金融概论”也是进一步学习金融专业课程（商业银行综合柜台业务、商业银行授信业务、银行会计、商业银行服务营销、银行产品、金融法规与案例等）的基础，并为将来到金融机构工作奠定专业基础。

（二）课程定位

本课程首先有别于国内本科院校的金融课程。本科院校的金融类课程教学，主要以知识传授为主，注重对金融深层次问题的分析和理解。而我院的“现代金融概论”课程，抛弃了知识本位的课程讲授与教学方法，根据商业银行的工作过程，重新进行了课程标准设计，以工作过程为主线，以学生职业能力的培养和素质提升为核心，以工作过程和流程为基点进行课程设计和教学，教师已经从原有的课堂教学的主角慢慢地推到了后台，成为一节课程的总体策划和导演，学生成为学习的主角，这是本门课程区别于国内同类课程的一个根本标志。国外在金融学教学方面，更多地侧重于微观金融领域的分析和教学，大学里面的金融课程基本上都被纯理论的金融学知识和相关案例所占有。职业院校开设金融类专业的不多，而对金融课程进行课程标准设计，以工作过程为主线、以学生职业能力提升为根本目标的课程建设方面的成熟案例还不多见。

（三）课程设计思路

该课程的总体设计思路是：打破以知识传授为主要特征的传统学科课程模式，转变为以问题为导向，以案例教学、情景模拟、合作学习为手段，让学生构建相关理论知识，并发展职业能力，形成分析实际问题，解决实际问题的职业技能。课程教学单元以现代金融从业人员所需基本金融基础理论为线索设计的，理论知识的选取紧紧围绕职业需求来进行，同时又充分考虑了高等职业教育对理论知识学习的需要，并融合了相关职业资格证书（银行业从业人员资格考试公共基础科目中金融基础知识模块）对知识、技能和态度的要求。

每个教学单元的学习都以典型现代金融案例为载体设计的活动来进行，以案例教学和合作学习来整合理论与实践，实现理论与实践的一体化。教学过程中，通过校企合作、校内实训基地建设等多种途径，充分开发学习资源，给学生提供丰富的实践机会。突出过程评价与阶段评价，结合课程教学过程中的提问、训练等进行综合评价，强调目标评价和理论与实践一体化评价，引导学生改变死记硬背的学习方式，评价时注重对学生实际分析问题、解决问题的能力，对学生的创新和实践活动给予相关鼓励，课程考核的具体分数比例为 2∶3∶5 的考试方式，即平时表现 20%，实训成绩 30%，期末理论考试 50%，重点评价学生的职业能力。

职业能力目标：

· 能用货币基础理论和基础知识解释货币的相关现象；
· 能用信用的基本理论和基础知识分析、解释现代信用相关现象，初步能判断信用工具的价格（利率）趋势；
· 能用金融中介机构体系基础知识，形成和发展基本理论系统，解释我国金融中介机构体系；
· 能用商业银行的基础理论解释我国商业银行的改革，判断我国商业银行基本类型和组织架构，能初步判断各类商业银行业务的范畴；
· 能用非银行金融机构组成和基本业务知识解释我国非银行金融机构的构成情况及其业务情况；
· 能用金融市场的发展及运作规律理论分析、解释我国金融市场相关现象；
· 能用中央银行的基础理论分析我国中央银行的性质、职能、地位，能用中央银行的基础理论解释我国中央银行的基本业务活动；
· 能用通货膨胀和通货紧缩基本理论解释相关经济现象；
· 能用货币政策的基础理论和基础知识分析货币政策的使用条件，解释我国货币政策运用情况，能初步判断我国中央银行的货币政策趋势；
· 能用金融监管的基础知识，分析我国目前的金融监管格局及其各国监管机构的地位和职能；
· 能用国际金融的基础知识，简单判断一些国际金融相关概念；
· 能用观察和分析金融问题的方法进行正确的判断、分析和解决金融实际问题。

三、课程十年建设内容

（一）课程团队建设

本课程教学团队中教师总人数为 30 人，全部为“双师”型教师。其中，专职教师 16 人，行业兼职教师 14 人，每年承担学院近 3000 学生的授课任务以及浙江金苑培训中心近千名银行职员金融基础知识培训任务。教师学缘结构合理，专职教师主要来自浙江大学、中南财经大学、厦门大学、湖南大学、中南大学、同济大学、西南财经大学等院校，主讲教师的知识面涵盖了金融学的各个方面，教师团队也吸收了教育技术专门人才做专门的技术支持。

课程负责人郭福春教授一直从事“现代金融概论”“商业银行经营管理”“经济金融指标解读”等课程的教学工作。研究方向为货币金融理论与政策，在《金融研究》《财贸经济》《中国高等教育》《中国高教研究》等学术性刊物发表学术论文近百篇，多篇文章被人大复印资料全文转载，出版专著4部，主编教材10余部，主持完成省级以上研究课题10余项；兼任教育部高职高专经济类专业教学指导委员会秘书长、全国高职高专经济管理类专业教学资源建设专家委员会秘书长、浙江省高职高专教育经济类专业教学指导委员会秘书长、全国金融职业教育教学指导委员会委员等职务。

其余专职主讲教师均有较长的教龄以及丰富的教学经验，在历年的考核中都成绩优秀，大多数为中青年骨干教师，在学历提升、职称晋升、科研水平、执教能力等方面都取得了良好的成果。课程教学团队坚持育人为本、德育为先、立德树人的教育理念，不断深化专业与课程建设，创新人才培养模式，行业兼职教师中，有来自银行、证券等经营性的金融机构，也有来自人民银行等监管部门；有来自一线的业务骨干，也有来自行业企业的领导。他们都具有丰富的金融行业实践经验，也愿意投入到日常教学中来，教学效果良好，为学生提供行业一线的宝贵知识经验。

（二）课程内容建设

“现代金融概论”在教学内容的选取上以够用为原则，根据金融从业人员所需要的专业素质要求来进行选择，充分听取金融行业专家对所需人才的基本素质方面的意见，科学的按照相关工作过程所需的理论知识选择与安排。通过“现代金融概论”课程的学习与训练实践活动，掌握金融学方面的基础知识、基本理论，对现代金融有全面、系统的了解和较为深刻的认识，对货币、信用、金融机构、金融市场、国际金融活动等基本范畴、内在关系及其运动规律有较为系统的掌握。学习本课程包括货币、信用和银行的基本理论和基础知识；金融市场的发展及运作；金融机构体系基本理论；商业银行和中央银行的性质、职能和基本业务活动；其他金融机构基本业务；中央银行货币政策的内容及宏观调控的过程；通货膨胀与通货紧缩基本理论；金融监管基本理论；国际金融基本理论几个学习单元，这些学习单元是以现代金融从业人员所需基本金融理论基础为线索设计的。

（三）实践教学条件的建设与使用

本课程依托于专业、系部及校内外实习实训基地建设，拥有丰富多样的实践教学场所，实践教学条件优越。

目前，用于课程实践教学的校内实训场所包括金融综合实验室（金融专业国家教学资源库展示中心）、现代银行柜员实训中心、外汇业务综合实训中心、金苑模拟银行、货币陈列与鉴别实验室、金融票据票证陈列与鉴别实验室、金苑信贷中心、浙商银行仿真银行、中国邮政储蓄银行仿真银行、浦发银行校内营业网点等。在整体课程教学中，基本每一专题都设计案例，由学生进行情景模拟，让学生充分参与，实现师生、生生互动，实现教与学活动的有机统一。聘请校外金融行业一线业务骨干和专家作为行业兼职教师进行真实化情景教学，用最真实的案例诠释现代金融理论，实现了较好的教学效果。金融综合实验室（金融专业国家教学资源库展示中心）通过先进的视频互动系统，实训场所与校外实习基地之间的连接，学生在校内即可接受校外老师的远程指导并完成实训活动，突破工学结合时当面指导不便的限制。在校企合作基础上建设的遍布全省各地的校外实习基地，为学生实习提供了基本教学条件与实践场所保障，使课程的实践教学更加深入。

表 1　校内实训场所一览表

序　号	名　称	类　型	建设时间
1	现代银行柜员实训中心	示范院校中央财政重点支持	2007
2	货币陈列与鉴别实验室	示范院校中央财政重点支持	2008
3	浙商银行仿真银行	校企共建项目	2009
4	金融票据票证陈列与鉴别实验室	省财政重点支持项目	2010
5	银行业务操作室	省级示范性实训基地建设项目	2010
6	货币鉴别实验室	省级示范性实训基地建设项目	2010
7	点钞技能实训室	省级示范性实训基地建设项目	2010
8	金苑信贷中心	省级示范性实训基地建设项目	2011
9	中国邮政储蓄银行仿真银行	校企共建项目	2011
10	金融综合实训室（金融专业国家教学资源库展示中心）	中央财政重点支持建设项目	2012

（四）课程数字化教学资源建设

“现代金融概论”课程以现代教育信息技术为手段，促进教学资源共建、共享与共用的良性循环。以各类项目为载体，开发了大量富有特色、卓有成效的数字化教学资源，已建成资源分为基本资源和拓展资源，基本资源是反映课程教学思想、教学内容、教学方法、教学过程的核心资源，拓展资源是反映课程特点，应用于各教学与学习环节，支持课程教学和学习过程，较为成熟的多样性、交互性辅助资源。

表 2　课程基本资源清单

1. 课程简介	7. 重点、难点	13. 课程原创视频	19. 文献资料
2. 教学大纲	8. 教学设计	14. 教学案例	20. 学生作品
3. 教学日历	9. 评价考核	15. 教学课件	21. 专题讲座库
4. 考评方式	10. 教材内容	16. 实训	22. 素材资源库
5. 学习指南	11. 课程教学录像	17. 习题作业	23. 习题库
6. 教学要求	12. 课程原创动画	18. 电子教材	24. 试题库

表3 课程拓展资源清单

1. 案例库：各章节课程案例集，选取金融领域的典型案例，引导读者进行案例阅读和案例分析 2. 专题讲座库：展现金融的前沿专题、热点问题、金融名家讲座 3. 素材资源库：包括金融相关图表、票据票证、货币，主要以图片形式展现各类货币、票据票证以及金融类图表 4. 习题库：分学习章节的课程习题集，题目形式有填空、单选、多选、简答、论述等多种形式 5. 试题库：多套综合性测试试题，附有试题答案 6. 其他资源：课程收集大量金融机构网站、财经法规

四、课程十年建设成就

"现代金融概论"课程建设过程中，各项要素建设成果得到了专家、同行和学生的高度认可，取得了显著成就，成为全国金融高职金融理论课程改革的引领者和示范者。

（一）人才培养成就

学生普遍认为该课程理论教学内容的选取能够紧紧围绕岗位需要的基础知识，学生具有了在实习、实训和实践活动中对经济金融形势、国内国际金融事件及经济政策对经济影响进行初步分析的能力，达到了预期的课程教学目标，培养了学生对金融的兴趣，为学生继续专业学习打下扎实的基础。学生认为该课程理论教学实用性强，与未来的工作岗位要求联系紧密，实训内容丰富，可操作性强，整体教学效果好，生评教情况良好。

学生银行从业资格考试通过率较高，特别是金融专业，银行业从业资格考试"公共基础"科目的通过率一直保持在90%以上。课程相关校园活动影响大，带动了更多学生了解金融、学习金融、参与金融活动。每年寒暑假，学院均组织学生成立金融小分队，开展下乡社会实践活动，向村民普及金融知识。金融系的师生也会定期举办金融知识进社区，参与浙江省理财博览会现场服务等活动，让广大学生将课堂知识带进社区，服务社会，这些都需要以金融基础知识为支撑，课程的学习让学生更加主动、更有自信参与各种金融实践活动。

（二）课程教改项目

课程组高度重视教改项目申报，以项目研究和调查实施为支撑，有效解决课程建设中的难点问题，以项目推进和指导课程建设，主要教改项目见表4。

表4 课程主要教改项目一览

序 号	项目名称	来 源	时 间	解决的问题
1	国家精品资源共享课程	教育部	2013	课程普及、辐射、推广
2	高等职业教育金融专业教学资源库（现代金融基础）	教育部	2011	满足课程多元化主体学习需求
3	金融专业群示范性综合实训基地	中央财政支持的职业教育实训基地	2011	解决现代金融基础课程实训难题

续表

序　号	项目名称	来　源	时　间	解决的问题
4	国家精品课程	教育部	2008	课程数字化资源建设
5	案例导向法在“现代金融概论”课程中的应用研究	浙江省教育厅	2013	案例实施、微课开发

(三)课程主要教改论文

教学改革是课程建设永恒的主题，课程团队以课程建设为契机，深化教学改革研究，主要教改论文见表5。

表5　课程主要教改论文一览

序　号	论文题目	作　者	期　刊	时　间
1	试析多元立体化育人机制的构建	周建松	黑龙江高教研究	2013.04
2	从教育信息生态视角审视高职院校课程的网络化建设	郭福春	现代教育管理	2012.07
3	校企深度融合　打造“五位一体”专业教学团队	郭福春	中国高等教育	2010.01
4	泛在学习视阈下我国高职院校专业教学资源库的建设与思考	郭福春	中国高教研究	2012.10
5	我国高职教育校企合作的五重维度分析	郭福春	黑龙江高教研究	2012.12
6	打造校企合作育人平台　强化人才培养机制建设——以浙江金融职业学院银领学院为例	郭福春	中国大学教育	2011.05
7	以质量工程为依托推进高职教育内涵建设——基于浙江高职教育“行动计划”建设实施效果的实证分析	郭福春	现代教育管理	2011.07
8	高职院校毕业生就业跟踪调查及对策研究——以浙江金融职业学院金融类专业为例	郭福春	现代教育科学	2012.05
9	金融职业院校人才培养的定位、途径与机制——以浙江金融职业学院为例	郭福春	金融教学与研究	2009.03
10	寻求高职学历教育与岗前培训的最佳契合点——浙江金融职业学院订单式人才培养探索与实践	周建松 郭福春	浙江金融	2008.03

(四)课程负责人获得的表彰

课程在建设过程中，不断地总结经验，凝练教学成果，课程负责人获得的主要表彰见表6。

表 6　课程负责人获得的表彰一览

序　号	获奖名称	时　间	级　别	本人作用
1	以就业为导向、以订单为载体的金融"银领"人才培养机制建设	2009.7	第六届高等教育国家级教学成果二等奖,第六届浙江省高等学校教学成果奖一等奖	主持
2	金融管理与实务专业核心课程教学团队	2009.9	2009 年国家级教学团队	主持
3	"全国优秀教师"称号	2009.9	国家级	第一
4	浙江省"新世纪 151 人才工程"第二层次培养人员	2008.12	中共浙江省委组织部、浙江省人事厅	第一
5	浙江省高校"三育人"工作先进个人	2010.7	浙江省教育工会	第一

(五)公开出版教材

课程已经出版了一批《现代金融概论》相关教材。教材编写过程中,注重结合职业教育规律和高端技能型人才成长规律,力求体现目前倡导的"以就业为导向,以能力为本位"的精神,注重学生能力的培养,精心整合课程理论部分,合理安排知识点、技能点,注重案例教学和实训教学,突出对学生分析问题能力和解决问题能力的培养,为后续课程学习提供理论支撑。教材的编写突出讲、学、练一体的思想,激发学生学习兴趣,充分体现学生为主体,教师引导、指导的作用。运用信息技术改进传统教学资源,教材图文并茂、通俗易懂、标准新、内容新、指导性强、配套教学资源新颖丰富,以课程为核心,从教学实施的教、学、做、测各环节入手,采用不同的技术手段开发电子教案、演示文稿、素材库、考试系统、名师、名课录像、网络课程等,与教材有机协调,形成立体化教学资源体系。教材内容既具有严格的统一性,又具有选择上的灵活性,力求满足不同地域、不同类型高职院校的教学需求。

序　号	教材名称	主　编	出版时间	出版社	备　注
1	现代金融概论	周建松、郭福春	2007.3	浙江科技出版社	
2	货币金融学基础	周建松、郭福春	2007.5	高等教育出版社	"十一五"国家规划教材
3	货币金融学概论	周建松	2006.12	中国金融出版社	
4	货币金融学概论习题与案例集	周建松	2008.5	中国金融出版社	
5	现代金融基础	周建松	2008.8	浙江科技出版社	
6	现代金融基础	周建松	出版中	中国高等教育出版社	"十二五"国家规划教材
7	金融基础	郭福春　吴金旺	出版中	中国高等教育出版社	
8	货币金融学基础	周建松　郭福春	出版中	中国高等教育出版社	

五、课程十年建设经验

(一)以项目为抓手,使课程站在较高的平台上

"现代金融概论"课程积极参与项目申报,重视项目建设过程和建设成效,以学生受益为目标,更加注重微观课堂教学实践,将建设的各项资源落实到实处,切实提高课堂教学质量和人才培养质量。经过国家级重点建设专业项目、国家示范校项目、省级精品课程、国家精品课程、国家教学资源库项目、国家精品资源共享课程,以项目申报为抓手,课程逐步迈向更高台阶,服务于更广泛的客户需求。课程充分吸收近年来职业教育教学改革和课程改革的成果,积累了大量实用的教学改革和课程教学资源开发、应用与共享方面的宝贵经验,课程建设过程中充分借鉴这些经验,充分咨询行业专家意见,探索适合本门课程的建设思路和方法。当前,"现代金融概论"课程将以信息化进程为支撑,以课程建设为契机,培育教学成果,坚持不懈做好教学科研工作,以科研成果引领课程改革,课程为科研实施提供素材,理清课程为谁建、由谁建、怎么建设、建成什么样,怎么使用等关键性问题,切实避免盲目建设、重复建设等错误。

(二)推进理论教学与实践教学一体化

时代在进步,没有一成不变的课程内容和教学形式,课程注重动态更新内容和完善课程体系,每年均召开行业专家咨询会,倾听行业一线用人单位需求。以高职教育行家与行业专家对金融行业理论基础与职业能力分析为基础,结合专业人才培养方案与专业教学标准,与金融机构共同研究,制定教学计划、教学大纲和教学方案,谋求教学与实践零距离。与金融机构合作建立实习基地或产学研基地,充分开发学习资源,给学生提供丰富的实践机会,卓有成效地开展学生实习实训,实现毕业与上岗零过渡。课程的教学模式遵循"岗位(职业)—业务(能力)—实训(知识)—顶岗(强化)"的先后来组织和实施教学,以典型现代金融案例为载体设计教学活动,以工作任务为中心整合理论与实践,以职业能力培养为目标提高学生职业能力,实现理论与实践的一体化。

(三)优化课程团队,提高社会服务能力

一流的师资队伍是培养高技能应用型人才的前提条件,建设好一支德才兼备、乐于教学、勤于教学、精于教学的双师型师资队伍,是保证人才培养质量、教育教学改革取得成功的关键。课程组完善运行和管理模式,建立团队合作机制,聘请行业专家参与课程规划和课程教学,引进行业兼职老师参加常规课程教学,形成了一支"双师"结构合理、"双师"素质高的稳定的师资队伍。课程团队推进教师队伍的传帮带和老中青结合,提高教师的教学水平,提升教育教学质量等方面开展了富有开拓与创新的探索,发挥了在教学改革、教学研究、年轻教师培养等方面的示范作用,为学院及全省高校教师队伍建设提供了经验。教师队伍中既有从事金融教学近30年的资深教师,也有多年实践工作经历的教师,并且大部分都是学院

中青年骨干教师。教师队伍的学历结构、职称结构和年龄结构呈层次化、梯队化的特点。中青年教师快速成长，业务素质不断提高，业务知识不断拓宽，教学方法不断改进，一些青年教师担任教研室副主任，在工作中表现出较高的组织、管理能力和综合素质，获得良好的教学效果和学生的普遍好评。在结构合理、梯队整齐、“双师”型、优质高效等原则的指导下，课程师资队伍建设不仅能够满足日常教学和科研的需要，而且一批青年教师在教学和科研方面走在全系、全院同行乃至全国同类院校同行的前列，课程团队结合投入到产、学、研中去，提高社会服务能力，提高社会知名度。

(四)教学方式手段多样化

一方面开发适合高职学生特点的教材，另一方面组织教师开发适合高职学生特点，体现职业教育特色的各种教学资源，以提高课堂教学的生动性和形象性，利用网络资源开展网上教学，使学生能够随时随地通过网络进行学习，并建立网络学习考核和评级机制，将课堂线上学习和课后线下学习有机结合，相互弥补。在具体课堂教学活动中，教师注重实践经验的积累，重视现代教学技术的运用，使用现代化的教学手段。注重情景模拟教学、案例教学，开展师生、生生互动课堂教学模式，让学生边学边理解边用，激发学生学习兴趣。用好校内实验实训基地，结合社团活动，进行真实环境、真实情景的仿真化教学。充分利用校外实训基地和行业合作，聘请金融行业一线业务骨干和专家作为行业兼职教师从事仿真化实践教学和专业课程的教学工作。教学中注重对学生用现代金融理论解决实际问题技能的培养，使学生符合金融从业人员素质要求，并具备一定的可持续发展能力。

(五)始终坚持课程教学资源建设

1.课程资源共建共享。

“现代金融概论”课程建设中，一直非常重视资源的共建共享，课程组在建设过程中热心接待全国各地高职院校相关课程组交流，将建设经验无私奉献给兄弟院校的同仁，特别是西部院校的老师交流后感觉受益匪浅。作为教育部全国金融专业教学资源库重点建设课程牵头单位，主动将建设成果共享，召集全国其他院校共同开发课程要素，将先进高职教育理念和课程建设理念融入课程建设中，带动其他兄弟院校课程建设水平的提高，辐射面达到全国二十多所院校。

2.课程资源系统、丰富，可以满足学习者的多样化需求。

网络技术的运用，使得资源的获取和使用突破了时空限制，资源的开放共享使学习突破了传统教育模式对学习对象的限制。科学技术的进步，使任何有兴趣和需求的人都可以自主学习金融知识。“现代金融概论”课程既可为金融专业学生的专业核心课程学习提供系统的资源支撑，又能为财经类院校其他专业学生的金融知识普及提供必要帮助，也能满足社会学习者金融知识学习需要，实现信息时代人人、时时、处处学习。

3.课程资源形式多样性和新颖性，可视性、交互性强。

课程资源的内容包括课程介绍、教学大纲、教案、课件、案例、试题、作业等等，资源展示形式包括文本、音频、视频、图片、动画等多种形式。多种形式的教学资源、多种渠道的资源平台、多种方式的人机互动为学生在线自主学习提供了更具可看性、可操作性的资源和多方位、多手段的学习方式。课程网络资源可以在线阅览,也可下载。在线自测系统使学习者可以边学习边检验。3D货币和票据博览馆可以让学习者畅游网络的时候体会神奇的货币和票据历史。及时对课程内容进行动态持续更新,以每年更新10%以上为目标,确保将最新的变化及时引入到课程中。

(六)以服务学习型社会为最终目标

信息技术的发展和互联网的迅速普及促进了教学手段的更新、教学内容的丰富和终身学习理念的形成。“现代金融概论”课程始终将课程改革放在第一要位,改革的最根本的出发点就是满足学习者的需求,从学习者学的角度来讲,需要根据现代计算机技术和互联网技术的发展趋势,改革原有的学习形式、学习方法;从教师教的角度而言,要根据学生学习形式与方法的改变,改变学习的展现形式,为学习者提供丰富的学习资源,进行相应的教学资源建设,随时满足学习者对高等职业教育的进一步要求。数字化教学资源作为教育信息化的基础条件之一,对提高教育质量,促进教育公平,服务终身教育有着重要意义。“现代金融概论”课程将以高等职业教育金融专业教学资源库和国家精品资源共享课为新的起点,以高校教师和学生为服务主体,同时面向社会学习者,着力促进教育教学观念转变、教学内容更新和教学方法改革,提高金融人才培养质量,服务学习型社会建设。

全真化生产性实训教学改革探索
——“银行会计实务”课程建设十年

吴　胜　金晓燕

一、课程建设概况

“银行会计实务”课程是高职院校金融管理与实务专业的一门核心课程，自2000年我院就在金融、会计、理财等专业开设本课程。根据课程建设的需要，本课程建设之初就成立了以吴胜为负责人的课程建设小组，课程组根据金融人才市场需求和职业标准要求，制定了课程建设规划，并组织编写了课程教学大纲、电子教案，制作了多媒体教学课件。在课程建设的过程中课程组定期开展课程教学研讨，注重教学改革与研究，重视课程微观层面改革，开展教学方法与手段的改革与创新。同时，课程建设也取得了很好的建设成果：2001年被列为学院首批院级重点建设课程；2002年课程参与了金融专业实行模块化教学的教学改革项目；2004年开展了课程包建设，并通过专家组验收获得A级评价；2006年立项为国家教育部、财政部示范性院校建设的重点建设课程；2008年被评为浙江省省级精品课程；2009年被评为国家精品课程；2011年立项为高等职业教育金融专业国家资源库重点建设课程；2013年被评为省级精品资源共享课并正申报成功国家级精品资源共享课。课程建设是教学基本建设中最具基础性的核心工作，是教学质量的中心环节，其水平、质量和成果是衡量学校办学水平和教学质量的重要标志，是实现培养目标的基本保证。课程建设是一项系统工程，不可能一蹴而就，本课程组也将不断努力，将课程建设成为满足社会培训需求、受社会欢迎和认同的特色课程。

二、课程建设过程质量

（一）建设理念和思路

1. 课程设计理念。

高职院校金融管理与实务专业主要培养面向商业银行和农村金融部门一线岗位，熟悉各商业银行及其他金融机构临柜交易、客户服务营销、业务管理的基本知识与操作技能，有职业生涯发展基础的高素质技能型金融人才。根据该培养目标结合“银行会计实务”课程的特点，课程的设计理念是：通过本课程的学习，使学生首先获得关于职业内容和工作环境的感性认识，进而获得与工作岗位和工作过程相关的专业知识和技能。因此本课程是“基于工作过程的系统化课程设计”来建设的。

2.课程设计思路。

本课程的目标定位是学生通过本课程的学习掌握银行各种对公会计业务的操作流程，能进行银行各项业务凭证填制、审核及账务处理，具备从事银行会计业务岗位的职业能力。鉴于本课程实务性强以及金融行业会计规则和业务操作流程变化快等实际情况，本课程在开发建设过程中注重行业的参与，校企合作，并根据实际业务部门的变化及时更新相关知识，课程的设计思路可以分为以下步骤：

(1)按商业银行会计岗位及其能力需要设定课程框架结构。

本课程框架结构的确定是在邀请银行业务专家对金融管理与实务专业所涵盖的业务岗位群进行任务与职业能力分析，提炼商业银行一线柜员岗位的工作任务和工作要求的前提下设计的。本课程包括基本核算方法处理、单位存款业务处理、支付结算业务—结算方式处理、支付结算业务—票据业务处理、贷款和票据贴现业务处理、单位外汇业务处理、资金汇划与资金清算业务处理、金融机构往来业务处理、年终决算处理 9 个学习项目，这些学习项目是以商业银行一线对公业务的类型为线索来设计的。

(2)以真实工作项目与工作任务为载体，全面实施项目教学。

在课程工作项目确定后，每个工作项目又根据银行会计岗位工作过程分为若干个模块，最后根据每一模块内容的复杂程度和操作步骤的多少细化为若干个工作任务，而每一工作任务的学习与实训都按以标准业务操作流程为载体设计的活动来进行。并且教学过程中所涉及的每一工作任务都以商业银行实际业务处理的相关制度法规为基准，按照业务操作的流程顺序逐项学习各项临柜业务的操作要点，借助银行真实操作设备、仿真业务凭证、业务印章、业务操作程序，通过设计情景模拟、角色互换等实训练习，结合真实案例分析，全面实施项目教学，达到培养学生胜任银行对公岗位的职业能力。

(3)理实一体，强化学生的动手操作能力。

在项目教学过程中，课程设计更注重对学生动手操作能力的训练，教学内容根据银行内部员工培训资料进行重新地整合和归纳，并能及时根据银行业务的变化进行调整。授课过程中，各项业务流程根据银行业务的实际流程进行了重新设计，学生实验实训的实验室也根据银行营业场所的实际进行仿真设计，在接近真实的环境中按角色进行教学组织。课程在“模拟银行”等的实践环境中实施教学，提高教学效率，完成各项工作任务采用小组进行，学生在以“准柜员”的身份学习过程中，既掌握了理论知识和实践操作能力，又培养了学生团结合作的团队精神，将银行对公业务分解成不同任务引入课堂进行分析，并将职业规范性教育的内容充分体现在每一次的工作实施过程中，要求学生严格按职业规范进行业务的操作，加强对学生的职业能力的培养，提高了学生的全面素质。仿真型教学思想打破了传统的教学理念和思想，因而对课程的考核也随之有很大的改变，不再以课程结束后的卷面成绩为主，而是在每一学习项目结束时进行，即进行阶段成绩评价，所有阶段成绩的总和就是课程的成

绩。通过这一系列的设计使本课程的学习做到“零距离”“零时效”，切实避免了课本和课堂滞后于实践的问题，

(4)工学结合，校企合作，使课程与实际工作更相适应。

职业教育教学效果的评价重点在于评价学生的职业能力。而一门课程的教学效果同样要以学生在实际工作岗位上是否能够真正运用该课程所学的理论知识和操作技能。通过三年的示范院校建设，学院与行业的校企合作更为紧密了，校内外实训基地建设更为深入和广泛了，这充分开发了学习资源，为学生提供丰富的实践机会创造了非常有利的条件。目前本课程主要采取“工学结合”等形式让学生进一步对课程的内容和操作技能进行提高和掌握。这种方式一方面可以让学生切身体会课堂所学的知识和技能与实际工作的紧密程度，也可以让他们充分认识到自身的不足之处；另一方面我们还可以从学生反馈回来的信息中筛选出对本课程有促进作用的信息，并以此为据来适时地调整课程的内容以及改进本课程的教学方法 ，使课程与银行实际工作更相适应，使课程建设更加完善。

(二)课程教学内容组织

本课程在建设过程中邀请了银行业务专家对金融管理与实务专业所涵盖的业务岗位群进行任务与职业能力分析，提炼了商业银行一线柜员岗位的工作任务和工作要求。在教学内容的选取上，一方面，从课程的性质、课程的设计出发，以一线会计业务工作过程为导向，以实际工作任务、业务操作流程，以及完成该任务必须具备的知识和技能为依据；另一方面，以学生职业能力培养为核心，充分考虑高职学生的认知规律和认知特点，并且融合相关职业资格证书对学生知识、能力、素质各方面的要求。

在教学内容的安排上，按照先易后难、先简后繁、先对外业务后对内业务的顺序来组织安排，让学生在任务完成过程中建立相关理论知识并发展职业能力。课程共形成10个工作项目，24个工作任务。考虑到银行会计核算方法的特殊性和专业性，项目一作为基础会计与专业银行会计的承接与转换，主要是银行会计基本核算方法模块；项目二到项目九是各项具体业务的操作，具体包括单位存款业务处理模块、支付结算方式处理模块、票据结算处理模块、单位授信业务处理模块、单位外汇业务处理模块、资金清算与资金汇划业务处理、金融机构往来业务处理模块、年终决算处理模块；项目十是综合实训模块，是对项目二到项目九的总结及综合操作。各项目之间是平行、递进的关系，排序也符合高职学生的认知规律。

表1　教学内容组织安排表

项　目	内　容
项目一	基本核算方法处理
项目二	单位存款业务处理
项目三	支付结算业务——结算方式处理
项目四	支付结算业务——票据结算处理
项目五	贷款与票据业务处理

续表

项　目	内　容
项目六	单位外汇业务处理
项目七	资金清算与资金汇划业务处理
项目八	金融机构往来业务处理
项目九	年终决算处理
项目十	综合实训

根据实训主导型教改课程的教学要求,“银行会计实务”课程理论教学与实践教学的比例分配为 4∶6。理论教学内容注重银行临柜会计核算的业务规程教学,以商业银行临柜会计核算业务操作规程为蓝本,具体介绍各种会计业务类型的操作规定与处理流程;实训教学环节则以具体的银行临柜会计核算业务为核心,通过大量的模拟银行分模块业务实训与综合业务实训操作练习,训练各种会计核算业务的实际操作处理流程,注重对学生实际动手能力的培养。

“银行会计实务”课程的理论教学与实训内容涵盖了银行临柜对公会计业务操作处理的全过程,既有各项业务处理的基本规范,又包括银行各种对公会计业务的实际操作处理等,通过实训,则强化了对学生动手能力的培养,提高了学生银行临柜业务操作能力。

“银行会计实务”课程的教学内容还依据银行业务的变化,及时对教学内容进行调整。“银行会计实务”课程的教学内容与银行业的现实业务发展情况、与国家金融政策法规的颁布实施密切相关,随着《中华人民共和国票据法》《支付结算办法》《贷款损失准备计提指引》《人民币大额和可疑支付交易报告管理办法》《人民币银行结算账户管理办法》《单位存款管理办法》《中华人民共和国反洗钱法》等金融政策法规的相继颁布实施,该课程的教学内容也进行了相应的调整修订,并且随着金融行业对金融风险的认识加强,金融行业内部控制制度的进一步完善,金融电子化程度的进一步提高,金融企业会计制度财务制度的进一步健全,银行会计课程的教学充分利用补充讲义的形式适时地融入了相关内容。

(三)课程团队建设

课程建设成果的推广应用主要是依托各课程的教学团队来完成和实现。为突出金融高等职业教育的特色,“银行会计实务”课程在师资队伍建设方面不仅注重了主讲教师知识构架的提升,更注重职业化的培养。担任本课程教学任务的教师既有从事金融教学近 30 年的资深教师,也有来自金融一线从事会计工作、有多年实践工作经历的专职教师。近些年来,“银行会计实务”课程教学团队在进行课程各项要素建设的同时,也不断对课程组成员进行业务知识、教学能力、科研能力等方面进行全方位的培养和锻炼,并且在团队建设方面也取得了很好的成效。

1. 实施以老带新“青蓝工程”新教师培养计划。

按照学院师资队伍建设中实施“青蓝工程”的部署,由老教师负责对青年教师进行“一对一”传、帮、带。通过定期指导、检查教案、课前试讲、跟班听课、课后交流等形式,提升他们的教学能力,迅速提高新教师的教学及科研能力,帮助青年教师尽快成长。

2.构建校企合作共建互渗式高素质"双师"结构教学团队。

一方面，校内专业教师积极参加社会调查或社会实践，每年安排一定数量的教师到中国建设银行、中国农业银行、农村信用联社等金融机构实习，深入行业一线参与业务学习与实务操作，规定每位专职教师每三年必须到金融企业实习一次，每次实习时间不少于半年；另一方面，多数订单银行人力资源部负责人、部分订单银行行长级领导、业务部门负责人参与本课程建设，聘请金融行业技术能手担任本课程的兼职教师，全程参与课程的理论与实践教学。

3.积极创造条件，不断提高课程组教师的专业技术水平。

通过各项培养措施，在青年教师的培养方面取得了显著的成效。同时注重教师专业技术水平的提高，在课程组教师职称评聘过程中积极为教师创造良好的环境，本课程所有的专任教师都有行业从业经历或拥有一本职业资格证书。"双师型"教师比例也得到了较大的提高。通过教务系统中学生网上评教的打分情况来分析，本课程组任课教师的分数均在90分以上，可见本课程以及本课程的教师还是受到了广大学生的欢迎，教学效果良好。课程组采用专兼结合的方式打造优秀教学团队，目前，专兼职教师比为1∶1；主讲教师都具有丰富的教学经验，其知识面已经涵盖了银行会计岗位业务核算处理的各个方面，在历年的教学考核中都成绩良好，大部分是学院中青年骨干教师。担任本课程教学任务的教师既有从事金融教学近30年的资深教师，也有来自金融一线从事会计工作、有多年实践工作经历的专职教师；课程组兼职教师全部为行业业务骨干，均有中级以上职称，他们除担任部分课堂教学以外，主要承担学生在行业顶岗实习时的业务指导以及毕业设计的指导。

4.依托资源库建设，纳各院校之所长，不断提高课程组教师的教学水平。

"银行会计实务"课程作为全国金融专业教学资源库建设项目的核心课程之一，全国共有11所院校共同参与建设，覆盖全国东南西北各地，辐射面广。而各参与院校对该门课程的建设都各有自身的特点和长处，依托资源库建设，各参与院校都把自己所长提供给了课程建设小组共享，本课程目前吸纳积累了可喜的成果，在将来教学过程中这些成果都能成为很好的课程要素资源和特色素材资源，为不断提高课程组教师的教学水平奠定了良好的基础。

三、课程建设结果质量

(一)课程改革成果

1.创新了课程体系设计理念，推行了项目制教学改革。

"银行会计实务"课程根据课程的特点创新课程体系设计理念，推行了项目制教学改革。在课程教学改革的过程中以学生为中心设计学习内容。课程的设计理念是通过本课程的学习使学生首先获得关于职业内容和工作环境的感性认识，进而获得与工作岗位和工作过程相关的专业知识和技能。通过课程的项目制教学改革，课程的教学目标已由原来的传授知识和技能改变为让学生能够充分自如地运用已有的技能和知识；教学的形式由以往的以老师教为主和学生的被动学习改变为学生在老师的指导下主动的学习；师生的互动方式则从单方的被动变为双向的互动；在课程的学习时学生的参与程度则从学生听从老师的指挥和老师要我学变为学生根据自身岗位的需要来选择进而达到我要学的境界；从课程学习过程中的激励手段来看，以往的教学过分注重外在的动力，学生的学习积极性将不可能持久，而项目教学下则充分调动了学生内在的动力，老师则充分利用学生的优点开展各项活动，使学生的学习积极性和主动性长久保持。从推行的结果来看，学生能对商业银行一线对公业务进行熟练的处理，本课程的教学目标得到了很好的体现。

2.创设教学做合一、理实一体化教学模式。

“银行会计实务”课程打破了传统的理论教学加实践教学的教学模式，将理论与实践有机结合，实现了教学和实践的零距离对接。本课程的教学紧扣职业能力需求，以实际工作任务为引领，以商业银行对公业务流程中涉及的基本业务为主线，以商业银行实际临柜会计工作任务为驱动，以教学实践为纽带，将知识、方法和技能有机融合，利用“模拟银行实验室、会计电算实验室、模拟证券实验室”等进行模拟实践操作，实现了教学做合一、理论与实践一体化的教学模式。课程组在教学改革的过程中将以教师为主的灌输式教学，转变为以学生为主体的工作导向式教学。通过这种教学模式的设计和创新，教学转变为以学生为主体的工作导向式，并将商业银行临柜一线实际工作岗位引入课堂，教学和实践保持高度的一致性。在课程建设过程中创建真实的工作情境，课程实践所处的现代柜员中心、金苑模拟银行等实训室按商业银行形式布置，提供给学生身临其境的银行业务实训操作平台。同时在课程实践中采用课程所需仿真账表凭证和业务印章。这样让学生面对真实的工作的情境，借助这些仿真的实训资料和设备来提高学生银行柜员业务岗位的适应能力，为毕业后胜任银行相关工作岗位打下了坚实的基础，实现学生毕业与上岗的“零过渡”。

3.创建仿真型实践教学环节。

本课程的仿真型教学思想打破了传统的教学理念和思想，教学资料根据银行内部员工培训资料进行重新地整合和归纳，并能及时根据银行业务的变化进行调整，做到“零距离”“零时效”，切实避免了课本和课堂滞后于实践的问题。授课过程中不但各项业务流程图根据银行业务的实际流程进行了重新设计，实训凭证、印章也都根据银行实际进行全真设计。并且学生实验实训的实验室也根据银行营业场所的实际进行仿真设计，在接近真实的环境中按角色进行教学组织。课程在“模拟银行”的实践环境中实施教学，提高了教学效率。完成各项工作任务采用小组进行，学生在学习过程中，既掌握了理论知识和实践操作能力，又培养了学生团结合作的团队精神，将银行对公业务分解成不同任务引入课堂进行分析，并将职业规范性教育的内容充分体现在每一次的工作实施过程中，要求学生严格按职业规范进行业务的操作，加强了学生的职业能力的培养，提高了学生的全面素质。

4.采用了多元化考核评价模式。

课程的考核评价体系，对课程教学目标的顺利实现、教学效果的真实体现具有非常重要的影响因素。传统的课程学习成绩的给定一般都是考虑学生平时表现以及卷面成绩，“银行会计实务”课程的成绩评价采用的是多元化的考核评价体系，按照 2∶4∶4 的比例，即 20％的平时成绩，40％的实训成绩，40％的期末成绩。

图1　校企合作的校内生产性实训基地

图2　校企合作的校内生产性实训基地场景

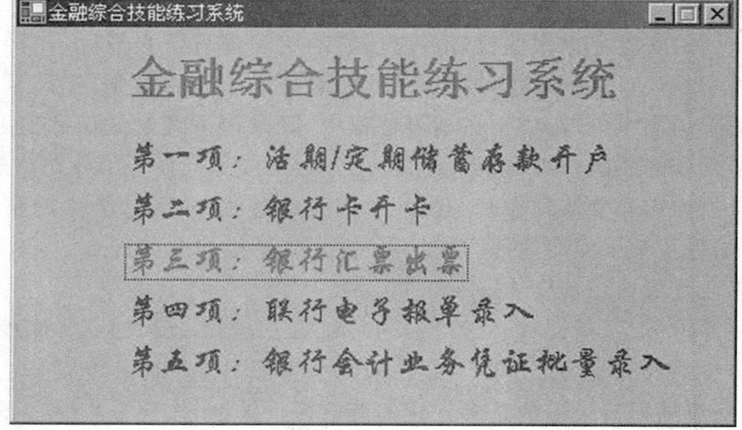

图3　课程组自主开发的教学软件

平时成绩考核的是学生的基本情况，如出勤情况、课堂纪律、课堂提问与讨论、学习态度等。通过平时成绩的考核，可以督促学生保持良好的学习态度和学习习惯，鼓励学生积极参与课堂，活跃课堂气氛，提高课堂效率。

实训成绩考核的是学生工作任务的完成情况，采用手工操作、上机操作、场景模拟、案例设计等多种形式，主要以成果评定和过程评定为主，成绩评价在每一学习项目结束时进行，即进行阶段成绩评价，所有阶段成绩的总和就是课程的实训成绩。实训成绩是对工作任务的客观评价，因为每一工作任务都是采用小组合作方式，每个成员扮演不同的角色，并共同完成项目的实践操作，教师对学生完成项目情况进行分析评价，并发动学生互评，达到使学生牢固掌握所学知识的目的，并通过这一形式达到全面培养学生综合素质和团队精神的目的。过程考核可以使学生重视实训的每个环节，并且掌握每个环节的技能要求，可以帮助学校和教师利用评价结果及时诊断教学中出现的问题，影响教学导向。学生参与评价，有利于从根本上克服学生为应付考试而学习的弊端，使学生能准确地把握学习目标，了解自己的差距，发挥学习的主动性和积极性。

期末考核中，特别注重对实务内容的考核，其中业务处理题和实务操作题占60%以上。期末考核一方面是对学生基本知识掌握情况的检验，另一方面是对学生业务操作能力的考核，再次体现了任务引领性的课程特征。

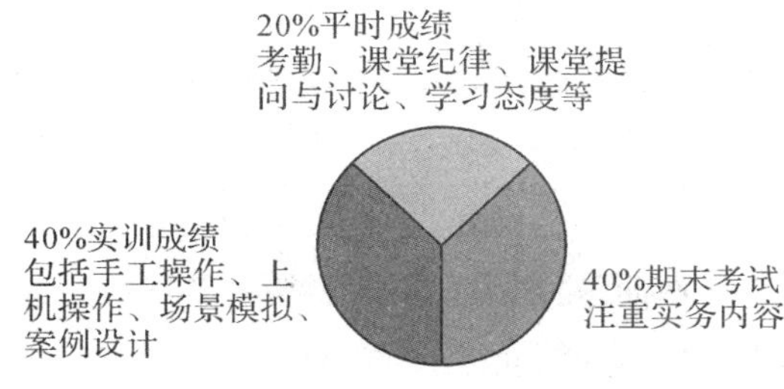

图4　课程考核评价体系

（二）学生培养质量

熟练银行柜台业务操作、懂营销、会理财、善管理的基层复合型的人才培养定位，使专业人才培养更加符合用人单位的实际需求，学生培养质量不断提高，毕业生获取反假货币上岗资格证书、外汇从业人员资格证书、银行业从业人员资格证书等岗位证书获取率达到96%，学生的社会认可程度不断提高。近几年，金融专业的毕业生就业率保持在95%以上，就业岗位对口率超过85%，90%以上用人单位对毕业生表示满意。毕业生工作的起薪高，平均在2500元/月左右，毕业生质量受到行业的认可。从行业的反馈信息来看，普遍反映金融专业的学生在岗位适应能力方面比较强，动手操作能力比较强，上岗比较快，用人单位岗前培训的成本大大降低。而学生的这些优势得益于在类似“银行会计实务”等实务性强的课程在学习的过程中相关岗位技能得到了较好的训练，使学生在校期间就已经掌握了相关的岗位技能，具备了一定的业务素质，真正实现了毕业与上岗的“零过渡”。

“银行会计实务”课程独有的专业特色，课程特有的实践教学特色，使其在专业教学计划选择与社会培训等方面备受关注，本课程除在金融管理与实务专业开设外，被国际金融、投资理财、文秘、会计、财务管理等专业选择开设。还被各银行订单班和银行(信用社)员工培训班选择开设,每学年上课学生规模达到1000人以上。

近年来,学院委托麦可思公司做浙江金融职业学院社会需求与培养质量分析,从该公司2011、2012年度报告中就"主要专业的核心课程重要度及满足度评价"和"主要专业工作相关的核心课程重要度及满足度评价"(如图5、图6所示)两项的统计数据显示,以金融管理与实务专业为例,工作与专业相关的毕业生认为银行会计实务课程的重要度(为89%和93%)较高,且银行会计实务课程被毕业生认为是最有帮助的专业课程,其满足度分别为74%、78%,该数据相对于其他课程而言已经是较高的一个水平。也证明本课程对学生就业、工作都有很大的帮助,也得到了学生和用人单位的认可。

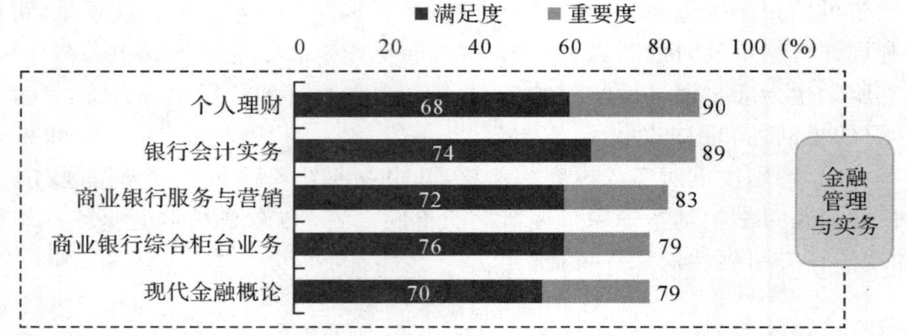

图5 浙江金融职业学院2011届、2010届主要专业的核心课程重要度和满足度评价

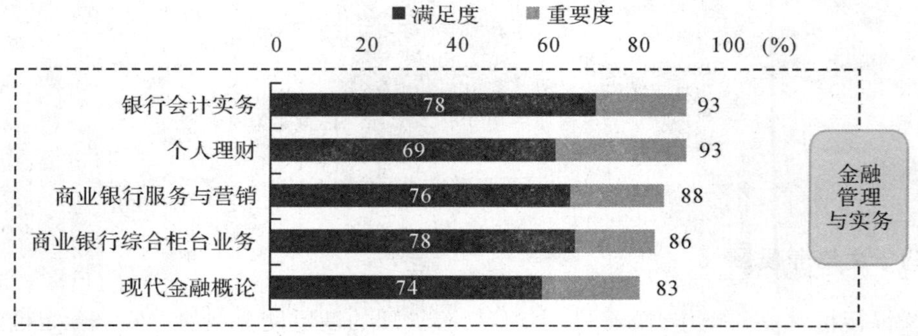

图6 浙江金融职业学院2011届、2010届主要专业中工作与专业相关人群对核心课程重要度和满足度评价

近年来,我院以金融类专业学生为主体的订单培养发展迅速。在银行订单班组建过程中,统一时间安排、统一组织管理,将企业的用人竞争前移。惯例式的运作方式,在校企业合作上形成"赶集"效应,校企合作形成制度化效应。近几年,订单培养学生超过全院毕业生总数的50%,其中金融专业学生深受银行类金融机构的喜爱。

(三)课程组教科研成果丰硕

本课程组的专任教师除了完成日常的教学工作外,还能结合教学过程积极进行总结、提炼,在教研改革上也取得了丰富的成果:"银行会计实务"课程教学团队获浙江金融职业学院优秀教学团队;"'银行会计实务'课程全真化生产性实训教学改革"论文获浙江金融职业学院第五届教学成果奖一等奖等。同时,为了进一步促进教学工作,课程组的老师也积极进行专业领域的科学研究，近几年撰写和公开发表了多篇相关的教科研论文，主持和参与的各级各类课题多项。据不完全统计所取得的教科研成果如表 2 所示。

表 2　课程组教师主持或参与完成的课题汇总表

序　号	作　者	课题名称	课题来源
1	吴　胜	现代银行新柜员人才培养模式研究	省教育厅、财政厅新世纪高等教育教学改革项目
2	吴　胜	浙江经济转型升级与金融服务体系建设	浙江工商大学出版社
3	吴　胜	高职院校金融专业人才培养模式研究	浙江金融职业学院
4	吴　胜	银行会计课程教学改革与实践	浙江金融职业学院
5	吴　胜	“十一五”规划教材《商业银行会计》	教育部
6	吴　胜	“银行会计实务”国家级精品课程建设	教育部
7	吴　胜	体制构建与路径选择：浙江省农村金融改革问题研究	浙江省教育厅
8	吴　胜	金融机构多样化状态下支付清算体系建设研究	浙江省金融教育基金会
9	吴　胜	我国银行业会计准则和金融会计制度改革的思考	浙江省金融会计学会
10	吴　胜	浙江瑞安农村合作银行中层干部及支行行长聘任考核方案设计	浙江瑞安农村合作银行
11	吴　胜	金融支持农户和农村小微企业的路径和机制研究	浙江省金融学会
12	吴　胜	基于互动共赢的高职院校校企合作长效机制研究	中国高等职业技术教育研究会“十二五”规划课题
13	董瑞丽	金融专业教学改革与教学资源库建设	省社科联
14	董瑞丽	住房按揭贷款一本通	省社科联
15	董瑞丽	合作金融内部控制	省联社
16	董瑞丽	“金融综合技能”课程方案设计	浙江金融职业学院
17	董瑞丽	“银行会计”课程实训主导型教学改革	浙江金融职业学院
18	董瑞丽	浙江中小企业金融服务模式创新研究	浙江省金融教育基金会重点课题
19	董瑞丽	银行业务实训基地	省级示范实训基地
20	董瑞丽	高职院校校内外实训基地共享平台构建应用研究——以浙江金融职业学院金融专业为例	2011 年中国高等职业技术教育研究会“十二五”规划课题
21	董瑞丽	金融专业国家教学资源库建设项目——“商业银行综合柜台业务”课程子项目建设	2011 年教育部专业教学资源库立项项目

续表

序　号	作　者	课题名称	课题来源
22	董瑞丽	校企合作育人管理平台的长效机制建设——以浙江金融职业学院银领学院为例	2010省新世纪教改课题
23	董瑞丽	校企深度融合视角下的高职工学互动合作育人新模式的实践与研究	2011年浙江省教育科学规划课题
24	董瑞丽	基于情境教学的课程教学实践——以“商业银行综合柜台业务”课程为例	浙江金融职业学院
25	董瑞丽	校企合作育人管理平台的长效机制建设——以浙江金融职业学院银领学院为例	省新世纪教改课题
26	金晓燕	“银行会计实务”课程项目制教学改革	浙江金融职业学院
27	金晓燕	票据知识实用手册	浙江省社科联
28	金晓燕	扩大浙江消费需求的金融支持政策研究	浙江省商业经济学会
29	金晓燕	“江南运河(苏锡杭段)航运对沿线经济增长贡献比较研究”	杭州运河集团
30	翟　敏	农村金融发展与经济增长——基于浙江视角的实证研究	浙江省金融教育基金会
31	翟　敏	商业银行反洗钱成本补偿问题研究	浙江金融职业学院
32	翟　敏	浙江省民间金融的发展与规范研究	浙江省金融教育基金会
33	吴胜、金晓燕、董瑞丽、翟敏、林志华、王　成	专业教学资源库(银行会计实务课程)	教育部
34	吴胜、金晓燕、董瑞丽、翟敏、林志华、王成	精品资源共享课程(银行会计实务)	教育厅
35	林志华	规范银行理财产品信息披露的机理与路径分析	浙江金融职业学院

表3　课程组教师公开发表论文汇总表

序　号	作　者	论文名称	期　刊
1	吴　胜	商业银行排队服务系统与顾客等待关系研究	上海金融
2	吴　胜	商业银行经济资本管理的比较研究	浙江金融
3	吴　胜	我国城市商业银行营销策略研究	浙江金融
4	吴　胜	新巴塞尔协议操作风险与商业银行合规风险管理	经济问题
5	吴　胜	民间金融的存在与发展:一个供给的视角	上海金融学院学报
6	吴　胜	货币政策与银行监管的关系分析	南京审计学院学报

续表

序号	作者	论文名称	期刊
7	董瑞丽	小微企业金融服务创新研究	人民论坛
8	董瑞丽	校企合作共赢模式下财经类院校示范实训基地建设探讨	学院学报
9	董瑞丽	高职院校校内外实训基地共享平台构建及应用研究	中国职业技术教育
10	董瑞丽	小企业贷款——中小股份制银行可持续发展的路径选择	财会通讯
11	董瑞丽	村镇小额经营贷款风险防范的路径探索	经济纵横
12	董瑞丽	对我国商业银行运用谨慎性会计原则的理性思考	财会研究
13	董瑞丽	我国银行业务外包问题的相关思考	企业经济
14	董瑞丽	谈商业银行 CRM 战略的实施	商业时代
15	董瑞丽	高职“商业银行综合柜台业务”国家精品课程开发与建设	职业技术教育
16	董瑞丽	金融专业教学资源库建设方案思考	职业技术教育
17	金晓燕	全真化生产性实训课教学探索	教育探索
18	金晓燕	人民币实际有效汇率变动对浙江省进出口贸易影响的实证研究	浙江金融
19	金晓燕	新时期中小企业融资策略问题研究	中国商贸
20	金晓燕	IS-LM 曲线与利率弹性:金融创新计量的新方法	统计与决策
21	金晓燕	新会计准则对我国商业银行的影响及对策	湖南财经高等专科学校学报
22	金晓燕	浙江省农民工金融服务现状及需求分析	福建金融管理干部学院学报
23	金晓燕	商业银行会计内控制存在的问题及对策	财会通讯
24	金晓燕	银行承兑汇票存在的问题及对策	中国乡镇企业会计
25	金晓燕	论规范我国股份制商业银行的法人治理结构	浙江金融
26	金晓燕	浙江省农村金融发展与农民收入增长关系的研究	浙江金融
27	金晓燕	商业银行财务管理问题探讨——基于体制层面的新挑战	财会通讯.综合
28	金晓燕	浅析我国高等职业教育课程建设	职业技术教育
29	林志华	商业银行同业业务可持续发展策略研究	金融经济
30	林志华	银行会计课程运用项目教学法的效果分析及改进	考试周刊
31	林志华	析西方经济学均衡理论之教学难点与方法	考试周刊
32	林志华	规范银行理财产品信息披露的机理与路径分析	福建金融管理干部学院学报
33	林志华	构建地方政府可持续性债务融资的长效机制	海南金融
34	林志华	深化中小企业与银行合作关系的途径及发展趋势	济南金融

续表

序　号	作　者	论文名称	期　刊
35	林志华	中小企业与中小银行长远合作的瓶颈制约与路径依赖	金融经济
36	林志华	我国商业票据的发展轨迹与机理分析	武汉金融
37	翟　敏	国内外黄金市场的关联研究	产业经济研究
38	翟　敏	银行排现象比较研究	济南金融
39	翟　敏	银行业反洗钱成本补偿问题研究	经营管理者
40	翟　敏	农业产业化的金融服务路径探寻	农业经济
41	王　成	推进民间资本进入中小企业的路径研究	现代经济信息
42	王　成	城市商业银行跨区发展面临的问题及对策	时代经贸

(四)课程教学资源库建设成果丰富

课程建设的要素包括课程大纲、教材、教辅资料等很多要素,"银行会计实务"课程作为金融专业国家教学资源库核心课程,在课程组与其他十二所参与院校的共同努力下,基本完成了课程资源库的建设工作,具体包括:

教学大纲——以就业为导向,以银行各项临柜对公业务操作为主体,按照高职学生认知特点和认知规律,邀请行业专家在对金融管理与实务专业所涵盖的业务岗位群进行任务与职业能力分析的基础上,共同编写了一本课程教学大纲。该教学大纲以高职院校高端技能型专门人才的培养目标为指导,充分展现了对学生职业能力和职业素质的培养。内容包括明确的教学目的、教学要求、教学内容、考核方法以及讲授和实验实训、作业的课时数分配等。

理实一体化教材——"银行会计实务"在教材建设与使用上一直力求做到内容新、业务全、贴近工作实际,符合高职教育教学特点。目前课程正在使用的教材《商业银行会计》是高职高专"十一五"规划教材,由本课程组负责人吴胜教授主编,该教材在全日制教学和银行(包括农村信用社)员工培训中广泛使用,普遍反映教材体系合理、内容新颖,实用性强。在资源库建设中,课程组以商业银行临柜一线对公业务的工作任务为依据,以项目为载体,编写了理实一体化的教材,目前该教材已完成编写,并被列为"十二五"规划教材,已于2014年初出版。该教材具有很强的务实性和实战性,并且紧跟商业银行业务处理调整的步伐,其业务规定、业务操作流程、业务凭证、印章等都根据银行业务的新变化进行了更新。

电子教案——以课程教学大纲作为蓝本,编写了一整套包含课程整体设计和单元设计的电子教案。单元教学设计明确制定了每一个教学单元的教学目的、参考学时、单元教学要求、单元教学重难点及解决方法,并对每一个单元教学过程进行了详细的设计。每一个教学单元的设计都是以工作任务作为依据,以学生作为课堂主体。

教学课件——课程组精心制作了与教材相配套的教学课件,该教学课件摒弃了死板的文字板书,增加了动感情景来增大课堂容量。用图片的形式展示了每种业务的操作流程,并且动态地显示了凭证的填写过程、审核过程以及签章过程，应该说具有很强的实用性。

习题库——习题库题型多样，包括单选题、多选题、判断题、改错题、业务处理题、实务操作题等；内容丰富，覆盖面广，涵盖了教学内容的各个业务；题量大，共696道，包含各个难度等级，完全可以满足学生课后自学、自测的需要。

课程实训——根据教学大纲中所涉及的每一个具体业务，课程组都制作了一个课程实训，共计65个。每一个课程实训都包括具体的活动名称、活动目标、操作流程、操作步骤以及模拟活动练习等，最大程度地满足了学生实训操作的需要。课程中所涉及的所有的业务都可以在课程实训中找到相应的实训指导和练习。

案例库——案例库共收集了69个教学案例，这些案例与教学内容关联度高、有很强的借鉴和参考意义。各类案例都是以实际发生案例为基础，对每一案例都做了具体的点评分析，并且通俗易懂。通过对案例的阅读和理解，可以让学生理解法规制度和操作规程的重要性，有助于对学生职业素养的培养。

动画视频库——针对教学大纲里的具体业务，共制作了24个动画，这些动画动态的演示了每种业务的操作流程，不仅可以给学生以视觉上的冲击，吸引学生眼球，并且在制作过程中充分考虑到学生的参与性，学生必须动手操作完成相应的业务操作任务，才能完成动画的演示，应该说具有很强的互动性，并且可以检验学生对业务的掌握情况，对于学生学习积极性的调动具有很好的效果。本课程的全程教学录像也已经拍摄并制作完成。

资料库——资料库包括了31个法律法规，5个业务规定，9个网站以及10本参考书。资料库内容齐全、时效性强，作为提供给学生进行学习的参考资料，在促进学生积极研读、思考有关问题，引导学生关注金融业最新动态上都发挥了重要作用，引导学生进行主动学习。

四、成果的推广应用效果

“银行会计实务”课程在全真化生产性实训改革过程中所取得的一系列成果能围绕银行会计职业岗位的标准，课程目标明确，设计思路清晰，体现任务驱动的项目教学要求，项目及任务的编排合理，且具有较强的可操作性。实务操作项目的引入，对培养金融高职应用型人才大有帮助，值得应用和推广。主要表现在以下几个方面：

(一)课程的辐射性强，社会反响大

课程独有的专业特色，课程特有的实践教学特色，使其在专业教学计划选择与社会培训等方面备受关注。本课程除在金融管理与实务专业开设外，被国际金融、投资理财、会计、财务管理等专业选择开设，还被各银行订单班(建设银行订单、工商银行订单班、招商银行订单班、浙商银行订单班等)和银行(信用社)员工(温州农信社系统、杭州商业银行、湖州农信社、金华商业银行、杭州地区建行、温州工商银行、浙江邮政储蓄银行、台州商业银行、宁波工行等)培训班选择开设，每学年上课学生规模达到1000人以上。“银行会计实务”课程，根据麦可思公司对毕业学生的调查，其课程的有效性满足度达到了80%左右。

(二)创新课程设计理念,项目制教材利用率高

“银行会计实务”课程是在全真化生产性实训教学改革过程中不断探索适用的教材。课程在教学过程中创新课程体系设计理念,课程的教学目标已由原来的传授知识和技能改变为让学生能够充分自如地运用已有的技能和知识。基于此本课程组在课程建设的过程中于2008年编写并出版了“十一五”规划教材《商业银行会计》。在本校的推行结果来看,任课教师认为该教材的体例非常适合实务性课程,使用该教材的学生则认为该教材的业务流程清晰,图表丰富,案例翔实,非常实用。另据了解,目前全国有多所开设有“银行会计实务”课程的高职院校在使用本课程组编写的教材,该教材的利用率比较高。

(三)主动服务行业,产学研领域取得了新成效

“银行会计实务”课程组教师会同金融管理与实务专业的其他专业教师一起利用自身的专业优势,承担浙江省政府金融工作办公室、浙江省银行业协会、浙江省金融教育基金会、浙江省农村信用联社、浙商银行、湖州商业银行、金华商业银行等各类委托研究课题,主动为行业、企业和政府机构提供科研服务;派出了年轻骨干教师到中国建设银行、杭州联合银行、浙商银行等金融机构挂职锻炼和实习,将业务学习与行业服务有机结合;为浙江省邮政储蓄银行、浙江省农村信用联社业务人员提供业务培训等等。课程的社会服务功能齐全,成效显著。

(四)参与全国金融专业教学资源库建设,推广教学改革成果

目前全国金融专业教学资源库已经正式立项,各项建设工作正在顺利进行中。“银行会计实务”是我院牵头建设为重点建设课程。经过前期的建设,本课程的建设思路已经确定并得到其他参与院校的认可,另外各个要素都在建设的过程中,有一部分要素已经积累了丰富的素材。该资源库建成后,本课程的教学大纲、教材、数字化教学资源等都将遵循公开、透明、全面共享的长效机制。因而本课程的建设使我院作为国家级示范院校在全国金融专业资源库建设过程中将起到发挥辐射和示范效应,本课程教学改革过程的好经验及教学改革的成果也将得到推广。

(五)搭建网络教学平台,不断完善国家级精品课程建设

“银行会计实务”课程于2008年被评为浙江省级精品课程,并于2009年被评为国家级精品课程。精品课程的一个主要作用就是实现资源共享,因此课程的网络教学平台搭建非常重要。近几年来,本课程借助国家精品课程的优势投入大量的人力和财力,整合各种重要的、相关的资源,构建了本课程的网络教学平台。该平台提供了各种丰富的教学资源,并将实际银行各项对公业务的不同操作步骤、操作方法及凭证资料等在网上展示,学生还可在教学网站上进行讨论交流,及时获得课程教师的指导答疑。同时本课程的网络教学平台还设计了各种操作性强的综合性自主练习,便于学生独立操作与练习。目前,该课程网站为我院的学生学习本课程提供了便利。据了解浙江财经大学、浙江工商大学等本科院校的财经类学生也经常登录本课程网站进行自主学习。

五、课程建设不足与对策

(一)不足

1.“银行会计实务”是一门实务性很强的课程,与实际业务部门联系非常紧密,而金融行业的政策、制度、业务的变化又非常快,因此在建设过程中存在教材以及一些教学要素滞后与实际变动的可能。同时也因为任课教师忙于完成日常的教学工作,存在与行业的联系还不够紧密,对课程的相关建设要素进行更新维护不够及时等情况。

2. 就目前的情况来看,不论是我院参与“银行会计实务”课程建设的人员还是由于资源库建设需要而参与本课程建设的其他院校的人员,大多都是“银行会计实务”课程从教多年的教师,从教学经验、业务能力方面来看都是经验丰富,能力也是比较强的。但是课程的建设要素涵盖范围比较广,特别是在课程资源共享方面对软硬件等技术要求较高,而这是本课程在建设过程中的软肋所在。目前本课程在网页设计、动画制作、录像摄制等方面都只能借助不同院校的一些公共资源或相关的专业公司来完成,在技术方面突破还不大,而这将会影响到某些课程要素的制作。

3. 从课程建设的过程来看,虽然依托资源库建设“银行会计实务”课程组建了由 12 所院校一线骨干教师参与的课程建设团队,但是这些老师也都承担着繁重的日常教学、学生管理以及行政管理等事务,很多建设的工作都是在日常工作之余进行。由于精力和时间有限,从收集的材料来看还存在格式规范不统一、质量参差不齐等现象。另外,由于参与院校来自全国各地,而各地商业银行的系统不一,地方性比较强,因此很难统一相关的标准,使课程相关要素的普适性降低。

4. 在青年教师培养方面,虽然长期以来能采取“传、帮、带”的方式进行连续的培养,也采用短期培训、定期到银行一线实习锻炼等方式使中青年教师的业务知识面不断拓宽,业务素质不断提高,实践教学能力不断加强。但是由于每学年本课程的教学任务都比较重,大部分老师的时间和精力都用在完成日常的教学任务上,因此在撰写教研论文以及申报课程教改课题方面所投入的时间和精力较少,导致课程教改论文和课题的数量较少。

(二)对策

1. 紧密与行业的联系,及时更新教材与教辅资料。

随着电子化脚步的加快,以及现代化计算机技术的日新月异,现代商业银行对于各项业务的处理规范、处理流程,以及各业务凭证、业务印章都时有更新,这些都要求我们的教材以及各种实训材料及时跟随调整。目前正在使用的《商业银行会计》第二版的编写工作已经完成。第二版教材的编写仍然是以工作任务为依据、以项目为载体来编写的,并且与资源库各项建设内容相衔接,具有很强的务实性和实用性。教材更新以后,各种实训材料如业务凭证、账簿、业务印章也随之更新。因此参与课程建设的每一位成员都必须主动、及时地通过各种途径紧密与行业的联系,及时关注、了解、收集监管部门新出台的政策法规以及银行营业中所发生的一些新的典型案例，并及时地把相关的信息以讲义、课后知识补充等的形式在授课过程中融合进去，不断给课堂补充新鲜血液，让学生扩充知识面、开阔视野，养成关注金融时事的好习惯。

2.不断深化微观课堂改革，进一步提高课堂效率。

目前，课程组从教学过程设计、教学方法、教学手段等各个方面在微观课堂教学改革上做了很大努力，也取得了显著成绩。然而，微观课堂教学改革是一项长期任务，随着教学内容的不断更新、教学技术的不断发展以及教学对象的不断变化，对我们的微观课堂教学改革也提出了新的要求。目前的改革应从以下两个方面去思考：课程在让学生积极参与课堂方面已经做得比较好，但是学生课后却不愿意花时间学习巩固课堂所学知识。也就是说，学生没有养成主动学习、获取知识的习惯；通过课程的学习，学生的动手操作能力得到了培养和锻炼，但应如何培养学生的分析和解决问题的能力以及交流与合作的能力还需长期努力。总体而言，本课程是一门实训主导的课程，在培养学生动手操作能力的过程中怎样激发学生的积极性、主动性，是教师在课堂上必须解决的一个问题。因此教师要充分调动课堂氛围，提高课堂效率，引导和培养学生自主学习的能力。

3.以申报国家精品资源共享课为契机，突破课程建设中所遇瓶颈。

国家精品资源共享课是教育部在原国家精品课程建设基础上支持建设的。“银行会计实务”在2009年入选为国家级精品课程，经过几年的建设与不断完善，课程具备了申报国家精品资源共享课的条件。目前，本课程组正在积极进行申报的前期准备工作。在相关要素的准备过程中，课程的建设得到了学院相关部门的大力支持，配备了专职的课程录像小组，购置了课程建设所需的一些软硬件设备，指派了懂得相关软硬件技术的人员参与课程建设。相信在各方面大力支持下，本课程建设过程中所遇到的瓶颈问题应该能得到很好的解决。

4.依托资源库项目，进一步完善课程建设的各项要素。

我院作为国家金融专业教学资源库“银行会计实务”课程的负责院校，在本院牵头下，目前课程组已经与12所参与院校基本完成了资源库所要求的各项内容的建设工作。然而，由于地域差异，各院校水平不一，以及不同要素难易程度不同等原因，目前收集的材料还有一些需要完善的地方，比如电子教案的单元教学过程设计的合理性需要进行完善；案例库中对案例所做的点评分析应给出符合法律法规的小而准的解决方案；动画的制作在一些业务细节上还存在一些小问题，需要进行修改；资料库的内容还有待于进一步充实。

5.进一步加大师资培训，不断提升团队成员的教学及科研能力。

为突出金融高等职业教育的特色，近些年来“银行会计实务”课程在师资队伍建设方面主要注重主讲教师知识构架的提升和职业化的培养，并且大部分教师在参与课程建设时，还承担着专业建设、资源库建设以及班主任工作等。如何让课程组教师在精力和时间有限的情况下发挥主观能动性，积极进行教改课题的申报以及教研论文撰写是课程负责人必须考虑。因此，在接下来的一段时期，要进一步加大师资培训，特别是在科研能力的培养上下重功夫，积极创造各种有利条件，让教师的执教能力、科研能力能得到进一步提高。

多维互动一体化教学与营销技能提升
——“商业银行服务营销”课程建设十年

徐海洁

一、课程建设概况

基于银行服务营销专业学生职业素质的培养，探索高职财经类专业“实践主导型工学结合”的新型人才培养模式，从“学生为主体、就业为导向、能力为本位”的高职教育人才培养目标出发，“商业银行服务营销”课程从未停止过推动课程体系、教学内容和方法的改革及教学组织形式的创新等方面形成自身特色的步伐。自 2004 年我院开始开设“商业银行服务营销”课程以来，课程组成员一如既往地加强课程教育教学的研究和实践，积极探索高职教育教学规律，加强课程经验的积累和教学实践的丰富。2005 年进行了项目化改革的探索与实践，使学生以项目为载体，学着做，做中学，提高实际运用的能力。同时，解决学生在学习过程中理论学习枯燥抽象、动手参与机会偏少等问题，提高学生对该课程的学习兴趣。2006 年 12 月，浙江金融职业学院被教育部、财政部列为第一批国家示范性高等职业院校建设立项单位，根据任务书的要求，“商业银行服务营销”课程为金融重点专业群优质核心课程。2010 年 9 月，“商业银行服务营销”入选浙江省高等学校省级精品课程建设项目名单。

通过课程组全体成员的全体努力，“商业银行服务营销”课程建设取得了丰硕的成果。本课程在运用“工学结合”教学模式时，课程组努力结合自身特点进行以下方面的创新：一是教学内容突出开放性，教学设计层次丰富，活动载体的设计结合岗位特点从细节加以丰富，教学课件的立体效果进一步强化；二是教学信息、实践教学动态化，教学评价过程化；三是多元网络化的教学情境。本课程的突出亮点是激发学生参与教学过程。本课程建设的特色亮点具体如下：

首先，兼顾整体性和个体性拓展参与广度。教学过程中教师既要关注学生个体差异，又要面向全体考虑学生的整体水平，通过缔造师生“学习共同体”引导学生整体参与和差异参与。团队应是采用的最基本的学习型组织，所有的教学目标都是直接或间接地通过团队的努力来达到。在团队的建设中既面向全体注重组织成员的合作学习和群体智力的开发，也考虑到学生的个体差异重视个人学习和个人智力的开发。

其次，着眼学生学习能力提升参与深度。一是培养主体意识增强独立性参与，让学生成为信息的主动摄取者和加工者。通过学生自由组合、自由选题、查找资料、撰写调查报告、参加演讲和答辩等一系列自主参与的教学环节,可以使学生彼此取长补短培养学生多角度思考的习惯,这样有利于培养和发展学生的求异思维、发散思维、逆向思维等。二是注重思维发展提升创造性参与。创造性思维是人的思维品质中最有活力、最有价值的方面。创造性思维能力需要经过长期的知识积累和智能训练才能具备,创造性思维的形成反过来又会成为激励学生深度参与教学的动力。

最后,通过学习反馈完善情境参与。学习反馈是保证教学系统完整性、开放性的关键性过程要素。教师在及时、准确、多渠道、多形式地将反馈信息传递给学生的同时,还要引导和加强学生的自我反馈,从而促进师生共同反思,以达到事半功倍的教学效果。

二、课程建设过程质量

(一)建设理念和思路

"商业银行服务营销"是金融专业核心课程,目标是通过本课程的学习,要求学生对金融客户服务、营销、维护与管理的基本理论与基本知识具备较为全面的了解,真正理解"以客户为导向"的理念,真正掌握换位思考的思维方式,努力寻求客户与银行的双赢,为今后从事以客户经理、大堂经理和柜面营销为主要岗位的金融服务营销工作打下较为扎实的基础。它要以现代金融概论、经济学基础、银行产品、金融服务与礼仪等课程的学习为基础,也是进一步学习商业银行客户经理、商业银行经营管理等课程的基础。

通过商业银行服务营销课程各项目内容的学习与实践活动,学生能了解并运用金融服务营销的相关业务知识和技巧,掌握金融服务营销各项任务所要求的基本职业能力,养成具有敬业精神、团队精神和求索精神,严格执行金融行业相关法律法规、具有良好人际沟通能力和职业道德的品格,为上岗就业做好准备。

该课程打破以知识传授为主要特征的传统学科课程模式,转变为以工作任务为中心组织课程内容,在邀请银行业务专家对金融管理与实务专业所涵盖的业务岗位群进行任务与职业能力分析的基础上,以就业为导向,让学生在完成具体项目的过程中来构建相关理论知识,并发展职业能力。课程每个项目的学习都按以金融服务营销的基本流程为载体设计的活动来进行,以工作任务为中心整合理论与实践,实现理论与实践的一体化。课程内容突出对学生职业能力的训练,理论知识的选取紧紧围绕工作任务完成的需要来进行,同时又充分考虑了高等职业教育对理论知识学习的需要,并融合了相关职业资格证书对知识、技能和态度的要求。

1. 教学内容组织。

本课程的教学内容主要分为基本知识基本技能、应用提高和综合应用三个层次。这样的设计涵盖了学生上岗需要的基本知识和能力技巧,既为能力一般的学生完成工作任务提供了条件,也为学生的可持续发展奠定良好的基础。教学内容分为商业银行客户服务、商业银行营销准备、商业银行营销能力、商业银行营销技巧、商业银行客户维护、商业银行消费者管理、商业银行顾客资产管理、商业银行客户关系管理(CRM)以及商业银行客户风险管理9

个项目。一是教学内容主旨化。除了注意吸取最新的热点问题外，还通过不定期邀请行业专家来校做讲座，努力使学生接触最新的行业信息动态。同时鼓励学生参与到教学信息的设计中来，包括从不同侧面找到与教学主题相关的内容或者对获得大量的知识信息进行重组、挑选等。此外，教学信息应始终处于不断丰富和更新之中，教材不断地被创造性地使用，相关的知识信息可以重组、整合等。二是实践教学动态化。课程组从企业聘请行业专家做兼职教师，参与到教学、教改和课程建设中，对学生进行针对性的操作指导，以不断创新和完善课程的实践教学环节。

2. 教学程序设计。

课程组在教学过程中结合具体的课程教学内容，创造教学条件，加强实践性环节，积极组织学生开展有针对性的项目任务，并布置适量的形式多样的作业，如客户价值分析、营销策划方案、客户维护方案、客户访谈提纲等，以增强学生的实践运用能力，为他们将来更好的从事商业银行服务营销工作奠定必备的实践技能基础。通过案例分析、情景模拟、小组讨论、网上搜索等多种手段，有利于师生互动和信息交流；采用团队合作学习和个别化学习相结合的教学方式，在激发学生主动参与的积极性的同时兼顾社会价值和规范的确立、思想体系的形成。此外，以工作任务情境为导向，以案例为主的真实情境再现为主线，以活动练习设计为主要内容的课堂模拟情境为载体，以提问为主要方式的互动参与情境作为穿插，形成一种网络状的多元化教学情境。

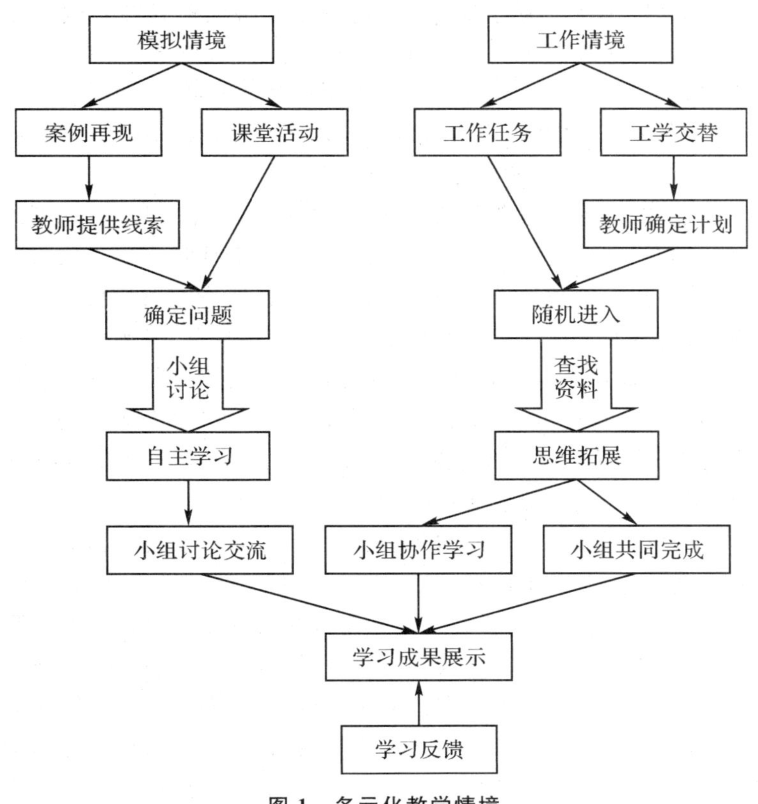

图1 多元化教学情境

3. 教学手段创新。

为提高课堂教学质量，课程组注意加强现代教育技术手段的应用，在课堂教学各个环节中尽可能地采用现代化的多媒体教学手段，并根据具体的教学内容和实践环节，精心制作教学课件，以达到激发学生的学习兴趣，扩充教学内容的容量，降低教学的难度，提高教学生动性的效果。主要是有选择地综合运用实践教学媒体、现场实践（无媒体）、视听媒体、网络媒体等教学媒体，使得教学信息能及时、准确、多渠道、多形式地传递给学生。最后，课程组把教学环境从教室、实训室延伸到资料室、图书馆、电子网络乃至真实的社会，有效地缩小了学校与社会之间的距离、理论知识与实践之间的距离。

4. 教学评价改革。

教学评价的标准应体现项目驱动、实践导向课程的特征，体现理论与实践、操作的统一，以能否完成项目实践活动任务以及完成情况给予评定。教学评价的对象应包括学生知识掌握情况、实践操作能力、学习态度和基本职业素质等方面，分为应知、应会两部分。加强实践性教学环节的考核，过程考核和结果考核相结合。结合课堂提问、学生作业、平时测验、实验实训以及考试情况，综合评定学生成绩。应注重学生动手能力和实践中分析问题、解决问题能力的考核，对在学习和应用上有独特见解的学生应特别给予鼓励，综合评价学生能力。

考核是课程评价体系的基本要素，是教学环节的一个重要组成部分，如何通过考核以发挥教学评价导向、诊断、激励和促进的功能，就必须对方法单一，内容封闭，强调结果，以知识复现为考试的目的，以量化评价为考核指标的传统课程考核模式精心改革创新。课程组在注重过程的前提下，加强实践性环节，注重培养学生能力，以内容丰富、形式灵活、方法多样的考核形式求得较为客观的教学反馈信息，采用项目制考核形式，以项目任务推动课程考核改革，激发学生学习兴趣，提高其动手实践的参与能力，促进教师改进教学内容和方法，提高教学的有效性与教学质量。具体考核办法如下：

实践性教学内容方面：鉴于该课程的主动性、创新性强的特点，整个实践性教学环节所收集和整理的资料具有一定的代表性，并有突出的主题，能体现出每一次实践性教学环节的重点和难点，并能够与相应的理论教学相对应，突出理论联系实践的特色。

实践性教学量方面：实践性教学作为理论教学的辅助部分，必须合理安排好教学量。该课程总课时量为 54 个课时，实践性教学环节课时量安排现为 32 个课时左右 。

实践性教学环节难易程度方面：结合上课所授内容，适当选择相应案例或相应实训，但要注意实训的难易程度及适用性。特别值得注意的是：要使得学生在老师讲解实训案例的基础上，能够自己完成整个实训课程为基准。

实践性教学环节特色之处：在强调内容、教学量、难易程度的同时，必须考虑到实践性教学环节的特色之处，使之能够真正体现出实践性该课程实践性教学环节的与众不同。

本课程的教学效果评价采取过程评价与结果评价相结合的方式，通过理论与实践相结合，重点评价学生的职业能力。针对不同的专业要求，我们将“商业银行服务营销”分别定位于考试课和考查课，考核内容既要考核学生的基本知识，基础理论，又要注意考核学生分析问题、解决问题的实际能力及综合语言知识的运用能力。另外，还应注重对学生平时成绩的考核，包括课堂讨论、案例分析等。目前实行的是 2 ∶ 4 ∶ 4 的考试方式，即平时 20％，实训考核 40％，期末考试 40％，考核方式全面科学。

(二)课程团队建设

高等职业教育办出特色的关键之一在于教师队伍建设，只有形成一支既能从事理论教学又能从事实践教学的“双师型”队伍，教师才能为学生提供和创造尽可能真实、全面、贴近生产实际的学习情景和学习领域，与学生在互为主体的关系中共同探索和提高。这就要求高职院校应组织和鼓励教师经常性地利用假期或者业余时间到金融业实习、挂职锻炼和“产学研”结合等，并为教师提供尽可能多的国内、外培训机会，开阔教师视野，增强动手能力，提高教学效果。

“商业银行服务营销”课程组共有8位教师，“双师型”教师有5位，占到全部老师的60%。课程组专任教师中有3位来自企业，有丰富实践经验，其余2位均在企业挂职锻炼过。课程组的2位兼职教师全部为各家银行的部门经理，均有中级以上职称，他们除担任部分课堂教学外，主要承担学生在企业顶岗实习时的业务指导以及毕业设计的指导。课程组教师治学严谨、师德高尚，执教能力强，教学效果良好。

表1 “商业银行服务营销”课程组教师情况

序号	姓名	性别	出生年月	专业技术职务	职业资格证书	专业领域	在课程教学中承担的任务
1	徐海洁	女	1967.2	教授	工程师	服务营销	课程负责人
2	李宏伟	男	1979.3	讲师	经济师	服务营销	主讲教师 实训指导
3	吴国平	男	1971.1	副教授	高级经济师	服务营销	主讲教师，实训指导、案例
4	孙颖	女	1979.5	副教授	经济师	服务营销	主讲教师，实训指导
5	朱海城	男	1972.3	副教授	经济师	服务营销	主讲教师，实训指导
6	邓林俊昌*	男	1976.7	高级客户经理	经济师	服务营销	行业兼职教师，实训指导
7	丁志毅	男	1974.9	理财师	理财师	服务营销	行业兼职教师，实训指导
8	阮贤平	男	1986.7	个贷客户经理		服务营销	行业兼职教师，实训指导

(三)教学方法改革

高职教育具有鲜明的职业性，其人才培养走以综合能力培养为主体的“实用型”路线，配合实践性教育环节，突出技能和岗位要求为目的。这就要求高职教学需要创新运用“工学结合”的教学模式，在强化知识的灵活应用能力和创新能力，促进知识的拓展和延伸的同时又能通过运用所学知识解决实际问题，提高业务能力和职业素养。本课程总体的教学思路是：

以职业能力为本位，强化高职教育强调的双向交流和具体操作的特色。在基本知识与技能层次教师主要讲解实例，分配任务，讲解知识点。在应用提高层次，根据学生特点，引导学生自主学习，对于较集中的问题做透彻地分析与讲解。在综合应用层次，主要来解决学生在实际应用中出现的问题。

1. 以就业岗位群为导向，以银行金融业务营销为主线进行课程内容设计。

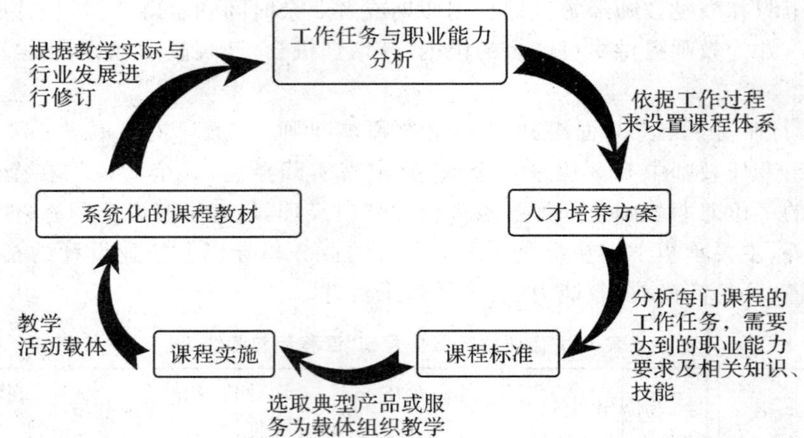

图 2 基于工作过程的系统化课程设计

在邀请银行业务专家对金融管理与实务专业所涵盖的业务岗位群进行任务与职业能力分析的基础上，以银行服务营销岗位职业能力为培养目标，以工作任务为中心整合理论与实践，让学生在完成具体项目的过程中来构建相关理论知识，并发展职业能力。

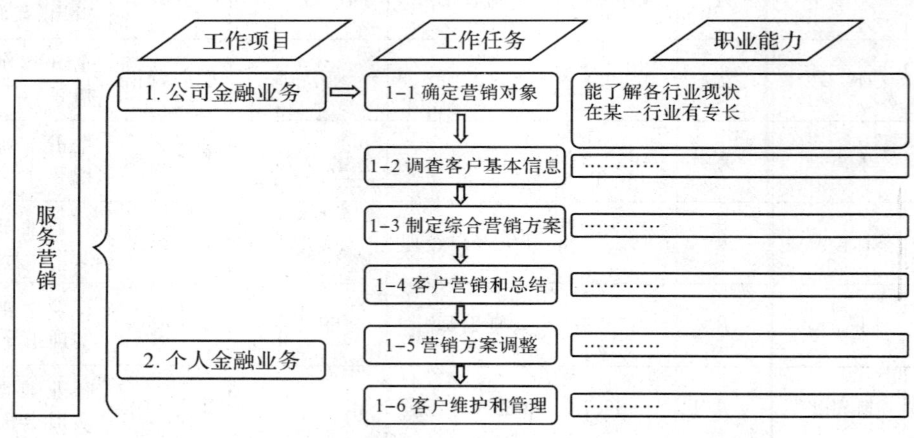

图 3 任务与职业比能力分析

2. 以银行服务营销基本流程为活动载体设计依据实施课程教学内容。

课程每个项目的学习都以银行服务营销的基本流程为载体设计的活动来进行，以工作任务为中心整合理论与实践，实现理论与实践的一体化。

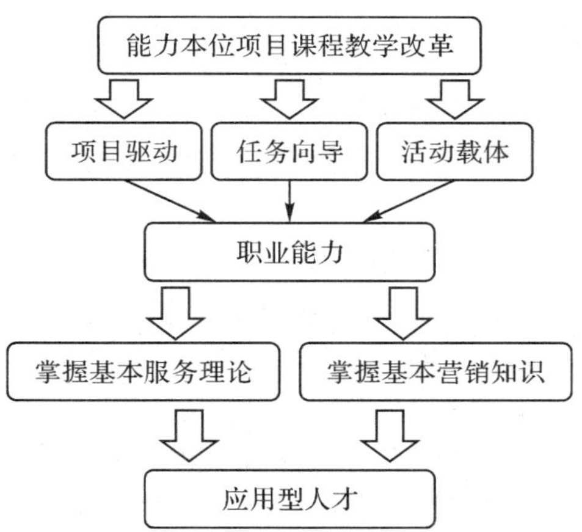

图 4　以银行服务营销基本流程为活动载体设计依据实施课程教学内容

以银行服务营销的业务类型为线索设计学习项目，突出对学生职业能力的训练。理论知识的选取紧紧围绕工作任务完成的需要来进行，同时又充分考虑了高等职业教育对理论知识学习的需要，并融合了相关职业资格证书对知识、技能和态度的要求。

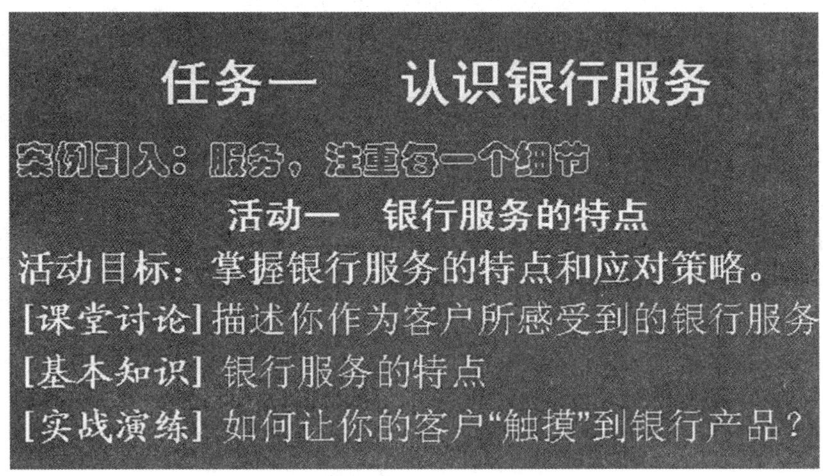

图 5　以银行服务营销的业务类型为线索设计学习项目

通过校企合作，校内实训基地等多种途径，采取工学交替、校内模拟练习、社会调查等形式，充分开发学习资源，给学生提供丰富的实践机会，结合案例分析，培养学生胜任大堂经理、客户经理等岗位的职业能力。

3. 主要教学方法。

经过多年教学实践，本课程的教学已初步形成了以教学内容针对性强、更新速度快，教学形式灵活、多样的实践教学为主理论教学为辅的教学模式，基本符合高职院校培养实用型人才、注重学生职业能力的培养目标。采用的教学方法主要如下：

一是项目教学法。将各项目划分成各个工作任务穿插进各个教学模块，配合理论教学以及小组实训操作完成。各项目组在项目组长的组织管理协调下，分工协作地进行确定选题、调查分析、完成报告等，要求上交排版好的电子稿和打印稿，并派代表在课堂上讲解答疑。充分培养了学生的开发能力和实践操作技能。

二是情境教学法。通过创设新颖、可行、开放的情境，让学生在情境中思考、探索、合作中形成一种激发学生自觉、主动、独立参与的教学氛围，从而实现学生自主、创造性地建构知识框架的教学目标。

三是案例教学法。我们主要选择案例作为真实情境再现的切入点，基于案例的推理这一心理机制能很好地揭示问题解决的过程，从而用这个原理来支撑学习者的问题解决学习。对于难以理解的理论知识，借助多个案例讲解，结合知识实际操作完成可将难点容易化。从而培养学生独立思考，综合运用所用知识分析问题解决问题的能力。

四是引导式互动。通过银行服务营销案例演示和相关新闻视频播放，让学生了解并参与讨论最新服务营销热点问题，就学生比较关注的银行服务营销的重点、难点问题开展讨论或辩论。提高学生运用所学知识解答实际问题的能力。一是在讲授新的理论知识时，注意引导学生自主学习，帮助学生理解。二是在学生就所完成的任务进行自评互评的时候，注意引导学生的切入角度以及分析问题的全面性。这样可以使得互动式教学渗透于每一教学环节中，教师和学生通过相互交流、相互促进，使教与学有机结合，从而提高学生主动参与学习的兴趣，培养学生主动学习能力，组织协调能力和沟通能力。

（四）资源建设情况

1. 在职教专家和行业专家的共同指导下，进一步丰富和完善了课程教学标准、课程整体设计、项目载体设计、教学案例库和习题集等课程建设要素资料并全部上网。

2. 着眼于金融服务营销这一视角，修订后的《金融服务营销》第二版拓展了本教材适用范围，有利于行业内互相学习、借鉴和共同提高，同时也能为社会读者培养职业能力提供知识性和实用性兼具的学习用书。在重视知识和能力的前提下，依据工作流程进一步梳理和强化业务技能和技巧的训练，内容紧贴实践环节和最新服务热点，案例新颖实用，并且丰富了自我营销的相关内容，旨在凸现个人品牌经营在服务营销中的重要性。

3. 完成了课程授课录像的全程拍摄。

4. 完成了《商业银行营销技巧》实训报告的编制并应用于教学实践，同时修订了课程考核方案。

5. 完成了全媒体互动教学框架的初步开发，包括分区域显示、案例动画展现、互动点播、实时答题及释疑等功能，通过平台学生可以通过智能手机、平板电脑、智能电视等新型终端随时随地随需方便快捷地获取教育服务，图 6 是部分动画的截图。

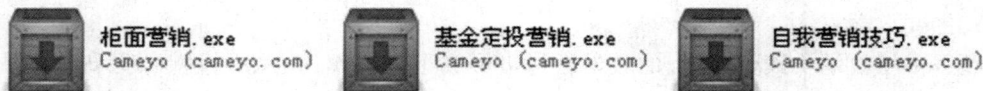

图 6　全媒体互动教学框架部分动画图

三、课程建设结果质量

“商业银行服务营销”课程在每学年第一学期主要针对订单班学生，授课周数一般均为15周，每周二节；每学年的第二学期主要针对金融管理与实务专业、国金专业、农金专业、理财专业等大二学生展开授课，其中授课周数按照学期时间的长短大致为16—18周，根据专业人才培养计划，每周3节。整体来看，“商业银行服务营销”课程本学年课程安排与专业培养计划相匹配，课程设置合理，课时数饱满，能够满足各个专业的需求。

（一）学生培养质量

“商业银行服务营销”课程涵盖了银行从业人员职业技能水平和专业岗位适应能力等多方面的要求，强化了对学生岗位职业能力的培养，学生就业能力水平得到进一步提升。2011届，银领学院学生数量已经突破1000人，参与银领学院订单人才培养的订单单位增加到36家，2012届订单企业达到44家，2013届银行订单已达1215人。

通过该课程的学习，学生普遍认为该课程实践教学特色鲜明，核心教学内容的选取能够紧紧围绕一线业务岗位需要，与未来的工作岗位要求联系紧密，实训内容丰富，整体教学效果好，对专业所做的顶岗实习学生的问卷调查和麦可斯公司的第三方调查也显示了这一结果。从最近连续四年的学生评教结果看，学生对课程的教学比较认可，综合评价为优秀。

（二）课程教改项目

团队教师均具备较强的课程开发能力，在教研课题、教改项目和教研论文方面取得一些成绩。近五年来，团队教师主持的教研课题和教改项目完成十余项，教研论文总计十余篇。课程团队教师在校企合作育人管理平台的长效机制、工学互动合作育人新模式的实践与研究方面进行了有意义的探索，并结合“四大国家战略”探索学生就业能力的提高，以及依托金融行业指导来全面提高学生顶岗实习管理质量，旨在推进专业内涵建设转型，提高高职人才培养质量。2013年8月，以完善和拓展课程建设内容为主要宗旨的浙江省科技厅重点软科学项目“基于网络多维互动的金融营销学习平台的构建研究”申报成功，该项目的实施将为社会服务提供一个有效的载体。

（三）公开出版教材

2008年版的《商业银行服务营销》自公开出版发行后，在社会上引起广泛的关注，被数家高职院校金融专业所采纳。后在出版社的要求下，结合近几年商业银行服务营销方面出现的最新的知识点，又深入行业收集了大量的资料，把几年教学中所反馈的教材中的一些问题都一一进行修订、补充与完善，在2013年9月如期由中国金融出版社发行《金融服务营销》第二版教材。该教材在原有教材的基础上，内容更加丰富、新颖，结构更加清晰。

四、结语

课程建设是一项涉及教师业务水平、课程内容、教学方法、教学条件、教学改革和教书育人等方面的工作，其宗旨是提高课程教学的效果和质量，实现教学培养目标，在传授知识的基础上，使学生掌握本门课程的理论框架和思维方法，并有意识地培养和发展学生的创造能力。搞好课程建设，一方面有助于带动教材建设，教学手段的更新；另一方面有助于教师总结多年来教学改革的经验，更新教育观念，树立正确的教学质量意识，促进教学管理的规范化和课程综合质量的提高。因此，抓好课程建设，对提高教学质量和办学水平，深化教学改革，培养高质量合格人才具有十分重要的意义。“商业银行服务营销”的课程建设对于培养学生正确的商业银行服务理念，提升我院理论和实际相结合的氛围，提高教学效果，更好地体现金融职业院校的特色有着重要的意义。

小额信贷实务理实一体化教学与优秀小额信贷员培养
——“小额信贷实务”课程建设五年

郁国培　邱俊如　凌海波

一、课程建设概况

“小额信贷实务”，我院农村合作金融专业深化和特色课程。该课程教学内容围绕小额信贷理论知识和实务技能展开，与传统信贷业务教学关注的客户对象不同。小额信贷业务主要关注的是中低收入者、农户、个体工商户、小型微型企业等传统银行信贷覆盖不到的群体和类似群体贷款服务问题，是普惠金融体系建设的主要目标。解决这些群体贷款难的问题对于改善他们的经济状况，消除贫困和促进经济增长具有重要的现实意义。满足低收入农户、个体工商户和小微企业的信贷需求，受到了政府管理部门和金融行业的重视，具有良好的发展前景。但从现实来看，小额信贷业务的教学与培训还相对落后，为此，我们在充分调研的基础上，整合行业资源和力量，率先在农村合作金融专业开设“小额信贷实务”课程，培养小额信贷业务操作实用人才。

该课程于2008—2009学年第2学期在农金2007级学生中正式开课。2010年，课程成功申报立项为教育部高职高专经济类教指委重点建设课程，立项后，课程组围绕课程设计、教学方法、教学条件、师资队伍建设、社会服务等方面进行了一系列的探索和改革。在课程设计上，打破以知识传授为主要特征的传统学科课程模式，转变为以工作任务为中心组织课程内容；在教学方法上，除讲授教学、案例教学外，突出课堂讨论、小组合作学习等教学方法的运用，并坚持工学交替；在教学条件上，建设了课程网站、理实一体化教室和校内外实训实习基地；在师资队伍建设上，通过行业实践锻炼和业务培训，提升校内教师专业素养，加强实践操作能力训练，并聘任了行业兼职教师参与课程建设和授课；在社会服务上，积极承担行业培训项目，扩大课程影响力。

二、课程建设过程质量

（一）建设理念与思路

本课程以行业业务专家、高职教育专家、课程专任教师对小额信贷员工作任务与职业能力分析为基础，以任务驱动、项目导向为课程改革方向，结合专业人才培养方案、专业教学标准、课程教学目标与特点进行课程整体设计和单元设计，打破以知识传授为主要特征的传统学科课程模式，转变为以工作任务为中心组织课程内容，让学生在完成具体项目活动的过程中掌握相关理论知识、训练岗位职业技能，培养独立分析和解决实际问题的职业能力。

课程内容包括认识小额信贷、小额信贷业务规范、农户小额信贷、个体工商户信贷、小企业信贷、小额信贷风险防范、小额信贷业务绩效评价、小额信贷业务拓展等学习项目，这些学习项目是在行业业务专家指导、职教专家和校内专任教师共同研讨的基础上确立的。课程内容突出对学生职业能力的训练，理论知识的选取紧紧围绕完成工作任务的需要，并融合了相关职业资格证书（银行业从业人员资格考试公共基础、个人贷款、公司信贷等科目）对知识、技能和态度的要求。

课程教学以工作任务为中心整合理论与实训，以课程内容的活动载体设计为基础，实现理实一体化教学。教学过程中，利用校内外实训实习基地、校企合作等多种资源与途径，采取工学交替等形式加强课程实训和实践教学，提高课程教学的岗位针对性和适应性，实现预期教学效果。教学效果评价采取过程评价与结果评价相结合，将理论考试与实践能力展示相结合，重点考核学生胜任小额信贷岗位的核心职业能力和基本职业素质。

（二）课程团队建设

本课程的师资队伍结构合理、配比优化。其中，教师学历结构合理，主要来自浙江大学、西南财经大学、同济大学、江西农业大学、中央财经大学等院校，主讲教师的知识面涵盖了经济金融和农村金融领域。课程团队教师的年龄结构和学历背景不断优化，45 岁以下高级职称、青年骨干教师人数占比较大，主讲教师都有近 5 年以上的教学经验，校内主讲教师均为硕士学历及以上。外聘行业兼职教师基本是从事多年小额信贷岗位工作的业务能手，具有丰富的业务实践经验，并具有一定的教学能力，教学效果良好。在教学师资队伍建设上，通过“青蓝工程”“学术结对”等方式，加强新老教师之间、校内专业教师与行业兼职教师之间的经验传递，并通过派遣教师参加行业实践锻炼和相关业务培训等方式提升教师的实践能力和理论素养。同时，课程组还通过教学观摩、课程研讨等方式相互促进，提升教学水平和质量。

（三）教学资源建设

通过本课程的教学，有志于从事小额信贷岗位工作的农村合作金融专业学生和人员可以了解小额信贷及其业务规范的理论知识，掌握农户、个体工商户、小微企业的小额信贷技术，具备风险识别和防范能力及业务拓展能力。基于上述课程目标，本课程在教学设计上，打破以知识传授为主要特征的传统学科课程模式，转变为以工作任务为中心组织课程内容。

课程组在征询高职教育专家与行业专家对小额信贷员岗位要求的工作任务与职业能力分析意见基础上，以小额信贷岗位的业务流程，结合必备素质和技能要求进行整体设计，编写教材，把课程内容分为认识小额信贷、小额信贷业务规范、农户小额信贷、个体工商户信贷、小企业信贷、小额信贷风险防范、小额信贷业务绩效评价、小额信贷业务拓展等 8 个学习项目。每个学习项目又分为若干个模块，每个模块下又设计了具体的学习活动，使学生在完成相关活动的过程中掌握理论知识，培训操作技能。课程教学充分体现工学结合、任务驱动、项目导向的教学模式，突出学生职业能力的培养与职业素质的养成。根据该教材，制作了配套的电子课件。

除了基础的教材和电子课件外，课程组还制作了大量教辅资料，包括实训资料、案例集、试题集、学习指南等，还搜集了大量政策法规和新闻视频，供教学课堂使用和学生课外学习。这些资料信息容量更大，表现形式更为丰富多彩，可以进一步激发学生学习的积极性。

（四）资源上网情况

目前，课程网站已开通使用，网址：http://xexdsw.jpkc.cc/。

图1 “小额信贷实务”课程网站截图

本课程建立了资源丰富、方便实用的课程网页。课程的教学标准、教学课件、案例集、试题集、学习指南等资料全部上网，实现资源共享，方便学生网上在线自主学习。教师通过网络进行教学进度的安排、作业的布置，并且通过论坛与学生进行互动交流，提高教学质量和效率。具体资源清单及其路径见表1。

表1 课程资源上网情况

序 号	内 容	路 径
1	课程规划	课程设置
2	课程标准	课程设置
3	教学质量标准	课程设置
4	教学课件	教学内容
5	教学案例	教学内容
6	习题作业	教学内容

续表

序　号	内　容	路　径
7	学习指南	教学内容
8	实训大纲	教学内容
9	行业法规	首页
10	友情链接(相关网站)	首页

(四)教学方法改革

为达到培养学生职业能力的根本目标,本课程在教学中不断摸索和创新,运用灵活多样的教学方法。

1.项目教学法。

本课程根据教学内容,采用任务驱动、项目导向、活动为载体的项目教学法,融“教、学、做”为一体,使学生在完成具体任务的过程中构建理论知识,锻炼实际操作技能。课程教学的具体项目活动设计见表2。

在实训教学中,将场所从理实一体化教室延伸到小额信贷员的实际工作部门和岗位,通过工学交替,学生完成相关工作任务,提高实训效果。每年上半年,农金专业学生均依托于“理财博览会”进行工学交替,工学交替内容为学生分小组进行机构小额信贷业务品种的调研,并形成调研报告。通过这样的活动,一方面,锻炼了学生的专业分析能力、文字处理能力;另一方面,也锻炼了学生的团队合作能力、组织协调能力。

表2　教学内容的组织与安排一览表

序　号	工作项目	课程内容与教学要求	活动设计	参考课时
1	认识小额信贷	1.掌握小额信贷的概念、特征及模式 2.了解国内和国际小额信贷产生与发展历程及现状 3.了解目前小额信贷的发展趋势	1.案例教学:收集小额信贷项目成功案例,通过学生分析与讨论,进行讲解 2.学生收集资料:收集各种小额信贷机构的典型案例,分析现有模式的特点 3.多媒体演示:通过视频、图像资料,介绍小额信贷发展趋势,学生进行讨论	6
2	小额信贷业务规范	1.熟悉当前小额信贷业务政策与法律规范 2.掌握小额信贷业务基本流程 3.了解小额信贷员岗位规范	1.学生收集资料:收集各种政策及法规规章,讨论其作用和意义 2.情景模拟:组织学生模拟小额信贷机构与客户办理业务。一人扮演小额信贷员、一人扮演客户。熟悉客户办理业务的相关步骤 3.学生讨论:阅读相关案例,学生进行讨论,了解小额信贷员的基本岗位技能要求及操作规范	6

续表

序　号	工作项目	课程内容与教学要求	活动设计	参考课时
3	农户小额信贷	1.了解农户的经济行为特征 2.分析农户的信贷需求 3.掌握农户小额信贷操作流程及操作要点 4.能够对农户进行信用评分	1.案例分析:选择一个特定农户客户,对其进行金融需求分析 2.情景模拟:组织学生模拟小额信贷机构与客户办理业务。一人扮演小额信贷员、一人扮演农户。熟悉客户办理业务需要提交的相关资料 3.多媒体演示:通过多媒体演示农户贷款的相关步骤,演示各个操作流程中的法律文件及信贷文件 4.仿真性技能训练:在信贷业务仿真软件平台上进行资料录入,独立完成该类信贷业务的操作流程	6
4	个体工商户信贷	1.了解个体工商户的经济行为特征 2.能够分析个体工商户信贷需求 3.掌握个体工商户小额信贷操作流程及操作要点 4.能够对个体工商户进行信用评分	1.案例分析:选择一个特定个体工商户客户,对其进行金融需求分析 2.情景模拟:组织学生模拟小额信贷机构与客户办理业务。一人扮演小额信贷员、一人扮演个体工商户。熟悉客户办理业务需要提交的相关资料 3.多媒体演示:通过多媒体演示个体工商户贷款的相关步骤,演示各个操作流程中的法律文件及信贷文件 4.仿真性技能训练:在信贷业务仿真软件平台上进行资料的输入,独立完成该类信贷业务的操作流程	6
5	小企业信贷	1.了解小企业的经济行为特征 2.能够分析小企业的信贷需求 3.掌握小企业小额信贷操作流程及操作要点 4.能够对小企业进行财务和非财务因素分析 5.能够对小企业进行信用评级	1.案例分析:选择一个特定小企业客户,对其进行金融需求分析 2.情景模拟:组织学生模拟小额信贷机构与客户办理业务。一人扮演小额信贷员、一人扮演小企业。熟悉客户办理业务需要提交的相关资料 3.多媒体演示:通过多媒体演示小企业贷款的相关步骤,演示各个操作流程中的法律文件及信贷文件 4.仿真性技能训练:在信贷业务仿真软件平台上进行资料的输入,独立完成该类信贷业务的操作流程	9

续表

序　号	工作项目	课程内容与教学要求	活动设计	参考课时
6	小额信贷风险防范	1.能够识别小额信贷风险 2.了解小额信贷风险管理的基本方法 3.掌握小额信贷信用风险的表现特征及风险防范要点和方法 4.掌握小额信贷操作风险的表现特征及风险防范要点和方法 5.掌握小额信贷法律风险的表现特征及风险防范要点和方法	1.学生讨论:通过成功运作的小额信贷机构的案例,总结风险防范的一般方法 2.案例教学:通过特定案例,了解操作风险、法律风险的具体表现形式,并总结风险防范要点 3.学生资料搜集并讨论:目前,小额信贷机构进行风险防范,还有哪些可行方法?	6
7	小额信贷业务绩效评价	1.掌握可持续发展的含义,理解小额信贷机构可持续性的意义 2.了解小额信贷机构财务评价和社会效益评价的相关指标体系,能够进行相关指标的测算,并判断指标的优劣	1.案例教学:比较处于不同发展阶段的小额信贷机构,讨论什么是可持续发展 2.实训练习:通过实训材料,计算小额信贷机构财务评价和社会效益评价的指标,并判断其优劣 3.学生讨论:小额信贷机构要同时实现覆盖面和可持续两个目标,两者之间存在此消彼长的关系吗?	9
8	小额信贷业务拓展	1.会识别小额贷款的潜在客户 2.掌握如何对小额信贷客户进行开发和维护 3.能够根据不同客户的需求和小额信贷机构的实际进行小额信贷产品的设计	1.实战演练:请对自己感兴趣的一个潜在市场进行分析,判断其潜在客户,并进行 SWOT 分析 2.案例分析:根据不同案例的客户,思考如何进行维护,如何进行产品的改进 3.学生讨论:为自己感兴趣的某个客户设计一个量身定制的小额信贷产品	6
合　计				54

2.案例教学法。

本课程配备了大量案例,在课堂上由老师组织学生进行讨论分析,课下由学生通过教学网络平台进行阅读思考。在对案例的分析、思考、讨论中,逐步提炼知识要点,再由老师指导总结,使学生对知识的理解更深刻。

3.情景模拟法。

通过设定相应情景,让学生扮演不同的角色来体验具体的操作,在具体的操作中掌握相关的知识。如在农户贷款、个体工商户贷款、小微企业贷款等教学环节上,让学生扮演客户、小额信贷员等角色,让学生熟悉贷款业务的操作流程和操作要点。角色扮演将枯燥的程序描述转变为生动的课堂游戏,既激发了学生浓厚的兴趣,又让学生通过角色体验加深了对知识的印象。

4.立体互动教学。

在传统的课堂教学基础上,充分利用网络教学平台,进行纸质、声音、电子、网络等相结合的立体化教学,实现教师和学生的双向互动。通过情景模拟、课堂讨论、工学交替等方式,学生分组完成任务,老师指导和点评,实现学生与学生之间、教师与学生之间的多向互动。

三、课程建设经验与成果

(一)建设经验总结

与国内开设信贷相关课程的同类院校比较,"小额信贷实务"课程建设具有开创性,走在全国前列。小额信贷业务是属于信贷业务领域的一个分支,在普惠金融体系建设中具有重要的地位。但在实际操作过程中,小额信贷与传统信贷又有很大的区别。目前,小额信贷业务发展迅速,对小额信贷从业人员的需求较大,但从现有学校已开设的课程来看,仍然是以传统的信贷课程为主,以小额信贷为对象的课程基本是空白。我院经过广泛的社会调研和论证,结合行业企业的人才需求实际,最早在农村合作金融专业开设这样一门课程,实属开创该类课程之先河。其次,该课程的教学模式与传统信贷课程有很大区别。一般院校的传统信贷课程比较注重理论知识的传授,而我院的"小额信贷实务"课程更加注重对学生职业能力的培养和实践操作技能的训练,通过工作过程导向的项目教学、工学交替、理实一体化等方式使学生在校就能具备上岗的基本技能和理论知识,实现"毕业与上岗零过渡"。

目前,国内和国外都有关于小额信贷业务方面的短期培训或远程教育,但这些培训项目在培训时间、培训内容、培训方法上存在一定的缺陷,比如培训时间短、培训内容照搬国外而不切合中国实际,培训方法上以教师传授为主,等等。我院开设的"小额信贷实务"课程首先是以满足在校学生的学习为主,因此组织了充足的师资力量编写配套教材,进行教学模式的改革研究,从而能够保证学生学习的系统性。其次,我院开设的该课程其教学内容是以我国小额信贷业务发展实际为基础,结合国外小额信贷发展经验来确定的,更切合中国小额信贷业务实际,以此内容为基础开展的教学和对行业人员的培训更能达到学以致用的效果。

1.以先进的职教理念为指导,探索和实践任务导向的项目教学。

"小额信贷实务"课程建设吸纳了职业教育的先进理论,并结合课程自身的特点明确了定位和教学设计的方向。该课程建设总体设计打破了以往以知识传授为主要特征的传统学科体系课程模式,转变为以工作任务为中心组织课程内容,用案例或任务活动形式让学生在完成具体项目任务的过程中学习相关理论知识,训练职业技能,发展职业能力。

2.行业专家和专业老师共同进行课程标准开发,并据此进行项目载体设计。

在专业教学标准的基础上,与行业专家共同制定本课程的教学目标,确定教学内容,并据此进行课程教学内容的项目载体设计,以工作任务为中心整合理论与实践,实现理论与实践教学一体化。

3.课程建设广泛吸纳行业机构建议,与相关金融机构持续合作。

与行业机构共同研究,制定教学计划、教学大纲和教学方案,谋求教学与实践零距离;并与相关金融机构持续合作建立实习基地或产学研基地，充分开发学习资源，给学生提供更多的实践机会，卓有成效地开展小额信贷业务的实习实训，实现毕业与上岗"零过渡"。

4. 教学内容安排以任务为导向，教学方式与手段多样化。

在教学内容选择上，以小额信贷理论知识和小额信贷业务对象分类构成一条完整的逻辑体系，并以此来设计和组织教学内容，提高学生的业务操作能力。在教学过程中，综合运用案例分析、任务活动、工学交替和多媒体等多种方式手段，引导学生主动参与教学，提高教学效果。这种教学内容的设计，经过教学的检验证明学生能够较好地适应岗位和业务的发展，实现了职业能力培养目标。

此外，在教学团队方面，通过引进行业兼职老师参加常规课程教学，形成了一支"双师"结构合理、"双师"素质高的师资队伍。在教学效果评价环节，采取过程评价与结果评价相结合、理论考试与实践操作相结合，重点评价学生的职业能力。

(二)课程建设成果

1. 教研成果不断增加。

近年来，课程组成员通过共同备课、相互听课、共同参与教科研究、积极参与社会实践等方式在教学、科研、职称晋升等方面都取得了较好的成绩。其中，教研课题和论文情况见表3、表4。

表3　近年教学团队教改项目一览表

序　号	时　间	项目组成员(排名)	课题名称	课题来源
1	2011.2—2012.3	邱俊如(1/3) 凌海波(2/3) 吴国平(3/3)	"小额信贷实务"省重点教材建设项目	浙江省教育厅
2	2010.6—2013.10	郁国培(1/5) 凌海波(3/5)	多层次、立体化农村金融人才培养体系建设	浙江省新世纪教改一类项目
3	2010.6—2013.6	郁国培(1/5)	多层次、立体化、高技能金融人才培养基地及教师团队建设	浙江省科技厅项目
4	2011.12—2013.12	邱俊如(1/6)	财经类高职院校校企共建信息一体化校内实训基地的实践与探索	浙江省高职教育研究会
5	2011.8—2013.6	吴国平(1/12)	基于互动共赢的高职院校校企合作长效机制研究	中国高职研究会"十二五"立项课题
6	2011.3—2013.12	邱俊如(个人贷款科目负责人)	高等职业教育金融专业国家教学资源库"职业考证辅导站(银行)"特色型资源中心项目	2011年教育部专业教学资源库立项项目
7	2011.3—2013.12	邱俊如 吴国平	高等职业教育金融专业国家级教学资源库子项目"商业银行授信业务"课程建设	2011年教育部专业教学资源库立项项目

表 4　近年教学团队教研论文一览表

序　号	发表时间	作者(排名)	论文题目	刊物名称
1	2010.3	郁国培(1/2)	金融危机背景下的成人教育发展研究	黑龙江高教研究
2	2010.8	凌海波(2/2)	论新时期农村劳动力职业教育培训体系的构建	中国职业技术教育
3	2011.1	凌海波(1/1)	高职校园文化内涵与建设路径	职业技术教育
4	2012.2	吴国平(1/1)	基于行业指导下高职学生顶岗实习管理质量研究——以浙江金融职业学院实践探索为例	天津职业大学学报
5	2012.8	凌海波(1/2) 郁国培(2/2)	多层次、立体化培养应用型农村金融人才探析	辽宁高职学报
6	2012.10	吴国平(1/1)	结合"四大国家战略"探索学生就业能力——浙江金融职业学院提高学生就业能力的探索与实践	中国职业技术教育
7	2012.12	郁国培(1/2) 凌海波(2/2)	面向"三农"并举并重培养应用型农村金融人才	教育与职业
8	2013.1	凌海波(1/1)	基于培训服务优势的高职院校职业培训工作探讨	继续教育研究
9	2013.6	邱俊如(1/1)	财经类高职院校校企共建信息一体化校内实训基地的实践与探索	杭州商业职业技术学院学报
10	2013.9	邱俊如(1/2)	基于信息化的财经类专业校企联合实训基地建设探索	金融教育研究

2. 项目教材公开出版。

在原有编写的课程讲义基础上，课程组编写了《小额信贷实务》教材，并申报为浙江省重点建设教材项目，2012 年 3 月由中国金融出版社出版。该教材以工作过程为主线，体现了课程项目教学的特点。

图 2　《小额信贷实务》教材封面

3. 行业联系愈加紧密。

近年来，农村合作金融在专业建设过程中，各相关行业企业和兼职教师对课程建设给予了大力支持。如浙江省农村信用社联合社、省金融办、杭州市下城区美达小额贷款有限公司、平湖市康泰小额贷款股份有限公司、海宁宏达小额贷款股份有限公司等都对课程建设提出了有益建议，并为学生和老师提供实训实习锻炼机会和岗位。

4. 社会服务初见成效。

近几年来，课程教学团队主要通过相关业务培训开展社会服务。如浙江省工商行政管理局和省金融办举办了小额贷款公司从业人员的银行从业考试培训，课程组老师承担了“公司信贷”“个人贷款”两门信贷科目的培训；临海农商银行的新员工函授式培训，课程组提供了小额信贷业务课程教学等。

四、课程建设不足与对策

(一)课程建设不足

从整个课程建设进展来看，有三个方向需要改进：1.该课程的项目教学实践尚处于尝试探索阶段，全面应用于整个教学活动过程还需实践和改进；2.目前网络资源和网上课堂建设还有待进一步完善和提高；3.在双师结构师资队伍建设方面，需要进一步提升实践教学能力，规范执行各项管理制度，提高校内专任教师和行业兼职教师的教育教学效果。

(二)下一步建设对策

在具体途径上：(1)在现有课程建设的基础上，重新审视课程定位，在职教专家和行业专家的共同指导下，修订完善课程教学标准和项目载体设计；(2)依据课程教学标准、项目载体设计，进一步完善教材、项目课程教案和课件，编写实训大纲和实训指导书，完善其他教辅资料，修订课程考核方案；(3)总结课程各部分内容的教学方式方法，形成标准化的可参考教学过程设计；(4)加强课程网站的维护，提高网络课堂利用水平，使网络教学的开展落到实处，提高网络界面的互动性和自学效果；(5)继续加强与行业的联系，做好兼职教师续聘工作，在教学过程中加强与行业兼职教师的沟通，及时做好反馈，以期取得更好的教学成效。

中小企业融资实战型人才的培养
——“中小企业融资”课程建设十年

赵国忻

一、课程建设概况

“中小企业融资”课程是我院于2003年着手准备开设工商企业管理专业开始筹备建设的。随着2004年第一届工商企业管理专业新生入校，企业管理教研室在2003年开始进行的广泛社会调研基础上，组建了“中小企业融资”课程建设小组，编写了讲义，并于2005年开始对该专业二年级学生正式授课。

在授课过程中，该课程组不断根据学生的反馈情况，并结合相关行业兼职教师的意见进行了修改，2008年《中小企业融资》教材列入国家“十一五”规划教材后，我们再次对原教学内容和组织模式进行了较大更新，进一步强化了高职教育的实务性特征。本门课程于2000年申报成为省级精品建设课程后，我们根据省级精品课程建设要求，完善了课程要素，并将课程上网。2012年该教材第二次修编后再次列入国家“十二五”规划教材。

二、课程建设过程与内容

(一)建设理念和思路

“中小企业融资”课程建设以“做中学—在价值创造中学习的工学结合人才培养模式”为理念，以提高学生的职业能力与职业素养为目标，在对中小企业融资岗位工作流程分解的基础上，通过知识传授、实际问题调查分析、融资方案设计等项目训练，重点培养学生发现问题、分析问题、解决问题的职业能力和素质。

具体思路是：首先，通过广泛行业调研，由来自行业的专家组成的专业指导委员会审定人才培养方案，组建由校内专任教师与行业企业专家共同组成的课程组，在此基础上，课程建设小组研究确定本课程的职业能力要求，进行课程标准的开发以及项目教学的活动载体设计，最终形成工作任务导向的各种学习项目。

其次，不断改革教学模式和手段，通过案例引导与分析、实际问题调查分析、融资方案设计等方法激发学生学习兴趣，提高教学质量；并将优质的课程资源共享上网，使课程网站成为学生自主学习平台、教师教学资源共享平台、师生交流互助平台，并使教学资源辐射共享。

再次，注重专兼结合的教学团队建设，努力提高教学团队的课程设计能力和实践教学能力。

最后，改革课程考核模式，以学生对于基础知识的理解与把握，更重要的是对于实际问题的分析和解决能力为重点进行考核，努力提高教学效果。

（二）建设目标

“中小企业融资”课程建设的总体目标是：以现代教育技术为支撑，以现有国家精品课程为标杆，借鉴国内外同类课程建设成果，在现有基础上将“中小企业融资”课程建设成集特色性与通用性为一体的现代化精品课程。

该课程旨在使学生了解、熟悉中小企业融资的基本原理、基本知识和基本理论，以职业能力培养为重点，树立现代经营理念，初步掌握中小企业融资的各项专业技能和具体操作方法，通过有目的、有步骤地实施以任务驱动的项目教学，从而使学生掌握各种融资渠道和方式的操作实务及其中小企业融资方案策划与运作技术，为学生后续发展打好基础。

（三）建设内容

1.优化教学内容。

在明确了课程建设理念、思路和目标的基础上，课程组将重点放在优化教学内容方面。

首先，课程组在充分考虑本校学生实际情况的基础上，遵循学生职业能力的培养，以社会、中小企业实际融资岗位及岗位群要求的工作任务和职业能力分析为依据，以中小企业财务岗位为核心，以中小企业相关融资业务操作为主体，把课程分为两部分：一是中小企业常见的各种融资方式和渠道操作实务；二是中小企业融资方案策划与运作技术。采用并列与流程相结合的结构展示教学内容，让学生在完成具体项目的过程中来构建相关理论知识，并发展职业能力。

其次，课程建设小组通过持续走访，及时了解浙江地方经济发展过程中的产业结构优化，中小企业发展对融资职业岗位实际工作所需知识、能力、素质等要求的变化，并将这些内容及时反映到教学内容中，从而体现教学内容的开放性及与时俱进的特点。

第三，不断根据金融业改革创新的进展，将近年来我国金融改革创新的成果动态纳入教学内容。如：我国创业板开设后，增加了创业板上市融资的内容；根据民间融资发展情况，增加了民间融资阳光化、小额贷款公司、温州民间融资试点的内容；根据金融机构的创新，增加了小微企业信用调查、信用评估，小微企业集合债券、供应链融资等内容。

2.建立并完善课程教学标准及项目活动载体设计。

根据课程的建设目标、内容，建立了课程教学标准，包括课程的基本知识教学目标、能力目标和思想教育目标，课程教学质量标准（包括工作任务、具体内容，相关的认知要求和技能要求与态度要求等），课程实施的建议等，使本课程的教学具备了统一的标准，保证了教学质量的一致。

本课程以工作项目与任务为中心，对相关教学内容与实践活动进行整合，共设计15个项目，47项工作任务。

项目活动活动形式及目标包括：

(1)实际调查：了解融资现状、政策、流程，增强感性知识，提高人际交流、沟通技能；

(2)案例分析：增强运用专业知识分析问题能力；

(3)方案策划：根据企业实际，为其设计策划融资流程、提供建议；

(4)创业公司实训：根据实际，设计融资方案、计划；

(5)其他：模拟谈判、模拟典当等，增强感性知识和技能。

项目活动载体采用建立学生创业小组的形式，按自愿原则每3—7人形成一个创业小组，随着项目的开展和创业小组的逐步成熟，各小组组建模拟创业公司，各家创业公司独立完成后续各项任务。

在15个项目中，第1—10个项目主要是从金融机构角度出发，训练学生的种融资渠道和方式操作的流程、技能，第11—15个项目主要是从中小企业角度出发，训练学生如何根据企业实际，为企业选择恰当的融资对象，制定融资方案。

3. 编写高质量的教材。

“中小企业融资”课程开设之初，课程组在参阅大量相关文献的基础上，结合对中小企业融资有关课题、项目的研究结果，编写了《中小企业融资》讲义，对工商企业管理专业学生从2004级开始试用，在试用过程中不断根据学生的反馈情况，并结合相关行业兼职教师的意见进行了修改。

《中小企业融资》教材列入国家“十一五”规划教材后，我们再次此组织了编写队伍，根据高等教育出版社的原则要求，对原讲义在结构上进行了大幅度调整，着力突出高职教育的实务性特征。教材在编写过程中突出了四方面特点：一是在结构上突出中小企业融资这一主题；二是在内容上突出了融资实务(业务流程、操作方法和要点)，淡化融资相关理论知识；三是强化案例教学，以案例贯穿每个章节；四是强调实训环节和动手能力培养。

本教材修编后列入国家“十二五”规划教材后，我们在原教材基础上，融合近年来中小企业融资方面的新政策、新融资方式和融资工具、相关研究的新成果，以及原教材在使用中的反馈意见进一步进行了修编。修编教材保留了原教材的实务性特征，并强化了对行业前沿知识、方法的介绍。

4. 提升教学团队教学与科研素质。

优化师资队伍的学历、职称及年龄结构，形成一支结构合理、人员稳定、专兼结合的高水平教师队伍是课程建设的重要保证。

为更好地将行业、企业的最新行情、市场状况带到课堂，对学生进行针对性的操作指导，本课程聘请了9位行业兼职教师参与本课程的教学，设计课程的实践教学环节，是本课程建设具有较高的实务性。

对校内专任教师的培养主要通过以下方式开展：以老带新计划；对教师攻读硕士学位、担任国内访问学者和取得“双师”资格方面给予大力支持；培养课程组教师的“双师”素质，提升他们的专业技术水平，鼓励教师经常性的进修、学习、交流，经常性的深入企业锻炼和调研，在企业挂职锻炼，并为企业提供专业服务，提高他们的专业技术水平；向行业兼职教师学习，锻炼、提升其对行业实务的掌握和实践教学能力。

课程组积极申报相关的纵向研究课题，并积极承担相关的横向研究课题，通过课题研究，掌握相关领域的最新动态，加深对中小企业融资问题的理解和把握，不断提高教师的科研和教学能力。

5. 改革教学方式和手段，加强实践教学。

“中小企业融资”课程作为一门实践性很强的课程，其内容十分注重理论与实践相结合，不断改革创新教学方式和手段，通过实际调研、角色扮演、情景模拟、角色互换、方案设计等活动激发学生学习兴趣，让学生融入课堂及实践场景中，使学生了解中小企业融资实践工作中可能碰到的问题，并掌握基本的解决方法，引导学生不但知其然，而且知其所以然。

本课程的教学组织分为课内与课外两部分。课内理论教学以基础知识和理论的讲解、案例分析、操作过程演示等为主，约占课内教学时数的一半左右；课内实训主要是一些技术性操作练习、课外实训项目的布置、总结、交流，约占课内教学时数的一半左右；课外实训部分主要是学生的社会调研分析、方案制定等项目训练。相应的，教师活动也相应地包括课内与课外两个部分，课外部分主要通过集体辅导、个别答疑、咨询等方式完成。

通过建立课程的网络教学平台来突破传统课堂讲授的限制，利用网络将课堂教学延伸到课外，学生根据需要通过网络学习有关的内容。

改革传统的考核方式，采用多元化考评体系，强调过程考核，按照“做中考”考核原则，重点考核学生相关的职业能力提升情况。

6. 进一步开发课程资源。

在课程教材编写、课程案例搜集整理、教学课件制作及相关教学资源基础上，利用现代信息技术，开发制作立体化的教学课件，包括视听光盘、多媒体软件、动漫等。

根据中小企业融资实际，设计开发学生业务实训凭证，编制学生实训情景案例、业务操作实训练习，以创设形象生动的工作情景，激发学生学习兴趣，促进学生对中小企业融资业务操作处理方法的理解、掌握和运用。

充分利用诸如电子书籍、电子期刊、数据库、数字图书馆、教育网站和电子论坛等网上信息资源，丰富教学内涵。

积极开发课程网站，创设网络课堂，突破教学空间和时间的局限性，使教学过程多样化，丰富教学活动。

7. 完善实验实践教学体系。

首先，我们依托校外实训基地，积极开展相关的实训活动，尤其鼓励学生到紧密型的校外实训基地如苏宁、裕兴等公司开展实习活动，以便将本课程以及其他相关课程的专业知识融会贯通。

其次，改建、扩建在同类院校中起示范作用的实验、实训基地。进一步加强实践条件建设，完善“企业管理沙盘模拟实验”“ERP 实验室”“模拟企业实验室”三大实验室的实验功能，以及提高企业管理综合实训软件使用率，从而拓展学生的校内实训平台和功能。

第三，充分利用学生社团，鼓励学生利用各种机会到企业实习，并开展创业实践活动，并带领学生积极参与案例大赛、挑战杯、ERP 大赛。

三、课程建设效果

1.课程教学内容体现了职业化、时代性特征。

通过近十年的建设，“中小企业融资”课程教学内容不断得到优化，职业性、时代性特征突出。其具体体现在：

一是在结构上进一步突出中小企业融资特别是小微企业融资这一主题。课程教学内容分为两大部分，第一部分在简单介绍中小企业地位与融资难题后，按照各种融资方式和渠道对中小企业融资的适用程度安排教学内容，将基本不适应中小企业的融资方式（如主板上市融资、BOT项目融资、资产证券化）等内容取消。第二部分则从中小企业融资的工作流程出发，就其各个环节的程序和要点分别进行介绍。

二是在项目的具体内容上突出融资实务操作（业务流程、操作方法和要点），将融资方案策划、融资计划书撰写、融资过程、融资谈判、沟通、融资风险控制等内容列为独立项目，加以重点介绍，淡化了融资相关理论分析，将原来的金融市场理论、资本结构理论、信息不对称与信贷配给理论等内容取消，或仅在相关项目中予以结论性介绍。

三是强化案例教学，以案例贯穿每个项目。摒弃了传统教学中先讲基本概念，再讲操作原理，最后通过案例分析论证原理的方式，每个项目均先从若干个体现本章教学内容的实际案例入手，通过思考、讨论，既引出问题，又使学生了解相关业务操作实际，然后针对该项业务介绍业务操作流程、规则、要点和技巧，在学生熟悉、掌握了相关操作实务后，再补充介绍相关业务的基础知识。

四是强调实训环节和动手能力培养。每个项目最后都提供了实训练习题，内容包括实际案例的分析和评价、课外实际调查分析、制定融资策划方案三种类型，通过实训，锻炼学生的人际交流沟通能力、发现问题、分析问题能力和创造性解决问题的能力。

五是强化了行业领域新业务、新动向的介绍。本课程教学内容一直处于动态更新中。当前的教学内容，在原来基础上，增加了“中小企业作用与融资难题”和“创业板上市融资”两个项目，前者介绍了我国政府2008年以来对中小企业，特别是小微企业的相关支持政策和法规，以及金融机构的机构、管理和业务、产品创新情况；后者是适应我国创业板推出后中小企业在创业板上市融资的需要。同时对于原教学内容中的“其他融资渠道”项目进行了大幅调整，将近年来金融机构创新推出的供应链融资、中小企业联合担保融资、中小企业集合债融资加入其中；在“银行贷款”项目中，重点介绍了银行针对中小企业的信用调查、信用评级等创新性内容；其他项目也及时对相关融资渠道的发展现状和最新动态进行了介绍。此外，课程教学进一步强化了小微企业融资的特征，将原教学内容中一些中型企业融资案例更换为小微企业案例，并对相关内容进行了修编。

2.课程资源不断完善，并广泛共享。

自课程建设以来，课程组不断根据相关研究、实际走访和金融行业动态，对教材进行修编，目前已进行了两次大的修编，在使用过程中获得满意效果。其中第一次、第二次修编的教材分别列入国家“十一五”规划教材、“十二五”规划教材，第一次修编的教材还被评为国家精品教材，被广泛采纳使用。

课程建设要素不断完善，目前课程要素包括课程介绍文本及录像、课程建设规划，课程组师资队伍，课程标准，课程教学活动载体设计，课程授课录像，教学单元设计、电子教材、电子课件、实训实习项目库、案例集、习题集、试题集、课程相关视频资料等，这些资源全部上网，校内外学生可以通过课程网站进行自主学习。

“中小企业融资”课程网站由专业的第三方建设并维护，平台使用方便。课程组及时更新课程资源，学生和老师都能通过网络解决学习和备课的需要。为便于学生开展自主学习，课程网站开设了网络课堂，包括网上论坛、在线单元测试、在线答疑、课堂讨论，课程作业，支持学生学习的完整过程，让学生在这个学习环境中可以完成课堂学习、向教师提问、提交作业、同学之间在线交流、单元测验等学习任务。“中小企业融资”课程的项目实训，基本依托该网站实现，极大地提高了教学效率。

3.课程建设团队教学与科研能力得到提高。

“中小企业融资”课程建立了由9名专任教师、9名行业兼职教师组成的课程建设小组。9名专任教师全部是“双师”素质教师，其中有6位来自企业，有丰富的实践经验，其他3位也在企业挂职锻炼过；9名行业兼职教师全部为企业经理或行业专家，具有丰富的中小企业实践经验。教学团队年龄结构合理，形成了合理的教学梯队。专任教师中，教授1人，副教授2人，讲师6人；兼职教师中，高级经济师2人，高级会计师1人，高级会计师兼注册会计师1人，工程师2人，经济师2人，ACCA兼注册会计师1人，高级职称占44.4%。

课程组教师通过积极参与教学改革及学术研究，科研能力明显提升，取得了可喜的成绩。其中1人入选浙江省“151”人才培养工程第三层次，2人成为学院专业带头人培养资助对象，2名青年教师成为学院中青年骨干教师培养对象，1人成为浙江省中青年教师培养对象。

“中小企业融资”课程建设期间，由本课程组教师主持的各级各类科研课题达到二十余项，其中省部级科研项目3项（包括赵国忻老师主持完成的浙江省哲学社会科学规划课题“中小企业的金融支持体系的有效性研究”“民营经济的金融生态环境研究”2项，陈杏头老师主持完成的“民间资金与中小企业二次创业的对接机制研究”1项），厅局级项目10项，各级教改项目多项，主持完成浙商银行横向课题两项，主持完成杭州银行横向课题一项；发表教改及科研论文三十多篇，其中国家一级刊物1篇，CSSCI来源14种教育类期刊1篇，CSSCI来源核心期刊7篇，其他核心刊物17篇，一般公开期刊12篇。出版专著两本：《风险资本投资运作机理研究》《中小企业金融支持体系的研究性研究》。

课程组教师积极参加行业社会实践，通过深入企业挂职锻炼不断提高自身职业能力，丰富课堂教学内容。9名专任教师利用寒暑假到企业、金融机构实习总人次32人次，合计时间45个月。在实习过程中，各位老师主动参与企业业务，将理论与实践相结合，中肯地给出自己的意见，得到企业的好评，自身能力也得到了提升，可谓“双赢”。

本课程组多位教师获得各种奖项。2009年工商企业管理教学团队获学院优秀教学团队。董仕华老师在2009—2010学年被评为优秀教师，荣获学院2009年度“五星级教师”、2010年度“四星级教师”荣誉称号；在“2010年全国大学生企业经营管理沙盘模拟大赛”中，荣获“优秀指导老师”称号。赵国忻老师获2003—2004学年优秀教师，2006年学院再创业工程一等奖，2007年7月获学院优秀教育工作者，2009年获国家示范性高等职业院校建设杰出贡献奖，2009年获学院教学名师，2010获学院品位教师，2012获学院优秀教师，2012年获浙江省金融教育基金会“热爱金融教育奖”。钱程老师获学院第二届学生最喜欢的青年教师荣誉称号，2010年被评为学院“优秀青年教师”和年度科研新秀，获学院2010年度“五星级教师”称号。吴小妹老师在2010年部系第六届青年教师教学技能比赛中获得第一名，获学院第六届青年教师教学技能比赛优胜奖，获学院2010年度“四星级教师”称号；等等。

4.教学方式和手段丰富多彩，实践教学效果明显。

在教学过程中，教师根据教学任务和学生实际，设计了丰富多彩的教学方法，如：多媒体教学，案例教学，竞赛或竞争性学习，情景教学，实际调查，课程实训，项目化教学等，充分调动学生学习积极性和主动性。

提高学生的职业素养和职业能力是整个课程教学的主要目标，实践教学是课程教学的最重要方法。为此，我们根据课程教学目标，不断强化实践教学手段。首先，我们以相关业务操作流程及其相关操作技能为载体来设计每个工作项目的学习与实训，教学环节以每一项工作任务为中心整合理论与实践，实现理论与实践的一体化。

其次，通过与中小企业、银行业的广泛合作、校内实训基地建设等多种途径，采取工学交替、半工半读等形式，充分开发学习资源，给学生提供丰富的实践机会。学生除了在课堂学习掌握本专业基础知识及融资资料准备、融资方案策划、融资决策、融资风险管理等基本技能外，每学年都安排一定时间去实习基地和工商企业分别进行认识社会、适应社会的认知实习和以强化职业能力为目的的顶岗实习，在教师和企业专家的双重指导下，通过为企业提供调研分析、方案策划、方案实施等活动，使产学更好地结合，并以企业的实习鉴定作为取得相应学分的评价依据。这种教学组织形式，最大程度地为学生个性发展提供空间，有利于学生综合素质的养成。

再次，以模拟公司为平台的项目导入、任务驱动式教学。在课程开始时，对学生分组建立创业小组，以3—7人形成一个创业小组，进行项目的选择、融资方案策划、融资申请、融资谈判、风险管理等。

最后，改革课程考核模式，重点考核学生相关的职业能力提升情况。本课程的考核分成三大部分，平时成绩、模拟实训和期末测试。平时成绩采用个别考核，占总成绩的20%；模拟实训采用项目考核，占总成绩的30%；期末测试采用结果考核，占总成绩的50%。如：“融资方案策划”项目学习中，学生组织的一个团队在导师指导下，边学边组织策划了“易族电脑”创业项目的融资方案，并创业成功，目前该公司已经拥有5家连锁店，一家门店的年销售总额约150万元，利润约12万元。这种以“业绩”进行教学评价的方法，鼓励学生在学习中提出独特见解，“标新立异”，允许学生的多种答案并存，保持学生思维的活跃性，对培养学生的创新能力大有好处

5.课程特色不断突显。

(1)教学内容职业化、时代性强。课程教学紧扣中小企业特别是小微企业融资这一主题，从理论知识的教学、案例的选择，以模拟公司为载体的仿真教学到中小企业的实地调研等，都是围绕小微企业融资展开，对不适用于中小企业的融资方式、渠道，只是简单介绍。

项目教学以业务流程为载体，训练学生的职业能力和素养。每个工作项目的学习与实训都以相关业务操作流程及其相关操作技能为载体，最终以完成真实企业的融资为终点，各

学习情境相互关联、层层递进;并在市场中寻找与模拟公司有相似背景的企业和项目进行合作,做到课堂内外结合、虚实项目结合。

课程教学内容不断根据金融业发展创新的实际和国家的相关政策变化,及时更新,将该领域的最新信息和动态及时融入教学内容之中。

(2)学生创业小组(公司)是组织教学的基本单位。创业小组随着教学活动的开展而逐步由虚拟向实体转变。在课程开始时,对学生分组建立创业小组,以 3—7 人形成一个创业小组,进行项目的选择、融资方案策划、融资申请、融资谈判、风险管理等等。

(3)贯穿始终的案例教学是理论与实践的桥梁。从若干个体现教学内容的实际案例入手,通过思考、讨论,既引出问题,又使学生了解相关业务操作实际,然后针对该项业务介绍业务操作流程、规则、要点和技巧,在学生熟悉、掌握了相关操作实务后,再补充介绍相关业务的基础知识。这样的教学方法既避免的枯燥的理论灌输,又让学生真正掌握了实践技巧。

(4)课堂内外、学校内外教学有机结合,相互融合,强化非课堂教学。由于中小企业融资理论的强烈环境依赖性使得掌握和应用它需要更多的实践体验,但受到课内教学时数和环境的限制,本课程的教学组织均分为课内与课外两部分。其中,课内又分为理论教学和课内实训,而更多的项目实训主要通过课外实训来完成,使学生充分将所学基本知识、基础原理灵活运用到实际中去。

(5)以科研促进教学。教学内容的更新和教学方法手段的改革需要课程组教师进行广泛的社会调查,不断分析相关领域的最新动态和趋势,不断探讨针对不同学生的教学手段。为此,本课程组一方面通过社会实践、挂职锻炼、聘用兼职教师等方法,增强对相关领域实务操作的掌握;另一方面持之以恒的进行学术和教学研究,不断为教学增添动力。近年来,课程组在科研方面支持完成的三项省部级课题和大量厅局级、校级课题,使课题组对于中小企业融资领域的前沿动态有了充分了解,从而为优化教学内容提供了保障。课题组通过承担企业的横向课题,对该领域的实务操作更有把握,使得教学案例、实训设计更有针对性;课题组通过对于工学结合、学生学习动机与兴趣激发方面的研究,使得教学方法和手段选择更加有效。

四、经验与体会

1. 科研是课程建设的重要支撑。

作为课程建设的主体,教师的素质、能力和水平包括教学理论与方法、专业知识与能力等直接影响着课程建设的成效。对于类似于“中小企业融资”这样一门所面向行业岗位群创新层出不穷,各种产品和服务更新换代周期不断缩短的课程,没有持续不断地紧跟行业及其相关职业群开展科研活动,课程建设将寸步难行,科研活动是课程建设质量和效果的重要基础和支撑。

科研活动包括相关专业领域的学术研究和教育教学类研究,两者缺一不可。要真正建设好一门精品课程,教师的科研方向必须围绕课程建设内容,这样才能真正达到通过科研把课程教学引入相关领域前沿,使得学生就业后能够在相应专业领域内迅速适应、提高的目的。在课程建设中，要根据相关研究项目，尽量吸收学生参与研究活动，使学生通过实际的资料收集、调查访问、数据分析、方案设计等过程直接接触相关岗位和业务，培养其基本素质和能力。

2.职业能力与素养的培养是课程建设的主要目标。

作为以就业为导向的高职教育，培养学生的职业素养和职业能力是一切教学活动出发点和目标。在课程教学中，首先，要通过广泛的调研，分析并明确本门课程的职业素养和职业能力培养目标，然后在此基础上，通过一系列教学活动，如项目化载体设计，进一步明确各个项目的具体职业素养和能力培养目标。其次，要在教学过程中，通过各种有效地教学活动来实施教学设计，实现教学目标。其中，建立系统的校内外实训体系至关重要，包括完善校内实验室建设，增加相关软件，改善实验室硬件条件；充分发挥专业指导委员会成员在专业指导、产学合作、招生就业、兼职教学、横向课题研究方面的五位一体作用；加强与政府机构、金融机构和各类工商企业的联系沟通，增加实训基地数量，为学生实习提供更多选择；不断提高实训基地的利用率，与之建立密切联系，充分发挥其作用。最后，要改革教学组织和考核模式，加强对学生学习、实践、创新能力的考核，引导其从对知识的死记硬背转向学习、应用、创新能力的培养和锻炼上来。

3.兼职教师是课程建设的重要力量。

建设一支高素质的行业兼职教师队伍对于课程建设至关重要。相对于高职院校专任教师来说，行业兼职教师的具有四方面的潜在优势：一是行业现状与发展动向知识优势，二是行业相关的信息优势，三是人脉关系优势，四是岗位(群)专业能力优势。

为了充分发挥行业兼职教师的作用，第一，高职院校要树立融入社会、依托行业企业、开放办学的理念，从高职教育、学院未来发展等战略高度认识行业兼职教师的作用和意义。第二，要创新学校管理机制，建立体现行业兼职教师工作特点的分类管理模式。第三，要创造提供良好的工作和环境条件，营造一种尊重行业兼职教师的氛围，给予其充分的工作时间、方式方法、工作场所等自由，关心行业兼职教师的专职工作。第四，要建立以正向激励为主、约束为辅的激励机制，并发挥兼职教师所在行业、企业、部门的激励约束效应。第五，做好与行业兼职教师的沟通交流，协调处理相关问题。

4.学生学习兴趣是检验课程建设成效的重要标志。

兴趣和爱好是世界上最好的老师，也是学习的最重要动力。但当前我国大学生普遍存在较高程度的学习倦怠，所导致的大学生兴趣不高已成为当前大学教育的一大顽疾。我们所进行的各种各样的教学改革和创新，没有学生学习兴趣的激发和培养，没有学生的主动积极参与，都难以达到提高人才培养质量的目标。因而，如何激发和培养学生的学习兴趣，是教学改革和创新的首要任务，教学改革和创新能否取得成效最关键的还是学生有无学习兴趣，或者学习兴趣是否能够提高。

为此，课程建设中，应分析学情，研究学生学习兴趣的激发与培养机理。首先，要增强学生自信心、引导其建立人生目标。其次，教学内容要具有现实性、新颖性、有趣性。如：教材编排形式要活泼化，在教学内容上要注重基础性和前沿性，要以学生为主体，充分考虑不同学生的实际情况和接受能力。同时，教学内容要为学生提供自主学习、自助探索的空间。第三，教学方式和手段要综合运用兴趣的激发培养手段。第四，教学考核要以知识的领悟、能力的考核为重点；第五，建立良好的校园学习氛围。

利用博客进行教学的探索
——"网络金融"课程建设十年

张劲松

一、"网络金融"课程建设情况

"网络金融"课程在2003年被浙江省教育厅确立为省级精品课程,《网络金融》教材在2006年被教育部确立为普通高等院校"十一五"规划教材。经过十年的努力,在网络金融课程的重点章节中推出"网上电子支付与结算""网络金融管理与实务"和"金融产品营销"三门原创性课程。

(一)《网络金融》(2006年机械工业出版社出版)

1.课程定位与作用。

我们对网络金融课程的定位是以信息和计算机网络技术应用为核心,以能力培养为重点的金融专业的专业课,是信息化时代金融专业创新课程,该课程的作用如下:

(1)网络金融课程建设有利于培养适应现代金融业务的业务员和管理者。当前,金融服务的种类、投资衍生品种越来越多;随着现代财务制度的建立与完善,金融和财会业务趋于复杂化;金融电子化、财会电算化的发展和应用日新月异,网上交易、电子结算、对账、支付等金融产品不断涌现。在金融领域每天、每个月都有新的业务产生和新的技术应用。为了适应如此动态和迅速变化的市场的需求,有必要制定新的有利于培养复合型人才的金融课程建设方案。

(2)网络金融课程建设有利于培养金融从业人员新的经营理念、方式、策略和手段。网络金融将以其拥有的广泛信息资源、独特的运作方式,为金融业带来革命性变革。网上购物、网上交易、网上支付、网上消费、网上理财、网上储蓄、网上信贷、网上结算、网上证券、网上保险等将成为未来金融市场竞争的热点,金融业的经营理念、经营方式、经营策略、经营手段正在发生巨大的变革。

(3)网络金融课程建设有利于催生出新的理论以及新课程、新学科或新专业。网络经济、网上银行的出现,给传统的经济金融理论与实务带来了巨大的冲击。新的理论正催生出一批新课程、新学科或新专业。

2.课程内容。

(1)课程设计理念。网络金融课程在教学方面以金融电子化业务解决方案为抓手,结合不同的金融业务特点,选择不同的解决方案或产品白皮书进行分析;利用网络资源引导学生对不同的金融电子产品进行比较分析;通过分析客户对网站的满意度理解客户的需求,使学生懂得信息技术在金融业务方面的应用状况极其作用,了解网络金融产品的特征与不足,了解利用网络营销的方法,培养学生网上提供服务与营销的能力。

网络金融课程通过以技术应用提高营运业务能力为主线设计课程体系,以网络经济特征和金融电子化为引导,以电子货币、网络金融产生与发展、网络金融业务营运模式、网络金融服务与清算、网络金融经营管理、网络金融业务监督、网络金融安全等为主要内容。网络金融课程以基础理论够用为度,专业技术与业务应用突出其针对性和实用性。

(2)课程内容结构。网络金融课程整合的内容包括信息技术、网络技术、计算机技术、网络经济理论、金融理论与业务等,并形成绪论、电子货币理论、网络金融业务模式、电子支付、网络金融经营管理、网络金融风险与监管和信息安全七大知识模块。

该课程由七大知识模块,三大能力训练项目组成,教学既要教知识,又要培养能力。例如:网络金融知识应用能力训练、实践能力训练和拓展能力训练。

3.课程性质与特点。

网络金融课程的特点是将实做“虚”,将虚做“实”。也就是在虚拟世界再现传统的现实业务,同时在虚拟世界实现传统的价值创造与社会财富的增长。

网络金融课程是以信息和网络技术应用为核心,以能力培养为重点的金融专业的专业课,是信息化时代金融专业创新课程,其特点如下:

第一,该课程具有极强的实践性。课程主要研究信息技术、计算机网络技术在金融领域的应用,因此没有网络、不亲自动手操作,很难将其理解掌握,更谈不上对其灵活使用。大量的信息整合与软件选择唯有通过上机操作,才能真正理解其功能、作用。这是一门离不开实践的课程。

第二,该课程具有较高的综合性。需要有掌握信息技术、计算机网络技术和金融知识。涉及的范围主要有网站建设、网上营销、网上经营管理、网上监控以及信息安全控制等等。

第三,该课程具有很强的创新性。课程内容涉及的每一项业务与营销模式或渠道都需要通过创新思维应用到业务拓展与推广中去,面对网上个性化的需求,需要不断创新去满足客户的需要,以此维护金融企业的形象与品牌。

4.课程目标。

本课程的总体目标是培养学生能够使用信息技术、计算机网络技术处理金融业务,并具备利用网络资源进行市场调研与分析的基本能力,使学生了解信息化技术与产品在金融领域应用的发展动态和趋势。

第一,专业能力。根据网络金融业务的性能、特点及监控功能正确选用现有的软硬件,懂得相关的网络金融软硬件组成及基本工作原理,熟悉网络金融软硬件操作流程与相关规定;能够使用网络金融软硬件处理不同类型的电子支付与划拨业务;能够使用网络金融软硬件处理网上营销业务;能够使用网络金融软硬件处理各类客户管理业务;能够正确使用网络金融软硬件实现网络金融的调控与监督;能够正确使用信息安全技术与策略保证网络金融业务的安全可信。

第二，学习与沟通能力。通过理论实践一体化课堂学习，使学生获得较强的网上实践能力，使学生具备必要的计算机网络基础知识，具有利用网络资源进行学习、调研、分析和解决问题的能力；能够通过网络快捷有效地与同事、客户交流。

第三，拓展与可持续发展能力。具有较强的求知欲，乐于、善于使用所学，具有在网络金融领域从事跨岗位工作能力；具有克服困难的信心和决心，战胜困难、实现目标的能力；具有处理网上突发事件的能力；具有与他人合作的团队精神；具有服务意识和责任感。

(二)《网上电子支付与结算》(2011年人民邮电出版社出版)

1.课程定位与作用。

我们对“网上电子支付与结算”课程的定位是：以现代电子支付理论与网络技术在网上支付与结算服务中应用为核心，以支付服务模式创新、竞合策略灵活应用、风险评估与管理能力培养为重点，是现代金融学科的核心专业课之一。该课程是信息化时代在金融专业领域原创型专业课，也是信息和计算机网络技术与支付清算理论、金融理论与实务融合创新的产物。该课程的作用包括如下几点。

(1)“网上电子支付与结算”课程建设有利于培养适应现代网上电子支付与结算的业务员和管理者。当前，金融服务产品种类越来越多，随着现代金融制度的建立与完善，客户对金融服务的产品需求日益多元化与个性化，金融服务的产品必须趋于多样化、复杂化；金融业务电子化、支付渠道电子化、风险分析预测信息化、评估预警电子化等的发展和应用日新月异，网上电子支付、手机支付、信用卡、电子钱包、电子票据等等金融服务的新产品不断涌现。在金融领域，每天、每个月都有新的业务产生和新的技术应用。为适应如此动态和迅速变化的市场的需求，有必要制定新的有利于培养开拓创新型人才的金融学科与课程建设方案。

(2)“网上电子支付与结算”课程建设有利于培养金融从业人员新的服务经营理念、方式、策略和手段。网上电子支付与结算将以其拥有的创新与务实的理论、先进的支付服务平台、风险评估分析方法与技术、灵活的策略与手段，为金融服务与管理带来革命性变革。电子商业票据系统、移动商务与支付、第三方支付模式创新、竞合策略、网上电子支付服务质量评估与安全风险评估等是网上电子支付与结算的热点，金融服务业的经营理念、经营方式、经营策略、经营手段正在发生巨大变革。

2.课程内容。

(1)课程设计理念。“网上电子支付与结算”课程在教学方面以电子支付与结算理论以及网络技术在资金支付与清算服务中的应用为抓手，结合电子支付与结算特点选择关键性要素，以比较成熟的电子支付和结算理论与网络技术进行分析、设计与灵活创新；利用现阶段比较成熟的网上电子支付与结算案例进行分析与论证；使学生了解网上电子支付与结算业务状况及其特征，了解网上电子支付与结算的优势与风险，了解网上电子支付与结算在支付服务领域的创新理论、策略与方法，培养学生开展网上电子支付服务与管理的能力。

“网上电子支付与结算”课程通过以电子支付理论与网络技术在资金支付清算中应用能

力为主线设计课程体系，以电子支付服务创新、质量评估与安全风险评估为内涵的发展，以电子支付的要素与模型为引导，以网上银行电子支付系统、网上第三方电子支付系统、手机银行、网上电子支付工具、网上电子支付安全、中国金融认证中心、电子支付安全风险评估等为主要内容。“网上电子支付与结算”课程以基础理论够用为度，专业技术与业务应用突出其针对性和实用性。

(2)课程内容结构。“网上电子支付与结算”课程整合的内容包括网上电子支付相关理论、网上电子支付系统的主要架构与流程、第三方电子支付模型与创新、手机银行的理论与应用模型、网上电子支付工具开发与完善、网上电子支付安全策略与技术、身份认证技术与管理、电子支付安全风险评估等不同学科的理论与实务。

该课程由八大章节和五项能力培养项目组成，教学过程中既要教授知识，又要培养能力。例如：培养学生的支付服务与创新能力、技术应用能力和质量与风险评估管理能力。

3.课程性质与特点。

“网上电子支付与结算”课程的特点是用现代电子支付理论与技术分析实证资金支付清算。金融业的特殊性决定了网上电子支付的质量与安全风险评估的重要性，目前该业务还处在初期发展阶段，亟待推广与开拓。实践证明，用现代电子支付理论与技术管理资金支付清算业务，将促使金融业高效稳定地发展，同时有助于社会经济高效稳定地发展。

“网上电子支付与结算”课程是以现代电子支付理论与技术在资金清算领域应用为核心，以网上电子支付系统、工具为对象，培养学生的支付服务与创新能力、技术应用能力和质量与风险评估管理能力，是金融财会专业的专业课，也是现代金融财会专业创新课程。其特点包括如下几点。

(1)该课程具有极强的实践性。课程主要研究网上电子支付系统、支付工具、服务创新、质量和风险评估等模式与技术在资金支付清算领域的应用，因此对社会实践、调研分析、灵活创新要求很高，同时，也要求能快速捕捉大量的信息进行整合，并能借助软件进行分析与决策。

(2)该课程具有较高的综合性。需要具备必要的经济学、统计学、应用数学等。涉及的范围宽广，主要有信息技术、计算机网络技术、管理学、市场学和金融管理等等。

(3)该课程具有很强的创新性。课程内容涉及的每一项业务与模式或渠道都需要通过创新思维应用到业务拓展与推广中去；面对网上个性化的需求，需要不断创新去满足客户的需要，以此维护资金支付清算企业和部门的形象与品牌。

4.课程目标。

本课程的总体目标是培养学生能够使用信息技术、计算机网络技术管理资金支付清算业务，并具备利用网络资源进行市场调研与分析的基本能力，使学生了解信息化技术与产品在资金支付清算领域应用的发展动态和趋势。

(1)专业能力。根据资金支付清算的性能、特点及监控功能正确选用现有的软硬件，懂得相关的资金支付清算软硬件组成及基本工作原理，熟悉资金支付清算软硬件操作流程与相关规定；能够使用资金支付清算软硬件处理不同类型的电子化资金支付清算服务；能够使用资金支付清算软硬件有效开展网上资金支付清算业务；能够使用资金支付清算软硬件处理各类客户管理业务；能够正确使用资金支付清算软硬件实现资金支付清算的调控与监督；

能够正确使用身份认证技术与策略保证资金支付清算的安全可信。

(2)学习与沟通能力。通过理论实践一体化课堂学习,使学生获得较强的资金支付清算的能力,使学生具备必要的计算机网络基础知识,具有利用电子渠道或网络资源进行学习、调研、分析和解决问题的能力,能够通过渠道或网络快捷有效地与同事、客户交流。

(3)拓展与可持续发展能力。具有较强的求知欲,乐于、善于使用所学探索与创新,具有在资金支付清算领域整合资源,从事跨岗位工作能力;具有克服困难的信心和决心,战胜困难、实现目标的能力;具有处理电子渠道或网上突发事件的能力;具有与他人合作的团队精神;具有服务意识和责任感。

2013 年《网上电子支付与结算》被教育部推荐为国家"十二五"规划教材。

(三)《网络金融管理与实务》(2013 年中国人民大学出版社出版)

1.课程定位与作用。

我们对"网络金融管理与实务"课程的定位是以信息和计算机网络技术在金融业务管理中应用为核心,以信息和计算机网络技术应用能力培养为重点,是网络金融学科的专业课之一。该课程是信息化时代在金融专业领域原创型专业课,也是信息和计算机网络技术与金融理论与实务融合创新的产物。该课程的作用如下。

(1)"网络金融管理与实务"课程建设有利于培养适应现代金融业务的业务员和管理者。当前,金融服务的种类、投资衍生品种越来越多,随着现代财务制度的建立与完善,金融和财会业务趋于复杂化;金融电子化、财会电算化的发展和应用日新月异,网上交易、电子结算、对账、支付等金融产品不断涌现。在金融领域,每天、每个月都有新的业务产生和新的技术应用。为适应如此动态和迅速变化的市场的需求,有必要制定新的有利于培养复合型人才的金融学科与课程建设方案。

(2)"网络金融管理与实务"课程建设有利于培养金融从业人员新的经营理念、方式、策略和手段。网络金融将以其拥有的广泛信息资源、独特的运作方式,为金融业带来革命性变革。网上购物、网上交易、网上支付、网上消费、网上理财、网上储蓄、网上信贷、网上结算、网上证券、网上保险等正在成为金融市场竞争的热点,金融业的经营理念、经营方式、经营策略、经营手段正在发生巨大变革。

2.课程内容。

(1)课程设计理念。"网络金融管理与实务"课程在教学方面以金融电子化业务解决方案为抓手,结合不同金融企业的业务特点选择不同的解决方案或产品白皮书进行分析;利用网络资源引导学生对不同的金融电子产品进行比较分析;通过分析客户对网站的满意度分析客户的需求,使学生了解金融业务软硬件在信息化时代的应用状况极其作用,了解网络金融产品的特征与不足,了解利用网络营销的策略与方法,培养学生网上提供金融服务与营销的能力。

所以,"网络金融管理与实务"课程通过以技术应用提高营运业务能力为主线设计课程体系,以网络金融平台特征、功能和结构为引导,以电子货币发行与运行管理、网络金融服务经营模型与策略、网络金融服务内容、电子支付服务与清算管理、网络金融产品营销管理、网络风险与安全管理等为主要内容。"网络金融管理与实务"课程以基础理论够用为度,专业技术与业务应用突出其针对性和实用性。

(2)课程内容结构。"网络金融管理与实务"课程整合的内容包括信息技术、网络技术、计算机技术、网络经济理论、金融理论与业务等不同学科的理论与实务,并形成网络金融平台、电子货币管理、网络金融经营模式与策略、电子支付管理、产品营销管理、网络金融风险与安全管理八大知识模块。

该课程由八大知识模块和三大能力训练项目组成,教学过程中既要教知识,又要培养能力。例如:网络金融知识应用能力训练、利用网络进行实践能力训练和根据需要整合资源拓展市场能力训练。

3.课程性质与特点。

"网络金融管理与实务"课程的特点是将实做"虚",将虚做"实"。也就是在虚拟世界再现传统的现实业务,同时在虚拟世界实现传统的价值创造与社会财富的增长。

"网络金融管理与实务"课程是以信息和网络技术在金融领域应用为核心,以能力培养为重点的金融专业的专业课,是信息化时代金融专业创新课程,也是一门有待进一步完善的课程。其特点如下:

第一,该课程具有极强的实践性。课程主要研究信息技术、计算机网络技术在金融领域的应用,因此没有网络、不亲自动手操作,很难将其理解掌握,更谈不上对其灵活使用。大量的信息整合与软件选择唯有通过上机操作,才能真正理解其功能与作用。这是一门离不开实践的课程。

第二,该课程具有较高的综合性。需要具备必要的信息技术、计算机网络技术和金融知识。涉及的范围宽广,主要有网站建设、网上营销,网上经营管理、网上监控以及信息安全控制等等。

第三,该课程具有很强的创新性。课程内容涉及的每一项业务与营销模式或渠道都需要通过创新思维应用到业务拓展与推广中去;面对网上个性化的需求,需要不断创新去满足客户的需要,以此维护金融企业的形象与品牌。

4.课程目标。

本课程的总体目标是培养学生能够使用信息技术、计算机网络技术管理金融业务,并具备利用网络资源进行市场调研与分析的基本能力,使学生了解信息化技术与产品在金融领域应用的发展动态和趋势。

第一,专业能力。根据网络金融业务的性能、特点及监控功能正确选用现有的软硬件,懂得相关的网络金融软硬件组成及基本工作原理,熟悉网络金融软硬件操作流程与相关规定;能够使用网络金融软硬件处理不同类型的电子化金融服务;能够使用网络金融软硬件有效开展网上营销业务;能够使用网络金融软硬件处理各类客户管理业务;能够正确使用网络金融软硬件实现网络金融的调控与监督;能够正确使用信息安全技术与策略保证网络金融业务的安全可信。

第二,学习与沟通能力。通过理论实践一体化课堂学习,使学生获得较强的网上实践能力,使学生具备必要的计算机网络基础知识,具有利用网络资源进行学习、调研、分析和解决问题的能力;能够通过网络快捷有效地与同事、客户交流。

第三,拓展与可持续发展能力。具有较强的求知欲,乐于、善于使用所学探索与创新,具有在网络金融领域整合资源，从事跨岗位工作能力；具有克服困难的信心和决心，战胜困难、实现目标的能力；具有处理网上突发事件的能力；具有与他人合作的团队精神；具有服务意识和责任感。

（四）《金融产品营销》（2014年清华大学出版社出版）

1.课程定位与作用。

我们对“金融产品营销”课程的定位是：以现代营销理论与技术在金融产品营销业务管理中应用为核心，以市场空间创新思想培养、竞合策略灵活应用、客户发现与关系管理能力培养为重点，是现代金融学科的核心专业课之一。该课程是信息化时代在金融专业领域原创型专业课，也是信息和计算机网络技术与营销理论、金融理论与实务融合创新的产物。该课程的作用包括如下几点。

（1）“金融产品营销”课程建设有利于培养适应现代金融产品营销的业务员和管理者。当前，金融服务的种类、投资衍生品种越来越多，随着现代金融制度的建立与完善，客户对金融服务的需求日益多元化与个性化，金融产品必须趋于多样化、复杂化；金融业务电子化、渠道电子化、分析预测信息化、评估预警电子化等的发展和应用日新月异，网上营销信贷、信用卡、保险、投资理财等等金融产品不断涌现。在金融领域，每天、每个月都有新的业务产生和新的技术应用。为适应如此动态和迅速变化的市场的需求，有必要制定新的有利于培养开拓创新型人才的金融学科与课程建设方案。

（2）“金融产品营销”课程建设有利于培养金融从业人员新的营销经营理念、方式、策略和手段。金融产品营销将以其拥有的创新与务实的理论和先进的分析方法与技术，灵活的策略与手段，为金融业务管理业带来革命性变革。市场空间创新、关系营销和冲突与协调、竞合策略、渠道管理与创新、客户价值开发与创新、客户价值驱动、客户识别与管理、物联网与深度营销等将成为未来金融产品营销的热点，金融业的经营理念、经营方式、经营策略、经营手段将发生巨大变革。

2.课程内容。

（1）课程设计理念。“金融产品营销”课程在教学方面以现代营销理论与技术在金融产品营销中的应用为抓手，结合金融产品营销特点选择关键性要素，以比较成熟的现代营销理论与技术进行分析、设计与灵活创新；利用现阶段比较成熟的金融产品营销案例进行分析与论证，使学生了解金融产品营销业务状况及其特征，了解金融产品营销的优势与不足，了解利用现代营销界公认的创新理论、策略与方法，培养学生现代金融服务与营销的能力。

所以，“金融产品营销”课程通过以现代营销理论与技术在金融产品营销中应用能力为主线设计课程体系，以市场营销观念与内涵的发展，金融市场营销的要素与模型为引导；以市场空间、金融市场分析、金融产品营销策略、金融产品营销方案与实施路径、金融市场客户发现与维护、物联网在深度营销中的应用等为主要内容。“金融产品营销”课程以基础理论够用为度，专业技术与业务应用突出其针对性和实用性。

（2）课程内容结构。“金融产品营销”课程整合的内容包括市场空间理论、金融市场营销模型、金融产品营销策略、市场营销方案设计与路径、金融产品营销管理、客户价值理论、金融企业客户价值分析、物联网与网络营销等不同学科的理论与实务。

该课程由六大章节和四项能力培养项目组成，教学过程中既要教授知识，又要培养能力。例如：市场空间创新能力、关系营销及冲突与协调能力、客户价值创新能力和网络营销能力。

3.课程性质与特点。

"金融产品营销"课程的特点是用现代营销理论与技术分析实证金融产品营销。金融业的特殊性决定了金融产品营销行为较其他商品营销晚很多年，现在也还处在初期发展阶段。实践证明，用现代营销理论与技术管理金融业务，将促使金融业高效稳定地发展，同时有助于社会经济高效稳定地发展。

"金融产品营销"课程是以现代营销理论与技术在金融领域应用为核心，以市场空间创新能力、关系营销以及冲突与协调能力、客户价值创新能力和网络营销能力培养为重点的金融专业的专业课，是现代金融专业创新课程。其特点包括如下几点。

(1)该课程具有极强的实践性。课程主要研究市场空间创新、关系营销、客户价值创新和网络营销能力与技术在金融领域的应用，因此对社会实践、调研分析、灵活创新要求很高，同时也要求能快速捕捉大量的信息进行整合，并能借助软件进行分析与决策。

(2)该课程具有较高的综合性。需要具备必要的经济学、统计学、应用数学等，涉及的范围宽广，主要有信息技术、计算机网络技术、管理学、市场营销和金融管理等等。

(3)该课程具有很强的创新性。课程内容涉及的每一项业务与营销模式或渠道都需要通过创新思维应用到业务拓展与推广中去；面对网上个性化的需求，需要不断创新去满足客户的需要，以此维护金融企业的形象与品牌。

4.课程目标。

本课程的总体目标是培养学生能够使用信息技术、计算机网络技术管理金融产品营销业务，并具备利用网络资源进行市场调研与分析的基本能力，使学生了解信息化技术与产品在金融产品营销领域应用的发展动态和趋势。

(1)专业能力。根据金融产品营销的性能、特点及监控功能正确选用现有的软硬件，懂得相关的金融产品营销软硬件组成及基本工作原理，熟悉金融产品营销软硬件操作流程与相关规定；能够使用金融产品营销软硬件处理不同类型的电子化金融服务；能够使用金融产品营销软硬件有效开展网上营销业务；能够使用金融产品营销软硬件处理各类客户管理业务；能够正确使用金融产品营销软硬件实现金融产品营销的调控与监督；能够正确使用客户识别技术与策略保证金融产品营销的安全可信。

(2)学习与沟通能力。通过理论实践一体化课堂学习，使学生获得较强的金融产品营销的能力，使学生具备必要的计算机网络基础知识，具有利用渠道或网络资源进行学习、调研、分析和解决问题的能力，能够通过渠道或网络快捷有效地与同事、客户交流。

(3)拓展与可持续发展能力。具有较强的求知欲，乐于、善于使用所学探索与创新；具有在产品营销领域整合资源，从事跨岗位工作能力；具有克服困难的信心和决心，战胜困难、实现目标的能力；具有处理渠道或网上突发事件的能力；具有与他人合作的团队精神；具有服务意识和责任感。

二、利用博客平台建设“网络金融”课程的思考与实践

(一)利用博客平台进行教学设计

教学设计主要包括内容设计和效果分析两个方面。

1. 利用博客平台设计“网络金融”课程的内容。

我们利用博客平台进行教学方法的改革与探索进行了试验(http://hexun.com/zjswljrzy)。我们的博客教学网站内容主要包括案例、电子货币、教学视频、网络金融关键词(知识模块章节)、网络金融机具、网络金融拓扑图、网络金融在线测试、网络经济、网上保险在线实习、网上银行在线实习、学生作业、中国金融认证中心等。同学们通过网络对所学内容进行及时评论(对每次授课内容通过发帖子进行评论);通过网络资源对网络金融业务进行模拟实习、实践;通过网络资源对网络金融业务进行调研,并将调研报告上传到自己的博客与老师和同学交流。该项改革激发了学生自主学习的积极性与主动性,有些同学的调研报告在网上被别人搜索后作为有价值的资料采纳并留言致谢,同学们很有成就感。

2. 利用博客平台进行“网络金融”课程教学的效果分析。

利用博客平台进行教学有利于促进学生独立思考、自主学习和与人沟通能力的提高;有利于不断深化教学改革,在课程教学中贯穿教师为主导,学生为主体的现代教育思想,充分调动学生学习的积极性、主动性,着力培养学生的个性和创造力;遵循教育规律,体现现代教育科学的理论和原则。其核心是培养学生的学习需求与欲望。

(二)利用网络资源进行实践教学的设计、考核和效果分析

网络金融是在网络虚拟环境中再现传统的金融业务。所以,实践教学也应是在网络虚拟环境中实现。利用信息化技术处理金融业务的特点是按软件提供的模板进行操作,所以熟练应用软件是基本技能。

网络金融课程模拟实习主要分两种途径进行,一是整合利用免费网络资源进行模拟操作,二是利用综合实验室的业务系统平台和应用软件对网上银行、证券和保险进行模拟实践。另外,对于一些小软件可以通过安装与运行来了解他们的功能。例如,CA证书软件、电子钥匙、数字签名、客户管理等软件。虽然利用免费网络进行模拟操作成本很低,但网络资源是有限的,并且有些业务在网络上是不可能进行模拟的。例如:CA认证、电子钥匙加解密、数字签名、客户管理等。如果将以上两种途径有机地结合起来,就可以起到互相补充的作用。

1. 利用网络资源进行网络金融实习模拟设计。

(1)利用网络资源进行网上银行实习模拟。网上银行公司服务模拟:网上银行服务中一般可以为注册用户提供如下网上公司银行服务模拟。例如:东亚银行,进入东亚银行网站主页,选择网上公司银行服务,然后在下拉菜单中选择示范,网上公司银行服务流程与内容就会根据你的选择进行演示,多次重复实践就会熟悉该软件的功能与如何操作的具体步骤和

方法;对个人网上银行业务模拟:网上银行个人业务模拟一般有花旗银行,招商银行,建设银行,中国银行,工商银行,广发银行,深发展银行等网站提供。虽然各网站提供的服务有细微的差异,或业务分类有差异,但是基本功能是相同的。首先选择一家网站,进入主页面选择个人银行模拟,或选择个人银行菜单,在下拉菜单中选择演示项目,个人银行业务流程与内容就会根据你的选择进行演示,多次重复实践就会熟悉该软件的功能与如何操作的具体步骤和方法;电子支付安全模拟主要是通过对中国金融认证中心网站的浏览和学习,通过知识园地、解决方案和产品与服务了解电子支付安全的要求和流程,以及电子印章、金融信息安全管理机制和相关软件的应用。同学们也可以通过不同网站的比较,了解目前网上银行的现状与功能。

(2)利用网络资源进行网上证券模拟实习。模拟炒股的证券服务系统有盛润2000、胜者之星、证券之星、天一证券等网站提供。学生可以选择其中一家网站注册参加模拟炒股,注册成功后系统会给模拟炒股者提供虚拟资金50万或10万人民币,模拟炒股者在网上炒股,除了资金和股票是虚拟的,其他操作与真实炒股没有区别。例如:选股、委托买入或卖出、撤单、查寻等。通过一个月或二个月的操作,同学们自己可以根据虚拟账面资金分析自己的成绩。另外,可以进入招商银行网站选择手机银行演示,模拟仿真手机炒股。

(3)利用网络资源进行网上保险模拟实习。进入网上保险网站后可以了解我国保险业网上业务开展状况,查看各家保险公司网上保险业务的种类,了解网上投保的流程,了解各种险种的特点与利益。例如:中国太平人寿保险有限公司,中国人寿保险股份有限公司,中国人民财产保险股份有限公司,美国友邦保险有限公司都可以查询相关的内容。同学们也可以通过不同网站的比较,了解目前网上保险的现状与功能。

2.利用网络资源进行课程实践的指导与效果分析。

(1)指导学生利用网络资源建立自己的博客网站,学会获取信息,整合信息,分析信息的能力和沟通能力。

(2)指导学生利用网络资源分析不同软件的功能与流程的差异,掌握软件的使用方法。

(3)指导学生利用网络资源分析不同企业的经营特点与发展趋势。

采用博客平台进行教学有两种模式:第一,在实验室学生通过网络进入教学平台学习,老师在实验室用多媒体课件讲课,学生有问题可以及时与老师交流;第二,是在教室老师用多媒体课件授课,学生课后自己选择时间上网学习,发表个人见解,上传作业,与老师、同学和其他网友进行交流。实验初期同学们对新的教与学的互动模式试验不太适应,不知道如何学习与交流。在老师的引导下逐渐进入状态,部分同学讨论的话题已经有了一定的深度,例如探讨网络钓鱼、Q币问题等等。采用博客教学的最突出效果是增强了学生自主学习的主动性,拓展了师生之间、同学之间互动的空间与时间;开放式教学吸引了更多的其他学校师生、行业职员参与交流讨论,扩大了交流的范围和受益的群体。

3.利用网络资源进行课程实践的考核内容与方法。

(1)经常性检查学生的博客,分析网站建设与维护的水平,评价计算机应用能力。

(2)经常性检查和分析学生发送帖子的质量,点评优点与不足,并记入平时成绩。

(3)经常性检查和分析学生博客中的实习、实践调研报告,并记入平时成绩。

(4)经常性检查和分析学生在机房安装并应用常用软件的能力或对软件应用手册的分

析与理解能力，并记入平时成绩。

为了加强对学生学习质量的管理，我们在教学过程中要求学生学会自己建立博客，并将网上实习、实践报告和网上调研报告上传到自己的博客上与老师、同学交流；另外，通过每次上课学生发帖子的时间和数量监控学生课堂学习的效果，并且连同作业一起作为平时考核成绩，平时成绩占总成绩的30％。

总结网络金融课程模拟实习两种途径实践，我们取得的一点成绩，积累一些经验，但也面临许多困惑。例如，有些软件在试验室只能做部分试验，整体运行缺乏应有的数据资源支持。利用免费网络资源虽然成本低，但是存在不可控、不确定的因素较多。因为免费网络资源针对的群体是消费者而不是学生，提供的资源是满足消费者的需求而不是教学需求，这些都是学校不可控的因素。所以，目前可利用的网络资源也不足，课程整合不能完全依赖免费的网络资源。如果有专门的有偿面向社会提供网络金融业务培训服务，会缓解这一矛盾。

综上所述，利用博客平台建设高校精品课程还需要进一步探索与实践，课程内容与教学实践还需要进一步完善。

磨砺精品课程　普惠通识教育
——“个人理财”课程建设十年

王　静　陶永诚

一、课程建设概况

2000年我院开始开设“个人理财”课程，建成以商业银行、证券公司、保险公司等金融机构客户理财岗位群工作为导向，以岗位群工作任务为驱动，以“课程融合”为指引，通过实施“项目化”教学改革和“师生互动式”教学组织，将理论教学与实践教学融为一体，将教学与社会服务相统一，同时“个人理财”课程历经校本课程、国家精品课程到完成国家共享资源建设，逐渐形成一门职业特色明显课程。

“个人理财”课程以“课证融合”和“教学与服务相统一”为特色，与“国家理财规划师”和银行从业“个人理财”资格考证相融合，并适度丰富职业素养与职业发展教育。要求学生在全面客户分析的基础上，就人生规划、现金与消费规划、住房规划、保障规划、投资规划、税收筹划等进行全方位设计，形成可执行的综合理财方案。课程重视教师团队与学生社团的互动交融，重视学生职业发展与自身美好人生规划的协调。下一步建设目标是，将课程建设成为社会服务的良好平台和现代大学生通识理财技能教育的基础平台。

二、课程建设过程质量

（一）建设理念和思路

1.以就业岗位群为导向，以金融机构客户理财服务为主线进行课程内容设计。

本课程首先服务于投资与理财专业、金融类专业（专业群）。因此，根据投资与理财专业、金融类专业（专业群）人才培养方案，在邀请银行、证券、保险等金融机构的客户理财服务专家对投资与理财专业、金融类专业（专业群）所涵盖的业务岗位群进行任务与职业能力分析的基础上，进行合理的课程目标定位与教学内容定位，同时以就业为导向，以金融机构客户理财服务为主体，按照高职学生认知特点，以业务操作流程的方式展示教学内容，让学生在完成具体项目的过程中来构建相关理论知识，并发展职业能力。

2.“课证融合”的教学模式。

本课程以“课证融合”的要求设计教学。本课程与人力资源和社会保障部的“国家理财规划师”和“中国银行业从业——个人理财”资格考证相融合，在教学内容组织上与两大职业资格考证的核心内容相对接，同时还兼顾学生的素质教育与职业发展，将学生的理财素质养成教育与学生的岗位后续发展教育的相关内容纳入课程教学体系中。

3.“项目实施”的教学方法。

以工作项目与任务为中心组织课程内容。课程的具体教学活动通过项目化形式展开，课程所涉及的每一工作任务模块都以当前个人理财市场的现实产品和业务要求为基准设计载体活动，并整合相关理论知识和实践操作。本课程根据岗位需要设计八大项目，每个项目又根据实际需要划分为2—3个子项目，在考虑教学衔接的基础上，独立组织每个子项目的教学内容，独立进行教学过程设计。另外，教学效果评价采取过程评价与结果评价相结合的方式，通过理论与实践相统一的形式，重点评价学生的职业能力和理财素质。

4.“师生互动”的教学组织。

学生的学习过程借助“808投资理财实训中心”(与“808投资工作室”合二为一)外汇交易实训室、证券实验室的软硬件设备、仿真化客户资料，通过各类银行和非银行类理财产品的市场调查、仿真式理财规划、理财营销的情景模拟和角色互换训练等实训练习，了解主要的理财产品及其收益、风险特点，学会与客户沟通的技巧，能够运用相关的理财分析规划知识，按照理财规划的业务操作流程顺序设计理财规划。培养学生的敬业精神、团队精神、求索精神，使其具有良好的人际沟通能力和职业道德品格，为上岗就业成为一名优秀的理财服务人员奠定良好的理论和实践基础。

另外，本课程的“师生互动”教学组织不仅体现在课堂教学中，还体现在校内外的理财实践中。以“808投资工作室”为载体，专兼结合的教师专家团队和以理财社团为主体的学生专家团队，相互之间互动支撑，共同承担社会大众理财服务；以“金苑华尔街”为载体，以教师专题讲座、学生即兴演讲和师生对话等形式，师生共同在“金苑华尔街”进行交流互动。

(二)课程建设成效

1.基本教学资源建设成效。

(1)本课程已经在学院所有金融和非金融类专业开设，大学生通识教育版《个人理财》教材(读本)已在2013年正式出版，《个人理财一本通》系列读本已经完成近10本的正式出版，与此相关的案例、实训、习题等教学要件也基本建设完成，基本完成了现代大学生通识理财技能教育课程的建设。

(2)课程组教师积极参与金融机构理财人才培训，近三年来参与银行、证券、期货等金融行业员工培训超过500人次。

(3)课程教学内容与银行从业资格——个人理财考试和国家理财规划师考试相对接，并于2012年出版了与之相对应的主讲教材《个人理财》(高等教育出版社)。

(4)全力打造“理财实践育人基地”，建立起以学生为中心，以“浙商理财学院”为基础平台，以“808投资工作室”“保险咨询中心”和学生社团为主体，以理财大讲堂、理财沙龙、理财社区行、理财园区行、投资理财技能大赛等为实践育人核心活动内容的“五位一体”的理财实践育人体系，为个人理财课程的实训实习提供了有力保障。

(5)教学团队中，各位教师注重自身专业素质和职称的提升，两位副教授晋升教授，两位讲师获评副教授。且所有的团队专业教师均于2012年参加金融理财师(AFP)的培训，目前已经结业。

(6)以“808投资工作室”为载体，以历年浙江省理财博览会为平台，确保了近年来“个人理财”教学团队服务社会工作的顺利开展。

2.网络资源建设成效

(1)本课程完成了个人理财网站的全部网上资源建设以及国家精品资源共享课程的全部网络资源建设和上传工作。

(2)本课程的54课时的全程授课录像已经全部完成并上网。在上网的教学录像中，除了投资与理财专业学生外，还涉及金融专业、信息技术专业、保险专业等非理财专业学生，基本完成差异化、立体式课程体系下的全程授课录像。针对社会公众的教学也进行了多次，教学取得良好反响由于设备原因没有录像，将在2013年下半年继续建设这部分教学录像内容。

(3)2012—2013学年增加的上网资源主要包括课程全程教学录像、课程实训操作过程模拟FLASH动画系列、试题库、课程自测平台完善、课程论坛完善和课程基本教学资料的更新。

三、课程建设基本经验

(一)课程教学队伍建设

秉承“三元合一”理念建设教师团队，包括校内专任教师、行业兼职教师、外籍教师，共同培养高职专业人才。专任教师教授理论基础知识，行业兼职教师提供职业培训和岗位培训，外籍教师提高学生的英文应用能力。“三元合一”的师资建设有利于改善学校师资结构，加强实践教学环节；有利于加强高职院校师资队伍建设工作，促进高等职业教育人才培养目标的实现。

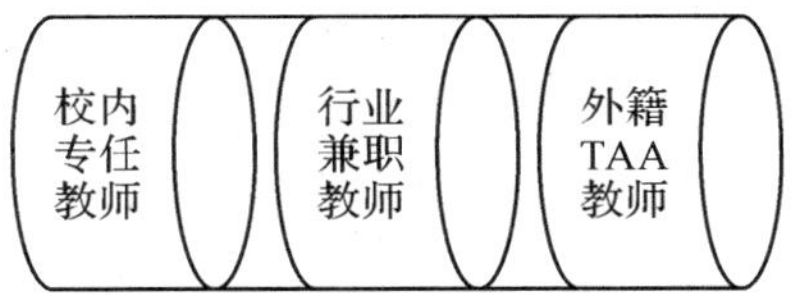

图1　“三元一体”共铸优质师资

投资与理财专业现有教师12人，其中教授3人，博士研究生4人，省级教学名师1人，省高职高专专业带头人1人，入选浙江省新世纪“151”人才3人。专业教师均有行业多年工作经验，多人在行业兼职，其中担任金融机构独立董事2人，来自银行、证券、期货、信托与租赁公司的10余名专家担任兼职教师，形成合理的双师结构教学团队，被评为学院优秀教学团队。

（二）教学内容的选择：针对性与适用性

“个人理财”课程教学内容的确定以实现“课证融合”为指导，立足学生基本素质要求，全面分析相关金融业务岗位对理财知识与能力的需求，并紧密结合人力资源和社会保障部“国家理财规划师”和银行业从业“个人理财”两大职业资格证书考试课程的相关内容，结合高等职业院校学生的实际情况，来选取本课程的教学内容，因此具有较强的针对性与适应性。

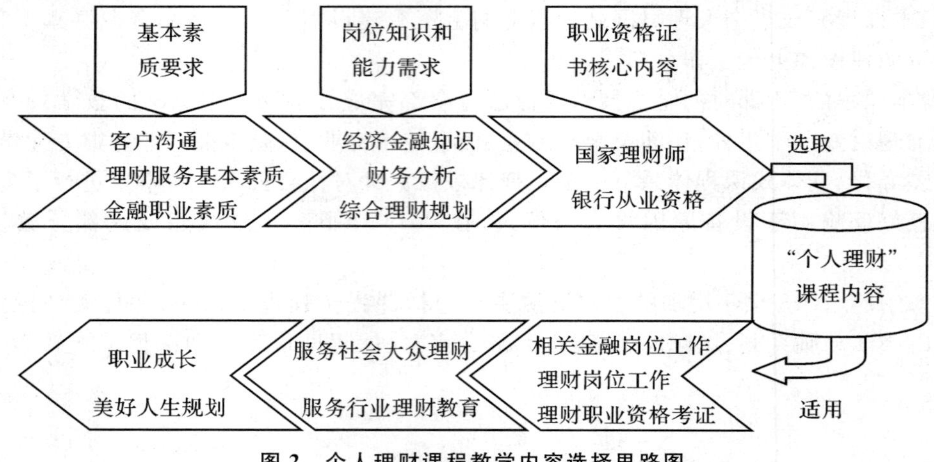

图2　个人理财课程教学内容选择思路图

1.针对理财工作岗位群对知识、能力、素质的要求，适用现代客户理财岗位群的工作需要。

在投资与理财专业人才培养目标总体指导下，在经济、金融和证券投资等基础课程学习的基础上，针对商业银行、证券公司、保险公司等金融机构的相关理财工作岗位群对知识、能力、素质的要求，合理搭配教学内容，使学生能适应现代理财岗位的工作需要。

2.针对现代金融岗位发展需要，适用于现代金融相关岗位对理财知识、能力、素质的需要。

现代金融离不开理财，现代金融的各一线岗位都需要有理财专业技能。因此，本课程针对金融类专业（专业群）学生人才培养的需要，开设“个人理财”课程，将理财专业技能融入金融类专业（专业群）教学中，使现代金融类专业（专业群）毕业生具备现代理财的知识、能力和素质。

3.针对理财职业资格考证的要求，适用于学生参加理财职业资格考证并取得证书。

本课程以“课证融合”为指导，本课程教学内容与中国银行业从业资格考证“个人理财”课程、人力资源和社会保障部的“国家理财规划师”考证课程的教学内容相对接，并考虑到学生职业素质培养与职业发展的要求，形成“个人理财”课程体系。本课程的学习，有助于帮助学生参加以上两个理财职业资格证书的考证并取得证书。

4.针对服务社会大众的理财需求，适用于行业、金融企业一线岗位工作者的理财专业教育，并通过校企合作，与金融机构共同服务于社会大众理财教育。

现代生活离不开理财，理财是社会大众的通识人生技能。因此，服务于社会大众，是本课程建设的一大目标，也是本课程的一大特色。本课程教学内容设计体现社会大众理财需求，体现社会大众学习和培训的要求。同时，本课程教学团队依托金融行业，与行业内机构合作，通过本课程来实现社会公众培训，服务于社会大众。

5. 针对学生职业发展和自身人生规划的要求，适用于学生积累可持续发展能力，并规划好自身及家庭的美好人生。

理财是现代大学生的通识人生技能课程。现代大学生除了学习专业知识、能力外，还需要掌握理财技能，为今后的美好人生规划打好基础。因此，本课程将建设“现代大学生通识人生技能课”作为一大目标，在内容设计上考虑不同专业学生的知识基础，并通过不断的教学改革，以项目化教学为载体，建立适应不同基础的灵活组合式教学内容，以适应现代大学生的整体需求。

(三)课程教学条件的建设

1. 808 理财实训中心建设。

808 理财实训中心面积 220 平方米，适应理财化的设计，将实验室分成开户区、模拟交易区、咨询区、演讲台、讨论区、阅览区、值班经理室等功能区，创造了良好的理财氛围，学生能够在实验室完成各类理财专业活动，从不同的角色仿真业务场景提高理财业务的分析和操作能力。

图 3　808 理财实训中心现场图

2. 省财政支持实训基地建设——证券实训中心建设。

证券实训中心以现代化的技术手段，采用模拟软件，仿真资本市场场景，是“个人理财”课程中投资部分内容的重要校内实训场地。证券实训中心主要强调模拟实践和操作交流功能。实训中心设置 60 台电脑供学生模拟实践，形成课间、课余不间断的实践氛围。学生们可以通过实训中心开展的各种活动如学术论坛、实训研讨、操作比赛等加深对各种证券投资工具的理解、运用，提高自身的投资水平。

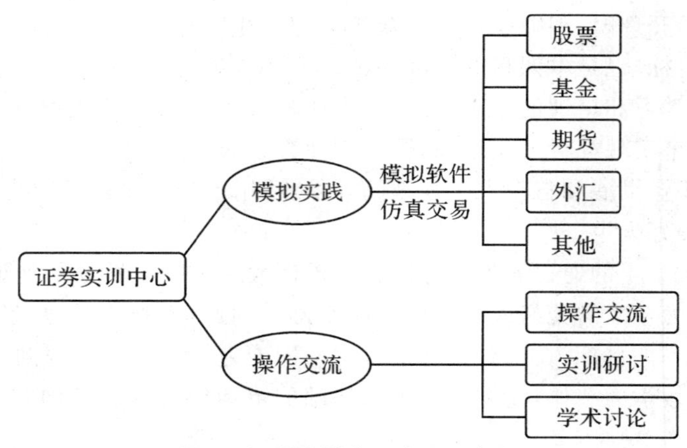

图 4　证券实训中心建设示意图

(四)课程教学模式的设计与创新

"个人理财"课程围绕教学项目载体的建设展开教学设计,通过工学交替、理财社团(师生互动载体)和以理财规划大赛为主体的各类学生专业竞赛等环节共同形成立体式课程教学。

1. 理、实一体化开展项目课程教学。

本课程打破了传统的理论教学加实践教学的教学模式,而是将理论与实践有机结合,实现了教学和实践的零距离对接,实现了理论教学与实践教学的"一体化"。本课程教学以就业为导向,以银行助理理财规划师、理财经理和金融机构一线客户理财服务等岗位群业务流程中涉及的基本业务为主线,以客户理财岗位群工作任务为驱动,以教学实践为纽带,将知识、方法和技能有机融合,教、学、做相结合的教学模式,利用"808 理财实训中心""金苑华尔街"等校内理财实训场所,采用产品认知与规划流程相结合的方式展示教学内容,让学生在完成具体项目的过程中来掌握相关专业基础知识,并发展职业能力。

为此,(1)本课程以项目教学模式开展教学设计,根据岗位工作需要,本课程教学设计八个项目,分别涵盖客户分析、人生规划、现金与消费规划、住房按揭规划、保障规划、投资规划、税收筹划和综合理财;(2)教学项目的设计以实际工作任务为依据;(3)工作任务以岗位上实际操作流程作为载体,突出客户理财规划工作的全过程,以及各理财规划子项目的工作内容和操作方法,从而将课堂教学和实际工作融为一体。

2. "工学交替"机制设计。

本课程教学中设计了"工学交替"机制,从 2004 年开始,利用浙江省与杭州市的金融理财博览会,开展理财专业的工学交替活动,为个人理财课程的工学交替活动开张创造了优异的条件。

3. "师生互动"机制设计。

依托"808 投资工作室"和"财富中心",实现"师生互动"教学活动机制设计。其一,"808 投资工作室"是投资与理财专业创设的,服务于行业、金融企业的理财人员培训和服务于社会大众理财教育的专门理财工作组织。"808 投资工作室"的理财专家由专兼结合的教师团队,和以学生理财社团(实践投资协会)为主体的学生专家团队共同组成,共同为行业、企业和社会大众提供理财培训、教育服务。其二,“808投资工作室”是浙江金融职业学院为活跃下沙高教园区学生投资与理财交流而设立的开放式学生理财活动中心。本课程教学团队作为“808投资工作室”建设的责任团队,建立定期指导制度,定期安排教师参与学生活动,实现良好的师生理财互动。

4.理财大赛机制设计。

投资与理财专业与浙商证券、财通证券、浙江天马期货等金融机构建立证券投资大赛、期货投资大赛和理财规划大赛,本课程组作为校方组织大赛的责任团队,组织学生积极参与大赛活动,并通过大赛活动来提高学生的实际投资与理财能力。

(五)课程网络资源建设

1.课程资源建设与理财职业考证和大学生理财通识教育相衔接。

表现在:(1)个人理财理财基础知识、客户分析、人生规划、现金与消费规划、住房规划、保障规划、投资规划、税收筹划等教学模块的设置与理财职业考证对接;(2)《个人理财》(高等教育出版社)主讲教材与考证相吻合;(3)理财一本通读本等教辅资料与大学生理财通识教育相适应。

2.课程教学资源形式多样化。

主要表现在:(1)扎实的基本教学资源。与各模块教学相吻合的Word版本的案例、习题、参考教材等资源非常严谨。(2)充足的教学媒体素材。股票行情及基本情况分析、银行理财产品、债券产品、房产规划、保障规划过程需要用到的各类图片格式的媒体素材为教学过程的展示提供了更为丰富的选择。(3)丰富的flash动态资源。课程重点模块的导入理念示例和实验实训环节均设计了适当的flash动画资源,增加学生的学习兴趣,提高学习效果。

3.课程学习交流互动平台功能强大。

课程的拓展性资源中以理财学习社区为主体,嵌入了互动论坛、在线自测系统、在线实训(提供实训项目)等功能,学生可以通过该资源平台很好地在课外与本课程的教师和同学交流,并巩固课程专业学生成果。

(六)学生受益情况

“个人理财”是浙江金融职业学院重点发展的校本课程,目前在全院各个专业开设,覆盖了包括投资与理财、金融管理与实务、国际贸易实务、国际金融、农村合作金融、国际商务、会计、财务管理、信用管理、房地产经营与估价、保险实务、市场营销、工商企业管理、医疗保险实务、计算机信息管理、电子商务、多媒体技术、文秘等在内的所有专业,学生的受益面非常广,为本课程建设大学生理财通识课程的建设目标创造了优越的条件。

四、课程建设展望

个人理财作为金融类学生的一门重要基础技能课程,在学生的学习中占有十分重要的地位.由于科学技术的迅猛发展,社会和大学生对知识的要求在不断变化,相应的,个人理财课在主要内容基本稳定的情况下，其教学形式和内容也要相应变化，使本课程能及时反映个人理财的最新发展；同时，也为了在多媒体技术广泛应用的今天，尽量更新教学手段和教学形式，进一步提高教学效率，使学生在相同的时间内学到更多的东西：在总体教学方式和教学内容一致的情况下，根据各个专业对个人理财的不同要求，有所侧重，有所区别对待，提供各具特色的高职的个人理财教学内容，这就是个人理财精品课程建设的思路。

协同创新　踏浪并进
——“证券投资实务”课程建设十年

王　静

一、课程建设历史沿革

早在 1993 年，伴随着中国大陆证券市场市场起步，浙江银行学校（浙江金融职业学院的前身）就已经开设了“证券市场投资”课程，在浙江省同类院校中开了先河。从那时起，十多年来，该门课程一直是学院财经类专业学生必修的主干课程，也是非财经类各专业的选修课程。与中国大陆证券市场的早期发展相一致，我院的“证券市场投资”及相关课程也经历了实践教学环节的“手工化操作—半手工加半电子化操作—电子化仿真化模拟训练”的发展进程。随着中国证券市场日新月异的发展以及课程组教师对证券市场投资的相关研究步步深入，证券课程的教材在相应地不断更新，所使用的教材，也经历了一个从自编讲义—编写中专教材—编写高职教材—撰写“普通高等教育‘十一五’国家级规划教材”—撰写“普通高等教育‘十二五’国家级规划教材”的成长过程。与课程的改革发展相适应的是教师队伍的成长，已经从早期的年轻讲师（中专职称）主讲课程，逐步发展到形成一支以博士、硕士、“双师”为基础，以“三高人才”（即高职称、高学历、高实践素养）为主体的专兼职教学队伍，能够完成全日制教学与员工在职培训等任务。2004 年开始，“证券投资学”成为下沙高教园区 14 所高校学生的共享选修课程，广受欢迎。同年，“证券投资理论与实务”课程跻身浙江省精品课程建设行列，为更好地凸现高职院校专业课程的实践化特色，本课程 2007 年起用名“证券投资实务”。2007 年，入选国家级精品课程，2013 年入选国家级精品资源共享课程。

将工学结合的课程改革与人才培养模式创新相结合，主动引入金融企业资源办教育，是浙江金融职业学院多年来积极尝试的课题。在 21 世纪初，学院提出“两个 1/4 制度”，外请了若干位来自证券市场一线的业务骨干登上讲台，与学生交流“证券市场投资”。2002 年 6 月，学院与金通证券公司共同组建了“金通投资学院”，从组织机构与制度机制方面保证了“证券市场投资”及相关课程的工学结合、校企合作。而教高 2006(16)号文件指示精神又促使了“证券市场投资”的工学结合上新台阶。2007 年寒假期间，本课程率先进行了工学交替改革，理财 2005 级同学分别到中信金通证券、天一证券、国信证券、浙商证券、国泰君安证券、宏源证券等浙江省内证券公司以及投资管理类公司实习开户、交易、咨询等业务流程的工学交替内容，使学生真切地感受到与本课程密切相关的一线工作岗位的气氛和环境，加深了对专业知识的领悟和认识，对课程教学效果起到了良好的辅助作用。2007 年 4 月 16—22 日，同学们在寒假经验的基础上继续实践工学结合内容，并将课程层面的工学交替范围扩大到“证券投资分析”“投资银行业务经营”等相关课程，连续八年在“中国(杭州)理财博览会暨市民理财周”活动现场，为多家证券公司、商业银行提供证券市场调查、业务宣传和推广、业务咨询、业务代理等服务，在专业学习、服务社会、产学合作等方面取得了良好的综合效果。

二、课程建设过程

(一)课程设计的理念与思路

课程设计在开课最初定位为理论与实践并重，随着证券市场的发展，以及我院实践场所和教师实践能力的提高，课程在设计上逐渐向实践操作型发展，具体体现在：

1. 以就业岗位群为导向，以金融投资机构客户理财服务为主线进行课程内容设计。

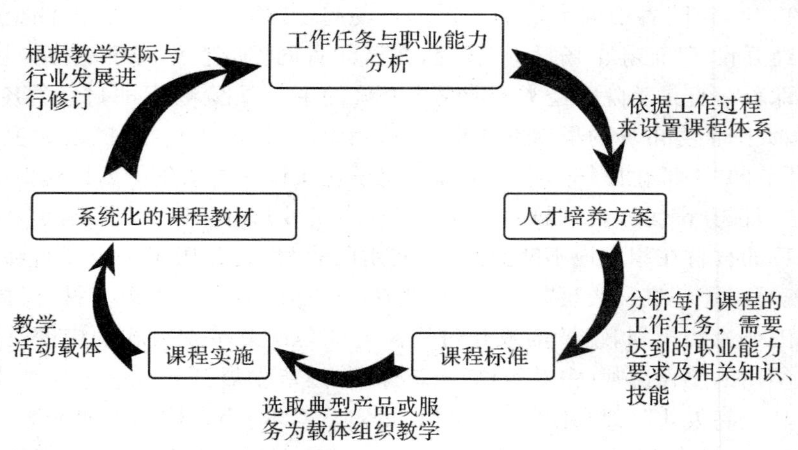

图 1　基于工作过程的系统化课程设计

本课程首先服务于投资与理财专业、金融类专业(专业群)。因此，根据投资与理财专业、金融类专业(专业群)人才培养方案，在邀请证券、银行、金融机构的客户理财服务专家对投资与理财专业、金融类专业(专业群)所涵盖的业务岗位群进行任务与职业能力分析的基础上，进行合理的课程目标定位与教学内容定位；同时，以就业为导向，以金融机构客户理财服务为主体，按照高职学生认知特点，以业务操作流程的方式展示教学内容，让学生在完成具体项目的过程中来构建相关理论知识，并发展职业能力。

2.“课证赛融合”的教学模式。

本课程以“课证赛融合”的要求设计教学过程。本课程中国证券业从业 5 门课(4 个证)与人力资源和社会保障部的“国家理财规划师”资格考证相融合，在教学内容组织上与两大职业资格考证的核心内容相对接，同时还兼顾学生的素质教育与职业发展，将学生的投资理财素质养成教育与学生的岗位后续发展教育的相关内容纳入课程教学体系中。

3."项目实施"的教学方法。

以工作项目与任务为中心组织课程内容。课程的具体教学活动通过项目化形式展开，课程所涉及的每一工作任务模块都以当前金融投资市场的现实产品和业务要求为基准设计载体活动，并整合相关理论知识和实践操作。本课程根据岗位需要设计八大项目，每个项目又根据实际需要划分为2—3个子项目，在考虑教学衔接的基础上，独立组织每个子项目的教学内容，独立进行教学过程设计。另外，教学效果评价采取过程评价与结果评价相结合的方式，通过理论与实践相统一的形式，重点评价学生的职业能力和理财素质。

4."师生互动"的教学组织。

学生的学习过程借助"808投资理财实训中心"(与"808理财工作室"合二为一)、证券实训中心的软硬件设备、仿真化客户资料，通过各类金融投资和非银行类产品的市场调查、仿真式投资理财规划、投资理财营销的情景模拟和角色互换训练等实训练习，了解主要的金融投资产品及其收益、风险特点，学会与客户沟通的技巧，能够运用相关的投资理财分析规划知识，按照理财规划的业务操作流程顺序设计规划。培养学生的敬业精神、团队精神、求索精神，使其具有良好的人际沟通能力和职业道德品格，为上岗就业成为一名优秀的投资理财服务人员奠定良好的理论和实践基础。

另外，本课程的"师生互动"教学组织不仅体现在课堂教学中，还体现在校内外的投资理财实践中。以"808投资理财工作室"为载体，专兼结合的教师专家团队和以投资理财社团为主体的学生专家团队，相互之间互动支撑，共同承担社会大众理财服务；以"金苑华尔街"为载体，以教师专题讲座、学生即兴演讲和师生对话等形式，师生共同在"金苑华尔街"进行交流互动。

(二)课程定位

"证券投资实务"课程是以证券公司、商业银行、基金公司、期货公司等金融机构客户理财岗位群工作为导向，以岗位群工作任务为驱动，以"课证赛融合"为指引，通过实施"项目化"教学改革和"师生互动式"教学组织，将理论教学与实践教学融为一体，将教学与社会服务相统一的，职业特色明显的一门课程。

本课程的定位体现为以下三点：

1.投资与理财专业核心课程。

本课程作为投资与理财专业的核心课程，是基于对投资与理财专业学生所面向岗位的知识、能力、素质要求分析而开设的。投资与理财专业毕业生主要面向证券公司、基金公司、期货公司、商业银行、投资公司等金融类机构的客户服务岗位，直接面向客户进行投资理财服务，需要有一门证券投资综合课程与之相适应。因此，本课程对于投资与理财专业一般安排在第三—第四学期授课，是在学生已学习"经济学基础""金融概论""投资理论与实务"等课程的基础上，学习综合的证券投资知识，掌握针对五大模块的内容：证券基础知识、证券交易、证券发行与承销、证券投资基金、证券投资分析等技能，培养综合的投资理财能力，养成金融投资综合素质。

2.金融类专业(专业群)主干课程。

现代金融岗位(群)都离不开综合投资理财。现代金融岗位(群)中，如金融专业、农村金融专业、国际金融专业、证券与期货专业、保险实务专业、信托与租赁专业等，都面向商业银行、证券公司、基金公司、期货公司、保险公司、信托或租赁公司等金融机构的一线岗位，如客户经理岗位、金融市场营销岗位、综合柜台岗位、基金销售岗位等，都直接与客户进行业务接触，都要针对客户的实际情况提供必要的投资理财建议。因此，现代金融（群）岗位，特别是一线岗位，都离不开针对个人的综合投资理财，都需要将“证券投资实务”课程设置为专业主干课程。目前，许多高职高专院校的金融管理实务、国际金融、保险实务、农村金融等专业都已将“证券投资实务”课程列为专业主干课程。

3. 当代大学生的通识人生技能课程。

现代生活离不开投资理财，金融理财是现代人都必须掌握的人生技能。现代人的生活，无论工作于何种岗位，都会涉及金融市场服务、储蓄与投资管理、家庭财富保值升值管理、基金管理及养老保障等投资理财活动。作为现代大学生，应该掌握基本的投资理财技能，做好人生规划，为今后的美好生活打好基础。因此，“证券投资实务”课程是现代大学生的通识人生技能课，“证券投资实务”课程应该在现代大学生通识课程教学中推广，以助于帮助大学生学习并掌握现代投资理财基本技能，培养风险意识和形成良好的投资理财习惯。

三、课程建设成效

（一）基本教学资源积累

随着中国证券市场日新月异的发展以及课程组教师对证券市场投资的相关研究步步深入，证券课程的教材在相应地不断更新，所使用的教材，也经历了一个从自编讲义—编写中专教材—编写高职教材—撰写“普通高等教育‘十一五’国家级规划教材”—撰写“普通高等教育‘十二五’国家级规划教材”的成长过程。课程 2007 年申报国家精品课程并成功，目前正申报国家级精品资源共享课程，通过两个国家级项目的申报，课程组积累了大量教学资源，具体为：

1. 在教材建设方面，被列入“十二五”规划教材，由中国金融出版社出版。目前，该教材已开启，在内容上与证券从业资格考试相对接。

2. 校企合作方面，师资团队成员与行业企业保持密切合作，定期走访证券、期货等机构，就修订人才培养方案、合作开展大学生竞赛等进行沟通，并常年为金融机构提供证券、理财、期货等方面的人才培训。

3. 师资团队成员注重提升自我，团队中两位讲师晋升副教授，

4. 社会服务方面，以“808 投资理财工作室”为载体，以浙江省理财博览会为平台，每年为理财博览会为市民提供证券、理财免费咨询活动，并多次为各类金融机构提供人员培训、专家讲座。

5. 学科竞赛方面。自 2004 年起，每年定期举办投资理财大赛，内容包括模拟炒股竞赛、期货模拟交易竞赛、理财大赛等，涉及下沙高教园区所有高校，累计参赛人数超过 10000 万人次，自 2013 年起承办由浙江省教育厅主办的浙江省大学生投资理财技能大赛，已连续承办两届。

(二)实践教学条件的建设与使用

在实践教学条件方面，依托学院以及课程建设，目前，学生实习实训场所在校内主要是证券实训中心、808投资理财实训中心和财富管理中心(金苑华尔街)。

1.证券实训中心。

证券实训中心面积230平方米，配置计算机61台，投资理财模拟软件2套，其他配套设施齐全。

图2　证券实训中心

2.808投资理财实训中心。

808投资理财实训中心面积250平方米，配置计算机55台，财务计算器150台，投资理财模拟软件1套，其他配套设施齐全。该实验室适应投资理财的设计，将实验室分成开户区、模拟交易区、咨询区、演讲台、讨论区、阅览区、值班经理室等功能区，创造了良好的理财氛围，学生能够在实验室完成各类理财专业活动，从不同的角色仿真业务场景提高投资理财业务的分析和操作能力，为"证券投资实务"课程的实训提供了良好的环境。

3.财富管理中心(金苑华尔街平台升级版)。

财富管理中心(金苑华尔街)平台为学生与专业教师、行业专家进行专业交流搭建了一个有效的平台，学生和老师可以在这里进行金融理财知识与经验交流、探讨。"金苑华尔街"建立定期的"投资理财沙龙"制度。财富管理中心(金苑华尔街)都面向杭州下沙高教园区学生开放，学生可以来参与进行投资、理财活动，财富管理中心(金苑华尔街)每周定期至少开展1次投资理财团队活动。

校内实训基地为相关专业实践教学活动的开展提供强有力的保障，主要体现在课堂教学和课外活动组织两个方面：

(1)教师在证券投资实务、个人理财等专业课的教学过程中可以把理论教学和实践教学有机结合起来，加深学生对专业知识的理解，并通过学生参与实训和华尔街的沟通交流，培养专业能力和专业技能。

(2)实训中心开放使用。证券实训中心、808 理财实训中心、金苑华尔街等在周一到周五的中午、下午、晚上及周六、周日全天等课外时间对学生开放,促进了学生的课余理财交流活动,包括 808 工作室、投资实践协会等社团组织活动、各模拟投资理财擂台赛、学生的沙龙和 CLUB 活动、系部组织的专业技能训练及学生自主投资理财活动等,都可以在上述实训中心进行。

目前,学院已经与各家商业银行、证券公司、信用社分支机构建立了 100 多家校外实训基地,基地指导教师对学生专业实习、顶岗实习的指导工作已经形成制度化,形成基地教师指导学生实际工作,校内教师组织学生实习,校内外互动共同育人的一种良性互动机制。

在利用学院业已建立的综合性实习基地的基础上,本课程根据教学需要,与浙商证券、财通证券、中信证券(浙江)、海通证券杭州环西营业部、广发证券杭州凤起营业部、浙江新华期货公司、浙商银行理财中心、杭州银行理财中心、民生银行杭州分行理财中心、广发证券杭州密渡桥路营业部、浦发银行杭州分行理财中心、光大银行杭州分行理财中心等金融机构建立课程实习基地。学生在实习基地进行现场观摩、顶岗操作,也同实习单位的投资理财专家一起进行客户咨询服务。校外实习基地到目前为止,已为包括投资与理财、金融管理实务、国际金融实务、保险实务等专业的二千多名学生提供了"证券投资实务"课程实习服务,为"证券投资实务"课程的教学提供了良好的保障。

(三)网络资源建设与更新情况

在原有国家精品课程网络资源建设成果基础上,将原有网络资源进行了整改和更新,新的网址为 zqtzsw. jpkc. cc,改版后的网站在形式上将资源分为四大模块:课程浏览、学习与测试、模拟炒股大赛、证券从业资格考试。四大模块综合了课程知识、实践技能、从业资格考试的知识,有助于学生将知识融会贯通,提高职业能力,缩短上岗距离。

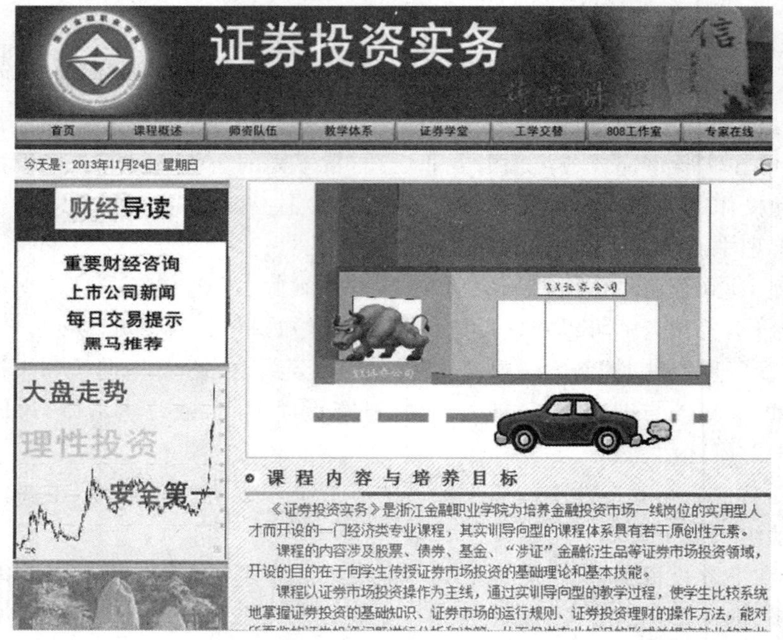

图 3 "证券投资实务"精品课程网

图 4　“证券投资实务”课程四大模块

（四）模拟投资大赛系列

由投资与理财专业的 808 工作室承担繁重的赛务工作，自 2013 年起承办由浙江省教育厅主办的“浙江省大学生投资理财技能大赛”，工作室从 2008 年春举办首届“时代金融杯”大学生投资理财模拟大赛以来，工作室已经举办 13 次模拟大赛，得到各个高校广泛响应。迄今为止，已经有超过三十所高校的数万名大学生参加证券、理财、期货、外汇等项目的竞赛活动，其间陆续有若干金融机构资助比赛并冠名，大学生投资理财模拟大赛历经传承与创新，是浙江金融职业学院将优质教育资源提供给高教园区共享的有效载体，弘扬了“三维文化”育人的理念，是“行业、校友、集团共生态办学模式”在专业领域的积极实践。

三、课程建设经验

（一）课程内容有较强的针对性与适用性

“证券投资实务”课程教学内容的确定以实现“课证赛融合”为指导，立足学生基本素质要求，全面分析相关金融投资业务岗位对证券投资、理财规划知识与能力的需求，并紧密结合证券业从业人员资格证书系列（5 门课 4 个证）、人力资源和社会保障部“国家理财规划师”等两大职业资格证书考试课程的相关内容，结合高等职业院校学生的实际情况，面向高中毕业（包括中职技校后）12 年学习基础起步，来选取本课程的教学内容（图 5 直观表示课程内容选取过程及课程的适用方向）。

因此，本课程教学内容的针对性与适应性体现在：

1. 针对金融投资及理财工作岗位群对知识、能力、素质的要求，适用现代客户理财岗位群的工作需要。

在投资与理财专业人才培养目标总体指导下，在经济、金融和证券投资等基础课程学习的基础上，针对证券公司、商业银行、基金公司、期货公司等金融投资机构的相关投资理财工作岗位群对知识、能力、素质的要求，合理搭配教学内容，使学生能适应现代理财岗位的工作需要。

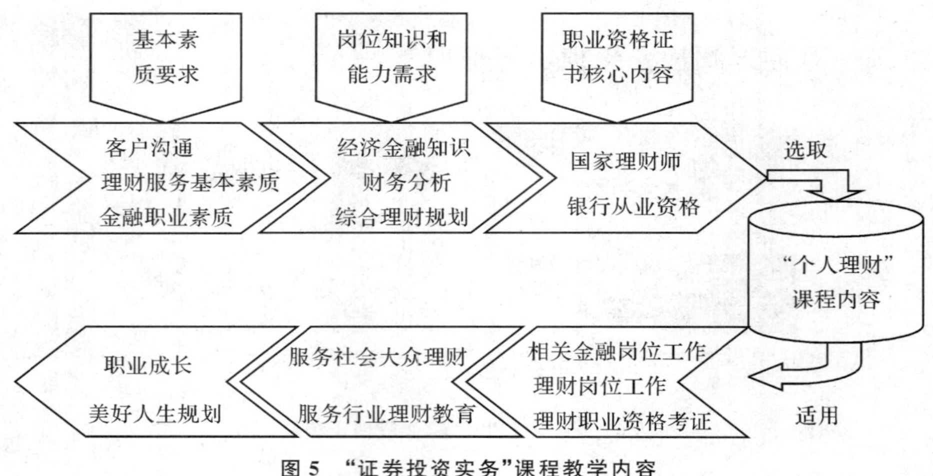

图5 "证券投资实务"课程教学内容

2. 针对现代金融岗位发展需要，适用于现代金融相关岗位对投资理财知识、能力、素质的需要。

现代金融离不开投资理财，现代金融的各一线岗位都需要有投资理财专业技能。因此，本课程针对金融类专业（专业群）学生人才培养的需要，开设"证券投资实务"课程，将投资理财专业技能融入金融类专业（专业群）教学中，使现代金融类专业（专业群）毕业生具备现代投资理财的知识、能力和素质。

3. 针对投资理财职业资格考证的要求，适用于学生参加金融投资与理财职业资格考证并取得证书。

本课程以"课证融合"为指导，其内容与中国证券业从业资格考证（5门课4个证）课程、人力资源和社会保障部的"国家理财规划师"考证课程的教学内容相对接，并考虑到学生职业素质培养与职业发展的要求，形成"证券投资实务"课程体系。本课程的学习，有助于帮助学生参加以上两个投资理财职业资格证书的考证并取得证书。

4. 针对服务社会大众的投资理财需求，适用于行业、金融企业一线岗位工作者的投资理财专业教育，并通过校企合作，与金融投资机构共同服务于社会大众投资与家庭（个人）理财教育。

现代生活离不开投资理财，投资理财是社会大众的通识人生技能。因此，服务于社会大众，是本课程建设的一大目标，也是本课程的一大特色。本课程教学内容设计体现社会大众的投资理财需求，体现社会大众学习和培训的要求。同时，本课程教学团队依托金融投资行业，与行业内机构合作，通过本课程来实现社会公众培训，在投资者教育、金融消费者权益维护启蒙方面，服务于社会大众。

5. 针对学生职业发展和自身人生规划的要求，适用于学生积累可持续发展能力，并规划好自身及家庭的美好人生。

投资理财是现代大学生的通识人生技能课程。现代大学生除了学习专业知识、能力外，还需要掌握投资理财技能，为今后的美好人生规划打好基础。因此，本课程将建设"现代大学生通识人生技能课"作为一大目标，在内容设计上考虑不同专业学生的知识基础，并通过不断的教学改革，以项目化教学为载体，建立适应不同基础的灵活组合式教学内容，以适应现代大学生的整体需求。

(二)课程作用

该课程作用主要体现在以下四点：

1.综合运用专业所学知识，学会专业投资理财。

对于投资与理财专业学生而言，根据专业培养方案，学生在已学习"经济学基础""金融概论""投资理论与实务"等经济、金融基础知识和证券投资相关技术的基础上来学习本课程。本课程在专业人才培养中占有重要地位，是对专业学习的综合检验。因此，本课程的教学，将针对目标客户，在全面的投资风险偏好和投资理财需求分析基础上，就证券基础知识、证券交易、证券发行与承销、证券投资基金、证券投资分析等板块内容等进行全方位设计，形成可执行的证券投资及综合理财方案，并能监控方案的执行，在执行中动态完善方案。

2.课证赛融合，帮助学生取得相应的职业资格证书。

本课程与证券业从业资格之5门课(4个证)考证进行"课证融合"，也对接人力资源与社会保障部的"国家理财规划师"内容。课程教学内容的组织既吸收两大职业资格考证的核心内容，又充分考虑投资与理财专业、金融类专业(专业群)专业的岗位发展与素质养成教育的需要。因此，本课程的学习，将较好的指导学生参加上述两个职业资格考评，并取得相应的职业资格证书，促进学生良好就业。

3.服务于行业培训，服务于社会大众投资理财教育。

证券公司、商业银行、基金公司、期货公司等金融机构的一线客户服务岗位及专业投资理财岗位需要经常性地进行投资理财培训，本课程把服务于行业培训作为一大教学任务，通过课程教学团队建设，提高行业培训服务能力。

另外，投资理财是现代人生活的必要技能，本课程着力通过三个方面来构建服务社会大众的良好平台。一是加强校企合作，通过合作金融机构的平台，实现社会大众的投资风险防范与金融理财教育。二是建立社会服务工作平台"808投资理财工作室"(与"808理财实训中心"合二为一，下同)，"808投资理财工作室"由课程教学团队和学生投资理财社团共同担任专家，通过电话咨询、社区投资理财服务、在线交流、学生专业实践等渠道和方式，服务于社会大众。三是课程网络服务，通过课程网络平台(网页)，提供开放式的课件、案例等教学资源，通过在线解答等方式，来提供大众理财教育，以培养社会大众的投资风险意识和投资理财习惯。

4.帮助学生规划美好的理财人生。

所谓"股市有风险，投资须谨慎""你不理财，财不理你"。现代大学生都应学习投资理财技术，养成投资风险意识与理财习惯。本课程的学习除了帮助学生更好地找到工作岗位，实现良好就业外，还有助于学生自身建立良好的投资理财意识和习惯，为自身的美好人生打好基础。投资理财应该是当代大学生的通识人生技能课程，本课程已将此列入课程建设规划之中，通过开放式、立体式和组合式的课程内容体系建设，让本课程服务于全体大学生。

(三)教学模式的设计与创新

"证券投资实务"课程围绕教学项目载体的建设展开教学设计，通过工学交替、金苑华尔街(师生互动载体)、中澳合作办学以及以投资理财规划大赛为主体的各类学生专业竞赛等环节共同形成立体式课程教学。

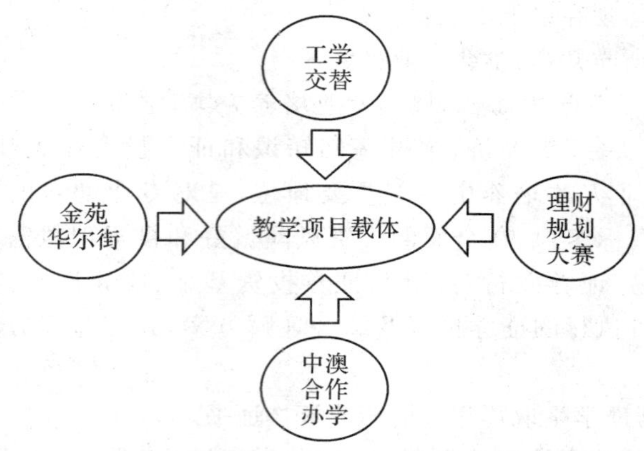

图 6 "证券投资实务"课程教学模式的设计与创新

1."理、实一体化"开展项目课程教学。

本课程打破了传统的理论教学加实践教学的教学模式,而是将理论与实践有机结合,实现了教学和实践的零距离对接,实现了理论教学与实践教学的"一体化"。本课程教学以就业为导向,以证券公司客户经理、银行基金销售经理、银行助理理财规划师和金融机构一线客户理财服务等岗位群业务流程中涉及的基本业务为主线,以客户投资理财岗位群工作任务为驱动,以教学实践为纽带,将知识、方法和技能有机融合,教、学、做相结合的教学模式,利用证券实训中心、"808 投资理财实训中心""金苑华尔街"等校内投资理财实训场所,采用产品认知与规划流程相结合的方式展示教学内容,让学生在完成具体项目的过程中来掌握相关专业基础知识,并发展职业能力。

为此,(1)本课程以项目教学模式开展教学设计,根据岗位工作需要,本课程教学设计六大项目,分别涵盖证券基础知识、证券交易、证券发行与承销、证券投资基金、证券投资分析,以及特色实训内容;(2)教学项目的设计以实际工作任务为依据;(3)工作任务以岗位上实际操作流程作为载体,突出客户在证券市场投资理财工作的全过程,以及各证券投资子项目的工作内容和操作方法,从而将课堂教学和实际工作融为一体。

2.中外合作办学下的课程教学的借鉴与创新。

浙江金融职业学院投资与理财从 2005 年起开展中澳合作办学,其中本课程是合作办学中的一个核心合作建设课程。本课程借鉴澳大利亚 TAFE 教育的先进理念,实现在教学模式上的创新。在课堂教学手段上,采用 Case Study(案例分析)、Role Play(角色扮演)、Group Work(团队作业)等,在活跃课堂气氛的同时增强了学生的学习兴趣,从而提高了学习效率;同时,创建了课程教学的"准导师制",通过"808 投资理财工作室",将教师团队与学生投资理财社团成员进行"准导师"结对,由专业老师针对性地指导和培养学生专家团队,双方共同向社会大众提供投资理财教育与咨询服务。

3."工学交替"机制设计。

本课程教学中设计了"工学交替"机制,从 2004 年开始,利用浙江省与杭州市的金融理财博览会，开展理财专业的工学交替活动，为个人理财课程的工学交替活动开张创造了优异的条件。

4.“师生互动”机制设计。

依托“808投资理财工作室”和“金苑华尔街”，实现“师生互动”教学活动机制设计。其一，“808投资理财工作室”是投资与理财专业创设的，服务于行业、金融企业的投资理财人员培训和服务于社会大众投资理财教育的专门工作组织。“808投资理财工作室”的投资理财专家由专兼结合的教师团队，和以学生投资理财社团（实践投资协会）为主体的学生专家团队共同组成，共同为行业、企业和社会大众提供理财培训、教育服务。其二，“金苑华尔街”是浙江金融职业学院为活跃下沙高教园区学生投资与理财交流而设立的开放式学生投资理财活动中心。本课程教学团队作为“金苑华尔街”建设的责任团队，建立定期指导制度，定期安排教师参与学生活动，实现良好的师生理财互动。

5.以证券投资为主打项目平台的大学生投资理财大赛机制设计。

投资与理财专业与浙商证券、财通证券、浙江天马期货、广发银行等金融机构建立证券投资大赛、期货投资大赛和理财规划大赛，本课程组作为校方组织大赛的责任团队，面向浙江省各高校、辐射长三角相关高校，组织学生积极参与大赛活动，并通过大赛活动来提高学生的实际投资与理财能力。

（四）课程资源

1.课程资源建设与证券投资职业考证和大学生理财通识教育相衔接。表现在：(1)证券基础知识、证券交易、证券发行与承销、证券投资基金、证券投资分析等教学模块的设置与证券投资职业考证对接。(2)主讲教材《证券投资概论》（中国金融出版社，2006年）、《证券投资实训教程》（浙江大学出版社，2010年）与考证相吻合。(3)《理财一本通读本——股票投资》《基金投资》等教辅资料与大学生投资理财通识教育相适应。

2.课程教学资源形式多样化。主要表现在：(1)扎实的基本教学资源。与各模块教学相吻合的Word版本的案例、习题、参考教材等资源非常严谨；(2)充足的教学媒体素材。股票行情及基本情况分析、银行理财产品、债券产品、房产规划、保障规划过程需要用到的各类图片格式的媒体素材为教学过程的展示提供了更为丰富的选择；(3)丰富的flash动态资源。课程重点模块的导入理念示例和实验实训环节均设计了适当的flash动画资源，增加学生的学习兴趣，提高学习效果。

3.课程学习交流互动平台功能强大。课程的拓展性资源中以理财学习社区为主体，嵌入了互动论坛、在线实训（提供实训项目）等功能，学生可以通过该资源平台很好地在课外与本课程的教师和同学很好地交流，并巩固课程专业学生成果。

三、课程建设中存在的不足与困难

目前，“证券投资实务课程”建设中遇到的困难和存在的不足有一下几点。

1.在课程建设过程中，为了实现与证券从业资格考试相对接，教师需要大量的历年从业考试真题和模拟试题进行解题和分析，这也是学生较为关注的内容，但从目前来看，这些试题主要来自网络，资源分散、不稳定。

2. 在模拟投资大赛中，历届的大赛中多数是与其他机构合作开展，合作方不仅提供资金支持，在竞赛软件和平台上也给予提供。但是从长远发展来看，在缺乏自主竞赛平台前提下，依赖于合作机构的竞赛难以长期、持续开展，也不利于竞赛经验的积累。

四、下一步推进课程建设的措施

1. 完成课程教材修订工作。本课程对应教材已完成，为“十二五”规划教材，下一步计划教材修订工作。

2. 加大对证券从业资格考试试题的积累，从人力和物力上给予保障。

3. 与期货、证券公司等金融机构及第三方同花顺公司合作，对自主开发竞赛平台进行需求分析，并着手建设与调试，力争 2015 年投入使用。

4. 以微课堂和微课程建设为契机，深化课程改革。因为“证券投资实务”是实践性与可看性较强的一门课程，所以下一步我们将选择课程中互动性、可看性较强且有特色的内容，开展微课堂拍摄。

5. 持续更新课程网站资源。由团队教师带领投资实践协会，定期对网站资源进行更新。

"保险理论实务"课程建设的探索和实践

——"保险理论与实务"课程建设十年

何惠珍

一、课程建设概况

2001年我院开始开设"保险理论与实务"课程，该课程的建设伴随着保险专业的创建而开始。随着金融事业的恢复与发展，1979年专业银行逐渐与人行分设，保险公司恢复，各类金融专业人才的需要更为迫切，浙江银行学校（浙江金融职业学院前身）设立的综合金融专业已不能适应形势发展的客观要求，在1983年秋季增设了保险专业。由于浙江银行学校与银行、保险公司等金融单位存在天然的血缘关系，师资最早也来源于行业，因此教师业务实践、毕业生实习以及学生毕业分配都得到了保险公司的很大支持。保险专业建设极具特色：学校教学与保险公司加强合作，课堂教学与业务实践、学术活动的交流互动；在教学方法上提倡启发式和案例教学，开辟第二课堂，加强实践性教学环节，办起了模拟保险公司等。

在保险专业的课程设置中，"保险理论与实务"课程不仅是高职高专类院校保险实务、医疗保险、金融保险等相关专业的专业基础课程，而且是"财产保险实务""人身保险实务""保险中介""保险营销"和"保险法规"等专业核心课程和后续课程"团队经营""汽车保险""海上保险"和"社会保险"等课程的基础。

经过多年的建设发展，保险专业具备了适应高等职业教学的基本规模与实力，并积累了进行保险专业人才培养的丰富教学经验。同时，"保险理论与实务"课程不仅是保险实务专业和医疗保险专业的基础课，也是金融专业、会计专业基础课，突出了"大金融"概念，当然按照授课专业的不同，采纳了不同的教案和大纲。

在十年多的建设过程中，"保险理论与实务"课程团队齐心协力，艰苦求索，不断完善课程的各项建设要素，丰富课程的教学资源与拓展资源，于2008年成功入选省教指委重点课程和2008年度浙江省级精品课程，并于2009年申报国家精品课程。"保险理论与实务"是一门理论与实践相融合的课程，在教学中首先侧重于理论教学，打好基础是重要的一个环节，也为后续课程的学习作一铺垫。同时，通过项目教学、工学结合，有条件的情况下聘请行业教师讲座等路径，强调教学过程的实践性、开放性与职业性，重视学生校内学习与实际工作的一致性。

二、课程建设过程质量

(一)建设理念和思路

1. 设计理念。

本课程以提高学生就业能力为导向,在行业专家的指导下,对保险合同的订立与履行、保险费率厘定的原则与简单计算、保险产品分类与保障范围区分等三大专门化方向所涵盖的岗位进行任务与职业能力分析,以实际工作任务为引领,以保险经营业务流程中涉及的内容为主线,以保险行业从业资格考核要求为依据,采用业务流程式与并列式相结合的结构来展示教学内容,通过设计情景显现、仿真模拟等活动项目来组织教学,培养学生具备基本职业能力。

建议本课程课时,非保险学专业教学时数 54 学时,计 3 个学分;保险学专业的学时为 72 课时,计 4 个学分。

2. 设计思路。

(1)课程能力目标设计。

①通过本课程的学习,能够使同学们对保险的基础理论、保险基本业务以及保险市场基本运行方式有较全面的认识和了解。

②能够了解与把握各种具体的保险业务的具体业务程序与市场操作。

③提高学生业务操作技能的水平。其具体内容包括保险制单、核保流程、简单的费率计算、客户服务以及具体个案分析。

(2)课程知识目标。

①明确保险与风险之间的联系与区别,并掌握保险的基本概念。

②掌握保险的四大基本原则,并能够运用这些基本原则分析保险领域实际问题。

③掌握保险合同的基本条款,明确保险合同订立、变更和终止的程序。

④掌握保险公司展业、核保、理赔和资金运用等基本业务流程。

⑤熟悉财产保险、人身保险的主要险种。

⑥了解保费的构成与保险费率厘定的主要原则,并学会计算保费。

具体见图 1。

(二)课程性质与作用

本课程是高职高专类院校保险实务专业的专业基础课程,其功能在于培养学生有关保险的基础理论知识与实务操作技能,培养学生应用相关理论与方法分析、解决保险领域实际问题的能力,使学生具备从事保险行业相关职业的职业资格、职业能力与职业素养,使学生具备从事保险销售、简单承保与理赔、保险客户服务等的相关能力,并为后续工学交替、顶岗实习夯实基础。

“保险理论与实务”课程在保险专业中的定位见图 2。

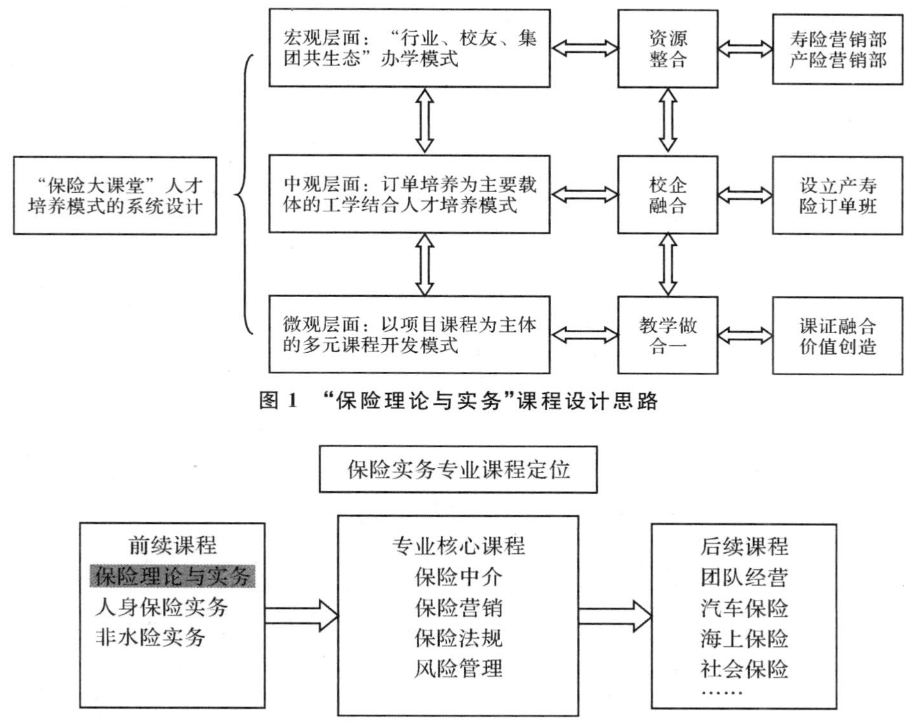

图 1 "保险理论与实务"课程设计思路

图 2 "保险理论与实务"课程在保险专业中的定位

（三）课程内容

1. 内容选取。

本课程的教学内容选取以够用为原则，在充分听取保险行业专家对所需人才基本素质方面意见的基础上，根据保险从业人员所需要的专业素质要求选择教学内容，科学的按照相关工作过程所需的理论知识进行选择与安排。即在充分考虑本校学生实际情况的基础上，遵循学生职业能力的培养，以保险行业一线岗位及岗位群要求的工作任务和职业能力分析为依据，按照保险岗位的工作职责及流程把课程内容整合成保险基础必要知识模块，保险四大基本原则解读，保险合同的订立、履行与终止，保险费率厘定原则与简单计算，保险产品分类与识别、保险经营流程的认识 6 个相互关联的工作学习项目，每个工作学习项目下又根据实际工作需要划分为若干工作任务，工作任务下又设计了具体的操作步骤、程序和方法，构建了集理论、方法、实践操作为一体的理论、实践一体化教学内容体系。通过教学，使学生了解国内外保险问题研究的现状，掌握观察和分析保险问题的正确方法；掌握保险基本理论、基础知识和基本研究方法；能初步解释保险业发展中存在的问题和现象；能初步分析保险相关政策；具备初步判断保险市场发展趋势的能力。具备良好的保险从业人员职业道德与职业操守，为学生职业的可持续发展能力奠定保险理论基础，为以后从事相关的保险操作与管理工作打好基础。具体的教学内容选取见表 1。

表 1 “保险理论与实务”教学内容安排表

序 号	工作任务模块	课程内容与教学要求	活动设计
1	保险基础必要知识模块	1.了解保险的起源、发展、现状 2.理解保险的职能与作用 3.能够区分保险与救济、储蓄及赌博 4.能够明确保险与理财、风险管理的关系	活动一:举行保险知识竞赛或保险知识讲座,对保险的起源、发展、现状、职能与作用有全面了解 活动二:上网收集相关信息,举例区别保险与理财、风险管理的不同
2	保险四大原则解读	1.理解保险利益的内涵及应用 2.熟悉最大诚信原则的基本内容,以及对保险人与投保人的约束 3.掌握近因原则在实践中的运用,以及确定近因的几种方法 4.明确损失补偿原则在财产保险中的运用 5.掌握代位原则与分摊原则的内容	活动一:明确可保性的基本条件,以及我国对保险利益的相关规定,并能够利用保险利益原则对特定案例进行分析 活动二:掌握最大诚信原则的内容,了解违反诚信原则应该承担的责任,能够对特定案例进行分析 活动三:能够利用所学方法缺点某一保险事故的近因 活动四:利用损失赔偿原则及其派生原则,保险事故的实际损失进行理算
3	保险合同的订立与履行	1.明确保险合同的主题及其相互关系 2.掌握保险合同的基本条款,以及条款对合同当事人的约束力 3.了解保险合同的订立过程、变更的条件以及终止的类型	活动一:(案例分析)如何变更受益人? 活动二:(案例分析)离婚后影响受益权吗? 活动三:(模拟法律咨询)非故意自杀可获得人寿保险金吗?
4	保险费率厘定原则与简单计算	1.了解保险费率厘定的基本原则(分产险与寿险) 2.了解生命表的产生与基本作用 3.对风险发生概率与风险损失幅度有明确认识	活动一:生命表的解读,明确生命表对寿险定价的意义 活动二:利用现有条件分别计算寿险保费和财险保费
5	保险产品分类与识别	1.掌握财产保险的基本内容与主要险种 2.掌握人身保险的基本内容与主要险种 3.掌握政策保险的基本内容与主要险种 4.掌握社会保险的基本构成体系与主要险种内容	活动一:选择一家财产保险公司,对其开发的产品,按照保险保障范围的不同分类 活动二:选择一家寿险保险公司,对其开发的产品,按照保险保障范围的不同分类 活动三:社会保险与商业保险的区别
6	保险经营流程的认识	1.保险销售的途径与方式 2.保险核保的过程 3.保险理赔的原则与实际操作	活动一:邀请保险公司优秀的营销员与学生座谈,明确保险营销与推销的区别,掌握保险营销的必要技巧 活动二:针对不同险种,掌握不同的核保方法与流程 活动三:能够对特定案例,根据理赔的原则进行责任认定与赔偿金的计算

2.内容组织。

本课程主要分为理论篇和实务篇。其中,理论篇突出介绍保险入门的基础知识,内容主要包括保险基础必要知识模块、保险四大基本原则解读、保险合同的订立、履行与终止等工作学习项目,为保险实务专业学生后续专业课的学习打下良好的专业基础。实务篇则通过各种能力训练项目,内容主要包括保险费率厘定原则与简单计算、保险产品分类与识别和保险经营流程的认识等工作学习项目,重点培养学生基本的保险职业素养以及简单的保险实务操作技巧。具体组织结构见图3。

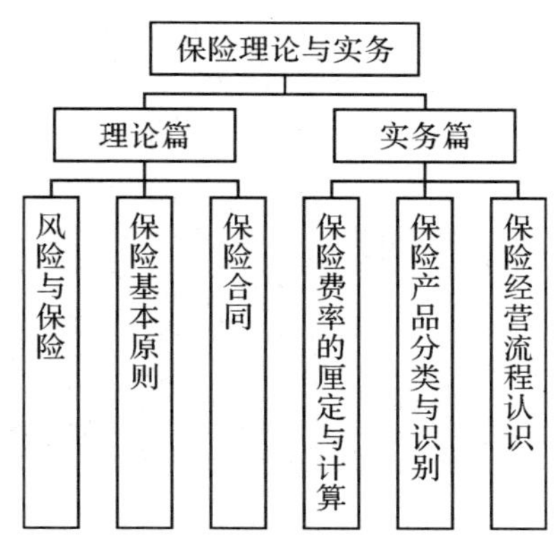

图3 "保险理论与实务"内容组织结构图

3.表现形式。

"保险理论与实务"课程的教学主要通过选用特色鲜明、职业性和适用性强的特色教材、课程标准、课程整体设计、课程项目载体设计、课程单元设计、课程实施方案、授课计划、实训大纲、考核方法、教案、课件、案例库、动画库、习题集、实训指导书、保险职业拓展资源等专业课程资料和功能强大、资源丰富的课程专业网站得以表现。

(1)教材。

"保险理论与实务"课程多年来一直选用由课程负责人何惠珍主编的教材。2002年在学院的支持下,"保险理论与实务"课程组成员编写了"21世纪经济金融实用类规划教材",该教材以《保险法》为主线,向学生介绍保险学的基本原理。尽管在该教材编写上强调有一定的特色,做到理论联系实际,消除了教学脱离实际的弊端,有一定的可操作性,但在实际教学中,我们发觉教材本身还是存在一定的滞后性,无论在体系结构上还是内容上都需要进行整合。2006年11月,《保险学基础》教材由中国金融出版社正式出版(见图4)。该教材出版后深受山西金融职业学院、辽宁金融职业学院和浙江经贸职业技术学院等使用学校的一致好评;本院保险实务专业、医疗保险专业和其他非金融保险类专业2006级、2007级和2008级学生授课中一直使用该教材。

2006年12月,《保险理论与实务》教材被列为高等教育国家"十一五"规划教材,并由高等教育出版社于2009年2月正式出版(见图5)。该教材根据课程标准对所需的保险理论知识进行相关内容的设计,首先,教材内容比较符合当前的保险市场发展形势,知识结构较为适合高职教育的特点;体系结构较为合理,章节次序安排具有渐进性,使学生比较容易接受。其次,教材体现任务驱动、项目导向的课程设计思想,以现代保险从业人员所需基本保

图 4 《保险学基础》(“21 世纪高职高专金融类系列教材”)

险理论基础任务为主线，结合职业技能证书考核要求，合理安排教材内容。最后，该教材在内容设计上既实用又开放，在注重现代保险基础理论培养的同时，还注重对学生保险基本理论、基础知识和基本研究方法的培养，使学生具备初步认识问题、分析保险市场存在问题的能力，能初步判断保险市场的发展趋势，为学生职业的可持续发展能力奠定现代保险理论基础，为毕业上岗提前做好准备。此外，课程组成员已完成《保险基础》项目化教材的编写，此教材将由科学出版社于 2009 年 7 月出版。该教材是完全依据课程标准编写，充分体现任务引领、实践导向的课程设计思想。教材以完成任务的典型活动项目来驱动，通过工作活动、情景模拟和课后拓展作业等多种手段，采用与流程相结合的方式来组织编写，使学生在各种活动中掌握保险制单、核保流程、简单的费率计算、客户服务以及具体个案分析的能力，教材还突出应用性，避免把职业能力简单理解为单纯的技能操作，同时要具有前瞻性。将本专业领域的发展趋势及实际业务操作中的新知识、新技术和新方法及时纳入其中。该教材的编写以学生为本，内容应简明扼要，突出重点，图文并茂。教材中的活动设计具有可操作性。

(2)课程网站。

本课程在 2006 开始启动课程网站的建设工作，尤其是在 2008 成功申报浙江省精品课程以后，课程网站建设取得了显著成果。目前，课程标准、课程整体设计、课程项目载体设计、课程单元设计、课程实施方案、授课计划、实训大纲、考核方法、教案、课件、案例库、习题集、虚拟保险、多媒体教学、游戏库、动画库、案例库、试题库、保险职业拓展资源等专业课程资料已全部列入网站中，学生可以通过课程网站进行自主学习和在线模拟实战。课程网站丰富的教学资源和适用性得到了学生的好评。

图 5 《保险理论与实务》("十一五"规划教材)

(四)教学方法与手段

1. 教学方法。

本课程主要分理论和实务两篇。主讲教师在教学中积极改进教学方法,按照学生学习的规律和特点,从学生实际出发,以学生为主体,充分调动学生学习的主动性、积极性。理论篇主要采用传统教学方法,如启发式教学、课堂讨论等;实务篇采用项目教学法、案例教学、情境教学等(见图 6)。

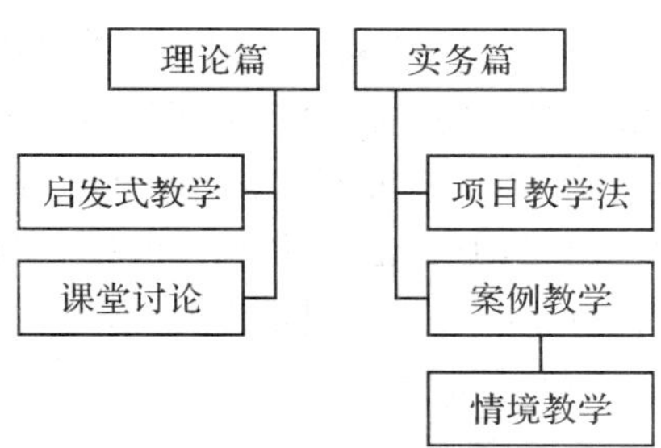

图6 "保险理论与实务"课程教学方法

(1)工学结合。"保险理论与实务"课程在教学过程中,借助于保险专业订单人才培养平台,和保险业务行家共同进行教学,教学空间已经打破了原有的单一的学校的界限,学生在学校和商业银行两个场所交替地进行学习,在学习中工作,在工作中学习,已经成为该门课程一种基本的教学方式。

(2)立体教学。将传统的教师讲授与视频课件、电子网络等多媒体现代化教学相结合,实现纸质、声音、电子、网络等相结合的立体化教学,实现教学互动。

(3) 项目教学。在课堂教学中以项目化教学为主。主讲教师以课程教学标准为依据、项目活动为载体，采用任务驱动、项目导向的教学方法，使同学们对保险的基础理论、保险基本业务以及保险市场基本运行方式有较全面的认识和了解。

(4) 案例教学。在教学过程中，主讲教师广泛采用案例教学法，在每个教学模块之前，都设有开篇案例，激发学生的学习兴趣。同时，在介绍基础理论、基本原理的时候，也会引用保险实务中的具体案例作为支撑，并进一步巩固、深化学习效果。

(5) 情境教学。在授课过程中，主讲教师会充分利用校内、校外的实训条件，创造不同的教学情境，如模拟展业、风险查勘、事故理赔等等，让学生在学习过程中，身临其境，更直观、更形象地学会各种基础的保险操作技能。

(6)双向互动。互动式教学渗透于每一教学环节中，教师和学生通过相互交流、相互促进，使教与学有机结合。比如，教师讲授结束后可由学生进行总结并提出自己疑惑的问题，由教师给予解答，或教师鼓励其他学生解答，之后加以补充总结在教学过程中。

(7)项目训练。通过行业兼职教师职业化，高强度的训练，采用“灿烂一分钟”“激情三分钟”“20 分钟情景模拟”和“45 分钟的早会经营”等一个个形式多样的训练项目，促使学生巩固所学知识，提升保险业务基本的操作技能，启发探索和研究问题的思路，从而迅速成长。

(8)活动发布。在教学过程中，教师选择模块中的某个工作任务作为学生自学、自讲、自评的内容，学生以小组合作形式对该工作任务的进行团队经营，并将活动结果制成课件，由团队代表在课堂上发布，小组成员以外的同学点评、提问，最后由教师总结，可极大提高学生参与教学活动的积极性。

(9)生产实训。努力推行“技能＋项目”的生产性实训课程改革。保险综合技能实训中心和产、寿营销部两个实体的营销部是融教学、职业技能培训或鉴定和创新开发功能于一体的生产性实训基地，不仅能够体现学习情景教学的新趋势，帮助教学评价形式改革突破原有桎梏，更能够使学生体验真实氛围学习、真实生产操作以及现场操作训练，提高学生的职业能力。

(10)顶岗实习。通过顶岗实习来处理和操作实际保险业务，强化知识的灵活应用能力和创新能力，促进知识的拓展和延伸，提高业务能力，培养保险职业素养。

(11)强化巩固。坚持按学校有关教学方面的规章制度组织和管理教学，主讲教师上课带有教学大纲、教学日历、教材、教案，并在讲授进度上保持一致。坚持教学工作的秩序化、杜绝缺课，减少调课，保证课时，有始有终。备课、讲授、辅导、批改作业、讲评等环节比较规范。开展了听课和教学评估活动，并且制度化。

2. 教学手段。

本课程在教学方法手段上打破常规，强调“做中学”。在课程安排上，突出工学结合的育人特色，与订单培养企业反复商定，腾出整天时间让学生进行市场调研，客户走访。为了确保学生市场实做的质量，也对学生实做制定了考核标准。课程内容安排上秉承“实践至上”的理念，强调与人沟通的能力。在课堂教学中十分注意运用现代教学技术手段，这些现代教学技术手段的运用不仅促进了教学活动的开展，激发了学生的学习兴趣，同时也提高了教学效果。

(1)积极运用多媒体手段。多媒体技术集声、像、字画、动态显示为一体，图文并茂，形象生动，本课程通过多媒体课件、各种保险中介机构业务流程图片、视频资料的展示，让学生更加容易理解接受，提高了教学效果。目前课程组正在开发一套全新的、建立在虚拟现实技术基础的教学课件，学生可以通过该课件的学习，了解现代保险业的发展过程和具体业务，解决经济管理类理论课程现实性、直观性和可看性不强等问题。

(2)网络教育手段的运用。本课程依托网络教育技术手段在学院精品课程网站上制作了一个供学生远程学习平台“保险理论与实务”，在此平台上有大量的相关资源，学生可以依据自身的学习掌握情况有选择地进行相应项目的学习，不受时空限制地查阅大容量的教学资源库，使得教学方式更加自然，并且可以将同学们所收集到的资料通过课程管理员的操作共享到网络平台中，可以最大限度地实现资源的共享。

(3)理论与实践相结合的教学模式。积极使用校内外生产性实训基地，如保险综合技能实训中心和产、寿营销部进行教学。这样，可以有效地解决理论课程枯燥、抽象等难以教学，学生难以理解等一系列问题，理论教学＋实验室情景的真实展现，使教学效果更加明显与突出。

(五)实践条件

1.校内实训条件。

校内保险实务专业校内共建成 1 个综合技能实训中心，3 个实体的生产性实训基地——中国人寿杭州下沙大学城营销部、中国人保财险杭州下沙大学城营销部和信泰人寿电销中心，1 个二级学院——信泰人寿保险学院，改建原有保险实验室为保险中介考证辅导中心，建成 56 个遍布全省的校外顶岗实习基地网络，保证了毕业生的顶岗实习比例达到 100%。特别是 3 个实体的生产性实训基地突破了高职经管类专业生产性实训的难题，为保证基于生产性实训的“保险大课堂”人才培养模式的践行，实现高职保险实务专业建设的可持续良性发展提供了必要的物质保障。

(1)建设方式。与对口企业共建共享。采用学校完成基本设施，企业增添设备与技术支持；学校负责运行管理，企业组织实训教学；既是学校教学的工作场景，又是企业员工培训的教育场所。具体见表 2。

表 2　校内生产性实训基地示例

实训室名称	已有基础	对口企业	设备支持	技术支持
保险综合技能实训中心	配置保险公司与保险中介机构模拟经营的基本设备	国寿省公司、信泰人寿总公司和保险中介机构等	寿险和保险中介等公司相关操作系统	培训师和管理人员、如员工相关管理等制度
寿险营销部	配备可供寿险营销部进行实体运作的硬件设备	中国人寿杭州分公司	保险销售等相关操作系统和保险产品评价工具	培训讲师、管理人员，提供产品手册及培训教材和佣金等相关管理制度
财险营销部	配备可供财险营销部进行实体运作的软、硬件设备	中国人保杭州分公司	提供涉及核保、出单、理赔等一系列经营流程的操作等系统	营销部管理人员 1 名，提供产品手册及培训讲师、相关管理关制度等

续表

实训室名称	已有基础	对口企业	设备支持	技术支持
保险考证辅导中心	配置保险从业考试辅导所需的系统软件与硬件	浙江保险行业协会、保险中介机构等	保险中介从业人员考证辅导系统和试题库等	与保险实务专业合作进行中介从业人员的继续教育辅导;提供其他保险从业资格考试格考试的辅导

(2)建设要求。一体化的全真生产性实训基地。建设融教学、职业技能培训或鉴定、创新开发、市场实作等功能于一体的实训基地。校内生产性实训基地主要功能示例见表3。

表3　校内生产性实训基地主要功能示例

实训室名称		训练技能
保险综合技能实训中心	模拟保险营业大厅	真实氛围学习
	模拟话务中心	生产操作实践
	模拟核保与核赔部	生产操作实践
	模拟保险中介机构	生产操作实践
寿险营销部	职场	真实氛围学习
	业务处理区域	真实生产操作
	团队活动区域	真实氛围学习
财险营销部	财险营销部营业大厅	现场操作训练
	后援中心(业务处理中心)	生产操作实践
保险考证辅导中心	模拟考场、社会服务等	真实氛围学习

2.校外实训条件

“保险理论与实务”课程组依托学院“行业、校友、集团共生态”办学模式,先后与多家紧密型行业企业签订校外顶岗实习基地,更好地实现了资源的凝聚、整合与共享。到目前为止,共建成56个校外实训基地,其中,16个具有顶岗实习功能。校外实训基地重点开展“工学结合”和“顶岗实习”,开展人才培养合作。同时,选派专业教师到实训基地进行实践锻炼,提升专业实践操作能力,构建一个培养高素质“双师”型专业教师的长效机制。构建产学研一体化,与校外的多家企业单位、省保险学会等机构挂钩,为学生和老师创造真实的工作环境。校外的实习使学生处于现实的工作环境中,增强了实习的真实性,较好地调动学生积极参与的意识,有利于培养学生的社交能力、应变能力、综合分析问题和解决问题的能力。表4是部分保险实务专业校外实习基地。

表4　保险实务专业校外实习基地汇总表(部分)

序　号	合作单位名称	挂牌时间
1	民生人寿保险股份有限公司浙江分公司	2006.10
2	国民人寿保险股份有限公司浙江分公司	2006.10
3	生命人寿保险股份有限公司浙江分公司	2006.10
4	中德安联人寿保险股份有限公司浙江分公司	2006.10
5	中国人民财产保险公司浙江省分公司	2006.10
6	中国人寿保险(集团)公司浙江省分公司	2003.9
7	平安保险股份有限公司杭州分公司	2003.9
8	太平洋人寿保险公司杭州市分公司	2003.9
9	中华联合财产保险公司杭州市分公司	2003.9
10	大众保险股份有限公司杭州分公司	2003.9
11	泰康人寿保险股份有限公司宁波分公司	2003.9
12	浙江省级医疗保险服务中心	2006.9
13	浙江新东方保险公估有限公司	2008.3
14	正德人寿保险股份有限公司浙江分公司	2008.1
15	中国太平洋财产保险股份有限公司浙江分公司	2008.3
16	中国人民人寿保险股份有限公司浙江分公司	2008.4
17	浙江盛世圆邦保险代理有限公司	2007.9
18	嘉禾人寿保险股份有限公司浙江分公司	2007.7
19	信泰人寿保险股份有限公司	2007.9
20	安诚保险浙江分公司	2008.5

(六)教学效果

1.校外专家评价。

浙江大学社会科学研究学院副院长何文炯教授认为,何惠珍教授主持的“保险理论与实务”课程,大胆地突破原有的知识体系,在课程标准与教学设计中很好地解决了学生一定知识积累与突出实践能力培养并重的问题,在课程教学设计中,依据职业(岗位)要求突出了针对性的能力目标,在内容安排上,充分体现了知识与能力目标的衔接性,课程教学内容设计具有科学性,以项目为载体,实施高度仿真乃至全真的情境式的开放性教学方式,很好地解决了保险实务与医疗保险专业学生技能的提高,为岗位综合素质的协同发展提供了实现的途径。该课程至今已有近10年的历史,形成了一支具有“双师”素质双师结构合理的教学团队,各项课程要素建设齐全,课程教学受到学生的肯定,课程改革成效显著,取得了较为突出的教学成果,其教学水平总体上已跨入国内同类院校的先进行列。本人认为,“保险理论与实务”课程建设成效巨大，具有先进性和创新性，具有引领同类课程教学改革的示范作用，总体评价优秀。

浙江财经学院保险系主任叶晓凌副教授认为：“保险理论与实务”课程在教学中取得了很好的效果，并且在兄弟院校的同类专业中产生了较大影响，充分体现了该课程作为专业基础课程的作用。主要有以下特点：一是建立了完整的授课体系；二是理论与实践相结合，注重培养学生的实际能力；三是采用启发式教学方法，信息量大，授课效果好；四是授课方式灵活多样，强化教学的实际效果。另外，“保险理论与实务”课程师资队伍配置、结构合理；理论教学和实践教学内容设计符合保险应用型人才的培养目标；实践教学体系结构合理；案例教学方法生动活泼，寓教于乐。以本人所接触的国内众多高职院校该课程建设情况来看，浙江金融职业学院的“保险理论与实务”课程建设水平居于国内同类院校的先进水平，课程建设思路具有重要参考意义，总体评价优秀。

浙江经贸职业技术学院会计系主任蒋丽君教授认为：浙江金融职业学院“保险理论与实务”项目化课程改革，体系完整，内容新颖，特色鲜明，涵盖面广，对浙江金融职业学院的教学和专业课程建设起到了很好的作用。课程教学互动性强，实践效果好，符合高职应用型人才培养的目标，值得应用和推广。

2.行业企业专家评价。

安诚保险股份有限公司浙江省分公司钱心葵总经理认为：浙江金融职业学院的“保险理论与实务”课程建设理念先进，教学改革过程中广泛吸取行业和职教专家建议，课程建设以服务高职人才培养为目标，课程内容以满足岗位需求为基本原则，教学方式多样，综合运用案例分析、任务活动、交流讨论、工学交替等多种形式激发学生主动参与课程教学的积极性，使学生主动学习和掌握知识。课程组师资队伍中“双师”素质教师比例高，“双师”结构合理，教学质量高，教学效果显著，受到了学生的高度认可。故他认为，浙江金融职业学院的“保险理论与实务”在课程改革和实践方面处于同类院校同类课程领先地位，成果卓著，对同类课程建设具有引领和示范作用，总体评价优秀。

中国人寿杭州市分公司董松芳总经理认为：浙江金融职业学院保险与社会保障系保险实务专业以国家示范性建设为契机，积极进行“保险理论与实务”的项目化课程建设。“保险理论与实务”改变了传统的教学模式，打破了学科化的知识体系，从职业岗位工作任务分析出发，进行工作项目与工作任务分解，依据职业岗位工作任务组建了一系列行动化的学习项目。形成了符合高素质技能型专门人才培养需要的课程体系，实现了具有高职保险特色的以行动为导向的项目化教学，推动了任务驱动型教学模式的实施。通过项目课程的实施，真正做到了理论融于实践，动脑融于动手，做人融于做事，在“所学”与“所用”之间建立了一个近乎“零距离”的通道。因此，他认为浙江金融职业学院的“保险理论与实务”课程建设理念先进，课程定位准确，课程教学内容选择科学，师资队伍在同类院校中实力强大，课程教学模式和方法先进，教学效果很好，总体评价优秀。

3.校内督导评价。

“保险理论与实务”课程被列为省级精品课程后，督导组成员对该课程进行了全程跟踪，总体评价如下：

“保险理论与实务”是我院专业基础课程。保险专业历史悠久，积累深厚。在“保险理论与实务”课程建设方面更是有着长期的积累与丰富的经验。从历年的教学质量和学生对课堂的反映来看，都是非常优秀的。课程体系建设健全，教师教学经验丰富，教学手段多样化、现代化，教学文件齐全。有很多具有多年教学和实践经验的教师长期从事这门课程的第一线教学工作。无论从师资队伍、课程建设，还是教学质量方面来看，该课程都能够算得上是一门精品课程。

4.学生评价。

在学院“保险理论与实务”课程教学过程中，课程组主讲教师潜心研究、积极实践，以保险 2005、2006、2007、2008 级学生为主体参与实施的“保险理论与实务”课程项目化教学改革有序推进。以任务驱动、工学结合为基础的“保险理论与实务”课程项目化教学的全新模式已基本形成并不断趋于完善。通过 4 届学生的项目化教学实践，共指导学生完成了近 120 个家庭的保险建议书的制作，并承担了浙江金融职业学院连续三年的“学平险”宣传及承保理赔工作，取得了良好的经济效益。

学生对教师教学质量的评价是由学生对教学指标进行逐级评分(总分 100 分)。近四年来，学生对“保险理论与实务”课程教师的评价一直很好，尤其是几位主讲教师均有丰富的保险咨询、培训等实践经验和独特的授课风格，加之项目化的课程整体设计与教学单元设计，突出能力导向，深受学生欢迎。近三年学生的评价结果：

2008—2009 学年一学期：94.17；

2009—2010 学年一学期：95.86；

2010—2011 学年一学期：96.23；

2011—2012 学年一学期：97.34。

学生们一致认为：保险理论与实务课程教师水平高，教书育人好，教学质量优秀，使他们受益匪浅。特别是项目化实践活动(如保险建议书的制作等)使他们提高了实践能力和综合素质，学生受益匪浅。

十年中介路，漫漫求索中
——“保险中介”课程建设十年

何惠珍

2003—2013年对于浙江金融职业学院来说意义重大，在这十年间首届高职生毕业满十年，校区从市区迁址下沙满十年，获得省第一个人才培养优秀学校称号满十年。在这十年间，伴随着学院的不断发展壮大，系部、专业甚至于课程都迎来了各自发展的良好契机，2003年10月被评为首批省级精品课程的“保险中介”就是其中较为典型的例子。

一、课程简介

“保险中介”课程于2001年10月被学院确定为重点特色课程，2003年10月被列为浙江省首批省级精品课程建设项目，于2007年通过省教育厅考核。经过十几年的建设，“保险中介”课程逐渐形成融保险中介一线工作岗位所需的基本知识和基本技能为一体，理论知识与全国保险中介从业人员的资格考试完全接轨的“双证制教育”特色，较好地实现了毕业与上岗的零过渡，并利用现代化的教育信息技术手段将课程建设的相关内容上网开放，实现优质教学资源共享。

“保险中介”课程是浙江金融职业学院保险实务专业的核心课程。本课程以保险相关行业的职业岗位需求为依据明确定位，以保险经营流程为导向开发课程体系，帮助学生实现从学习者到工作者的角色转换；以职业能力为目标确定教学内容，避免把职业能力简单理解为操作技能，注重职场环境中职业智慧的形成；以典型的行业服务（例如：保险产品介绍、客户风险分析等）为载体设计训练项目，增强学生的直观体验，激发学生的学习兴趣；以课证融合为途径推进双证制度，课程标准涵盖保险行业的相关职业标准，使学生在获得学历证书的同时，能顺利获得相应的职业资格证书，具备相应的从业能力。

二、十年课程建设路

（一）建设理念和思路

“保险中介”在建设过程中一直秉承“一流教师队伍、一流教学内容、一流教学方法、一流教材、一流教学管理”的原则，并且以“工学结合、强调教学过程的实践性、开放性与职业性，重视学生校内学习与实际工作的一致性”为目标在实践性教学内容与方式创新等方面取得了良好的进展，形成了特有的高职保险教育特色。在“保险中介”课程的教学中设计开放性(充分利用大课堂)和职业性(资格考证)的模块化教学内容；采用教学做结合、案例式的教学方法；“双证”融通的实践和理论教学；学校(教室)和企业(实训基地)一体化；“双师”型教师和外聘行业企业专家为授课主体，进行真实的职业体验和职业道德教育。在教学内容上，对教学内容和组织形式进行改革，合理分配安排实践学时比例，以达到“毕业上岗零距离”的目的。

保险实务专业遵循学院人才培养模式改革的思路，依靠学院为专业搭建的高起点平台，并结合专业建设尤其是课程改革和师资建设的要求，采取“多方位、全过程”的路径，实施“教室、行业与社会相结合的大课堂”人才培养模式改革。结合“职业岗位需求、工作过程导向、职业能力目标、课证融合教育”四途径，设计保险专业教学思路。

“保险中介”作为专业核心课程，以保险中介机构的经营流程为主线，结合行业调研、核心岗位职业能力分析，对课程进行设计。“保险中介”的教学内容一方面以“保险理论与实务”“人身保险”“财产保险”为基础，另一方面也是对上述课程的延伸。

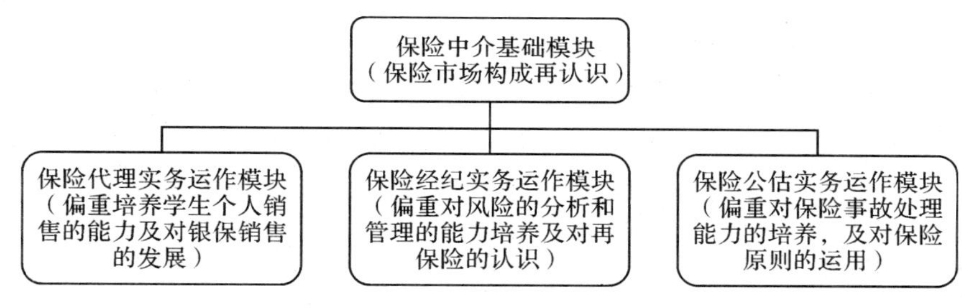

图 1 “保险中介”课程设计

职业能力目标：

通过本课程的学习，让同学们对保险中介的基础理论、保险中介机构基本业务以及保险中介市场基本运行方式有较全面的认识和了解；

了解、把握各种保险中介业务的具体程序与市场操作(包括保险代理人、保险经纪人、保险公估人三大模块)；

培养学生保险代理、保险经纪与保险公估方面的理论知识与实务操作技能，使学生具备从事保险中介业务的职业资格、职业能力与职业素养 。

高职教育项目课程的基本特征可归纳为：开发主体多元化、课程结构模块化、课程内容综合化、课程实施一体化、课程评价开放化。按照上述五个特征，“保险中介”课程组根据新开发的课程标准，对该课程进行了项目载体设计。

表 1 “保险中介”项目载体设计

序号	项目	模块	工作任务	素质要求
1	保险中介基础理论	模块 1:保险中介发展历程与现状分析	任务 1:培养学生对保险中介行业的关注度及参与保险中介的积极性	专业、细致
			任务 2:了解保险中介在我国的发展	
		模块 2:各国保险中介制度及其对我国的启示	任务 1:收集各国保险中介制度	
			任务 2:我国保险中介发展方向	
2	保险代理实务运作	模块 1:保险代理业务流程	任务 1:认识代理业务流程的各个环节	耐心、真诚
			任务 2:学会签署保险代理合同	
		模块 2:保险代理行为的法律效力	任务 1:保险兼业代理的法律责任	
			任务 2:保险代理机构的法律责任	
3	保险经纪实务运作	模块 1:保险经纪业务流程	任务 1:认识保险经纪业务流程的各个环节	严谨、全面
			任务 2:学会制作详细的风险管理报告书	
		模块 2:保险经纪人在再保险市场上的作用	任务 1:认识再保险	
			任务 2:再保险的分保方式及其计算	
4	保险公估实务运作	模块 1:认识保险公估人	任务 1:什么是保险公估人	快速、合理
			任务 2:保险公估人的发展	
			任务 3:保险公估人的职能	
		模块 2:保险公估业务流程	任务 1:认识保险公估业务流程的各个环节	
			任务 2:以工程保险公估为例,模拟进行事故的定责与定损	

(二)课程团队建设

围绕高职人才培养目标,建设师德高尚、教育观念新、改革意识强、教学水平高、实践能力强、结构合理、双师素质、专兼结合的师资队伍是高等职业教育质量保证的最基本条件。“保险中介”课程组成员构成如下(含专兼职教师)。

表 2 “保险中介”课程组成员构成(含专兼职教师)

序号	姓名	性别	出生年月	专业技术职务	职业资格证书	专业领域	在课程教学中承担的任务	兼职教师在行业企业中所任职务
1	何惠珍	女	1963.11	教授	高校教师	保险	课程整体设计、建设规划,主讲课程及实训指导	

续表

序号	姓名	性别	出生年月	专业技术职务	职业资格证书	专业领域	在课程教学中承担的任务	兼职教师在行业企业中所任职务
2	朱　佳	女	1979.6	副教授	高校教师 经济师	保险	课程具体设计、开发，教材编写与开发；主讲课程及实训指导	
3	沈洁颖	女	1979.10	副教授	高校教师 保险经纪人、公估人	保险	课程规划、设计的前期调研，主讲课程及实训指导	
4	徐　静	女	1970.5	副教授	高校教师 经济师	保险	校外实训基地联络；主讲课程设计指导及实训指导	
5	韩　雪	女	1979.11	讲师	高校教师 经济师	保险	课程开发与设计指导；主讲课程及实训指导	
6	董松芳	男	1968.4	总经理	高级经济师	人身保险	课程建设资料整理分析 提供实践场地	行业专家 中国人寿吉林省分司总经理
7	钱心葵	男	1964.3	总经理	高级经济师	保险公估实务	实训开发指导	行业专家 安诚财险浙江省分公司总经理
8	叶一峰	男	1975.7	经理	高级经济师	保险代理实务	课程调研，课程资料具体整理制作，实训指导	杭州感恩保险代理公司总经理
9	王海立	男	1978.1	部门经理	高级经济师	保险经纪实务	课程总体设计指导	行业专家 21世纪保险经纪公司部门经理
10	施立群	男	1972.11	经理	高级经济师	保险公估实务	实训设计指导 提供实践场地	新东方保险公估公司总经理

本课程组共有10位教师，其中5位专任教师，5位兼职教师（同时是实训指导老师）。课程组教师治学严谨、师德高尚，执教能力强，教学效果良好。

教学队伍的知识结构层次较高，90%以上硕士研究生学历。职称结构合理，主讲教师中有正教授1人，其他高级职称教师8人，讲师及其他中级职称教师1人，整个教师队伍中，高级专业技术职务比例达90%。

年龄结构合理，以中年教师为主，带动青年教师，形成合理的教学梯队。45—50岁教师1人，35—45岁教师有5人，35岁及以下教师4人。

课程组采用专兼结合的方式打造优秀教学团队。目前，专兼职教师比为1∶1；同时，课程组专任教师中，有 1 位来自企业，有丰富实践经验，其他 3 位均在企业挂职锻炼过，从而有效地保障了实践教学的质量。

课程组兼职教师全部为企业经理或技术骨干，均有高级以上技术职称，他们除担任部分课堂教学以外，主要承担学生在企业顶岗实习时的业务指导以及毕业设计的指导。

(三)资源建设情况

1. 有课程网站。

http://oldweb.zfc.edu.cn/bxll/main.html。

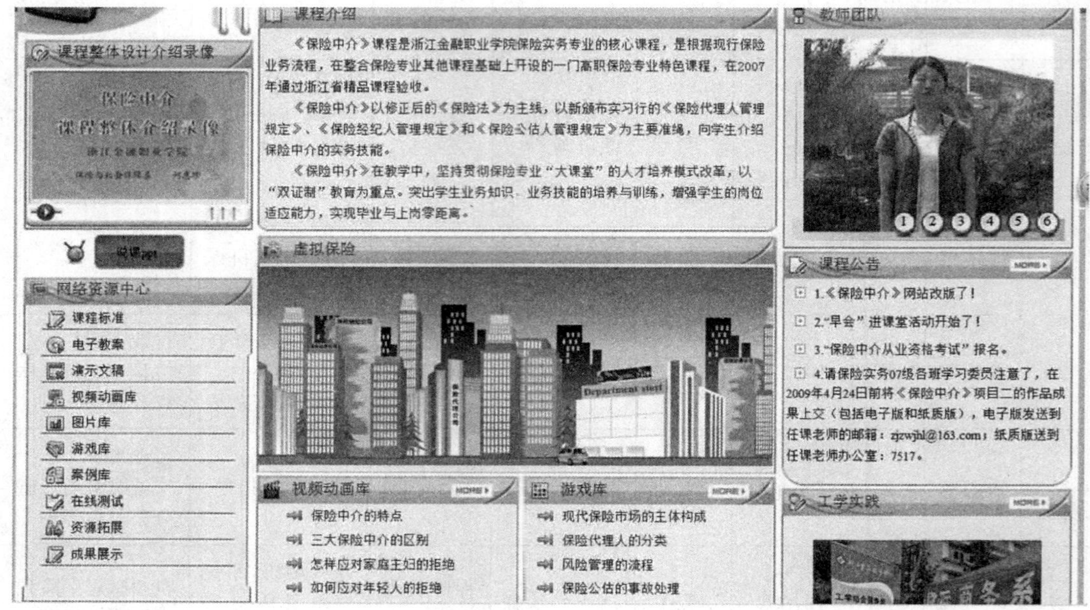

图 2 "保险中介"课程课程网站

2. 教学资源。

课程标准、教案、课件、授课计划、案例集、试题库、考证辅导资料。

3. 视频资源。

课程负责人视频、主讲教师视频、学生课堂活动视频、励志视频、考证辅导视频。

(四)资源上网情况

在课程建设过程中，我们课程组成员充分发挥网络的作用，将教学资源、拓展资源分批上网，方便学生预习、自学、考证以及调研。课程网站委托杭州寸草心科技公司开发设计，将课程组准备的各类资源上传网站。主要上传的资源有：

1. 教学资源。

根据行业的发展形势及监管动态不断调整教学课件；在原有 9 个教学案例的基础上，增加案例 11 个及相关案例分析；收集课程负责人和主讲教师的教学视频；新编教材电子稿；增添试题库和习题库。

2. 拓展资源。

在教学案例收集基础上，建设案例库；依靠系部行业大讲堂的开展，形成专题讲座库；建立完善素材库、试题库、习题作业库。

（五）教学方法改革

1. 课程获得的相关成果。

（1）“保险中介”课程在2003年10月被评为浙江省级精品课程。“保险中介”为保险实务专业和医疗保险专业的专业核心主干课程，2003年11月被列为浙江省级精品课程。在“保险中介”课程的建设过程中，我们按照省级精品课程的评价指标，一直秉承“一流教师队伍、一流教学内容、一流教学方法、一流教材、一流教学管理”的原则而且以“工学结合、强调教学过程的实践性、开放性与职业性，重视学生校内学习与实际工作的一致性”为目标在实践性教学内容与方式创新等方面取得了良好的进展，形成了特有的高职保险教育课程特色。

（2）2004年2月主编并由浙江大学出版社出版“21世纪经济金融类高职教育实用教材”《保险中介理论与实务》，教材主要力求体现高等职业教育的实践性与应用性，被列为“2003年度浙江省高等教育重点建设教材”项目。

（3）“保险中介”课程2006年被列为浙江金融职业学院国家示范性高等职业院校建设项目重点专业群之优质核心课程，课程已于2007年完成建设。

（4）以工学结合、任务驱动为导向的“保险中介”项目教材将于2009年6月由中国金融出版社出版。

（5）2008年3月《保险中介实务》教材被列为高等教育国家“十一五”规划教材，由浙江大学出版社于2009年6月出版。

（6）课题“课证融合的课程教学改革”于2006年12月被列为高职院校保险国家示范建设重点建设专业教改项目，已于2007年12月结题。

（7）课题“高职保险专业建设的探索和实践”于2005年1月荣获学院第二届教学成果一等奖。

（8）“社会即学校——基于生产性实训的保险大课堂人才培养模式改革”于2009年2月荣获学院第三届教学成果二等奖。

（9）论文《保险公估人制度的国际经验及其借鉴》获浙江省首届保险科学优秀成果奖。

2. 课程负责人项目及课题

表3　2003—2013学年核心期刊论文（论著）发表情况

姓名	论文（著作）名称	刊物（出版社）名称	发表（出版）时间
何惠珍	Purchasing power parity in transition countries: Old wine with new bottle	Japan and the World Economy	28(2013)
何惠珍	Purchasing power parity in transition countries: Sequential panel selection method	Economic Modelling	35(2013)

续表

姓名	论文(著作)名称	刊物(出版社)名称	发表(出版)时间
何惠珍	Purchasing Power Parity for 15 Latin American Countries: Panel SURKSS Test with a Fourier Function	Economic Modelling	36(2014)
何惠珍	"保险公估人中的问题及对策研究"	金融与保险(中国人大复印资料)	2005.1
何惠珍	"对我国航运保险发展问题的研究"	金融与保险(中国人大复印资料)	2012.4
何惠珍	"CAPM 模型对我国股市的实证分析"	投资与证券	2012.11
何惠珍	人民币实际汇率对中美贸易失衡的影响	统计与决策	2013.12
何惠珍	关于完善我国农村社会保障制度的思考	湖南社会科学	2013.3
何惠珍	发展我国村镇银行发展的 SWOT 分析	学术探索	2013.2
何惠珍	"上市保险公司财务预警模型选择探讨"	宏观经济研究	2010.6
何惠珍	"保险市场信息不对称问题研究"	宏观经济研究	2009.6
何惠珍	"对培育和提升我国保险业核心竞争力的战略思考"	中央财大学报	2005.8
何惠珍	"浙江省银行保险市场调查报告"	保险研究	2008.2
何惠珍	"浙江省人身保险市场调查报告"	保险研究	2005.3
何惠珍	"金融衍生工具在我国地震风险防范中的应用"	统计与决策	2009.3
何惠珍	"商业银行度量同质性风险总额的计算方法"	统计与决策	2008.19
何惠珍	"对国际金融传染理论的研究"	国际经济合作	2010.12
何惠珍	"对发展我国网络保险的新思考"	商业经济与管理	2003.8
何惠珍	"关于保险市场道德风险的微观经济学问题研究"	技术经济与管理研究	2009.6
何惠珍	"对发展银行保险的理性思考"	浙江经济	2003.14
何惠珍	"我国航运保险的发展现状、制约因素及其对策研究"	学术交流	2012.1
何惠珍	"保险业发展中存在的主要问题及对策研究"	浙江金融	2007.6
何惠珍	"浙江省保险市场实证分析"	中国市场	2005.19
何惠珍	"网上保险:拓宽保险营销的渠道"	经营与管理	2005.7
何惠珍	"对浙江省财产保险市场的调查与分析"	浙江金融	2005.3
何惠珍	"提升核心竞争力是中资保险业发展的当务之急"	浙江经济	2004.6
何惠珍	《中国保险业可持续发展问题研究》(著)	浙江大学出版社	2005.10

续表

姓名	论文(著作)名称	刊物(出版社)名称	发表(出版)时间
何惠珍	《保险实务专业课程标准》(编著)	高等教育出版社	2009.2
何惠珍	"'社会即学校'——基于生产性实训的保险大课堂人才培养模式改革"编著	高等教育出版社	2010.4
邢运凯	高职院校通识教育课题论纲	浙江大学出版社	2011.1
邢运凯	高职院校科研导向的误区与对策	中国高教研究	2010.12
邢运凯	分离、扩张与匹配:高等教育生态位压力的释放——基于我国高等院校生态位重叠现状的分析	现代大学教育	2012.6
邢运凯	论高职院校素质教育机制的创新	黑龙江高教研究	2012.6
邢运凯	高职院校生态位宽度测量与应用的实证分析	湖南科技大学学报(社会科学)	2012.5
邢运凯	我国高职教育生态的多元结构及发展策略	河北师范大学学报(教育科学)	2012.3
李　兵	两种类型的家族势力与基层行政	甘肃社会科学	2004.12
李　兵	评析《道路交通安全法》第76条与《保险法》——以司法实践运用为视角	交通企业管理	2008.1
李　兵	养老保险中的道德风险与规避	郑州航空工业管理学院学报	2009.1
李　兵	我国保险营销创新的可行性选择	企业经济	2006.8
李　兵	我国农村家族养老保障与制度创新的可行性选择——以河南省潢川县何营村为例	安徽农业科学	2010.9
李　兵	我国文化产业保险支持的供需分析与对策引导	保险研究	2012.7
李　兵	浅议我国知识产权保险制度构建的必要性与可行性	武汉金融	2012.6
沈洁颖	农村商业健康保险的定位及发展模式	学术交流	2013.04
沈洁颖	中国养老保险制度现状及未来发展路径——基于公平与效率的视角	金融与经济	2013.06
沈洁颖	基于职业素质提升的保险专业人才培养模式	职教论坛	2013.02
毛　通	城乡社会保障一体化评价体系研究及实证分析	社会保障研究(京)	2012

表4　2003—2013主持厅级以上课题立项和在研课题情况

姓　名	项目名称	立项来源与时间
何惠珍	"中国健康保险精算体系研究"(07JJD790150)	教育部人文社会科学重点研究基地2007年度重大项目2007.12

续表

姓　名	项目名称	立项来源与时间
何惠珍	“构建和完善我国农村社会保障制度体系问题研究”(09CGYD066YMB)	2009年度浙江省哲学社会科学规划课题2009.6
何惠珍	“职工基本养老保险的替代率问题研究”(NX05YJ05)	2005年度浙江省哲学社会科学规划常规课题
何惠珍	“入世后我国保险业核心竞争力的培育和提升”(NX03YJ36)	2003年度浙江省哲学社会科学规划立项课题04062
何惠珍	“保险中介”浙江省高校重点教材建设项目	2003年浙江省高校重点教材
何惠珍	“对我国个人住房抵押贷款保证保险的研究”	2005年浙江省社会科学界联合会课题
何惠珍	“对创新和完善我国社会保障制度的研究”	浙江省教育厅2003年立项课题
何惠珍	“基于我国保险高等专业教育可持续发展问题的研究”	2005年度浙江省教育科学规划课题
何惠珍	“浙江省优秀保险学术研究”	2009年度浙江省保险学会重大招标委托课题
何惠珍	“中小企业风险管理一本通”	2009年度浙江省社会科学界联合会课题
何惠珍	“保险知识一本通”	2008年度浙江省社会科学界联合会课题
邢运凯	教育生态学视角下的区域高职教育均衡发展研究	2011全国教科十二五规划重点课题
邢运凯	以内化职业素质为导向的高职院校通识教育体系建设研究	2009浙江省教育科学规划
邢运凯	长江三角洲职业技术教育一体化研究(杭社规)	2009杭州市哲社科规划常规课题
邢运凯	从新员工到好员工:大学毕业生职场入门全攻略	2010浙江省社科普及课题
邢运凯	浙江省高职院校学生群体保险消费研究	2007浙江省教育厅科研计划项目

本课程的教师队伍普遍具备双师素质,既具有全面的专业理论知识,又有较强的岗位实践经验。不少专业教师具有多年的实际行业工作经验,大部分专业教师还在保险公司特别是保险中介公司任不同的职务。许多教师为企业提供各类咨询培训服务,既提升了产学研一体化的水平,又实现了一定的社会和经济效益。

其中,课程负责人参与的主要项目有:

(1)2003.10—2009.6,项目负责人作为浙江省政府采购中心专家库专家,参加浙江省市政府历年机动车辆保险项目招标;

(2)2003.10—2009.6,作为培训师参与了中国人寿保险股份有限公司杭州分公司国家理财规划师的培训;

(3)2009.4,作为培训师参与了民生人寿保险股份有限公司浙江省分公司进行国家理财规划师的培训;

(4)2004.12—2009.6,参加了杭州香溢保险经纪有限公司和涌嘉保险经纪有限公司等的保险中介从业人员资格考试培训;

(5)2008.12—2009.1,参与杭州萧山国际机场二期工程建设保险项目。

(三)课程教改项目

近年来,课程组成员积极开展教学研究,在如何进行“实践贯穿”“合作学习”和“过程化考核”等方面形成了一些成果。

表5　课程组成员教改项目一览表

序　号	涉及人员	项目名称	立项年度	进展情况
1	朱　佳	“职场培训模式”引入保险专业课程改革的探索	2009	结题
		高职院校基于生产性实训的保险大课堂的人才培养模式改革的实践与成效(获教学成果奖)	2011	结题
		以生产性实训为主导创新“社会即学校”的大课堂人才培育路径(获教学成果奖)	2012	结题
		微课堂的开发与设计——以“人身保险实务”课程实践为例	2013	进展中
2	沈洁颖	基于职业素质提升的课程情境训练教学模式研究	2011	结题
3	韩　雪	基于任务驱动的合作学习模式研究	2012	结题

表6　课程组成员近年来发表的教改论文

序　号	姓　名	论　文	发表期刊
1	朱　佳	职场培训模式引入保险专业课程改革的探索	职业教育研究
		保险实务寿险方向类课程考核方式改革与实践	中小企业管理与科技
2.	沈洁颖	基于职业素质提升的保险专业人才培养模式	职教论坛
3	韩　雪	发挥校企合作优势推动高职保险人才培养	中小企业管理与科技
		高职“保险客户服务与管理”课程项目化教学改革与实践	科技信息
4	徐　静	保险行业人才培养探析	上海保险
		试论金融应用型人才的培养	中国成人教育

三、十年课程建设经验

十年以来,“保险中介”课程组不断总结提炼人才培养模式在课堂教学中的实践、不断创新教育教学方法,形成了以下一些课程建设的经验。

(一)以实践促进教学,课堂与职场对接

1. 实现课程与职业的对接与融合。

了解保险中介市场的用人需求是课程建设和发展的基础,因此,明确保险实务专业学生所需要的职业核心能力是迫切需要解决的问题。保险市场及保险中介市场的发展日新月

异，保险监管原则和政策的变迁都会对课程建设、教育提出新的要求，课程与职业对接融合将避免学校闭门造车，会提供给学生一个较为合理的发展空间。比如，在2003—2013年的十年间，《中华人民共和国保险法》修订了3次，《保险代理机构监管规定》《保险经纪机构监管规定》及《保险公估机构监管规定》分别修订了3次，中介从业资格考试的最低学历要求从大专降低至高中、初中，后又恢复至大专。

2.职业核心能力与人才培养模式的融合。

理论知识与能力发展需要并重，如何将素质拓展能力融入教学，如何将学生的能力训练纳入学习过程，进行考核，进行有效引导，也是课程建设过程中急需解决的问题之一。

通过模仿保险代理业务的实务操作，保险经纪业务的流程管理，保险公估业务的案例教学，使学生初步具备保险中介的操作技能与基本职业素养，培养学生认真细致的工作作风和善于沟通合作的品质，为学生今后的发展以及各专门化方向的职业能力奠定基础。

职业能力目标：

能根据不同的保险消费对象进行分析，制定相应的销售对策，具有诚信、专业的职业素质；

能独立完成对个人或特定企业的风险分析，并根据风险分析的结果，对个人或该企业的风险现状制定有效的风险管理对策；

能具备独立处理简单理赔案件的能力，掌握计算保险事故实际损失的方法。

3.提升学生的就业竞争力。

校园是小社会，又不等同于社会。学生时代的优秀表现不一定能够在职场被认可，如何将学生培养成准职业人（优秀职业人），保持其一贯的表现，增强他们的就业竞争力，帮助他们在行业发展中能够不断向上。

4.提升专业教师的教学能力。

根据教职成〔2011〕12号《教育部关于推进高等职业教育改革创新引领职业教育科学发展的若干意见》，高等职业学校要努力成为当地继续教育和文化传播的中心，搭建多样化学习平台，开放教育资源，开展高技能和新技术培训，普及科学文化知识，参与社区教育，服务老年学习，在构建国家终身教育体系和建设学习型社会中发挥积极作用。作为从事高职教育的专业教师，也应顺应这一要求，不断提升教学能力，实践育人能力。

（二）注重职业技能，兼顾基础理论学习

1.将理论教学重点放在教会学生如何运用上，在学生头脑中留下一个清晰的理论框架的同时，为学生的实践技能锻炼提供了铺垫，给学生无限的想象和思维空间。

2.项目化、情境式教学容易让学生伴随着项目和情境逐渐进入一种身临其境的感觉，让学生置身于真实的职场环境中，促进思维不断深化，学生思考和解决问题的能力也会在一贯、系统的项目和情境中经过反复、多角度、多层次的训练中得到锻炼和强化。

3.保险建议书的设计、风险管理报告的撰写以及公估报告的编写引导学生将时间和精力投入到实际操作技能和方法的训练上，启发和激励他们不断提高发现问题、分析问题和解决问题的能力，学生在择业时，良好的就业预期将可以期待。

4.利用网络构建教学平台，通过网络在线讨论、在线答疑、网上提交作业，开展网络教学，不仅丰富了课程内容，提高了教学效率，而且将为学生自主式学习创造了良好条件。

5. 依托保险实训基地为平台，开展学生社团活动，丰富“第二课堂”“第三课堂”。在保险人才培养过程中，系统贯彻“六业贯通”理念，着重学生诚信协作、语言表达、人际沟通、组织策划、抗挫抗压等职业素质能力提升，借助保险综合实训基地的建设契机，提升学生销售、沟通、表达等各项职业能力的有效途径。这其中，尤以结合保险公司业务培训实战，由行业老师指导训练的“灿烂 60 秒”“激情三分钟”和“晨会经营”最富特色，这三大项目也是历届保险职业技能大赛的主要内容。

（三）强调教师主导性，激发学生自主性

十年的保险中介课堂教学改革实践表明，要想营造理想的课堂教学，不仅要以学生为主体，更需要充分发挥教师的主导作用。和谐的师生关系，是发挥教师主导作用的基础；教学情境的创设，是发挥教师主导作用的前提；良好的综合素质，是发挥教师主导作用的关键；创新能力的培养，是发挥教师主导作用的宗旨。

教学效果不仅取决于教师的业务能力，还取决于师生关系所处状况。教师作为“教练”，要赢得学生的信任与热爱，首先要关心尊重每一个学生，这是提高教学质量的核心，是发挥教师主导作用的基础。只有在互相尊重的和谐环境中，在没有压力的环境中，学生才有可能将个体潜能充分挖掘。和谐的师生关系是激发学生求知欲、创造欲的持续动力，是发挥教师主导作用，营造理想课堂的基础。教师在课堂上可以传授一些可编码的知识，而诸如学生的创新精神与创新能力等不可编码的知识获取更多依赖于课堂之外，依赖于课堂之外教师与学生之间的耳濡目染和潜移默化。

十年保险中介的课程建设之路，三年的示范性课程建设历程，笔者拟通过三方面的改革实现“专业深化、技能强化、形象美化”最终达到学生优质就业的目标。第一，改革教学管理思想及方法。对学生的管理必须从以前的便于管理转变为利于培养激励及发挥学生的学习主动性、积极性及创造性。建立与培养目标和教学改革方案相适应的管理体制，重点做好行业兼职教师队伍建设和管理，贯彻因材施教的方针，并突出职业道德教育。第二，改革传统、单一的以期末考试评定学生学习成效的考核方式，采用过程考核方式，改变学生旧有的思维方式。例如，采用行业通关考试与笔试相结合的方式。第三，专职教师的能力提升也应同时进行。定期接受行业技能的强化培训和前沿信息培训。

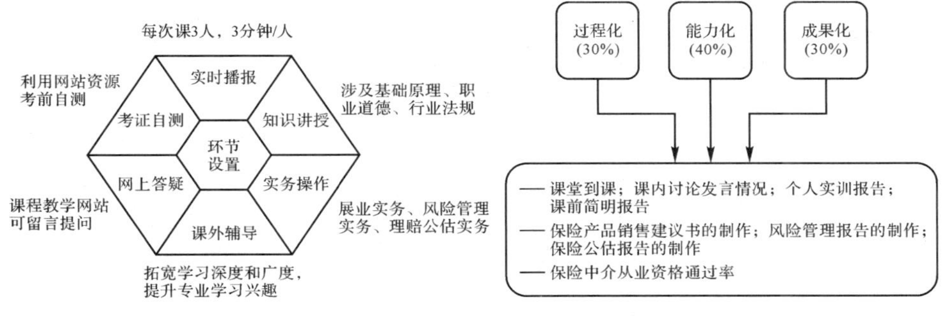

图 3　教学环节设计及课程考核设计

（四）紧跟学院发展，搭上课程建设“顺风车”

随着高职教育形势的变化，提高质量、打造特色已经成为主旋律。浙江金融职业学院一贯重视教学中心地位，强调领导注意力，学校财力和教师精力在教学方面的三力协同。通过关心教学、支持教学，一起研究教学，为教学工作的开展创造条件；通过保障教学经费逐年增加以及设立教师评价机制进行有效引导。而“保险中介”课程组紧紧把握住学院重视教学的形势，要求课程组成员从重视教改项目、加强课堂改革项目、重视视频精品课程和微课比赛成绩开始，不断提升教学能力与水平。依托学院“行业、校友、集团共生态”办学模式，着力建设打造以“1 院 2 部 2 中心”为主体的产学合作平台、依托保险实务专业的生产性实训基地，采取“引进来、走出去、校企良性互动”的社会服务模式，不断深化教师实践育人的能力与水平。

以职业性和实践性为核心的高职院校精品资源共享课建设
——"财务管理实务"课程建设十年

孔德兰

一、课程建设概况

"财务管理实务"课程2006年被评为教育部高职高专经济类专业教学指导委员会重点建设课程;2007年被评为浙江省高等学校精品课程;2008年被评为国家高等学校精品课程。"财务管理实务"课程团队全体成员齐心协力,致力于"财务管理实务"国际精品课程的转型升级为国家精品资源共享课建设,围绕课程设计、教学内容组织与表现形式、教学资源、教学方法与手段改革、教学队伍建设、实践教学内涵建设、课程特色培育,努力提升课程教学效果,取得了显著成绩。"财务管理实务"课程2013年6月被评为国家精品资源共享课,并于2013年8月顺利实现课程资源全面上线。

二、以职业性和实践性为核心建设高职精品资源共享课的必要性

精品资源共享课程是以普及共享优质课程资源为目的,体现现代教育思想和教育科学规律,展现教师先进教学理念和方法,服务学习者自主学习,通过网络传播的开放课程。按照教高函〔2012〕135号文件《关于开展国家级精品资源共享课推荐工作的通知》的要求,2012年和2013年重点开展原国家精品课程转型升级为国家精品资源共享课的建设,采取遴选准入方式选拔课程。由于高等职业教育本身有着鲜明的职业教育特色,高等职业教育要以服务为宗旨、以就业为导向,走产学合作道路,这就决定了高职精品课程必须具备职业性和实践性的内涵特征。教高〔2006〕16号文件指出,"高等职业院校要积极与行业企业合作开发课程,根据技术领域和职业岗位(群)的任职要求,参照相关的职业资格标准,改革课程体系和教学内容";"改革教学方法和手段,融'教、学、做'为一体,强化学生能力的培养"。这就要求我们在高职精品资源共享课建设过程中,充分融入职业性和实践性的内涵特征,提升学生的职业技能和就业能力。

以职业性为核心要求高职精品课程建设要更多地融入职业要素。我国高等职业教育的办学方针是"以服务为宗旨、以就业为导向",就业导向就是要让学生毕业后对口就业、优质

就业。就业为导向不仅要体现在就业服务工作上，更要体现在教学过程尤其是教学内容之中。因此，相关专业课程教学要能够体现职业资格标准的要求，体现职业的工作过程特征，突出岗位关键能力培养，改革教学内容，提升学生的职业能力和就业质量。

以实践性为核心要求高职精品资源共享课建设要更多地融入实践要素。高等职业教育培养生产、建设、服务和管理第一线需要的高素质技能型专门人才，就是在基层一线岗位和工作现场做实事、干实务、实践性很强的实用性人才。而这种实用性人才的培养离不开在工作实践中锻炼能力、提高能力。高等职业教育要有效培养学生的职业能力，就必须强化课程实训、实习、实验等实践环节，教学过程中就必须强调实践性，强化学生的实际操作训练，以提高学生适应职业岗位能力的要求，实现毕业与上岗零过渡。

三、课程建设理念和思路

高职精品资源共享课建设的基本思路就是要遵循以职业性和实践性为核心的工学结合精品资源共享课建设。工学结合课程是理论与实践一体化的课程，即将知识学习、能力训练、工作经历有机结合在一起。“财务管理实务”精品资源共享课采取全新的工学结合课程模式进行课程改革与建设，强调以职业性和实践性为核心。我们坚持“以就业为导向，以职业教育为基础，以能力培养为核心”，融知识、能力、素质三位一体；强调“财务管理实务”课程的职业性和开放性，全面构建以“以职业能力为本位，工作过程为主导，以校企合作为途径，以国家职业标准为依据，融‘教学做’为一体的”课程模式。具体来说，“财务管理实务”工学结合课程的目标就是培养财务管理综合职业能力；课程开发方法是进行财务管理岗位典型工作任务分析；根据课程培养目标所规定的职业能力设定工作项目，以工作项目为轴心整合课程内容形成课程单元，课程排列方式充分遵循财务管理职业成长规律；课程实施是通过行动导向学习，让学生亲自经历完整的工作过程，即以工作任务为中心，以现场模拟与实际操作为载体，在实际训练中进行能力培养，帮助学生掌握知识及其应用的方法与技巧，以提高学生的财务管理综合素质和职业能力。

“财务管理实务”课程以企业资金管理为主线，以企业财务管理岗位职业活动为标准，按照突出职业能力培养、强化实践育人、体现基于职业岗位分析和具体工作过程的课程设计理念，以校企合作共建课程内容体系为课程开发切入点，充分考虑行业企业单位财务管理人才的用人需求，瞄准岗位任职条件，根据岗位需求开发课程，建立基于工作任务导向的课程整体设计与单元设计，以工作项目与任务为中心组织课程内容，综合企业财务管理活动的内容与环节将本课程设计为财务管理基础、融资管理、投资管理、收益分配管理、财务预算、财务分析 6 个模块 10 个项目共计 30 余项具体任务，课程体系设计科学合理，充分做到了财务管理内容与财务管理实施环节的有效统一，综合性与实践性较强。教学过程中充分体现“工学结合”“任务驱动”“项目导向”的教学模式，注重“教、学、思、做”一体化人才培养，采用启发式、问题式、案例式、探究式、讨论式、参与式等教学方法，一改传统学生被动式学习的弊端，提高学生的学习兴趣，为学生营造独立思考、自由探索、勇于创新的良好环境，突出学生职业能力的培养及职业素质的养成，增强学生的岗位适应能力，使学生能快速融入社会实体工作环境，有效实现毕业与上岗零过渡。

四、课程建设举措

(一)课程团队建设

本课程将一流教学团队建设作为高质量精品课程建设的根本保证,全面实施以教学名师、实践能师、育人高师为主要内容的名师工程建设。我们始终围绕以教师的实践能力、职业教育教学能力提升为中心,以"双师"素质教师培养为重点,以建设一支师德高尚、教育观念新、改革意识强,具有较高教学水平和较强实践能力,专兼结合的"双师结构"教师队伍为目标,形成课程团队建设的长效机制。我们组建了集职业能力训练、职业素质培养、职业知识传授三项功能为一体的专兼结合的教学团队,校内专任教师主要承担职业知识传授师和职业素质培养师的角色;行业企业兼职教师主要承担职业技能训练师的角色,即承担有适当比例的课程教学任务,特别是主要的实践教学任务。

课程建设负责人孔德兰教授学术造诣深厚,是浙江省教学名师,入选浙江省"151"人才培养工程第二层次培养对象、浙江省专业带头人,出版学术专著 2 部、在《中国高教研究》《中央财经大学学报》等刊物公开发表论文 40 余篇,其中 6 篇被中国人民大学复印资料全文转载,主持浙江省科技厅、省哲学社会科学等省部级研究课题 7 项,厅级课题 7 项,作为核心成员参与了 6 项省部级课题;教学经验丰富,具有 20 余年的财务管理专业教学经历,荣获首届浙江省高等学校教坛新秀、浙江省优秀教师等荣誉称号。

本课程组专兼结合,"双师"结构理想,"双师型"素质教师比例达到 90%以上,多数具有企业一线财务管理履历,实战经验丰富。团队学缘结构合理,职称结构和年龄结构呈层次化、梯队化的特点,已形成一支教学水平高、科研能力强的高素质的师资队伍。专任教师情况如下:

1."双师"结构:9 名专任教师全部具有"双师"素质,"双师"素质教师占 100%;

2.专兼教师比例:9 名专任教师中有 4 名是行业企业专家,兼职教师占 44.5%,兼职教师承担了 30%左右的教学任务;

3.知识结构:9 名专任教师中,博士 2 人,占 22%;硕士 6 人,占 67%;本科 1 人,占 11%;知识结构合理;

4.职称结构和职业资格结构:专任教师中教授 1 人,占 11%;副教授 3 人,占 30%;讲师 5 人,占 59%。9 名专任教师全部具有相关职业资格证书,包括注册会计师 2 人,国际注册会计师 2 人,注册税务师 1 人,会计师 2 人,经济师 2 人。

5.年龄结构:专任教师 40—50 岁 2 人,占 22%;30—40 岁 6 人,占 67%;是一支年轻化的年龄结构合理、梯次清晰的教学队伍。

6.学缘结构:9 名专任教师分别毕业于 9 所不同院校。

(二)资源建设情况

"财务管理实务"国际精品课程经过不断的建设与更新调整,已在课程团队建设、课程内容建设、课程资源建设等方面取得了良好的建设业绩，课程网络资源运行情况良好，得到了同行与网络客户的一致肯定。本课程建设了10个项目共计30余个工作任务，以完全能够涵盖中小企业财务管理领域的相关基本知识、基本概念、基本原理、基本方法、基本技能、典型案例、综合应用等基本内容，并通过网站特色化资源建设项目持续不断将国际国内公司财务管理领域的前沿专题、热点问题等内容进行全面覆盖，所有上网资源均通过公开渠道进行搜集与更新，不存在侵犯知识产权的行为，适合于网上公开传播与使用。

“财务管理实务”国家级精品课程转型升级为国家精品资源共享课程后，按照《教育部关于国家精品开放课程建设的实施意见》及教育部《精品资源共享课建设工作实施办法》的基本精神，进一步面向职业教育院校同行及广泛的社会用户进行共享课程的布局优化，按照教育部《国家级精品资源共享课建设技术要求》，及时做好“财务管理实务”精品资源共享课基本资源及拓展资源的技术要素分解与提交，顺利完成国家精品资源共享课程的上网建设任务。课程团队利用国家精品资源共享课建设为契机，加强对专业教师、学生以及社会公众的培训和引导，提高教师信息技术应用水平，鼓励学生利用信息技术手段主动学习、自主学习，引导社会公众关注、使用和评价国家精品开放课程，为国家精品资源共享课程的后续建设奠定良好的基础。

（三）资源上网情况

“财务管理实务”课程上网资源已全面包括反映课程教学思想、设计理念、教学内容、教学方法、教学过程的核心资源，包括课程介绍、主要知识点、主要技能点、教学要求、重点难点、教学设计、评价考核、教材内容、教学单元、教学录像、教学课件、习题作业、试卷、学生作品、电子教材、实训实习、例题、教学案例、文献资料、名词术语、试卷及习题作业参考答案等反映教学活动必需的基本资源，同时为便于用户自主学习，还一并建设有会计基础工作规范、企业财务通则、现金管理体例、中华人民共和国会计法、企业内部控制规范、企业内部控制应用指引、企业内部控制评价指引、会计电算化管理办法、中级会计师考证“财务管理”资源，网络资源便于用户在线学习、在线实训、互动交流、自测系统等网络拓展资源。

表1 “财务管理实务”国家精品资源共享课网络资源一览表

基本资源清单	
1.主要知识点	2.主要技能点
3.教学要求	4.重点难点
4.1 重点理论	4.2 重点实务
4.3 重点操作	4.4 难点
5.教学设计	6.评价考核
7.教材内容	8.教学单元
9. 教学录像	10.教学课件
11.习题作业	12.试卷
13.学生作品	14.电子教材
15.实训实习	16.例题
17.教学案例	18.文献资料
19.名词术语	20.试卷及习题作业参考答案

续表

拓展资源清单	
1.公司法	2.合同法
3.会计基础工作规范	4.企业财务会计报告体例
5.企业财务通则	6.现金管理体例
7. 中华人民共和国会计法	8.企业内部控制规范
9.企业内部控制应用指引	10.企业内部控制评价指引
11.会计电算化管理办法	12.中级会计师考证“财务管理”资源

(四)教学方法改革

1.实施“三方联动”课程更新机制,突出财务管理职业能力培养。

本课程建立了实时更新机制,由课程负责人、行业实务专家和课程组教师三方联动,共同完成财务管理实务课程的设计更新。三方联动,紧密跟踪财务前沿动态,参照职业资格标准,按照突出职业能力培养和职业素养养成,体现基于职业岗位分析和具体工作过程的课程设计理念,改革课程体系和教学内容,设计更新基于工学结合的财务管理实务课程,并将更新的课程内容在教学中推广实施,受到学生和同行的高度好评。

2.创新课程工学结合模式,职业实践能力提升成效显著。

根据财务管理工作岗位特点,采取实战演练和行业企业现场教学等模式,实施课程工学结合。结合先进的财务管理手段,采取财务管理经营实战演练等分组对抗形式,让学生亲自参与企业经营过程中的财务管理全过程,实际操作财务管理的相关工作任务,体验真实的财务管理工作,提升财务管理的实际操作能力和水平。在校内校外实践环节中进行理论和实践指导,充分利用完善的校内实验实训条件、校外实践教学基地提供的实践环境验证和强化理论教学;充分利用地方企业优势进行现场教学以强化应用为本的观念。在校外实践教学过程中,不断总结和积累实践环境提供的资源,通过加工完善,为校内实践教学的项目情景及场景设计创造条件,更好地协调校内校外实践的关系。

3.实施“教、学、思、做”一体化的学习模式,提高教学效果。

本课程教学充分体现工学结合、任务驱动、项目导向的教学模式,突出学生职业能力的培养及职业素质的养成,增强学生的岗位适应能力,实现毕业与上岗零过渡。教学方法多样化,鼓励形式多样的学习方式,注重“教、学、思、做”一体化人才培养,采用启发式、问题式、案例式、探究式、讨论式、参与式等教学方法,提高学生的学习兴趣,为学生营造独立思考、自由探索、勇于创新的良好环境。本课程将 EXCEL 表格工具纳入课程日常教学管理环节当中,并在建设过程中实现该工具的资源上网。EXCEL 表格工具作为一种强大的数据处理、数据分析、图表制作、报告发布的工具,在财务管理实践业务环节当中起着非常重要的作用,它可以在较短的时间内快速完成较为复杂的财务管理工作。在日常教学环节当中,针对一些较为烦琐的财务管理运算与分析,可借助于该软件快速生成相应的结果,极大地提高了课堂教学效率,有效地起到了提升学生学习兴趣的作用。

五、课程建设成效

(一)学生培养质量

“财务管理实务”作为会计系的系本课程,主要面向会计、财务管理、信用管理三个专业开设。本课程作为会计师考证的课程之一,也是会计和财务管理专业的专业核心课,在专业人才培养过程中起着重要的支撑作用。会计系近五年毕业生就业率在99%以上,签约率在98%以上,双证书在100%以上,实现了学生顺利就业、对口就业和优质就业的目标。

“财务管理实务”作为浙江省大学生财会信息化竞赛项目的课程内容之一,在教学过程中鼓励学生积极参加技能与学科竞赛,课程团队投入大量精力进行本课程的赛事辅导,在2013年11月第十届浙江省大学生财会信息化竞赛中,会计专业学生6人获大赛2个一等奖,会计和财务管理专业学生12人获大赛4个三等奖。在2012年11月第九届浙江省大学生财会信息化竞赛中,会计专业学生6人获大赛2个二等奖,会计和财务管理专业学生12人获大赛4个三等奖。

(二)课程教改项目

1.基于内涵发展的专业品质建设研究——以浙江省会计优势专业建设为例,中国高等职业技术教育研究会课题,2013年8月。

2.教育部高等职业教育会计专业教学资源库建设项目——“企业财务会计”课程教学资源库建设子项目,教育部,2010—2012年。

3.浙江省特色专业——会计专业建设,浙江省教育厅,2009年7月—2012年12月。

4.高职财会类专业“岗证单一体化”人才培养模式研究(浙教高教〔2009〕6号yb08089),浙江省新世纪教改课题,2008—2010年。

5.会计专业群校企合作有机体建设及教学改革实践,浙江金融职业学院教改课题,2011年9月—2012年9月。

6.经管类专业课程体系优化与课程建设机制研究,浙江省新世纪教改课题,2005—2008年。

7.“三化”主导型会计实验课程体系的构建,浙江省教育规划办立项,2005—2006年。

8.会计专业教学资源库建设研究,浙江金融职业学院立项,2008年度。

9.基于任务导向的“财务管理实务”课程项目教学改革,浙江金融职业学院教改课题,2008年度。

10.高职财务管理专业人才培养模式研究,浙江金融职业学院教改课题,2007年度。

11.财务管理案例教学改革,浙江金融职业学院教改课题,2004—2005年,主持。

12.高职会计专业实践教学的研究,浙江金融职业学院立项,2004—2005年。

13.高职会计专业产学研一体化办学研究,浙江金融职业学院立项,2003—2004年。

(三)课程教改论文

1.《高等职业教育优势专业建设研究》,《中国职业技术教育》,2013 年第 4 期。

2.《基于内涵发展的高职专业品质建设研究》,《中国大学教学》,2013 年第 8 期。

3.《构建以专业群为单元的校企合作有机体的实践与思考》,《职业技术教育》(中国人民大学复印资料),2012 年第 1 期。

4.《探索建立统分结合的高职教育实践育人体系》,《中国高等教育》,2012 年第 13/14 期。

5.《高职会计专业毕业生职业可持续发展研究》,《中国职业技术教育》,2012 年第 31 期。

6.《构建以专业群为单元的校企合作有机体的实践与思考》,《中国高教研究》,2011 年第 10 期。

7.《"三双"模式的高素质技能型会计人才培养》,《中国职业技术教育》,2011 年第 29 期。

8.《会计专业群校企合作有机体建设的实践和探索》,《山西财政税务专科学校学报》,2011 年第 5 期。

9.《以职业性和实践性为核心的高职院校精品课程建设》,《中国高教研究》,2010 年第 2 期。

10.《高职院校专业特色化建设机制研究》,《黑龙江高教研究》,2010 年第 10 期。

11.《培养适应农村金融一线岗位需要的财会专业人才》,《浙江金融》,2007 年第 5 期。

12.《准确定位,打造高职财务管理专业特色人才培养模式》,《浙江高等教育》,2007 年第 2 期。

13.《高职教育产学合作问题的探讨》,《辽宁高职学报》,2003 年第 1 期。

14. 主编《会计专业工学结合课程改革》,高等教育出版社,2008 年 12 月。

15. 主编《会计专业人才培养模式研究论文集》,高等教育出版社,2009 年 1 月。

16. 编著《高等职业教育财会人才培养创新与实践》,高等教育出版社,2012 年 3 月。

(四)公开出版教材

1. 主编高职高专教育会计专业精品课程教材《财务管理——原理、实务、案例实训》(第二版),东北财经大学出版社,2012 年 6 月。

2. 主编《财务管理》,中国财政经济出版社,2013 年 1 月。

3. 主编《财务管理实务》,中国人民大学出版社,2011 年 12 月。

4. 主编高职高专教育会计专业精品课程教材《财务管理——原理、实务、案例实训》,东北财经大学出版社,2011 年 7 月。

5. 主编《企业财务管理》,中国财政经济出版社,2010 年 2 月。

6. 主编《财务管理实务》,中国人民大学出版社,2010 年 6 月。

7. 主编教材《财务管理实务》,高等教育出版社,2008 年 9 月。

8. 副主编国家级"十一五"规划教材《理财学》,中国金融出版社,2006 年 8 月。

9. 主编21世纪经济金融类高等职业教育实用教材《财务管理实务》，浙江大学出版社，2003年11月。

(五)学生评教情况

在本课程主讲教师的正确引导下，学生对“财务管理实务”课程的学习表现出了极大的兴趣，学习积极性、主动性不断提高。在学校教务处每学期组织的学生评教活动中，担任“财务管理实务”课程教学的教师考核成绩都是优秀。

(六)网络资源使用情况

“财务管理实务”国家精品资源共享课的使用对象为财会类专业学生、教师和社会会计工作者。“财务管理实务”国家精品资源共享课上网资源已全面包括反映课程教学思想、设计理念、教学内容、教学方法、教学过程的核心资源，包括课程介绍、教学大纲、教学日历、教案、教学课件、重点难点指导、作业、参考资料目录和课程全程教学录像等反映教学活动必需的基本资源，而且为便于用户自主学习，还一并建设有案例库、习题库、试题库、在线实训、互动交流、自测系统等网络拓展资源，已上网资源全面完整。课程网络资源加强对专业教师、学生以及社会公众的培训和引导，提高教师信息技术应用水平，鼓励学生利用信息技术手段主动学习、自主学习，引导社会公众关注、使用和评价国家精品资源共享课。

高职财会类专业“岗证融合”教学模式研究
——“财务会计”课程建设十年

李　华

一、课程建设概况

“财务会计”课程作为高职财经类专业的核心课程，自我院 2000 年招收第一届会计专业学生以来，开课至今已有 10 余年。纵观课程的整个发展历程，分别经历了国家示范性建设重点专业、浙江省特色专业、浙江省优势专业等三个课程建设与发展阶段，具体建设情况如下：

第一阶段：项目化课程改革阶段（2006—2007）。该阶段“财务会计”课程以项目化教学改革为主体，打破了传统教育“一根粉笔、一块黑板、一本教材”的单一、封闭、传统的教学方式，倡导“教、学、做”一体化教学模式，积极构建“以生为本”的课堂，注重对学生职业能力与素养的培养。课程团队通过制定课程标准化文本、设计课程教学单元、编写项目化教材、改建新建理实一体化教室等一系列改革举措，迈出了课程改革的第一步。同时，“财务会计”课程于 2008 年被评为浙江省高等学校精品课程建设项目。

第二阶段：课证融合课程改革阶段（2008—2010）。该阶段“财务会计”课程以“工学结合”理念为指导，以深化课程内涵建设为目标，在广泛调研的基础上，充分考虑了学生能力培养、职业考证、学历提升等多元化的需要，实施了“课证融合”教学改革，在原有课程改革的基础上，融入职业资格的标准，构建了“职业考证＋实务操作”相融合课程体系，将专业知识教育、岗位技能培养、职业素质养成渗透到教学全过程。同时，2010 年“财务会计”课程作为全国教育部会计专业教学资源库建设子项目成功立项。

第三阶段：岗证融合课程改革阶段（2011 至今）。该阶段“财务会计”课程在原省级精品课程的基础上，结合职业教育领域改革的最新成果与动向，积极开展课程的内涵建设，创建了“岗证融合”的教学模式。该模式是在汲取课程教学改革成果的基础上，构建了“项目＋模块＋平台”的课程体系，实现了岗位、证书、社团三者的深度融合，整合了第一、第二、第三课堂的教学设计，形成“小教室、大课堂、广容量”的局面，达到了学历教育与岗位培训相融合、职业能力与职业素质相兼顾、就业导向与人生发展相统一的教学目标。同时，“财务会计”课程于 2012 年 9 月入选浙江金融职业学院教学与课程建设带头人培养工程，同年 10 月入选浙江金融职业学院精品开放课程建设项目。

二、课程建设过程质量

(一)建设理念和思路

"财务会计"课程的建设理念是以工学结合为切入点,将学生的学习与在真实工作环境中的实际工作相结合,使学生在理论与实践相结合的过程中以一个"准职业人"的身份接触社会、了解社会,提高职业素养和社会适应能力。课程构建"岗证融合"模式,通过课程理论知识的学习、业务能力的训练和职业素质的养成,使学生能够熟练运用相关方法和技能,准确进行出纳岗位、财产物资岗位、往来结算岗位、成本费用岗位、财务成果岗位、资金岗位、总账报表岗位等主要会计工作岗位所涉及的业务核算和账务处理,并养成客观、公正、诚实、守信,善于沟通与合作的品格,使学生达到会计上岗的职业标准,实现职业生涯目标。

"财务会计"课程采用了"八点一线"系统化设计思路,以会计专业"双素、双能、双证"为核心的"三双"人才培养模式为指引,着力培养高素质创新型财会专业人才,遵循标准化、专业化、国际化等原则,分别从课程标准、课程实施方案、课程单元设计、实践教学设计、教学方法与手段、配套课程教材、课程质量标准、课程数字化资源8个方面开展课程建设。

1.课程标准。课程充分借鉴了专业教学资源库建设的成功经验,组建了由课程专家、行业骨干以及专任教师组成课程开发团队,对适用专业、课程性质、设计思路、课程目标、课程内容和要求、教材编写、教学建议、教学评价、课程资源的开发和利用等课程要素进行系统化设计。

2.课程实施方案。依据课程标准,进一步明确教学目标、教学课时和教学内容,按照明确任务、教学准备、教学设计、教学实施、教学检查、教学评价六个教学步骤,对课程的具体实施方案进行设计。

3.课程单元设计。课程依据企业会计典型岗位为教学项目单元,分别从岗位职业能力目标、岗位职责、岗位流程,情境案例、知识准备、岗位工作实务、考证讲解等方面组织和设计教学活动,整个教学活动注重对学生专业知识、岗位能力和职业素养的培养。

4.实践教学设计。课程按照出纳岗位、财产物资岗位、往来款项岗位、成本费用岗位、资金岗位、总账与报表等会计岗位,设计课程实践教学环节。按照审核原始凭证、填制记账凭证、登记账簿、编制报表等业务流程开展上述岗位"手工+电算化"实践能力的培养。

5.教学方法与手段。课程以"人人皆能成才"的人才培养观为指导思想,因材施教,激发学习兴趣,构建"3P"一体化的教学方法。将principle(原理)、procedure(过程或流程)、point(要点或考点)集为一体,贯穿于课程的"教、学、做、考"之中,将理论知识学习、实践能力培养和职业道德养成三者紧密结合,着力培养学生岗位适应能力。

6.配套课程教材。教材遵循高职高专学生的认知规律,将教学案例、工作项目、职业考点"三合一",注重设趣、激趣、诱趣、扩趣的设计原则。通过典型案例分析、热点问题讨论导入课程,激发学生的学习兴趣。通过选取典型的工作项目与任务为教学单元,并辅以相关的情景模拟,再现工作流程,深化学生对职业角色、职业选择、职业实践的认识。通过对职业资格考点解析拓展专业知识，对接初级会计师考证标准，优化课程逻辑体系。

7.课程质量标准。基于课程教学的实际需求，构建了“三关”课程质量体系，将知识与技能、过程与方法、职业道德与伦理融入学生的课程质量体系中，设立“应知”理论知识考核关、“应会”实务操作考核关、“应析”职业综合素质考核关。结合不同的考核关，针对性开展笔试、上机操作考核、项目化考核、以证代考、小组 PK 赛、答辩、专项调研等多种形式，建立了开放式、过程化、多元化的科学课程质量标准。

8.课程数字化资源。将课程标准、课程实施方案、课程教学单元、教学课件、电子教材、案例集、习题库、试题库、教学录像、生产性实训指导用书等课程数字化资源全部上传课程平台，为学生搭建自主学习平台。

(二)课程团队建设

“财务会计”课程教学团队，经过前期的培养，已经建立了一支专兼结合，“双师”结构理想，学缘结构合理，教学水平高、科研能力强、职称结构和年龄结构呈层次化、梯队化的特点的高素质教学队伍(具体见表 1)。

表 1　课程建设团队一览表

类　别	姓　名	性　别	出生年月	职称/职业资格证书	学历/学位	在课程教学中承担的任务
主讲教师	李　华	女	1978.11	副教授/注册会计师	研究生/硕士	课程负责人
	孔德兰	女	1972.12	教授/注册会计师	研究生/硕士	课程教学设计
	杨　艾	女	1980.07	讲师/注册会计师	研究生/硕士	课程教学要素建设
	傅红英	女	1972.05	讲师/会计师	研究生/硕士	课程教学要素建设
	陈　敏	男	1976.10	讲师/经济师	研究生/硕士	课程教学要素建设
	倪丽丽	女	1978.10	讲师/注册会计师	研究生/硕士	课程教学要素建设
	薛　燕	男	1970.02	副教授/高级会计师	研究生/博士	课程教学要素建设
	谢春苗	女	1986.05	助教/注册会计师	研究生/硕士	课程教学要素建设
	孙　博	女	1986.01	助教	研究生/硕士	课程教学要素建设
兼职教师	冯越丰	男	1977.01	高级会计师	本科/学士	课程实践环节设计
	吕　滨	女	1973.06	高级会计师	本科/学士	课程实践环节设计
	张　蓓	女	1979.04	会计师	本科/学士	课程实践环节设计
	徐　泓	女	1978.07	高级会计师	本科/学士	课程实践环节设计
	罗志勤	男	1978.01	会计师	本科/学士	课程实践环节设计
	陈传格	男	1978.04	高级会计师	本科/学士	课程实践环节设计
	费江环	男	1979.05	会计师	本科/学士	课程实践环节设计
	沈培强	男	1978.02	注册会计师	本科/学士	课程实践环节设计

通过职业理论培训、专业技术培训、企业实习锻炼等途径，提升教学团队的整体职业技能和教育教学能力，取得了显著成效。主要体现在：

1.职教理论水平不断深化。本课程组分别从职业教育思想理论研究、职业教育课程开发的实践探索、工学结合课程的改革实施等3个方面提升师资团队的高职教育理论水平。多次聘请全国职业教育专家指导和培训专业教师的职教理论水平，开展专业标准和职业课程的开发，通过对澳大利亚、新加坡、中国台湾、中国香港等国家与地区的考察和学习，提升对职业教育内涵和外延的理解和把握。教师团队科研成果与教学成果突出，近5年来，课程组教师每人年均发表科研与教研论文2篇以上，承担省级以上的科研课题10余项。

2.专业技术水平晋升显著。针对会计行业知识与技术更新教较快的特点，课程组采取派出进修、在职攻读高一级学位、参加各种学术活动等措施，提升教师的专业技术水平。截至2013年底，“财务会计”教学团队共有17为专业教师，其中专任教师9人、兼职教师8人。全体专任教师均具有硕士以上学历，教授1人，副教授2人，讲师5人。课程组共有校外兼职教师8人，分别来自金融、税务、会计师事务所、民营企业、上市公司、国有企业等行业企业一线，长期从事财务、会计、税务等工作的业务能手和技术骨干，其中注册会计师1人，高级会计师4人；会计师3人。

3.职业技能明显提升。课程组鼓励教师积极参加会计师、注册会计师、注册税务师、国际注册会计师等专业资格考试，取得职业任职资格。同时，还鼓励每位教师参加专业调查、实习、挂职锻炼、兼职等途径，了解行业企业财务工作的实际情况，获取丰富的社会实践经验，提升专业教师的职业操作能力和水平。目前，课程组专业教师“双师”型教师比例已达到88.89%。

4.教书育人能力持续提升。课程组实施学院以教学名师、实践能师、育人高师为主要内容的名师工程建设。以“德、能、勤、绩”为总体要求，建设一支结构合理的教学梯队，打造一个广泛联合的科研团队，培养一支懂理论会操作的教学团队。通过“青蓝工程”等途径充分发挥老教师的“传、帮、带”，积极选拔和培养优秀青年骨干，形成老中青结合、良性发展的师资梯队。

(三)资源建设情况

“财务会计”课程资源主要包括教学文件、教学资源、拓展资源、特色资源等基本类别，具体内容如下：

1.教学文件建设情况。

“财务会计”课程结合国家会计专业教学资源库的课程建设经验，对教学文本资料开展完善与修订工作，主要包括课程设计、课程组织、实践教学三大模块，具体包括课程简介、课程特色、课程标准、项目载体设计、课程整体设计、课程单元设计(教案)、授课计划、教学内容、重点与难点、考核方案、学生项目化作品展示、生产性实训大纲、实训计划、实训指导书、评价标准、实践教学基地、学生实践活动展示等。(资源路径：点击课程网址→网络资源→课程设计/课程组织/实践教学。)

2.教学资源建设情况。

“财务会计”课程经过长期教学建设工作，已经建立了丰富的教学资源，主要包括电子教案、教学课件、在线测试、同步练习、经典案例、视频录像、拓展资源、媒体中心等资源。其中，为了给提供学生自主学习的平台，“财务会计”课程组将课程录像作为课程重点建设项目(具体见表 2)。

表 2 “财务会计”课程录像一览表

工作岗位	教学单元	课 时	主讲人
出纳岗位	库存现金业务核算	2	李 华
	银行存款业务核算	2	伊 娜
财产物资岗位	原材料业务核算	6	倪丽丽
	委托加工物资业务核算	2	李 华
	固定资产初始计量	4	李 华
	投资性房地产核算	4	傅红英
	无形资产业务核算	4	李 华
往来结算岗位	应收票据业务核算	2	黄道利
	应收账款业务核算	3	杨 艾
	职工薪酬核算岗位	4	孙 博
资金岗位	交易性金融资产核算	4	陈 敏、倪丽丽
	可供出售金融资产业务核算	4	薛 燕
	持有至到期投资业务核算	4	黄道利
	长期股权投资核算	8	黄道利
财务成果岗位	收入业务核算	12	陈 敏、薛 燕、姚军胜
	费用业务核算	8	伊 娜、姚军胜
	利润业务核算	4	杨 艾

资源路径：点击课程网址→网络资源→视频录像。

3. 拓展资源建设情况。

“财务会计”课程组结合课程建设的需要，积极开展课程拓展资源的建设工作，主要包括：案例库、素材资源库、在线测试系统、试题库、交流互动、法规资源、教改论坛等(具体见表 3)。其中，试题库涵盖出纳岗位、财产物资岗位、往来结算岗位、资金岗位、财务成果岗位、总账报表岗位等会计岗位，题型主要包括单项选择题、多项选择题、判断题、计算分析题、综合题等(具体题量与分布见表 4)。

表 3 “财务会计”拓展资源一览表

序 号	资源类别	资源数量	资源路径
1	案例库	40 个	点击课程网址→网络资源→经典案例

续表

序　号	资源类别		资源数量	资源路径
2	素材资源库	教学动画	10 个	点击课程网址→网络资源→媒体中心→教学动画
		课程图库	90 张	点击课程网址→网络资源→媒体中心→课程图库
		业务流程	90 个	点击课程网址→网络资源→媒体中心→业务流程
3	在线测试系统		10 套	点击课程网址→网络资源→在线测试
4	试题库		538 题	点击课程网址→网络资源→同步练习
5	交流互动		—	点击课程网址→网络资源→新闻中心/教学公告 点击课程网址→教改论坛→交流区
6	法规资源		—	点击课程网址→网络资源→拓展资源

表 4　“财务会计”试题库分布表

项目名称		单项选择题	多项选择题	判断题	计算分析题	综合题
出纳岗位		32	26	30	5	2
财产物资岗位	材料物资岗位	40	20	11	5	2
	固定资产岗位	22	14	15	5	2
	其他资产岗位	19	13	20	5	2
往来结算岗位		18	17	11	5	2
资金核算岗位		36	22	18	5	2
财务成果核算岗位		31	21	11	5	2
总账报表核算岗位		10	19	6	5	2

4. 特色资源建设情况。

(1)音视频媒体资源的建设。为了更好让学生掌握业务处理流程，展现真实的工作环境，“财务会计”课程重点建设媒体中心，该中心主要包括教学动画(10 个)、课程图库(90 张)、业务流程(90 个)3 个模块，其中教学动画主要涵盖了 10 余个典型业务动画视频，课程图库主要涵盖了支票、本票、汇票等 90 余张财务核算业务单据，业务流程主要涵盖了 90 余幅企业典型业务岗位的基本操作流程(具体见图 1)。

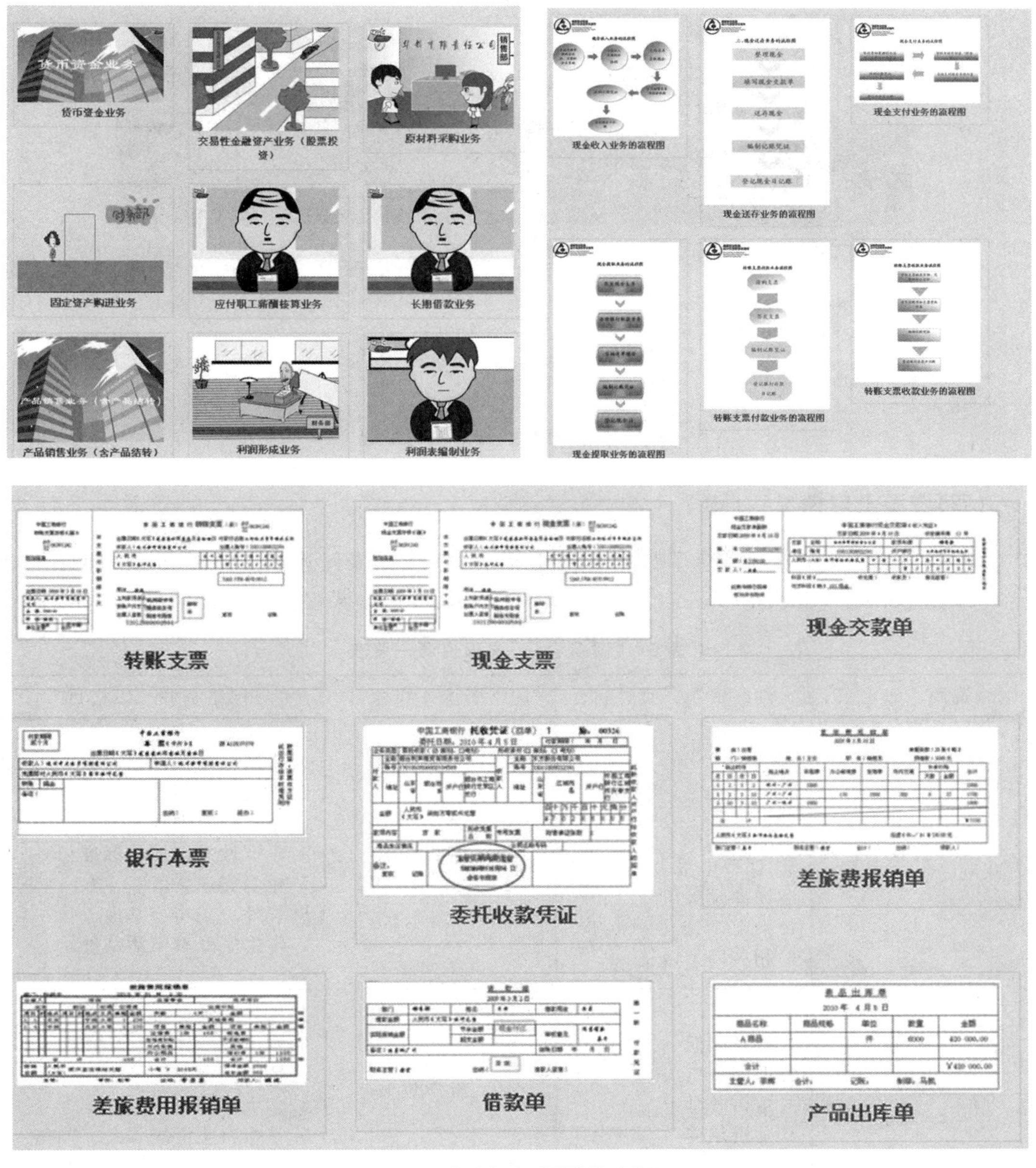

图 1　“财务会计”媒体资源

(2)会计职业考证在线测试系统的建设。为了配合学生报考初级会计师的需要，“财务会计”课程组结合职业考证的具体要求，在技术人员的支持下，成功研发课程在线测试系统，该系统涵盖 10 余套初级会计师的考证题库(具体见图 2)。同时，系统还可以根据学习者需求进行在线模拟测试，教师还可以利用系统管理平台，自主编辑试题，以满足教学需要。

图 2 “财务会计”在线测试系统

(四)资源上网情况

“财务会计”课程通过搭建了数字化网络平台，将已有课程建设资源上传课程网站(http://cwkj.jp.zfc.edu.cn/chinese/home/index.aspx)，具体课程资源建设情况(见表 5)。

表 5 “财务会计”课程资源一览表

网络资源一级栏目	网络资源二级栏目	网络资源一级栏目	网络资源二级栏目
一、首页	1.教学公告 2.新闻中心 3.课程荣誉 4.实践家园 5. 课程申报表 6.说课录像 7.网上调查 8.相关网站链接	五、实践教学	1.生产性实训计划 2.生产性实训大纲 3.生产性实训指导书 4.生产性实训评价标准 5.校内实训场所 6.校外顶岗实习基地 7.学生实践教学活动展示
二、教师风采	1.教学团队 2.课程负责人 3.主讲教师 4.师资培养	六、教学效果	1.校外专家评价 2.校内督导评价 3.校内同行评价 4.学生评价 5.学生获奖情况 6.社会认可度
三、课程设计	1.课程简介 2.课程特色 3.课程标准 4.项目载体设计 5.课程整体设计 6.课程单元设计	七、网络资源	1.电子教案 2.教学课件 3.在线测试 4.同步练习 5.经典案例 6.视频录像 7.拓展资源 8.媒体中心

续表

<table>
<tr><th>网络资源一级栏目</th><th>网络资源二级栏目</th><th>网络资源一级栏目</th><th>网络资源二级栏目</th></tr>
<tr><td rowspan="2">四、课程组织</td><td rowspan="2">1. 授课计划
2. 教学内容
3. 重点与难点
4. 考核方案
5. 学生项目化作品展示</td><td>八、会计考证</td><td>1. 会计职业资格证书
2. 银行业务技能证书
3. 专升本考试
4. 自学考试
5. 考证题库</td></tr>
<tr><td>九、教改论坛</td><td>1. 教改课题
2. 教改论文
3. 课改论文
4. 教改交流</td></tr>
</table>

(五)教学方法改革

“财务会计”课程以学生的认知规律为基础，以激发学生的兴趣为目标，积极尝试教学方法的改革与实践，具体教学方法如下：

1. 工学结合“实战”教学方法。“财务会计”课程积极依托会计专业群校企合作有机体，积极采用工学交替、专业实习、企业现场教学等多样形式的工学结合“实战”教学方法，深入企业财务部门感受职业氛围，强化知识的灵活应用能力和创新能力，促进知识的拓展和延伸，提高会计业务能力，培养会计职业素养。

2.“演讲型”的案例教学方法。“财务会计”课程以“课前三分钟”活动为平台，通过由学生自行收集素材、自行制作 PPT 的方式，以演讲与演绎等形式，讲解与分析会计案例，让学生了解并参与讨论最新会计热点与回顾经典会计案例，提高运用所学知识解答实际问题的能力。

3.“行动导向”的项目化教学方法。“财务会计”课程通过校内仿真化的实训中心，利用全真化的业务资料，按照“审核原始凭证→编制记账凭证→登记账簿→编制会计报表”的工作过程，以企业典型经济业务为载体，开展基于行动导向的项目化教学方法，融“教、学、做、考”一体化，初步实现了“在学习中工作，在工作中学习”的教学要求。

4. 数字化同步巩固教学方法。“财务会计”课程依托学院的数字化教学平台，将课程标准、课程讲义与课件、生产性实训、案例集、习题集、试题库等丰富的教学资源上网。打破了传统教学受时间、空间等限制，实现了将课堂教学由课内向课外、由教室向寝室的延伸。将传统的教师讲授与视频课件、电子网络等多媒体现代化教学相结合，实现纸质、声音、电子、网络等相结合的立体化数字教学，实现教学互动，搭建学生自主学习的平台。

三、课程建设结果质量

(一)学生培养质量

“财务会计”课程作为会计从业资格、初级会计师等职业资格考试必考科目；同时，也是浙江省会计职业技能大赛、浙江省财会信息化竞赛必修课程。课程充分考虑了学生职业能力培养、职业证书获取、学历层次提升的多元需求，近年来，学生在学科竞赛、职业考证等方面成绩显著，实现了岗位、证书、社团三者的深度融合（具体见表6、表7）。

表6　会计职业资格证书通过情况一览表

项　目	2013届	2012届	2011届
会计从业资格	80.73％	82.03％	90.11％
初级会计师	20.11％	19.35％	24.4％

表7　会计学科竞赛获奖情况一览表

项　目	浙江省财会信息化竞赛					
	第十届	第九届	第八届	第七届	第六届	第五届
一等奖	2	0	0	0	0	1
二等奖	0	2	0	1	0	3
三等奖	4	4	5	4	3	4

项　目	浙江省会计职业技能竞赛		
	第一届	第二届	第三届
一等奖	—	—	4人次
二等奖	1人次	—	—
三等奖	—	4人次	—

（二）课程教改项目

“财务会计”课程在原高校精品课程的基础上，继续深化课程内涵建设，积极开展课程理论研究与实践探索。课程负责人李华老师于2011年申报的“高职财会类专业“岗证融合”的课程改革与实践——以“财务会计”课程为例”项目被教务处列入学院2011年度教学改革项目，并于2012年6月顺利结题。

同时，“财务会计”课程于2012年10月成功入选学院精品开放课程，课程将以视频化、精品化、品牌化、市场化为目标，实现课程、证书、竞赛三方对接，拓展课程实践育人成效，服务校内专业人才培养、对接市场培训要求，推动专业发展，进一步提高人才培养质量。

（三）课程教改论文

“财务会计”课程团队始终以先进的办学理念、务实的工作风格、积极的进取精神，怀着对职业教育发展的高度责任感和美好的憧憬，在高职改革的探索中努力前行。坚持“以服务为宗旨，以就业为导向，走产学研相结合”的发展道路；坚持将“校企合作、工学结合”作为内涵建设思路，积极在专业建设、人才培养模式改革、课程建设、团队建设、基地建设、教学管理等方面进行改革尝试和实践探索。并于2012年由高等教育出版社出版《会计专业（群）高等职业教育改革与研究论文集》,该论文集收录了会计专业(群)全体教师关于高等职业教育改革与研究的50余篇论文,多角度、全方面对高职会计专业教育教学改革进行了深入的研究分析,是会计专业省级特色专业建设和"985"项目建设的一项重要成果。

(四)公开出版教材

"财务会计"课程的配套教材是由课程负责人李华老师副主编的浙江省重点建设教材《企业经济业务核算》,于2011年11月由中国金融出版社出版。该教材以岗位为基础,以项目为载体,注重对业务、流程和技能的培养,提升学生岗位适应能力。同时,教材以职业考证为切入点,深入分析初级会计师的职业资格考试的重点与难点,提高学生职业资格的获取率,提升学生的岗位竞争力。教材解决了教学内容解构与重构问题,实现了能力、知识和素质整合;解决了工作内容复杂多变的问题,实现了关键能力的岗位迁徙;解决了教学目标长短期的问题,实现了职业生涯的培养目标。

(五)学生评教情况

"财务会计"课程作为会计、财务管理、信用管理、金融、投资理财等财经类专业的必修课程,年均收益学生规模2000人次左右,课程教学团队严格执行课程标准,多次开展"集体备课"的教研活动,统一教学内容、教学方法与手段和考核方式,以确保课程教学质量与效果的提升,历年生评教、教评教等教学评价得分均在95分以上,位列专业群课程教学评价前列。

(六)网络资源使用情况

"财务会计"课程为浙江省高校精品课程,并与2008年4月正式完成"财务会计"课程网站建立。近年来,课程组成员积极将现代教学技术手段融入课程教学资源开发,将课程标准、课程实施方案、课程教学单元、教学课件、电子教材、案例集、习题库、试题库、教学录像、生产性实训指导用书等课程数字化资源全部上传课程平台,为学生搭建自主学习平台。同时,课程组结合职业考证的需要,于2012年开发了课程的在线测试系统,日均访问量100余次,其中课程同步练习、教学动画等热门资源,在线观看、浏览、下载使用量位居其他教学资源榜首。

四、课程建设不足与对策

(一)不足

"财务会计"课程经过前期的建设工作,已经积累了一定的课程教学经验和课程资源,但是仍存在需要进一步完善与深化建设的部分,主要包括:

1.学生的学习兴趣与积极性有待进一步提高。"财务会计"课程将着力改变学生被动学习的局面,营造自主学习的氛围,确立专业的认可度和忠诚度,树立职业发展的正确认知,合理规划学业生涯和职业生涯计划。

2. 进一步凝练课程特色，提升课程的品牌。“财务会计”课程将结合学院金融特色，保持财会本色，继续深化课程内涵建设并根据浙江省经济特点及会计人才需求情况，在注重通用能力培养的同时开展会计地域特色能力的培养，树立课程“蓝海战略”。

(二)对策

“财务会计”课程将结合岗位需求和学生特点的变动，适时调整教学方法与手段，鉴于前期课程建设情况，相关对策与建议如下：

1. 以学生的认知规律为出发点，强化特色资源的开发与建设。

“财务会计”课程以会计职业能力在线测试系统为载体，推行“零课时”学习提升计划。开展微课堂建设工作，结合教学动画、流程图库、课程视频等媒体素材的建设经验，逐步探索“会计游戏”软件资源的开发与运用。

2. 以课程内涵发展为核心，深化课程教学模式的改革与实践。

“财务会计”课程以引导文教学法为切入点，继续深化“岗证融合”教学模式的研究与实施，进一步优化课程标准、课程单元设计、课程质量体系等教学要素。开发“财务会计”的项目化教材、配套职业能力训练手册、教师指导手册、学生学习手册等教辅材料的编写。培养优秀的专兼结合的“财务会计”课程教学团队，加大专任教师实习、挂职锻炼的机会，提升专任教师的职业能力。

"教学做"合一的高职财会人才教学实践培养
——"会计职业入门"课程建设十年

施金影

一、课程建设概况

我院"会计职业入门"课程于2000年开设，2009年申报并成功立项为教育部高职高专经济类专业教学指导委员会重点建设课程。经过十年的课程建设，"会计职业入门"课程从学科体系、教学手段到教学内容、教学方法和教学质量等方面都取得了有了长足发展。

"会计职业入门"是学院校本课程，开设的专业包括会计、财务管理、信用管理、金融管理与实务、国际金融、农村合作金融、投资与理财、保险实务、国际贸易、国际商务、计算机信息管理、多媒体、市场营销、电子商务、社区管理、工商企业管理、公共英语、文秘等18个专业，辐射面高达70%。本课程以"企业会计准则"和"企业会计制度"为依据，主要阐述会计确认(解决核算的范围和时间)、计量(解决核算的价值标准)、记录(以凭证和账簿为载体)、报告(以报表形式对外提供信息)的基本原理和基本方法。通过学习，能使学生熟练掌握会计基本理论、基础知识与账务处理的基本方法，具备处理会计业务的基本技能和专业技能，具备基本的职业能力，使学生岗位适应能力与操作技能达到上岗标准。

二、课程建设过程质量

(一)建设理念和思路

"会计职业入门"课程建设以教高〔2006〕16号《关于全面提高高等职业教育教学质量的若干意见》文件精神为指引，旨在训练学生的会计基础实务操作能力，增强学生职业能力培养，加强素质教育，强化职业道德，培育高素质技能型财经类人才。本课程着力于提高学生的职业技能和岗位适应能力，提高学生的会计操作能力和动手能力。建设思路是：按照"以职业岗位为课程目标，以职业标准为课程内容，以教学任务为课程结构，以职业能力为课程核心，以'双师'教师为课程主导"的要求，深化课程内容、教学方法和手段改革，提高教学质量和人才培养水平。进一步加强课程组的师资队伍建设，完善教学条件和教学手段，优化教学内容，提高教学质量。

1.突出能力本位的课程教学目标。

“会计职业入门”课程以工学结合为切入点，采用以工作过程为导向的项目化教学改革，注重对学生职业能力和职业技能的训练。该课程按照工作过程系统化的设计思路构建课程教学内容，融合了学历证书与职业资格证书相关知识与能力要求，以典型工作任务为载体，融合理论知识与实践知识，注重培养学生综合职业能力。同时，在上述基础上，制定并完善了课程标准、项目活动载体、课程的整体设计和单元设计方案、生产性实训指导书、课程教学质量标准、课程考核标准等教学资源，确定课程设计的目标，体现职业性并实现同步课程网络建设，以更好地满足了学生自主学习的需要。

2.构建“岗证互通”的课程教学内容。

“会计职业入门”将会计从业资格证书培训内容融入课堂教学中，将“基础知识学习——岗位能力培养——从业资格证书培训”三项内容连成一体，以项目教学为主要教学方法保障“岗位互通”课程教学内容的有效落实。根据会计工作流程，按照由浅入深、循序渐进的认识规律来安排总体结构和各项目内容。每个项目主要包括“学习目标”“项目导航”“任务描述”“基本知识与技能”“小思考”“知识链接”“案例分析”“项目小结”和“项目训练”等内容，使学习者系统地了解并掌握会计信息生成的基本过程，对会计形成清晰而完整的认识，培养学习者的职业实践能力，帮助他们在今后的各项工作中成为主动的会计信息使用者。

3.系统开发与设计教材内容。

《会计职业入门》教材采用了工作过程系统化的课程开发技术，通过组建由课程专家、行业专家、骨干教师组成的课程开发团队，以会计从业资格考试大纲为参照，以会计职业岗位为起点，以7种会计核算方法为主线，以工作项目与工作任务为中心组织教材体系，设计并开发了10个学习项目，充分考虑会计行业的入门者上岗时所必备的基本方法和基本操作技能，突出了学生会计职业能力的培养及职业素质的养成。本课程打破传统学科体系下课程体系，以真实企业的日常典型经济业务为载体，以会计核算工作账务处理流程为序化标准，以相关会计职业资格大纲与指导用书为参考标准，重构了本课程的相关知识与能力目标。让学生在学习情境中学习并掌握企业经济业务核算的基本原理和业务技能，增强课程内容与职业岗位能力要求的相关性，培养学生具有敬业精神、团队合作和良好的职业道德修养。

4.进行仿真化实践教学。

“会计职业入门”教学过程中，通过校内手工会计实训室和校外实训基地等丰富的教学资源，采取工学结合、工学交替等形式，充分开发学习资源，给学生提供丰富的实践机会。教学效果评价采取过程评价与结果评价相结合、校内考核与企业考核相结合的方式，通过理论与实践相结合，重点评价学生的职业能力。

5.采取“532”结构的课程考核方法。

“会计职业入门”课程采取“532”结构的课程考核评价办法，将工学结合的教学方式与能力目标考核相结合，将过程考核与结果考核相结合，以过程考核为主；将基础知识考核与实训操作考核相结合，以实训操作考核为主。其中，期末专业理论知识考核，主要考核学生会计基础知识和方法的掌握情况，成绩占课程成绩50％；根据供应、生产、销售三个过程业务核算工作的要求，完成相关的实训操作。成绩占课程成绩 30%；平时成绩，根据学生项目完成情况、上课回答问题情况、自主学习情况进行考核，成绩占课程成绩 20%。

6. 建设“双师”结构的教学团队。

从专业团队带头人建设、“双师”素质骨干教师建设以及行业企业兼职教师队伍建设等方面入手，加强专兼结合的制度保障。形成“教师下企业，专家进课堂”的良好氛围，打造一支由专业带头人领衔、专任教师和行业兼职教师为主体的“双师”结构课程教学团队。

7. 建设突出职业素养的实习实训条件。

十年建设期间，学院新建浙江省高职高专院校示范性实训基地——会计专业群校企合作有机体实训中心，完善会计技能中心相关软件资源建设及仿真环境改造等工作满足专业教师实践锻炼的需求。通过课程实训、岗位实训、综合实训、顶岗实习（或企业订单实习）加强实践教学。在课程实训中采用企业真实案例和真实资料，使学生在教学过程中得到专业素质的培养和技能训练，实现教学过程与职业岗位“充分对接”。

8. 加强网络课堂建设。

2010 年“会计职业入门”课程组开发了全新的课程网站，网址是：http://hjjc. jpkc. cc. 我们将课程教学大纲、实训大纲、实训指导书、课程考核方法、模拟试题、电子教案、教学课件、教学案例以及辅助教学的音像资料等，全部放到网上，并随着课堂教学的进程不断修改、补充和完善。

（二）课程建设特色与亮点

1. 创新课程教学模式。

为了真正培养符合企业需求的高技能人才，“会计职业入门”课程创新课程教学模式，构建了立体式课程教学模式。把教学过程的实施分为“教、学、做、用”四个层次，“教”为第一层次，主要由各章节的理论课组成，体现“验证式”教学的特点，介绍各项技能的原理与方法，多以教师“教”为主；“学”为第二层次，主要由各实验课组成，强调企业经营过程会计处理的职业能力训练，以学生动手为主，教师适当点评，体现学生主导式学习的特点；“做”为第三层次，即经过会计理论课程和技能课程的学习后，进行综合实训，亲身体验会计复杂的工作处理过程，积累实践经验；“用”为学生的认识实习、体验实习和顶岗实习，要求学生真正作为一名企业的员工在真实的岗位上进行实战训练。从而做到“教、学、做、用”的深度融合。

2. 创新实践教学模式。

本课程属于实践性较强的专业课程，培养学生处理会计业务的实际动手能力是本课程的核心目标。为此有一个真实或仿真的操作环境是本课程教学的一个必要条件，我们创新了实践教学模式，在实践教学的实施过程中，提倡“四真实”，即环境真实、管理真实、材料真实、过程真实。环境真实，指的是实验实训的环境与企业真实环境相一致。管理真实，指的是在组织学生进行实验实训过程中，按真实的企业会计岗位分工进行组织、按实际企业的规章制度进行管理和考核。材料真实，指的是学生实验实训的材料都取材于真实的经济业务，并使用真实的原始材料和全真的凭证、报表等。过程真实，指的是在实验实训过程中，要求学生具备真正实际操作的业务过程处理能力。从第一堂课开始就取消文字性的实验实训题目，只提供与真实的经济业务相一致的原始凭证，要求学生学会处理原始凭证，应对各种不同会计事项，逐步树立业务处理和职业判断的思想和习惯。同时，充分利用校外实习基地的培训资源，让学生在真实的环境中理解业务的会计处理，熟悉真实的业务流程，为学生毕业上岗的零过渡做好铺垫。

3. 构建师资队伍建设新模式。

构建“员工型教师队伍和教师型员工队伍”的专业师资队伍建设新模式，打造结构优、素质高、能力强、影响大的专兼职教学团队，充分发挥校企合作、工学结合的职业教育要求。通过资源整合，建立由职业知识传授师、职业素质培养师和职业技能训练师组成的新型育人团队，形成能力、素质、知识三维育人的合力，提高课程组全体教师的教育教学、课程教材建设、服务社会、对外辐射的能力。

4. 进一步探索课程改革内容。

本课程努力探索与实践高职财会类专业课程改革内容，以会计专业资源库建设为契机，继续开展和完善基于工作过程系统化的课程开发和质量标准建设；积极运用与探索项目教学法、合作教学法、情景教学法等多种教学手段；建立以能力为本的课程考核评价体系。经过多年教学实践，“会计职业入门”课程的教学已初步形成了教学内容针对性强、更新速度快、教学形式灵活、多样的理论教学与实践教学相辅相成的教学模式，符合高职院校培养实用型人才，注重学生动手能力的培养目标。改变单纯的理论教学模式，根据以能力培养为中心的教学理念，丰富教学手段和教学环节，积极创新教学方法，开展多样化教学。

（三）教学方法改革

“会计职业入门”课程主要采用项目教学法、案例教学法、合作教学法、启发式教学法等教学方法组织与实施教学活动。

1. 项目教学法。

本课程采用符合职业教育特色的教学模式，以任务驱动引导课堂教学过程设计，突出职业能力的培养。具体分为以下教学步骤：一是回顾上单元所学内容；二是案例导入及工作任务描述；三是围绕着工作任务的完成来阐述相关理论知识；四是引导学生利用学过的知识进行实训操作、小组讨论；五是课堂总结，布置作业。

2. 案例教学法。

“会计职业入门”作为一门应用学科，采用案例教学有助于提高学生理解能力。本着理论与实际有机结合的宗旨，遵循教学目的要求，以案例为基本素材，通过学生积极参与，达到培养学生的会计实践动手能力目的。案例教学增强了学生对会计基础理论的理解和掌握，有助于开拓学生思维，增强学生运用所学知识综合解决问题的能力。案例教学中，我们把学生作为教学活动的主体，一切围绕学生如何完成工作任务这个中心，实现教与学的双向互动。

3. 合作教学法。

为了培养学生的实践操作技能和解决实际问题的能力，提高学生就业竞争力，我们在教学过程中要求学生在掌握理论知识的基础上，重视职业技能训练，特别要注意实践性教学环节的加强。我们利用仿真化的校内手工实训室开展合作式模拟实践教学；能力实训成绩占到总成绩的 30%，理论考核内容向实训倾斜，弥补了传统课程重理论、轻实践的缺陷。

4. 启发式教学法。

由于课程有着极强的实践性与应用性特征，因而在教学中运用一些实际生活中的小实例，尤其是学生所熟悉的身边的人或事，由浅入深地讲解原本晦涩难懂的理论问题，这样就能起到事半功倍的效果。启发式教学法不仅激发了学生的学习积极性，使学生掌握了知识，而且还能发挥学习迁移的作用，使学生逐渐地摸索出学习方法，进而提高学生的综合能力。

5. 微课教学法。

针对大一学生在学习"会计职业入门"存在一定困难，学生的专业理解接受能力、自主学习能力差异比较大的特点。课程组开展着手将微课应用到课程教学上，重复讲解相关知识点并进行微课视频的开发。这样，可以有助于培养学生自学的习惯，方便学生反复学习重难点，解决课时紧张、理论教学与实训操作不能兼顾的问题；解决课堂以教师为主、学生难以发挥自主性的问题；解决课堂教学差异化、个性化的问题。

(四)课程教学技术与手段的实施

1. 实施多媒体教学。

作为一门会计入门课程，"会计职业入门"中还包含了一些较为抽象的基础理论，为了更好地激发学生的学习兴趣，使学生能突破学习的障碍。本课程组教师制作了风格统一、内容丰富、高度仿真，并能动态展示操作过程的精美实用的多媒体教学课件。录像资料、多媒体、投影等现代技术教育手段被广泛地应用，发挥了积极的作用，收到了良好的效果。

2. 重视网络课堂的建设。

本课程建立了丰富实用的课程网页。课程的教学标准、建设规划、教学团队、课程活动载体设计、课程整体设计、单元设计、教学大纲、实训大纲、实训指导书、教学课件、授课教案、习题集、案例集、试题库、课程考核制度与方法等资料全部上网，实现资源共享。

3. 重视实践教学的开展。

整个会计职业入门的实训操作在仿真化实验室——手工实训室完成。实训室硬件设施齐全完备，不仅能提供会计模拟实训所必备的工具，而且提供了各种规格的原始凭证、记账凭证，日记账、明细账、总分类账账页和账夹，资产负债表和利润表格式等，为课程开展实践教学创造了良好的条件。

(五)资源建设情况

"会计职业入门"课程组经过近几年的建设，完善了课程质量标准建设和课程网络资源建设，包括教学内容、授课教案、教学方法与手段、课程标准、实训大纲、实训指导书、多媒体教学课件、说课录像、案例库、习题库、试题库等内容并对外开放。课程充分发挥教学平台的作用，为学生提供多渠道的学习途径，实现课堂教学、手工实训和网上实训相结合，大大提高了学生理论学习和实践操作的自主性、积极性和有效性，新增添了课程知识点与技能点、专题讲座库等课程在线学习资料。在已有课程网络资源基础上，搭建学习指导平台，开展在线答疑，形成课程教学的全程互动，进一步完善教学材料。目前使用的《会计职业入门》教材立项为浙江省高校重点建设教材，教材在借鉴国内外同类优秀教材的基础上，利用编写体例的设计，在强调基本知识和专业技能的同时，强化职业素质和职业道德的培养，与会计从业资格证书考证教材接轨。2013 年课程组在原有基础上，着手进行教材的改版。

三、课程建设结果质量

(一)学生培养质量

“会计职业入门”课程以“千日成长工程”为载体,以学生就业市场为导向,以培养基层复合型高职财会人才为目标,开展在专业深化、品德优化、能力强化、形象美化方面贯穿学生在校三年(千余天)成长过程的育人工作,实施“双素”“双证”“双能”的“三双”培养工程,鼓励学生积极参加各类各级考证和学科竞赛,提升学生的创新能力、实践能力与竞争能力。

1. 近五年学生考证情况(见表1)。

表1 “会计职业入门”课程近五年学生考证情况

届别	会计从业资格通过率	会计电算化通过率
2013届	98.26%	100%
2012届	96.17%	100%
2011届	97.65%	100%
2010届	82.88%	100%
2009届	82.56%	100%

2. 近三年学生学科竞赛获奖情况。

表2 “会计职业入门”课程近三年学生学科竞赛获奖情况

<table>
<tr><th>获奖名称</th><th>班级</th><th>姓名</th><th>颁奖单位</th><th>获奖时间</th></tr>
<tr><td>浙江省高职高专院校技能大赛“会计技能竞赛”总账岗位二等奖</td><td>会计10(3)</td><td>葛建英</td><td>浙江省大学生科技竞赛委员会</td><td>2012.05</td></tr>
<tr><td rowspan="2">“金蝶杯”浙江省第九届财会信息化竞赛二等奖</td><td>会计11(3)</td><td>王飞、任芳琳、王文雅、沈洁</td><td rowspan="9">浙江省大学生科技竞赛委员会</td><td rowspan="9">2012.11</td></tr>
<tr><td>会计11(4)</td><td>沈康翔、朱雪云</td></tr>
<tr><td rowspan="7">“金蝶杯”浙江省第九届财会信息化竞赛三等奖</td><td>财管10(1)</td><td>邹艳</td></tr>
<tr><td>财管10(2)</td><td>李芳</td></tr>
<tr><td>会计11(3)</td><td>沈婷婷、尉芝琼、王颂、王静巧</td></tr>
<tr><td>会计11(4)</td><td>周琼、黄建波、张海霞</td></tr>
<tr><td>会计11(5)</td><td>高芳燕、陈玉双</td></tr>
<tr><td>财管11(2)</td><td>陈秀秀</td></tr>
</table>

续表

获奖名称	班　级	姓　名	颁奖单位	获奖时间
浙江省首届高职高专院校学生会计职业技能大赛团体一等奖	会计09(4)	郭青青 陈　蒙	浙江省大学生科技竞赛委员会	2011.06
"金蝶杯"浙江省第八届财会信息化竞赛三等奖	会计09(2)	张宏广等	浙江省大学生科技竞赛委员会	2011.11
	会计09(4)	章凯娜等		
	会计10(3)	陈微等		
	会计10(4)	陈烨等		
"金蝶杯"浙江省第七届财会信息化竞赛二等奖	会计08(2)	吴文清等	浙江省大学生科技竞赛委员会	2010.11
"金蝶杯"浙江省第七届财会信息化竞赛三等奖	会计09(2)	张宏广等	浙江省大学生科技竞赛委员会	2010.11

(2)教研教改成绩

"会计职业入门"课程以"全能型"科研团队建设为目标,以提升科研水平位突破口,兼顾教育教学研究,开展课程团队和科研团队的双重培养路径,充分发挥团队专业优势和技术专长,合作开展专业技术、教育教学等领域研究,形成团队的研究合力。近三年来,教研教改成绩斐然。

1.教改课题。

表3　"会计职业入门"课程教改课题

序　号	项目名称	项目来源	主持人	级　别	立项时间
1	高职财会专业实践教学体系突破路径研究	中国商业会计学会课题	施金影	学会	2010.7
2	浙江上市公司财务独立董事履职效力研究	浙江省金融教育基金会	杨　艾	学会	2012.11
3	基于转型升级的浙江中小企业服务中心构建	浙江省金融教育基金会	刘　丽	学会	2012.11
4	开放式网络型多媒体教学模式在基础会计课程中的应用	浙江金融职业学院	傅红英	院级	2012.5
5	会计专业群校企合作有机体建设及教学改革实践	浙江金融职业学院	孔德兰	院级	2011.7
6	高职财会类专业"岗证单一体化"人才培养模式研究	浙江省新世纪教改项目	孔德兰	省级	2008.9
7	财会专业人才创新创业能力探索与实践	浙江金融职业学院	施金影	院级	2010.6

2. 课程教改论文。

表 4 "会计职业入门"课程教改论文

序 号	论 文	刊 物	发表时间		作 者
1	高职财会专业实践教学体系突破路径研究	中国乡镇企业会计	2012	10	施金影
2	我国电子商务信用体系建设探索与思考	中国乡镇企业会计	2013	3	施金影
3	探索建立统分结合的高职教育实践育人体系	中国高等教育	2012	2	孔德兰
4	高职会计专业毕业生职业可持续发展研究	中国职业技术教育	2012	2	孔德兰
5	构建以专业群为单元的校企合作有机体的实践与思考	职业技术教育(人大复印资料全文转载)	2012	1	孔德兰
6	浙江中小企业金融服务风险管控机制研究	合作经济	2012	5	刘 丽
7	构建以专业群为单元的校企合作有机体的实践与思考	中国高教研究	2011	10	孔德兰
8	"三双"模式的高素质技能型会计人才培养	中国职业技术教育	2011	10	孔德兰
9	以职业性和实践性为核心的高职院校精品课程建设	中国高教研究	2010	2	孔德兰
10	高职院校专业特色化建设机制研究	黑龙江高教研究	2010	10	孔德兰

3. 公开出版教材

表 5 "会计职业入门"课程公开出版教材

序 号	著作(教材)名称	出版社	主参编人员	出版时间
1	财务分析	中国人民大学出版社	施金影(主编)	2013
2	会计基础	中国人民大学出版社	孔德兰、施金影等	2013
3	会计电算化	中国金融出版社	孔德兰等	2012
4	高等职业教育财会专业人才培养创新与实践	高等教育出版社	孔德兰、施金影、陈敏、傅红英等	2012
5	会计基础	中国财政经济出版社	孔德兰、施金影等	2011
6	会计职业基础	中国人民大学出版社	姚军胜	2010
7	会计电算化	高等教育出版社	姚军胜	2010

四、课程建设主要经验

(一)以专业建设为中心,实施以"六业贯通"为特征的人才培养观

"会计职业入门"以能力培养为主线,践行办好专业、注重学业、关注就业、鼓励创业、强化职业、成就事业"六业贯通"的培养理念,将"校企合作、工学结合"作为人才培养的切入点,"坚持学历教育与岗位培训相融合、坚持职业能力与职业素质相兼顾、坚持就业导向与人生发展相统一"的人才培养改革思路。根据市场需求及时完善培养目标、培养模式、培养方案、课程建设、教材建设。

(二)实施以项目化教学为主的多元化教学改革

"会计职业入门"从素质、知识、能力三个维度开展育人工作,通过职业素质模块课程提升学生的人文素质,通过职业能力模块课程提升学生的职业发展能力,通过职业岗位模块课程增强学生的岗位工作能力,通过职业证书模块课程增强学生的职业资格考证能力,以达到素质优良、知识够用、能力过硬的职业人才目的。

(三)打造一支技优业精,团队精神强的教学团队

"会计职业入门"教学团队采取导师制,青年教师从教学内容、教案编写、教学手段和教学方法等全方位给予指导和把关。由课程组负责人定期检查教案和授课情况,成员之间互相听评,并定期进行教学内容、方法改进及学术研讨。在科研上,在整合研究方向的基础上,采用以老带新的方式,充分发挥团队的力量,积极发表论文、编写教材及申请科研立项。

(四)提高网络资源的利用率

数字化学习资源只有真正应用于学生的日常学习中,才能促进学生的学习,才能提高利用率。我们在"会计职业入门"课程教学中渗透利用资源促进学习的意识,通过任务驱动等措施引导学生使用网络学习资源,激发学生使用动机,使数字化资源真正应用于教学,以促进学生的发展。

(五)实施以双赢互惠为原则的社会服务

"会计职业入门"依托系部产学合作,坚持双赢互惠原则,充分利用专业教师的专业特长、行业业务骨干的业务技能,积极开展企业员工的专业理论培训、校内学生职业能力的训练。充分利用校内实践基地先进设备与软件、校外实践基地"企业化"的职业氛围,积极拓展校内实践基地的"生产化"和校外实践基地的"教学化"功能。充分利用专业教师的理论功底、企业技术专业的实务经验,积极开展各项社会服务。

基于“工学结合”理念的高职院校精品课程建设研究与实践
——“信用管理实务”课程建设五年

楼裕胜

一、课程建设概况

“信用管理实务”是我院在2006年筹建信用管理专业的时候开始建设，2007年第一届信用管理专业开始招生。在2006年组建课程建设小组，编写授课讲义，2008年在广泛听取各方意见的基础上出版《信用管理实务》教材。

“信用管理实务”是信用管理专业的核心课程，要求学生在扎实掌握知识的基础上，使学生初步具备企业信用管理的能力，达到企业对信用管理人员上岗的基本要求，因而课程在教学中更要强调培养学生解决实际问题的能力。但是在以往的教学模式下，学生能够熟练地掌握企业信用管理的基本知识，却如何针对具体企业进行资信状况分析，有效开展企业信用管理不知所措。基于此，本门课程于2010年申报成为省级精品建设课程后，我们根据省级精品课程建设要求，完善了课程要素，并将课程上网，希望该课程在实践性教学环节以及提升学生发现问题解决问题的能力方面进行有益的探索。

二、课程建设过程与内容

(一)建设理念和思路

1. 以行业企业为依托，与职业岗位需求相结合——确定课程设计目标(职业性)。

“信用管理实务”课程设计总取了标准化设计的思路，通过深入浙江省信用评估行业的龙头企业杭州资信评估公司和浙江众诚资信评估有限公司进行调研、挂职锻炼，并聘请企业专家业务骨干指导和成为课程组成员，在课程专家、行业专家、骨干教师组成的课程开发团队细致研讨的基础上，对该课程涉及的工作任务、项目活动和职业能力进行分析和提炼，重新按照工作过程系统化的设计思路构建课程教学内容，融合了学历证书与职业资格证书相关知识与能力要求，以典型工作任务为载体，融合理论知识与实践知识，注重培养学生综合职业能力。并在上述基础上制定并完善了课程标准、项目活动载体、课程的整体设计和单元设计方案、生产性实训指导书、课程教学质量标准、课程考核标准等教学资源，确定课程设计的目标，体现职业性并实现同步课程网络建设，以更好地满足了学生自主学习的需要。

2. 将实践性、开放性、职业性融于教学过程。

教学中采取工作过程的认知与准备，情境教学，课程综合实训，顶岗实习 4 个教学环节顺序开展教学，并将职业性、实践性、开放性融于教学过程，通过教学让学生熟练掌握信用管理工作岗位的职业素养与技能，熟练进行信用管理业务操作，达到专业技能的要求。

3. 以工作项目和任务为中心组织课程内容。

课程内容突出对学生信用管理职业能力的训练，理论知识的选取紧紧围绕工作任务完成的需要来进行，同时又充分考虑了高等职业教育对理论知识学习的需要，并融合了助理信用管理师职业资格证书对知识、技能和态度的要求。项目设计以信用管理部门的工作任务为线索来进。

4. 以工学交替形式进行实践教学。

教学过程中，通过校企合作，校内实训基地建设等多种途径，采取工学结合、工学交替等形式，充分开发学习资源，给学生提供丰富的实践机会。教学效果评价采取过程评价与结果评价相结合、校内考核与企业考核相结合的方式，通过理论与实践相结合，重点评价学生的职业能力。

(二)建设目标

“信用管理实务”是信用管理专业的一门必修课程。本课程主要培养具有较强职业能力、扎实专业知识和良好职业素质的企业信用管理岗位工作人员。通过该课程的学习，使学生掌握企业信用管理体系的基本知识，能够搜集目标客户的信用信息，并对搜集的企业信息进行基本的甄别，能够对资信调查结果进行简单分析评价，能够运用金融工具规避企业交易过程中的信用风险，具备初步的企业信用管理的能力，达到企业对信用管理人员上岗的基本要求。

课程建设将组建由课程专家、行业专家、业务骨干共同组成的课程开发团队，共同深入市场调研，从企业信用管理岗位的工作职责和典型工作任务出发，以工作过程系统化理念指导课程设计，引导学生在完成工作任务过程中掌握相关知识和技能，并逐步实现从学习者到工作者的角色转变。在教学过程中，改革课程考核模式，将企业的评价作为重要的因素，提升学生实践的能力与水平，将优质的课程资源共享上网，使课程网站成为学生自主学习平台、教师教学资源共享平台、师生交流互助平台。在课程建设过程中，注重“政、产、学”相融合教学团队的建设，努力提高教学团队教学、科研和社会服务能力。总之，通过精品课程的建设，在信用管理专业内整合课程资源，优化专业课程体系，并将课程的建设成果辐射全省乃至全国，起到示范性带头作用。

1. 明确“信用管理实务”课程定位。

“信用管理实务”精品课程将按照“知识＋能力＋素质”三位一体的模式定位。知识是指学生通过课程学习应该掌握企业信用管理的客户的信用信息管理、客户的信用评价、客户的授信以及应收账款管理等各个岗位应具备的知识和技能。能力则是在知识学习的基础上，通过校内实训，校外工学结合，顶岗实习的方式，使学生具备将知识转化为实践操作的职业能力。而素质则是在不断地知识学习和能力提升过程中所积淀的一种品质。素质的养成不是一朝一夕的，不能寄希望于通过一门课程的学习养成职业品质。所以，课程建设一定要紧密结合专业建设，在“知识＋能力＋素质”三位一体的框架下，按照短期知识学习，中期能力提升，长期素质养成的规划进行建设。

2.实施“岗证融合，课训结合”项目化课程的特色模式。

课程团队对该课程涉及的工作任务、项目活动和职业能力进行分析和提炼，重新按照工作过程系统化的设计思路构建课程教学内容，充分融合了学历证书与职业资格证书相关知识与能力要求，以典型工作任务为载体，融合理论知识与实践知识，注重培养学生综合职业能力。并在上述基础上制定并完善了课程标准、项目活动载体、课程的整体设计和单元设计方案、生产性实训指导书、课程教学质量标准、课程考核标准等教学资源，确定课程设计的目标，实现同步课程网络建设，以更好地满足了学生自主学习的需要。

3.构建“政、产、学”专家相融合的教学团队。

高等职业教育的职业性，实用性和技术性的培养目标以及教育对象的特殊性，决定了高职教育的专业教师必须是具有丰富实践经验和较高的教育教学水平的教师。

(三)建设内容

1.课程组师资队伍建设。

师资队伍是精品课程建设的核心，精品课程的建设成果取决于师资队伍。“信用管理实务”课程组在现有基础上进一步优化教学团队，进一步加强对现有教师的培训。希望通过本课程的建设，形成一支结构合理、治学严谨、师德师风良好、教学科研水平较高、有良好发展后劲的教学团队。

2.教材体系的建设。

课程组根据教育部教高〔2006〕16号文件精神，联合浙江省“信用浙江”建设领导小组办公室和浙江省信用中心共同编写教材《信用管理实务教程》，并完成了教材相关的电子教案、课件、案例、习题集、知识拓展平台等课程要素的建设，课程要素全部实现了网络资源共享。该教材知识结构适合高等职业教育，同时也作为浙江省“信用管理师”的考试指定教材，无论在设计思想还是在内容结构体系都充分体现了职业性的特点。

3.实训体系的建设。

(1)实训场所的建设。

①浙江金融职业学院信用管理专业在2008年得到省财政的支持，建成了“信用管理实训室”。该专业实训室面积102平方米，拥有教学实验仪器设备70台，能够满足“信用管理实务”等多门课程的实训需求。

②浙江金融职业学院会计系产学合作有机体子项目—信用管理理实一体化教室的建设，将杭州资信评估公司和浙江众诚资信评估有限公司的业务部门搬进教室，真实业务移植到教学中，实现工作场所与教室的统一、业务骨干与教师的统一、教学过程与生产过程的统一、学生实训作品与公司产品的统一，有力的推动了学院、系部、专业、课程的产学有机合作。

(2)实训方式的创新。

“信用管理实务”课程组秉承“价值创造中学习”的理念，依托杭州资信评估公司和浙江众诚资信评估有限公司搭建的平台创新实训方式，将两个公司的实际业务融入实训教学环节中，使学生通过动手动脑完成的实训作品，最终变成了产生实际价值的公司产品，既促进了学生学习的兴趣，也提升学生信用管理的职业能力。

4.教学组织方式的改革与创新。

本课程的教学组织按照知识→实践→知识的模式，从课堂教学和实践教学两个层面精心组织。课堂教学遵循“提出问题→呈现案例材料→参与式讨论→归纳总结”的模式，目的除了积累知识、掌握技能外，关键在于提高解决现实问题的能力。实践教学则遵循“岗位(职业)→业务(能力)→实训(知识)→顶岗(强化)”的模式来组织和实施教学，通过“校企合作、顶岗实习、工学交替”的组织方式给学生提供大量实际的上岗实践机会，使学生在职业岗位中掌握了知识、技能与素质，同时也加强了对课堂教学内容的思考与理解。该模式的最大特点在于实现了课堂教学与实践教学互通。

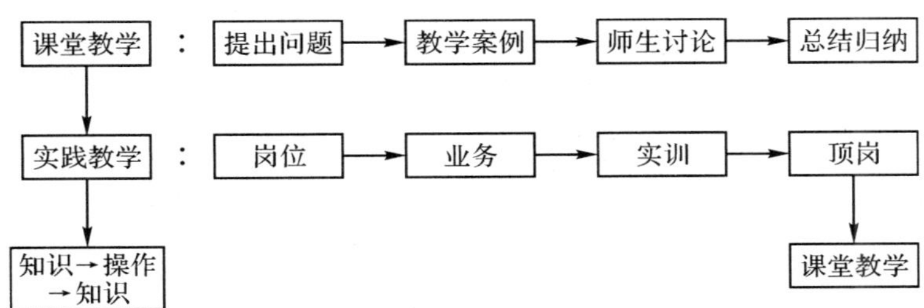

图1　实践教学模式

5.教学内容体系的改革。

根据高职教育的发展和客观要求以及学校的办学定位，“信用管理实务”课程组积极进行有针对性的课程教学研究和改革，重新定位课程目标，对理论知识和实践操作两个体系进行再设计。课程组结合我国社会信用的实际环境，以企业信用管理部门工作任务为主线，根据信用管理部门的具体业务流程和职业岗位所需的知识、能力与素质，以项目化的方式进行设计。同时，把教改教研成果和学科最新发展成果引入教学，摸索形成一套完整的特色教学内容体系和教学模式，以供其他高职院校同类课程建设借鉴参考。

三、课程建设效果

“信用管理实务”课程在各方面的关心和帮助以及课程组全体教师的努力下，课程建设效果得到了专家、同行和学生的认可，取得了良好的成效。

1.打造了一支优秀教学团队。

精品课程教学团队在科研与教学改革方面都取得了突出的成绩。近3年来，本课程组中培养浙江省新世纪“151”培养人才1名，入选浙江省新世纪“151”培养人才1名。有1人晋升教授职称，2人晋升讲师职称。1人兼任杭州资信评估公司副总经理、评级总监。课程组教师共计主持省级课题 1 项,发表各种科研与教研论文 10 余篇。信用管理课程组在 2011 年荣获学院“优秀教学团队”称号。

2.课程资源不断优化。

“信用管理实务”自 2010 年立项省级精品课程以来,课程组专任教师在多次调研分析的基础上,根据信用管理岗位的职责和工作任务开展项目化教学,通过创设企业信用管理体系的建立、设置企业信用管理部门、客户信用信息调查、客户信用分析、客户授信、赊销风险管理、应收账款管理、运用金融工具规避信用风险、利用征信数据库开拓市场和信用管理绩效考核等 10 个典型工作任务,引导学生学习中小企业的信用管理。本课程不断完善课程资源,注重课程网站的建设工作。课程标准、课程整体设计、项目载体设计、教学大纲、实训大纲、考核方法、教案、课件、案例库、实训项目库、实训指导书等专业课程资源全部上网,学生可以通过课程网站进行自主学习。

表 1 “信用管理实务”课程资源

学习项目	主要教学单元	分配学时
企业信用管理部门	1.能够运用企业信用管理体系理论分析企业信用管理现状 2.能建立简易的企业信用管理体系 3.能分析企业信用管理制度和政策的要点 4.能制定企业信用管理制度和政策	4
客户信用信息调查	1.能够结合企业的实际情况,设置企业信用管理部门 2.能进行企业信用管理部门人员的配备 3.能分析企业信用管理流程存在的问题	4

3.顶岗实习、工学交替效果显著。

积极探索新形势下工学结合的多种形式。根据学校教学和企业生产的实际需要,采取灵活多样的形式,探索建立适应工学结合的教学与管理制度。“信用管理实务”课程采用 10 人一组为期 2 周的“排队式”顶岗实习的方式,组织学生到杭州资信评估公司和浙江众诚资信评估有限公司参加工学交替活动。同时利用信用工场平台在上课或课余时间,以杭州资信评估公司的业务资料为实训材料参加顶岗实习,实训作品经课程教师和公司业务骨干初审,公司评级总监复审,公司评审委员会终审通过后成为公司产品,学生也可获得工资报酬。学生的出色表现得到了两公司员工的高度评价,同时学生也学到了信用评级的业务规范和要求。

2012 年经公司审核后的评级企业已经达到 1100 余家,学生领取的工资报酬也达到 8 万元。

表 2 2010 级信用管理专业学生顶岗实习工资清单(截至 2012.6.31)

姓 名	结算天数	考核等级	金 额
钱贵民	35	优秀	2450
雷振波	42	良好	2520
姚丽君	42	良好	2520
季思萍	20	良好	1200
瞿 悦	20	良好	1200

4.“信用管理实务”课程教师服务行业企业，社会影响力大。

“信用管理实务”课程教师组中 1 人兼任杭州资信评估公司高管及评级总监，其他教师兼任公司业务骨干，直接参与企业业务活动。2011 年“信用管理实务”课程组教师共为杭州资信评估公司撰写企业信用调查报告 118 篇，审查企业信用报告 289 篇，参与企业信用跟踪调查 26 家，直接产生的经济效益达到 500 余万元。同时，课程组的教师还参与了浙江工商局信用促进会以及浙江信用中心的行业调研等活动，有力地促进了行业的发展，成效显著。

浙江金融职业学院文件

浙金院〔2012〕4 号

浙江金融职业学院
关于郁国培等同志职务聘任的通知

各部门：

因工作需要，经学院党委研究决定，聘任：

郁国培为杭州资信评估公司、浙江众诚资信评估有限公司总经理；

楼裕胜为杭州资信评估公司、浙江众诚资信评估有限公司副总经理；

范　芳为杭州资信评估公司、浙江众诚资信评估有限公司副总经理、财务总监。

以上同志聘期为两年，至 2014 年 1 月止。

二〇一二年一月十日

主题词：干部　职务　聘任　通知

浙江金融职业学院办公室　　　　2012 年 1 月 10 日印发

图 2　“信用管理实务”课程教师服务行业企业

5. 课程教学获得学生喜爱，课程建设获得校内外广泛好评。

两年来，课程组教师在学校生评教成绩排名中位居前列，教学效果得到广大学术的喜爱和好评。学生反映：通过课程学习，首先，让我们对信用管理知识的学习非常的全面，对企业信用管理的理解也比较深刻；其次，政府专家和企业业务骨干的授课让我们从另一个视角学习企业信用管理有很大的帮助；再次，信用工场不仅给了我们真实的实训环境和实训资料，提升我们的实践操作的能力，同时也为我们的勤工俭学提供了一个非常好的场所，能够把所学的知识、技能马上转化为生产力，也在很大程度上激发了我们的学习热情。

许多学生通过课程网站的留言板、在线答疑板块也表达了对课程及授课教师的喜爱。

图 3 “信用管理实务”课程网站留言板

6. 评价模式进一步完善。

课程组在课程建设过程中非常重视课程考核评价模式的改革，强调将企业的评价作为一个重要的评价因素。采取过程评价与结果评价相结合的方式，强调理论与实践的紧密结合，侧重评价学生的职业能力，合理评价学生的学习效果。在评价过程中除期末考试为结果性考核评价外，其他均为过程性考核评价。

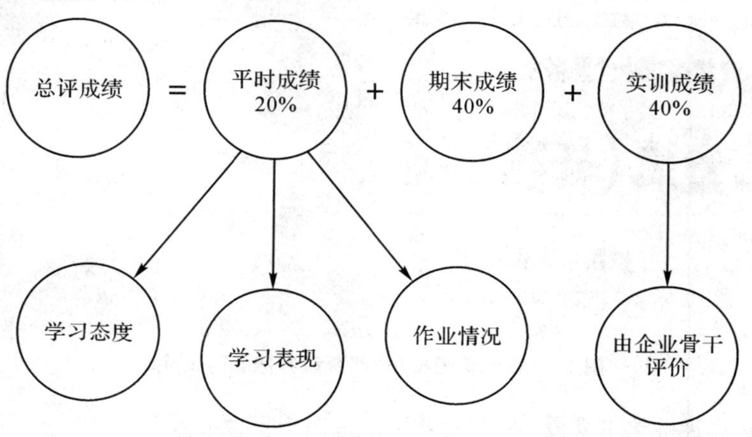

图 4 “信用管理实务”课程评价模式

7．精品课程资源广泛共享。

“信用管理实务”精品课程网站界面美观大方，资源丰富，平台使用方便。课程组及时更新课程资源，学生和老师都能通过网络解决学习和备课的需要。课程网站为便于学生开展自主学习，特地开设了自主学习模块，包括在线答疑、在线实训、在线考试，从而使课程网络课堂资源成为本课程教学的重要支持教具，成为学生在课程学习过程中的重要资源和在线实训工具。

图 5 “信用管理实务”精品课程网站

四、"信用管理实务"精品课程努力的方向

(一)进一步加强教学方法的改革

教学方法是精品课程建设的关键和切入点，尤其是对高职高专院校的学生，积极推行教学方法的改革，对于激发学生学习的主动性，培养学生学习的兴趣和自主学习的习惯，都将产生积极的影响作用。在对近三年学生座谈会及信用管理专业教学情况调查结果整理分析后，发现有近 23.6%的学生反映"教学方法单一"的问题，也进一步说明了加强教学改革的迫切性。

"信用管理实务"精品课程的教学方法改革，要根据课程的性质和任务，以工作流程为主线，积极推行案例分析法、情景模拟法、小组研讨法、实践教学法、项目教学法等多种教学方式。在改革中，要认真研究与思考根据不同的学生、不同的教学项目，采用不同的教学方法，努力做到因材施教。

(二)进一步扩展紧密型实践教学基地的建设

培养学生动手操作能力是高职高专院校一个鲜明的特色，必须加强实践性的教学。而实践性教学基地是实践教学的重要保障，也是培养学生素质与能力的手段之一。目前影响实践性教学基地在教学中发挥应有作用的原因主要在于校企合作并非双赢模式，企业在合作中处于被动态势，合作没有使企业受益。

"信用管理实务"精品课程借助浙江金融职业学院院属实体公司(杭州资信评估公司、浙江众诚资信评估有限公司)平台，在完成实践教学项目的基础上，为公司提供了人力资源支持，在研发新产品、促进产品质量等方面的提高进行了有益的尝试与探索。但对于省级精品课程而言，这样的实践教学基地太少。而且这种紧密型的实践教学基地不仅有信用服务中介机构，还应该有政府信用监管部门、企事业单位以及金融机构，使信用管理实践教学基地多样性。希望通过"信用管理实务"精品课程的建设，在企业、金融机构以及政府信用监管等部门开拓深度合作的实践教学基地。

(三)进一步加强课程资源库建设与利用

"信用管理实务"省级精品课程于 2010 年立项，经过一年的建设，课程网站在不断的优化中增加了学生工学交替成果展示，完善了在线互动功能。但是资源库的建设目前也存在着缺乏详尽的案例库、教学内容需要 Flash 动画的演示、教学资源缺乏下载功能不足，这些都需要在课程建设中进一步完善。

营销策划技术项目制团队实战化教学与育人体系实践

——"营销策划技术"课程建设十年

章金萍　方志坚

一、课程建设概况

2003年我院市场营销开始开设"市场营销策划"课程，当年就开始了以实战化、案例化为特点的项目制教学改革，并编写了"市场营销策划实战与案例化教程"课程教学讲义，是国内最早开始采用项目制教学的少数课程之一。2005年"市场营销策划"课程获学校教学改革一等奖、教学成果二等奖。2007年在我院全国示范建设中，"市场营销策划"被列为学院优质核心课程建设项目。2007年"市场营销策划"更名为"营销策划技术"，申报教育部高职高专经济类专业教学指导委员会重点建设课程，2007年11月"营销策划技术"被列为教指委精品课程。

2008年6月由北京大学出版社出版了作为学院示范性建设项目的优质核心课程规划教材——《营销策划技术实训教程》。2008年10月，"营销策划技术"被教育部立项为国家精品课程。在建设期内，结合我院市场营销专业的特点和社会需求发展的要求，"营销策划技术"深入开展实战主导型课程教学改革，从课程内容体系构建、教学方法的实施、实训实践环节的具体组织实施及学生的课程考核评价、师生角色的重塑等几个方面进行了更为深入的研究与探索，在高等教育和职业教育类核心期刊发表了《基于工学结合课程改革的师生角色重塑》《基于工学结合的高职教材建设》等论文。

2010年8月由课程负责人章金萍教授与方志坚老师主编、中国人民大学出版社出版的《营销策划实务与实训》，入选浙江省高职高专重点教材。2013年8月该教材也被教育部立项为"十二五"规划教材。

2013年6月"营销策划技术"被列为教育部市场营销专业教学资源共享库建设项目的13门专业核心课程之一。2013年10月"营销策划技术"申报国家精品资源共享课，进入浙江省前10强，2013年12月"营销策划技术"被正式列为国家精品资源共享课。

"营销策划技术"经过10年的建设和积累，已逐步建设成为在校内外，乃至在全国具有一定知名度、影响力，特色鲜明的国家级精品资源课。

二、课程建设过程质量

(一)课程目标

“营销策划技术”既是市场营销专业一门提升学生综合运用专业知识能力的专业核心主干课程，也是培养学生职业综合能力、岗位技能的岗前训练课程和培养学生创新创业能力的指导课程。通过有目的、有步骤地实施以任务驱动的项目教学，从而在培养学生自主学习、团结协作的能力，以及良好的沟通与表达能力基础上，重点培养学生的创新思维和解决问题的方法，锻炼学生通过自主学习掌握工作思路与方法的能力，切实提高学生的职业技能、创业意识、处理实际问题的方法和综合素质。

以实践实训为主导的教学与操作，使高等职业学校市场营销专业的学生了解市场营销策划的流程及其各种策划方案侧重点和内容，培养学生初步具有创新思维、分析问题和解决问题的能力，并能制定具体的市场调研策划、营销战略规划、产品上市及品牌策划、营销策略组合策划和各种促销活动策划等方面的策划技能，切实提高学生的实际动手能力和处理实际问题的综合素质能力。

职业能力目标：

●能选择适合的项目或产品，并组织建立营销团队，提出总体营销思路。

●能系统地根据主题设计调研方案。

●能制定调研执行计划、组织并实施。

●能收集资料、信息，进行分析并撰写调研报告。

●能够制定调研策划，进行全面调研，并进行全面系统的分析调研，在市场调研的基础上，提出创意，制定各类营销战略、策略及具体的行动方案，撰写市场营销策划方案。

●能够在调研的基础上进行全面系统的分析，提出创意，制定并撰写产品上市、品牌策划、促销和商演活动的策划方案；熟悉 CIS 策划的内容和流程。

(二)课程性质与定位

本课程是高职学校市场营销专业的一门专业核心课程，是零售管理、销售(商务)代表和金融客户经理等专门化方向的专业主干课程。其功能在于让学生分析、策划、执行企业市场营销活动过程中的常规性市场营销策划，使学生具备从事市场营销具体业务工作的核心职业能力，切实提升本专业学生对专业知识的综合应用能力和实际动手能力。

“营销策划技术”是我院最早实施案例化、实战化教学的课程。作为一门方法论的具体应用课程，对学生的职业能力(创新创业、市场策划、沟通谈判、市场调研)的培养和职业综合素质的养成起重要支撑作用，尤其对营销类职业岗位综合能力的培养与提升至关重要。

“营销策划技术”既是市场营销专业一门提升学生综合运用专业知识能力的专业核心主干课程，也是培养学生职业综合能力和岗位技能的岗前训练课程和培养学生创新创业能力的指导课程。通过有目的、有步骤地实施以任务驱动的项目教学，在培养学生自主学习、团结协作能力以及良好的沟通与表达能力基础上，重点培养学生的创新思维和解决问题的方法，锻炼学生通过自主学习掌握工作思路与方法的能力，切实提高学生的职业技能、创业意识和处理实际问题的方法和综合素质。

(三)岗位要求及人才培养目标

通过本门课程的学习与训练，学生将以往所学的"市场营销实务""市场调研""商务谈判""网络营销与电子商务""创业指导"等专业课程的知识进一步应用到本课程实战实训中，从而提升了学生综合运用所学专业知识的能力和技巧，前后衔接得当，也从根本上使学生将前期所学的专业知识转化为解决实际问题的方法，切实提升动手能力和岗位技能。

"营销策划技术"作为一门理论、实践一体化的项目化课程。本课程的实践教学采用课内实践教学与课外实践教学相结合的方法。课内的实践教学，以就业为导向，彻底打破原有课程的理论教学体系，突出课程的应用性和操作性。从而使学生熟练掌握市场调研策划、战略性营销策划、企业 CIS 策划、产品上市及品牌策划、促销策划等各项专业技能；并通过了解企业实际，感受企业文化，将学生培养成准职业人。

(四)课程设计思路

本课程是以高等职业学校市场营销专业的学生就业为导向，在行业专家的指导下，对零售管理、销售(商务)代表和金融客户经理等专门化方向所涵盖的岗位进行任务与职业能力分析，以实际工作任务为引领，以企业市场营销活动中涉及的调研分析和市场营销策划为主线，以市场营销的岗位能力要求和职业资格考核要求为依据，采用工作活动流程式与并列式相结合的结构来展开教学内容，通过仿真模拟、虚实结合、工学结合、项目制团队实战等活动

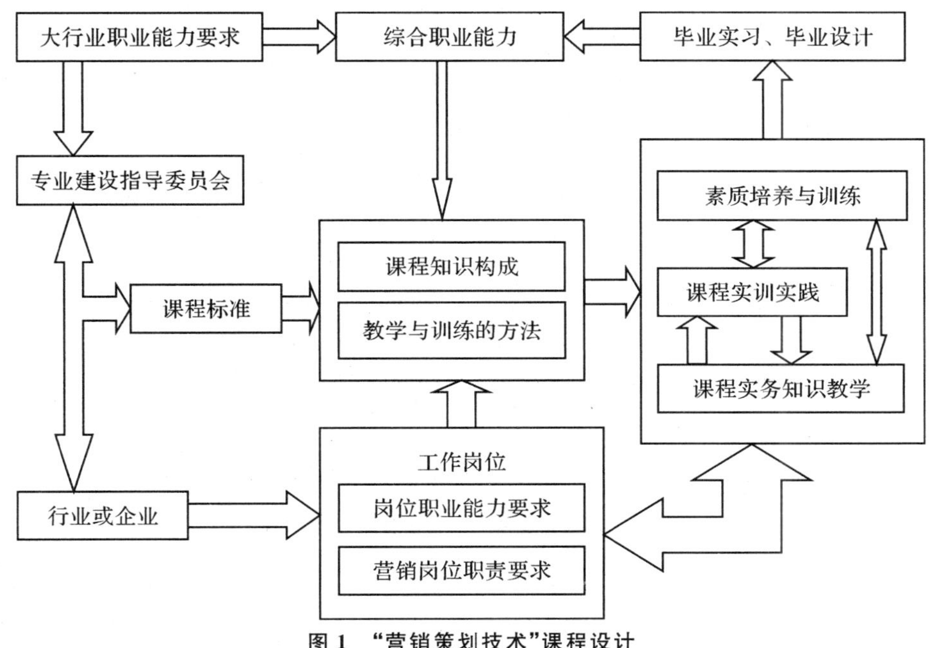

图 1 "营销策划技术"课程设计

项目来组织教学，培养学生初步具有创新思维和分析问题、解决问题的能力，并能制定具体的市场调研、营销战略规划、营销策略组合和各种促销活动等策划文案的技能，切实提高学生的实际动手能力和处理实际问题的综合素质能力。本课程课时为60课时。

本课程的设计是建立在对营销职业岗位工作内容层次和工作流程分解的基础上，以职业能力培养为重点来进行的。市场营销专业每年都会邀请来自行业的专家组成的专业指导委员会审定人才培养方案，校外专家结合校内专任教师的广泛行业调研，提出市场营销专业的课程体系规划方案；而由校内专任教师与行业企业专家共同组成的课程组，则进一步对“营销策划技术”课程进行课程标准的开发以及项目教学的活动载体设计，最终形成工作任务导向的各种学习项目。

本课程的整体框架是按照如下思路设计的：

以项目（产品）营销的工作任务和职业能力分析为依据，以营销岗位的工作内容和流程为顺序把课程内容整合成策划的程序和框架、市场调研策划、战略性策划、企业CIS策划、产品上市推广及品牌策划、促销策划等6个相互关联的工作项目，每个工作项目下又根据实际工作需要划分为若干工作任务，工作任务下又设计了具体的操作步骤或程序，并可参考相关案例，从而使学生在学习本门课程时得到方法与操作流程的指导。

（五）学习情境设计

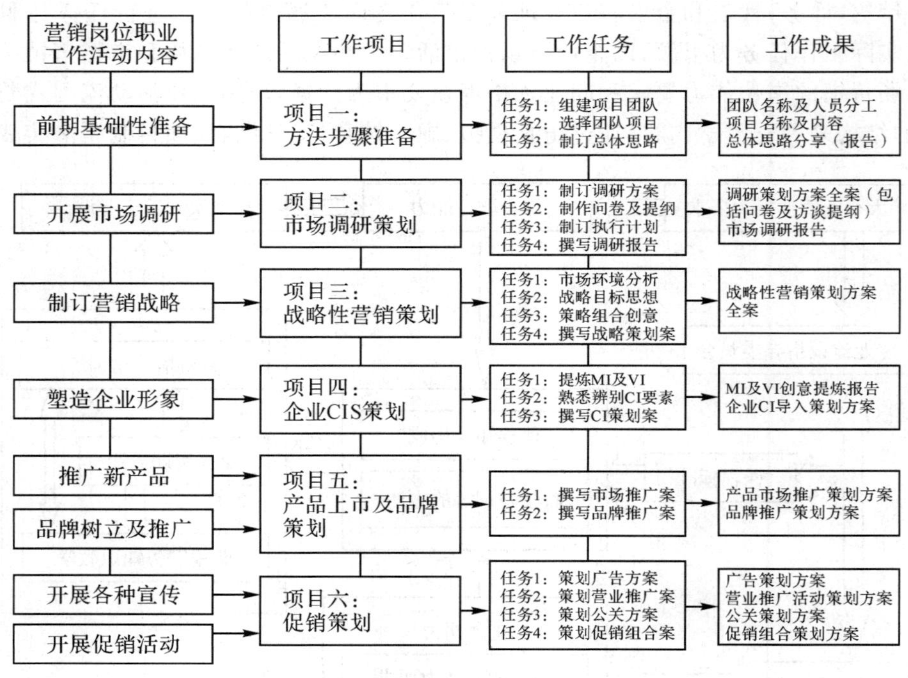

图2 “营销策划技术”课程教学设计思路

为完成某项目（产品）营销工作任务，在教学中，将全班学生组建成每组4—8人的项目团队，将某项目（产品）的全部营销工作任务在课程教学中交予学生项目团队合作完成，教师在其中主要起指导与配合的作用。以项目为载体，以更为具体的工作任务驱动，边学边干，学生从组建团队开始，要完成从市场调研策划、调研执行、调研报告撰写到各种层次营销方案的策划与实施等10—20个工作任务，这些工作项目都由学生团队自主负责，在团队成员分工与协作的基础上完成，锻炼了学生通过自主学习、自我管理来掌握工作思路与方法的能力，使学生在企业化运作环境中真枪实战地全过程锻炼实际工作岗位的操作能力。

教学的方法、实训的过程实现见下图：

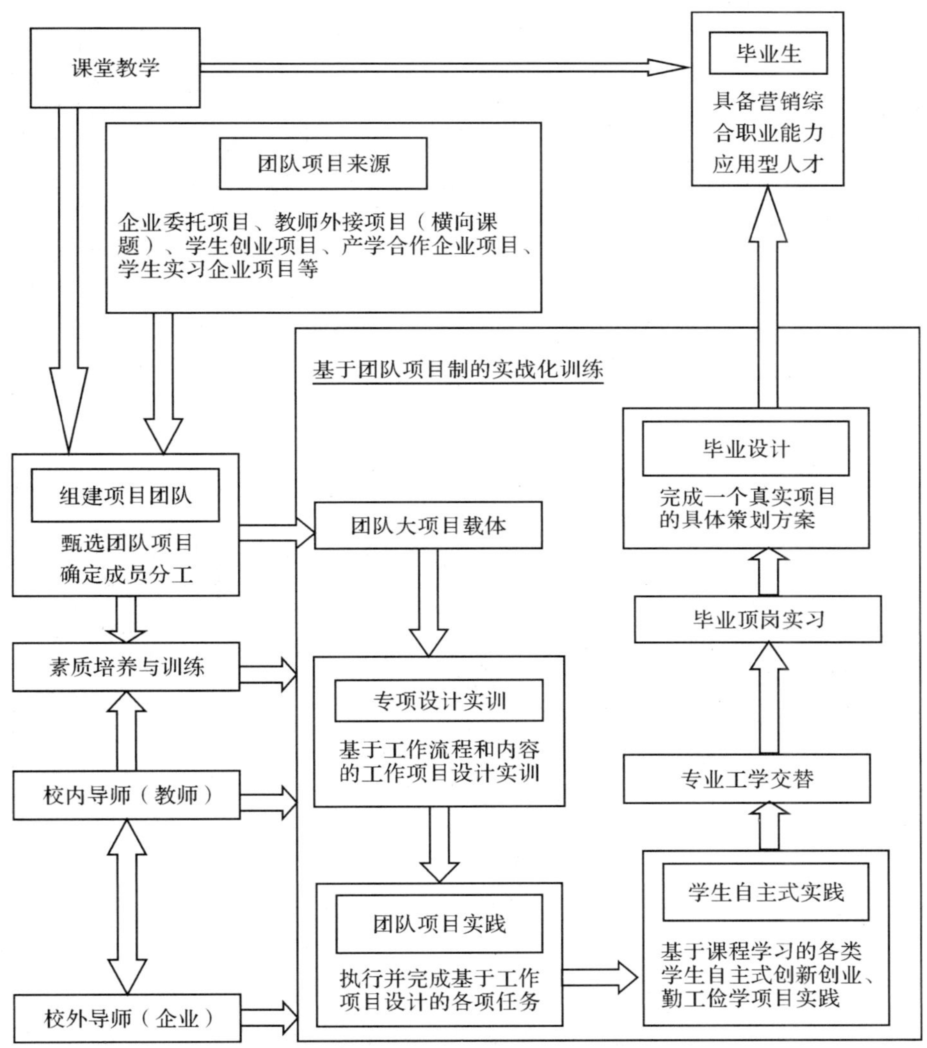

图3 “营销策划技术”课程教学方法、实训过程

本课程的理论教学分成两个部分：一部分是课堂内的理论教学，其讲授是为了教会学生完成各项工作任务时所必需的基本方法，是作为实践教学的一种辅助，一般采用实务知识的形式展开教学；另一部分是课堂外以任务布置的形式要求学生自主学习的理论知识，并通过下一次课教师的提问、同学的提问、答辩等形式学习和巩固的理论知识。这样的设计，有助于学生全面获取知识，提升素质，也为学生的可持续发展打下良好的基础。

(六)与前后课程关系

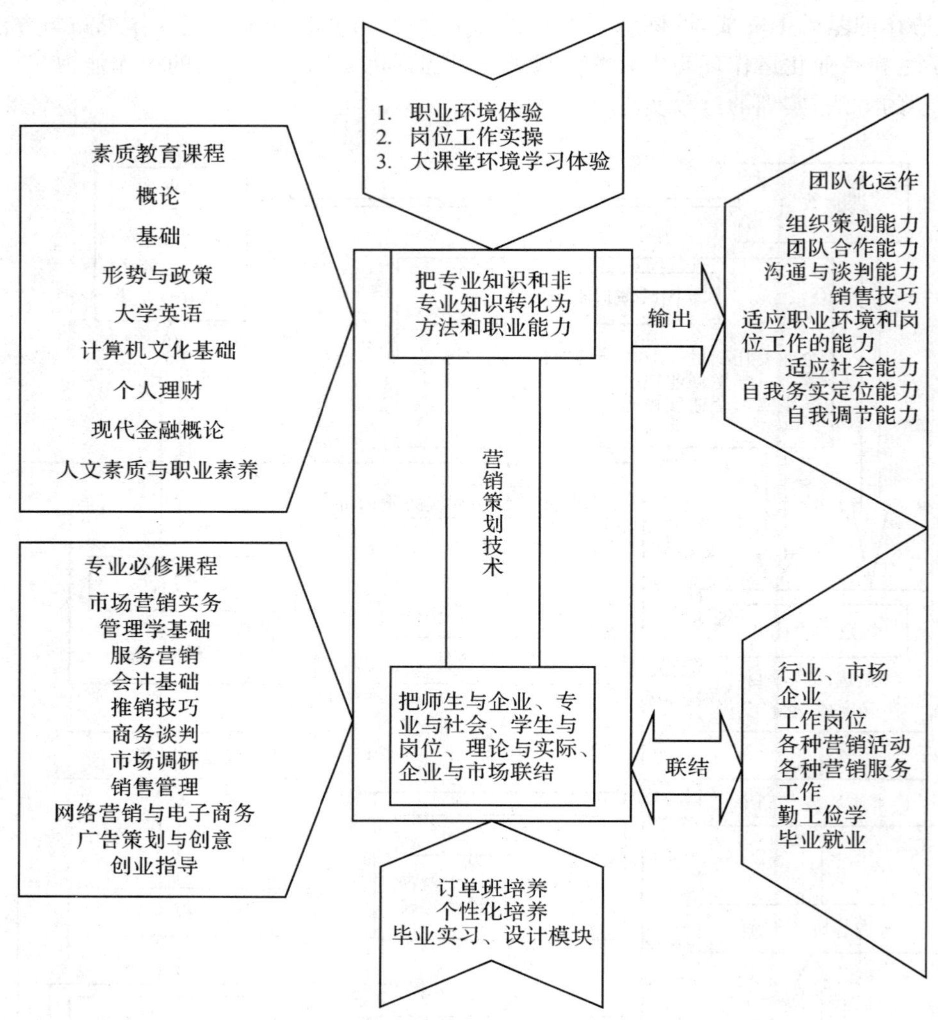

图 4 "营销策划技术"课程与前后课程关系

(七)课程特色

大课堂、项目制、团队化,理实一体、教学做合一,工学结合、虚实结合、课内外结合,师生角色重塑,综合素质和岗位实际能力并重。

(八)教学条件

1. 从教师到导师、师傅的转变。

市场营销专业以工学结合的实战项目为载体,通过"双导师制"构建、课程改革中师生角色重塑、基于人才培养模式创新的教材建设、以"校中店"为特色的生产性实训基地建设、顶岗实习保险保障机制建设等方面的探索与实践,实施“专业课程与职业岗位相融合的课程体系、职业技能与职业素养相融合的综合能力培养体系、仿真实训与营销实战相融合的实践教学体系、就业导向与人生发展相融合的育人体系”等“四位一体”实战型人才培养模式改革。“四位一体”实战型人才培养模式对教师队伍的建设提出了更高的要求,在教学过程中锻炼和造就了我们的教师能讲、能做,真正成为学生的人生的导师、职业技能的师傅。

2. 校内实训设备与实训环境建设。

市场营销专业已建立了由省财政重点支持的营销综合实验室。包括营销模拟实验室、商务谈判情景教学实验室等。其中:商务谈判情景实验室为学生提供了各种商务谈判情景模拟场所以及各种多媒体设备,让教师和学生充分互动。网络营销实验室则让学生学习各种计算机软件的操作,包括 WINDOWS 办公软件、营销模拟软件、各种统计分析软件、网络营销软件等。

作为一门理论、实践一体化的项目化课程,本课程的实践教学采用课内实践教学与课外实践教学相结合的方法。课内的实践教学,以就业为导向,彻底打破原有课程的理论教学体系,突出课程的应用性和操作性。充分利用“营销综合实验室”和“校中店”校内实训基地,引入行业专家共同设计生产性实训与仿真实训项目,开展广泛实训,提高设备及设施的利用率。此外,课内实践教学活动还辅之以校内第二课堂活动及校外实习基地的各项实践活动。校内第二课堂活动主要以学院的市场营销协会以及学生自己组织的各种创业团体为平台,完成各项课堂内教师布置的工作任务以及企业委托的实战项目。

此外,还对校内模拟场景实验室进行改建,进一步完善软硬件设施和实训功能,真正建成集市场调研、营销策划及产品销售、品牌推广于一体,实战与仿真并举的“营销调研策划中心”,推进生产性实训课程改革和以就业为导向的项目教学改革,以及与企业联合进行项目开发提供硬件和软件保障,并为企业提供市场调研、营销策划等专业性服务;另一方面,引入1—2 家企业参与校内生产性实训基地建设,建成“校中店”式实训基地,以及电话营销中心、企业产品展示与销售中心,解决学生进行排队式顶岗实习,以及真实营销业务开展。

3. 校外实训基地促进课程建设。

本专业已建成各种合作关系的产学合作基地 35 个。校外产学合作基地,除完成实训实践任务外,还可以安排技能培训、毕业实习等实践教学活动,甚至吸纳毕业生就业。

校外实习基地的各项实践活动,主要包括各种认知实习、专业实习、顶岗实习等工学结合活动,利用本专业的各校外实习基地,通过与校内实训基地的统筹规划,可以使课堂内学到的理论知识和模拟操作在真实的实践活动中得到反复演练,从而熟练掌握市场调研策划、战略性营销策划、企业 CIS 策划、产品上市及品牌策划、促销策划等各项专业技能;并通过了解企业实际,感受企业文化,将学生培养成准职业人。

4. 教学材料的持续建设和更新情况。

本课程自 2008 年被评为国家级精品课程以来,课程团队一直按照一边开展教学改革实践,一边持续建设完善课程网站资源的原则,不断补充和更新课程网站资源,尤其是根据经济社会发展的新情况、新形势,增加了许多教学案例和学生实训项目。到目前为止,新增了教学录像 40 节、习题作业 100 道、教学案例 20 个、实训项目 20 个、学生作品 15 个;电子教案 1 套;更新了课程的全部演示文稿 PPT 等内容。

本课程非常注重从“学习者”角度，对原有课程资源进行转型升级。

(1)修订学习指导，从知识准备、学习思路和学习方法三个方面对学习者进行学习准备指导，同时还从资源合理使用和学习规律有效掌握的角度，帮助学习者掌握学习步骤，使学习者能够顺利地开展自学。

(2)为方便学习者更好地规范操作，重拍了全部课堂教学录像；更加注重理实一体化教学中的规范流程的操作指导，使学习者在完成项目任务时可以按照教学录像中的规范程序操作，提高完成学习任务的效率。

(3)按照因材施教的理念，对不同的项目团队布置难易程度不等的项目实训任务，并根据学习者的不同兴趣，提供不同背景行业的资料，为此增加了不同难度等级、涵盖更多背景行业的实训项目和参考资料。

5.市场营销专业开放式教学与专业网页建设。

市场营销专业网站——营销家园自2005年开通以来已运行了8年时间，其间不断完善，成为本专业学生及本专业教师日常教学、课程实训、毕业设计指导、学生教育、就业指导、毕业生就业推广、师生沟通、信息及资料共享、信息发布、校企合作沟通、日常通知等方面的重要资源平台，尤其在教学、专业建设、产学合作、学生教育、学生就业方面发挥着重要的作用。该网站越来越受到校内外师生的喜爱和好评，影响力越来越大，发挥的作用也越来越大。

“市场营销网上家园”网站作为市场营销专业的开放式教学专业网站，在原有的基础上优化整合教学资源和教学过程，打破旧有的教与学的组合形式和封闭的教学局面，建立一种贯彻现代最新教学理念，运用交互式沟通手段，将网络技术融入课程、产学结合教育，虚拟操作实践教学，建立既能使每个学生都有机会发挥其天性中创造力、师生合作，又能以学生为主体，双向互动，虚实结合运作的多功能开放式教学体系平台。

6.教学团队建设。

(1)近五年培养青年教师的措施与成效：课程组按计划对教师实施目标管理，即由课程组和教师自己共同制定学习和发展目标，以半年小结、年终考核的方式进行管理。

①实施以老带新计划。按照学院师资队伍建设中实施“青蓝工程”的部署，由老教师负责对青年教师进行传、帮、带。通过定期指导、检查教案、课前试讲、跟班听课、课后交流等形式，提升他们的教学能力，帮助青年教师尽快成长。

②鼓励教师通过各种途径加强理论水平的提升。课程组制定了课程负责人、主讲教师及其他授课教师的培养计划，特别是在教师攻读硕士学位、担任国内访问学者和取得双师资格方面给予大力支持。课程组5名专任教师中有4人具有硕士学位，1名教师担任国内访问学者。

③培养课程组教师的双师素质，提升他们的专业技术水平，鼓励教师经常性地进修、学习、交流，经常性地深入企业锻炼和调研，在企业挂职锻炼，并为企业提供专业服务，大大提高了他们的专业技术水平。现课程组成员中，专任教师全部具有双师资格。

④加大“双师结构”课程教学团队的建设。为更好地将行业、企业的最新行情、市场动态带到课堂，对学生进行针对性的操作指导。课程组积极聘请行业兼职教师，完善课程的实践教学环节。除聘请叶赟、楼桂球、徐志清等企业行家担任课程主讲教师外，还让他们指导实

训与实习。

⑤注重职业能力培养，加大职业能力提升力度。按照学校提升教师教育教学职业能力工程部署，在全校范围内推行教师职业教学能力的测试活动，通过教师说课的形式促使教师按照职业岗位需求准确把握专业课程体系，合理设计课程整体框架以及每一个教学单元的教学内容及教学组织，从而有效地实现课程的目标。课程组教师积极参与学校的这一活动，全部通过职业能力测试。本课程教师的授课均能以营销职业岗位需求来设计课程教学的项目和工作任务，使理论与实践零距离。此外，作为专业课程的教师，课程组教师为更好地指导学生的实践还积极下企业，感受营销岗位的真实工作环境；向行业兼职教师学习，锻炼、提升作为营销人的职业能力。

⑥尝试进行“双导师制”的探索与实践。“双导师制”即校内专业教师与校外企业骨干联合指导学生的制度。在本专业教师中选拔优秀者担任学生的校内导师，引导学生掌握好的学习方法，进而培养学生的专业能力；同时，在校外培养一批企业业务骨干担任学生的校外导师，在学生实习期间对学生进行专业技能的指导和培训。通过“双导师制”的探索与实践，特别是校内外导师的广泛联系，提升了“双师结构”师资队伍的质量，对专任教师职业能力的提升起到很重要的作用。

(2)教学团队结构。

“双师”结构：课程组共有 11 名教师，其中 5 名专任教师，全部是双师素质教师；5 名行业兼职教师，都来自企业一线业务专家，行业兼职教师与专任教师的比例达到 1∶1，同时还配备 1 名优秀教育技术骨干。

学缘结构：教师主要来自浙江大学、中南财经政法大学、浙江工商大学、浙江工业大学、中国美术学院等院校，知识面涵盖了市场营销的各个方面，学缘结构合理。

年龄结构：年龄结构合理，45 岁以上 2 人，35—45 岁 7 人，35 岁以下 2 人，形成合理的教学梯队。

职称结构：高级职称 6 人，占 55%，中级职称 5 人，占 45%，结构合理。

职业资格结构：专任职业资格证书持有率占 100%，且有 2 名教师来自行业企业，其余 3 名均有行业企业实践经历。合理的职业资格结构有效地保障了本课程实践教学的质量。

表 1 “营销策划技术”教学团队结构

总人数	职称结构(人)			年龄结构(人)			学位、学历结构(人)			
	高职	中职	其他	≤35 岁	35—45 岁	≥55 岁	博士研究生	硕士研究生	本科学士	其他
11	6	5	0	2	7	0	1	7	3	0

7. 学课班级情况及教学效果。

在“营销策划技术”课程教学过程中，课程组主讲教师潜心研究、积极实践，在教学组织上实施任务驱动的实践主导型教学，突出市场调研、营销策划、产品推销、销售实战策划等核心能力的训练，取得阶段性成果。以完成营销策划前期准备、市场调研、制订战略性营销、企业形象塑造、产品上市推广、品牌策划推广、市场宣传、开展各种促销活动等各项营销活动的工作任务为核心作为教学内容选择的依据，以项目(产品)开展营销活动的内容和流程为基础的“营销策划技术”课程项目化教学的全新模式已基本形成并不断趋于完善。通过9届学生的项目化教学实践，完成本专业1500名学生、外专业400名学生的教学与实训，累计完成350多个教学实战项目的训练；共指导学生完成了近80个(次)创业项目的可行性分析和项目策划，有12个创业项目已经顺利实施，并取得了良好的经济效益。

学生对教师教学质量的评价是由学生对教学指标进行逐级评分(总分100分)。近三年来，学生对“营销策划技术”课程教师的评价一直很好，尤其是几位主讲教师均有丰富的营销咨询、培训等实践经验和独特的授课风格，加之项目化的课程整体设计与教学单元设计，突出能力导向，结合学生良好的创业愿望和创业激情，深受学生欢迎。近三年学生的评价结果：

2010—2011学年第一学期:95.14，二学期:95.25；

2011—2012学年第一学期:95.70，二学期:96.06；

2012—2013学年第一学期:97.34，二学期:97.58。

学生们一致认为:“营销策划技术”课程教师水平高，教书育人好，教学质量优秀，使他们受益匪浅。特别是项目制实践活动(如企业委托项目、学生的创业项目)使他们提高了实际动手能力和综合素质。

基于职业能力养成的团队化、实战化项目课程建设
——“市场营销实务”课程建设十年

章金萍　戴海容

一、课程建设概况

2001年9月我院开设了“市场营销学”课程，2002年9月，“市场营销学”课程作为市场营销专业的专业基础课进入全面建设阶段。2005年，本课程被列为学院首批课程包建设项目，并获得课程包验收的A等；同年，课程组成员王成方老师以“高职‘市场营销学’项目化课程改革的实践与探索”为题申报浙江省新世纪教育教学改革项目，并获得立项。至此，本课程在全校范围内率先开展了基于工作过程的项目课程改革，与课程建设相配套的由浙江大学出版社出版了《市场营销理论与实务》教材。

伴随着新世纪教改项目的深入开展，“市场营销学”课程的名称也随之进行了调整，在专业内部调整为“市场营销技术”，对外专业名称调整为“市场营销基础”，并由高等教育出版社出版了项目化教材《市场营销技术》。同时，课程的项目化教学改革取得较大的成效，2008年被教育部工商管理教学指导委员会评为精品课程，《市场营销实务》教材被立项为教育部高职高专“十一五”规划教材。2010年1月，《市场营销实务》第二版由浙江大学出版社正式出版。此外，为区别于市场营销专业已立项为国家精品课程的“营销策划技术”，本课程于2010年开始统一更名为“市场营销实务”，并在进一步完善原有教材的基础上，由中国人民大学出版社出版了《市场营销实务》第三版，2013年8月，该教材被立项为教育部高职高专“十二五”规划教材。

二、课程建设过程质量

(一)建设理念和思路

“市场营销实务”既是市场营销专业的一门专业主干课程，是营销知识与技能大门的敲门砖，也是市场营销专业学生学习其他专业课程的基础。因此，本课程的建设和教学，必须使学生了解、熟悉市场营销的基本原理、基本知识和基本理论；以职业能力培养为重点，树立现代经营理念，初步掌握市场营销的各项专业技能和具体操作方法；通过有目的、有步骤地实施以任

务驱动的项目教学，从而培养学生自主学习、团结协作的能力以及良好的沟通与表达能力，锻炼学生通过自主学习掌握工作思路与方法的能力，切实提高学生的职业技能和处理实际问题的综合素质。为学生后续发展打好基础，也使本课程充分体现职业性、实践性和开放性。

以就业为导向，彻底打破原有课程的理论教学体系，突出课程的应用性和操作性。以营销岗位及岗位群要求的工作任务和职业能力分析为依据，按照营销岗位的工作流程为顺序把课程内容整合成商情调查、商机选择、商计策划、商务实战等相互关联的四个学习情景，每个学习情境下又根据实际工作需要划分为若干工作项目，工作项目下又设计了具体的操作步骤，即一个个更为具体的工作任务，从而使学生在学习本门课程时能够得到方法与操作流程的指导。而为了让初涉营销的学生对营销的基本状况有一简单的了解，以理论够用为原则，在上述四个学习情境之前，以“感悟营销”的学习情境导入课程，主要是用案例分析的方法，教会学生如何认识营销内涵及企业经营理念。

按照学习情境转换成的相对独立的工作项目，在课程教学中就交予学生组建的项目小组合作完成，教师在其中主要起指导与配合的作用。学生以项目为载体，以更为具体的工作任务驱动，边学边干，从信息的收集到方案的设计与实施，都自主负责，锻炼自主学习掌握工作思路与方法的能力，使自己在企业化运作环境中真枪实战地全过程锻炼实际工作岗位的操作能力。

通过本课程的教学，要求学生掌握的专业技能主要表现为：

●能根据实际任务，了解营销的基本要素和基本过程，企业的经营理念；

●能根据市场营销环境分析及营销战略的有关理论及市场信息的有关知识组织商情调查，实施顾客调查，撰写调研报告；

●能从事市场细分、目标市场选择及市场定位工作；

●能运用一定的营销组合策略知识设计市场推广计划；

●能运用一定的推销技巧实施产品和服务的实战营销；

●能运用一定的客户管理知识进行客户维护及投诉处理。

作为一门理论、实践一体化的项目化课程。本课程的实践教学采用课内实践教学与课外实践教学相结合的方法。课内的实践教学，以就业为导向，彻底打破原有课程的理论教学体系，突出课程的应用性和操作性。充分利用省财政支持建设的“营销综合实验室”这一校内实训基地，引入行业专业共同设计生产性实训与仿真实训项目，开展广泛实训，提高设备及设施的利用率。此外，课内实践教学活动还辅之以校内第二课堂活动及校外实习基地的各项实践活动。校内第二课堂活动主要以学院的市场营销协会以及学生自己组织的创业团体“青木营”为平台，完成各项课堂内教师布置的工作任务以及企业委托的实战项目。校外实习基地的各项实践活动，主要包括各种认知实习、专业实习、顶岗实习等工学结合活动，利用本专业的各校外实习基地，通过与校内实训基地的统筹规划，可以使课堂内学到的理论知识和模拟操作在真实的实践活动中得到反复演练，从而熟练掌握市场调研、营销策划、推销、客户维护等各项专业技能；并通过了解企业实际，感受企业文化，将学生培养成准职业人。

（二）课程项目教学主要内容

“市场营销实务”课程的教学内容从学生职业能力培养的基本规律出发，依据营销职业岗位的工作各工作流程中的知识与技能要求，遵循教、学、做合一的原则，整合教学内容，相对应地设计学习情境、工作项目及工作任务，以完成工作任务情况作为衡量学习效果的主要依据。具体的理论、实践一体化教学组织与安排如表1。

表1 “市场营销实务”课程教学内容一览表

职业岗位工作流程（内容选取依据）	学习情境	工作项目	工作任务	工作成果	参考课时
认识营销	情境一：感悟营销	项目1：营销内涵	任务1：掌握营销要素及流程	营销要素及流程表	3
			任务2：区别营销与推销		
		项目2：营销理念	任务1：说出各种企业营销理念	案例分析报告	3
			任务2：分析不同理念指导下的企业营销案例		
			任务3：按6—8人组建项目团队		
		项目3：创设营销组织	任务1：创设模拟公司，起草公司章程，确定注册资本及经营范围	模拟公司成立方案	3
			任务2：根据选择的背景行业现状构建营销组织结构		
寻找市场	情境二：商情调查	项目4：市场状况分析	任务1：背景行业分析	行业状况分析报告	3
			任务2：背景行业竞争者分析		
		项目5：顾客调查	任务1：顾客调查策划	市场调查策划方案	3
			任务2：设计调查问卷		
			任务3：实施调查		
		项目6：撰写调研报告	任务1：资料分析及数据统计	市场调研报告	3
			任务2：调研结论形成		
			任务3：撰写调研报告		
选择顾客	情境三：商机选择	项目7：客户细分	任务1：根据地理因素细分背景行业消费者	市场细分表	3
			任务2：根据人口细分背景行业消费者		
			任务3：根据心理细分背景行业消费者		
			任务4：根据行为细分背景行业消费者		
		项目8：目标顾客选择	任务1：评估细分市场	细分市场评估报告	3
			任务2：选择背景行业目标市场		
		项目9：市场定位	任务1：背景行业主要目标市场分析	市场定位报告	3
			任务2：确定各项目组选择产品的定位		
			任务3：确定背景企业定位策略		

续表

职业岗位工作流程(内容选取依据)	学习情境	工作项目	工作任务	工作成果	参考课时
确定营销策略	情境四:商计策划	项目10:产品策划	任务1:背景企业产品品牌策划	产品策划方案	3
			任务2:背景企业产品包装策划		
			任务3:背景企业新产品开发创意		
		项目11:定价策划	任务1:制定背景企业产品定价策略	定价策划方案	3
			任务2:为背景企业的产品定价		
		项目12:渠道策划	任务1:设计背景企业产品渠道方案	渠道策划方案	3
			任务2:评估与确定背景企业渠道方案		
			任务3:选择与评估背景企业渠道成员		
		项目13:广告促销	任务1:背景企业广告内容创意	广告策划方案	3
			任务2:背景企业广告媒体选择		
			任务3:背景企业广告效果评价		
		项目14:营业推广	任务1:为背景企业选择营业推广方法	营业推广策划方案	3
			任务2:制定和实施营业推广		
		项目15:公共关系促销	任务1:为背景企业设计公关促销方案	公关促销策划方案	3
			任务2:实施与评估公关促销方案		
产品销售	情境五:商务实战	项目16:客户寻找与拜访	任务1:为背景企业寻找顾客	客户拜访计划书、访客记录	3
			任务2:推销准备		
			任务3:正式拜访		
		项目17:达成交易	任务1:处理反对意见	协议文本	3
			任务2:交易商定并签订交易合同		
		项目18:客户维护	任务1:客户售后回访	客户维护计划书	3
			任务2:客户投诉处理		

(三)课程教学方法创新

"市场营销实务"课程建设中十分注重教学方法的创新,突出表现在:

1.打破教室概念,以工学结合的"大课堂"代替固定的教室。

所谓"大课堂",即将教室、实训室、实习基地有机结合起来。围绕工学结合人才培养需要,在具体教学过程中以自主创业中各项知识及技能的要求为主线进行教学与实践,突出职业核心能力训练,采取以工学交替为特色的教学组织形式,按照完成工作任务过程中"实践—理论—再实践"的分段式教学或完全以实训替代理论教学。学生除了在课堂学习掌握本专业基础知识及市场调研、营销策划、产品推销、客户关系维护等基本技能之外，每学年都安排一定时间去实习基地和工商企业分别进行认识社会、适应社会的认知实习和以强化职业能力为目的的顶岗实习，以实习基地作为课堂，实习过程中在教师和企业专家的双重指导下，通过为企业调研分析、营销策划、产品推销等活动，使产学更好地结合，并以企业的实习鉴定作为取得相应学分的评价依据。这种教学组织形式，最大限度地为学生个性发展提供空间，有利于学生综合素质的养成。

2.打破讲课的概念，以案例化、实战化教学代替灌输式教学。

将教学内容和过程尽可能向实践过程转移，采用团队化、案例化、实战化的教学方法和课堂内外结合的形式，使学生有更多的机会、时间走向社会，接触实际工作；并通过参与社会、企业、商家的具体实际市场运作项目或学生自主创业的方式，进行真实环境下的全过程、全方位的实践活动。这一改革不仅激发了学生的学习热情、创新精神，而且在实战中树立了自信心，锻炼了各方面的实践能力，使营销专业的学生真正掌握过硬的技能，发挥自己的专长，并拥有具有说服力的本专业技能“证书”——实战性的市场调研报告、营销策划文案及产品推销实绩，对学生的毕业求职将有极大的帮助。同时在实战中积累经验和阅历，锻炼待人处世、人际沟通、商务谈判等方面的技巧和能力，并推动学生主动寻找机会参与企业的实际工作，提高了学生的实际操作能力，教学效果良好。

3.打破教师的概念，以校内外一体化的“双导师制”代替单纯的课堂教师。

校内导师一般从专任教师中选拔那些具有良好师德、有较强组织管理和沟通能力及扎实的专业知识，熟悉本专业人才培养方案，具有较强专业学习指导能力的双师素质教师担任；校外导师则一般由校外实习基地所在企事业单位中业务素质高、专业知识丰富、工作能力强、职业道德好的业务骨干担任。校内导师和校外导师的职责互不相同又密切联系，校内导师侧重于解决学生的学习方法和学习能力问题，校外导师则侧重于解决学生的实践能力问题。在工学结合模式下校内外导师通过彼此间的经常交流情况，共同制订学生培养方案，这种一体化的“双导师制”充分发挥了人才培养的效果。

4.打破考试的概念，以多元化和多样化的教学评价形式代替单一的卷面考试。

为了充分发挥考核手段在学生学习过程中的鉴定、引导和激励功能，首先彻底摒弃以往唯卷面定分数这种传统考核方式，实现考核方式的多元化和多样化，以便更全面、准确地评价学生已掌握知识的应用能力，提高学生学习的主动性，有利于学生解决实际问题能力、综合素质的培养和创新精神的形成。例如，“商计策划”项目学习中，学生组织的一个团队在导师指导下，边学边组织策划了“青春·运动·以武会友”下沙高校互动型晚会方案，并成功举办了整台晚会，这个团队成员该项目单元的成绩就是以这台晚会的策划案和执行效果来评价。这种以“业绩”进行教学评价的方法，鼓励学生在学习中提出独特见解，“标新立异”，允许学生的多种答案并存，保持学生思维的活跃性，对培养学生的创新能力大有好处。

(四)课程教学评估体系和指标的设计

1.评估体系。

评估体系包括四个部分：校外专家、行业企业专家、学院督导、学生评估。

校外专家评估——主要从专家的角度对教学质量进行评估，采用听课、课程整体教学设计与单元教学设计、集中讨论等形式;行业企业专家评估——主要从岗位职业素质、职业能力,尤其是从实践能力角度对课程设计思路、教学方式等方面进行评估,主要是通过对学生实习期间的工作能力表现进行评价;学生评估——主要从能力培养和知识积累需求的角度对教师的教学质量进行评价;学院督导——主要通过学校行政主管机构对人才培养方案的实施情况及效果进行监督和管理。

2.指标。

(1)学生评估指标。

网上评教指标。本课程十分重视学生评教工作,采取座谈会、量表评价法等多种方式评教。近年来,本专业根据我校采用的网上评教系统,每一学生均可在网上对每一位任课教师的教学质量评价打分。

(2)校外专家评估指标。主要包括:①能力目标的突出与针对性;②知识与能力目标的衔接性;③课程教学设计的科学性;④教学方式的适用性。

(3)行业企业专家评估指标。主要包括:①岗位能力目标的准确性与针对性;②专业知识与能力目标的对接性;③课程教学设计的科学性;④教学形式与方式的匹配性;⑤实践能力与实习、实践效果。

(4)学校督导评价指标。主要包括:①岗位能力目标的准确性与针对性;②专业知识与能力目标的对接性;③课程教学设计的科学性。

三、课程建设形成的特色和创新点

1.课堂内外结合、虚实项目结合的开放式教学。

教学内容以感悟认识营销、创设项目团队、模拟公司为起点,以完成真实产品的推销为终点,各学习情境相互关联、层层递进;并在市场中寻找与模拟公司有相似背景的企业和项目进行合作,做到课堂内外结合、虚实项目结合的开放式教学。

2.项目教学激发学生创业热情。

学生以项目为载体,边学边干,从信息的收集、方案的设计与实施,都由学生自主负责,锻炼学生通过自主学习掌握工作思路与方法的能力。项目教学给学生创造了更多通过实训实践去接触社会、接触实际工作的真实环境,大大激发了学生的创新意识和创业热情,并推动学生主动寻找机会参与企业的实际工作,强化学生的职业技能以及综合素质,有利于学生的个性化成长及可持续发展,使学生走出学校就可以胜任相应的岗位工作,并能在各方面迅速适应社会。学生通过实践,也可以发现自己所学知识与技能的不足,并在今后的学习中有针对性地加以提高。

3.项目教学日记真实记录课程改革的点点滴滴。

课程负责人章金萍教授手书于2007年4月—6月间的项目教学日记,真实地记录了开始实行项目教学的全过程,既有教师对项目教学认识逐渐深化的过程,也有教师对学生的重新认识,其中还可以看到学生在学习过程中的进步,更可以看到章金萍教授醉心于教育事业、教学改革的情感,在平实的字里行间,在教学经验的得失总结中,看到的是真实。这是一份课程建设中的珍贵资料。

4.由学生参与完成的课件制作让学生在教师的课件中看到自主学习的影子和效果。

教师最初的授课课件只是一些工作项目的知识目标、能力目标、工作任务及操作流程的提示和知识链接，具体的内容要由学生填入。学生将按照项目小组完成工作任务的成果一个个填入教师课件中。当整门课程的教学活动结束后，课件的制作才算完成。由于一个班级有6—8个项目小组，不同的班级成立的模拟公司又各不相同，因此，就形成了丰富多彩的课件内容，也真正体现了以学生为主体及因材施教的教学理念。

5.教学评价方式的创新激发了学生的自主意识和公正意识。

将教学评价变换为学习能力评价，并将评价的权力交还给学生，大大激发了学生的自主意识和公正意识，这样的意识正是市场经济社会中必需的，可使学生毕业后较快适应职业岗位。具体的评价方式：学生该门课程的成绩＝平时表现＋项目1权重×小组自评×教师评价系数＋项目2权重×小组自评×教师评价系数＋项目2＋……＋项目18权重×小组自评×教师评价系数。（其中，各项目的分数权重由教师确定，小组自评掌握的下列比例：90分以上：15％；80—90分：30％；70—80分：30％；70分以下：25％。教师的评价系数区间为：0—1）。

6.构建了课程学习指导的“双导师制”。

一个校内导师在课堂内专管教学，主要负责学生的课程学习和指导等；另一个校外导师侧重学生在课堂外的能力培养，强化对学生职业道德、实践能力、协调沟通和专业技能等方面的训练。校内外导师各司其职，共同推进课程建设及学生综合素质提升。

7.形成了丰富的教学研究成果。

目前已有的公开出版发行的教学研究成果包括：

（1）专著类：《创业型人才培养模式实证研究》（浙江大学出版社2007年10月出版）、《市场营销专业实战型人才培养研究》（中国人民大学出版社2012年6月）。

（2）论文类：《谈高职学生创业素质的培养》（中国大学教学2006第6期）、《工学结合培养模式下“双导师制”的探索与实践》（天津职业大学学报2007第2期）、《高职创业型人才培养模式的研究与探索》（黑龙江高教研究2007第8期）、《基于网络的开放式教学》[教育发展研究（A）2007第9期]、《高职工学结合课程改革中的教师与学生角色重塑》（黑龙江高教研究2009第8期）、《基于人才培养的高职教材建设》（职业技术教育2010年第23期）。

（3）教材类：教育部“十一五”规划教材《市场营销理论与实务》（浙江大学出版社2005年2月出版、2010年1月第二版）、教育部“十二五”规划教材《市场营销实务》（中国人民大学出版社2013年1月出版）。

8.积累了丰富的学生优秀作品，体现了学生自主学习、自我发展的能力。

学生在课堂内学习的内容，经过课后的消化及提升，形成了调研报告、策划方案、VI设计等形式各异、内容多样的作品集。

在价值创造中学习工学结合人才培养模式的实践
——“房地产经纪”课程建设十年

殷世波

一、课程建设概况

(一)课程性质

2004 年我院开始开设“房地产经纪”课程，2008 年被评为浙江省级精品课程。《房地产经纪》教材 2013 年入选国家高职高专十二五规划教材。“房地产经纪”课程是房地产经营与估价专业的核心课程。房地产经营与估价专业培养“了解宏观懂市场，熟悉估价懂金融，了解建筑懂房屋，熟悉营销懂文化，重视服务懂法律”，面向商业地产运营、房地产经纪、房地产营销、房地产估价、房地产投资置业顾问等岗位(群)的高素质技能型人才。

(二)课程作用

“房地产经纪”课程以就业为导向，对房地产经纪人职业群岗位进行职业能力分析，在教学内容设计、教学结构和实训环节安排等方面以房地产经纪职业岗位能力培养为核心展开。通过讲授和学生的实务操作，使学生具备开展房地产居间业务、代理业务等基本业务及相关业务的能力。课程将对学生房地产经纪人岗位的职业能力培养和职业素养养成起主要支撑作用。为将来从事房地产经纪人职业奠定坚实的基础。

该课程前置的基础课程是房地产基本制度与政策、房地产开发与经营、房地产金融、房地产法规等。

二、课程建设过程及成果

(一)建设理念和思路

1. 针对实践教学环节的薄弱，通过房地产经纪课程开发，提出了在“在价值创造中学习”

工学结合人才培养模式。

长期以来实践教学环节的薄弱制约人才培养。在多年实践教学的基础上，2007 年 12 月我们首次提出了“在价值创造中学习”工学结合人才培养模式(以下简称“在价值创造中学习”)。核心就是在通过工学结合创造价值的同时，使学生的实战能力得到提高。因当时教改成果显著，有幸代表首批国家示范性院校浙江金融职业学院参加了教育部于 2007 年 12 月以“校企合作，工学结合” 为主题的首届示范性成果展。2008 年 1 月 11 日的《中国教育报》专题刊登了著名职业教育专家马树超《示范性建设引领高职人才培养模式变革》的文章，对该人才培养模式给予了高度评价。

“在价值创造中学习”工学结合人才培养模式的课程改革思路：本课程组非常重视课程的工学结合，积极联系相关企业，近 10 年来先后与浙江裕兴不动产经纪有限公司、杭州互动房地产代理有限公司、21 世纪不动产杭州区域分部、杭州易居臣信经纪有限公司、汉嘉地产顾问机构、同策房地产咨询公司等达成产学合作协议，每年都要组织学生到企业参观、实习。并逐步形成了在“在价值创造中学习”工学结合人才培养模式。这种模式是一种基于真实环境、任务导向的“做中学”人才培养模式。该模式强调“实践出真知”，强调实训的真实性。让学生通过对真实工作环境的身心体验，领会价值创造的快乐，有效地激发他们投入工作与学习的内在动力。使他们在帮助企业实现可观经济价值和较大的社会价值的同时，实现自身的人身价值。

2. 通过教学改革对整个教学内容和实践教学体系重新设计和编排，实施“前校后店”实践育人模式，有效解决理论与实践脱节的问题。

对应岗位所需职业能力，构建课程理论教学和实践教学双体系。

由于经管类专业与社会商务活动联系紧密，很多职业技能都是在长期的商务活动中积累和形成的，试图仅仅通过课堂中的一些理论讲解或者通过几个案例分析就想培养学生的这些职业技能，是难以完成的。

“房地产经纪”课程根据高职高技能人才的培养方向，充分考虑房地产经纪岗位的职业特点，坚持以学生职业能力和职业素质的培养为重点。不断整合课程内容，形成了理论教学和实践教学双体系。不断提高学生对所学的房地产理论和相关知识的分析能力和综合应用能力，进一步强化实务操作能力和专业技能。针对房地产行业和市场的新变化、新趋势，该课程进一步构建了以实践性教学体系为主体的工学结合人才培养模式。从综合职业能力出发，结合职业技能证书考证要求，将岗位能力分解，整合为各个相对独立的实践教学项目，设置了仿真实训、社会调查、情景教学、专业实习、顶岗实习等技能训练和管理训练项目，实践教学时数占总教学时数高达 50%以上。其中，实践教学项目的设计主要是由房地产经纪企业的职业经理提出并予以实施的。对实践性教学进行大胆的设计和创新，建立和完善由企业职业经理提出的实践教学体系。

为此我们 2010 年提出了“前校后店”实践育人模式，需对整个教学内容和实践教学体系重新设计(包括理论课、辅导课、实验课和项目安排等)，这样培养出来的学生应该既具有扎实的理论知识，又具有现代化企业所需要的实践技能，使学生真正做到“学以致用”“学用结合”。

为在教学实施中进一步突出技能培养、体现职教特色。我们不断提高校企合作的内容，编写校企合作的项目化教材，构建专兼职的教学团队。我们充分利用校内房地产综合性实训基地与数十个校外企业实训基地的优势。以职业能力培养为重点，与行业企业合作（21世纪、裕兴、易居、住商）进行了基于工作过程的课程开发与设计，将房地产经纪职业岗位的要求融入课程体系，将相关实训项目与真实的房地产经纪业务有机地融合到各个实训环节中。实践内容涉及房地产经纪岗位的各个实践环节，授课方式采用实务操作课、分析实验课与案例教学实践课相结合的方式，授课地点采取课堂、实验室、房地产经纪门店、房地产交易博览会现场等相结合的方式。

3.通过课程开发和特许加盟连锁的方式将公众房网门店引入校园实施，实施“前校后店”的实践育人模式。

“在价值创造中学习”主要是通过“订单班、顶岗实习、项目导向的工学交替”等形式和载体实施的。尽管这一模式的实施取得了一定的成效，但也存在不少问题。突出的问题是订单班、项目的连续性及行业兼职教师的稳定性难以保障，可持续的校企“双赢互动”机制没有完全形成。

为此，我们基于“在价值创造中学习”的理念，在2012年提出了“前校后店”的实践育人模式。这是借鉴著名的新加坡“教学工厂模式”，结合浙江中小企业发展的成功路径——“前店后厂”的模式基础上提出的。“前校后店”是一种将真实的企业环境（门店）及先进的经营模式引入学校并通过企业经营与学校教学有效融合，共同创造价值，形成课堂、实训中心、门店三位一体的综合性教学模式，努力形成可持续的校企“双赢互动”机制。

“前校后店”的实践育人模式的优势：

（1）通过将先进的特许加盟连锁经营模式、真实的公众房网（门店）引入学校并通过企业经营与学校教学有效融合，校企共同创造价值，使学生在价值创造中学习，从而有效提高学生的实践能力，形成课堂、实训中心、门店三位一体的综合性实践教学模式。使学生通过工学结合在价值创造中学习，从而有效提高学生的实践能力，进一步提高教学质量。

门店入驻校园后，使“半工半读”的教学方式变得切实可行，使学生有机会在校内就开始参与生产性实训，有效地实现了“实训与生产对接、实习与顶岗相融、学生与员工互动”。传统教室格局转变为“教学工厂”，能使学生在校园内感受企业真实生产氛围，彻底打破学科型教育理念的束缚，切实提高校内生产性实训基地的育人功能，同时也为推进“校企合作、工学结合”人才培养模式改革和深化以工作过程导向的课程体系建设奠定了良好的基础。将校内课堂与店堂进行有机结合起来，有利于提升学生对专业学习的主动性和积极性，提高教学效果。

（2）与企业接轨课程体系及教学模式可以说是“前校后店”的灵魂。没有与市场相衔接的课程，“前校后店”将无法运转。“后店”的建立和实践教学体系的深化，对课程体系和教学内容的改革形成倒逼机制。通过与企业合作开发一批职业特色鲜明的以任务引领、项目主导的核心课程和实训教材，构建以岗位职业能力分析和工作过程为导向的课程体系。

“前校后店”是一种可行的模式，也是发展的趋势，它拉近了学校和企业之间的关系，使双方的合作更加紧密。

(二)课程教学改革

1.深化教学内容、教学方法改革,提高教学质量。

(1)从“以教为主”到“以学为主”再到“以做为主”的教学方法改革。

“房地产经纪”是房地产经营与估价专业的一门核心课程,该门课程以培养学生的经纪业务能力为教学目标,因此在进行教学设计时,以提高学生的职业技术能力为主旨,积极开展工学交替、项目导向式教学改革,并实施学校与企业课时各占1/2教学制度改革。

①根据学生的岗位能力需要,开展项目导向式教学。

本课程围绕六个项目开展教学,具体为:项目一:房地产交易流程与合同业务处理;项目二:房地产税费业务处理;项目三:房地产居间人基本职业能力训练;项目四:房地产代理人基本职业能力训练;项目五:房地产经纪人员基本职业修养训练;项目六:房地产经纪人员基本管理能力训练。项目设计体现了岗位对学生知识及能力的要求。课程理论与实践教学课时比例为1∶1,实践教学实现仿真化及真实化,实践教学一部分在校内实训场所以情景模拟的方式开展,一部分则在校外实训基地进行,学生实际介入到合作企业门店的经纪业务中去。

②定期进行工学交替。

本课程工学交替一般安排在春秋两季房地产交易会举办期间,届时将根据产学合作企业的要求安排学生进行实习,学生在房交会上的工作主要有市场需求调查、客户接待、房源信息发布等。在历次房交会中,我们教师和学生为房地产企业提供调研的第一手的宝贵资料,为房产公司的楼盘做解说员,受到好评。同时在参加房交会中,教师和学生还利用自身的专业知识,为客户们提供咨询服务。为认真贯彻学院国家示范性高职院校的建设的精神,积极推进工学交替实习,本专业在裕兴不动产经纪有限公司、浙江世纪畅通房地产经营服务有限公司(21世纪不动产)以及汉嘉地产(中国)顾问机构的支持下,在2008年11月24日至11月30日、2009年5月16日至5月22日期间展开了06级和07级学生的工学交替实习。在裕兴不动产公司实习的学生主要是在房交会上负责接待顾客;而在汉嘉地产(中国)顾问机构实习的学生则利用房交会的机会,为公司获取了宝贵的调查资料。在工学交替期间,学生不仅积累了实践经验,也通过自己的劳动获得了一定的经济报酬。

除此之外,本专业学生还参与了“杭州市区存量房交易计税基准价系统”建设项目,该项目由杭州市财政局农税征收管理局委托浙江恒基房地产评估公司实施,而本专业学生主要承担该项目的调研工作,对杭州市住宅楼进行逐栋勘查、拍照、记录,项目一期学生共调查社区数量200多个,共计楼宇数量2万多栋。该项目的建成将对进一步规范杭州市存量房交易纳税申报行为,加强对存量房成交价格的监管,提高杭州市“一窗式服务,全税种征收”的房地产税收一体化管理水平,保证税负的公平、公正,提高征管效率,简化办税流程,降低存量房的交易成本,具有重要的现实意义。项目一旦成功,将在全国推广。由此本专业也形成了基于恒基项目的工学交替新模式。

本课程在教学方法上,重点支持和鼓励教师对传统教学方法进行改革,根据课程内容和学生特点,灵活运用案例分析、分组讨论、角色扮演、启发引导等教学方法,引导学生积极思考、乐于实践,提高教学效果。

具体教学方法有：

a. 案例教学法。

教师讲授完一个重要的知识点，将案例分发给小组课后讨论，完成案例中布置的问题，然后由教师抽学生小组向全班解释该小组分析结论，最后，教师总结案例分析结果并理论联系实际引导学生学以致用，一般每学期可以安排 3—4 次。案例教学法可以培养学生的分析能力和判断思维能力。例如给予学生提供一些房地产案例，让学生分析如何帮助交易双方降低税负节约交易成本，可以理清交易双方的税费困惑。

b. 分组讨论法。

按照每组 5 人左右事先将学生分成若干个学习小组，围绕教学中的某一中心问题，通过共同探索和交流分享活动，从而为学生提供主动参与学习和互相学习的机会，促进学生自主学习和有效学习。课堂中利用分组讨论可以提高有限时间内学生学习、交流、表达的频度与效率，有利于培养学生探究意识和合作精神，优势互补，也有利于学生解决实际问题能力的发展。一般每学期可以安排 3—4 次分组讨论。例如分组讨论房地产交易税费的调整对房地产经纪业务的影响。

c. 启发引导教学法。

改变传统单向的教学方法，采用互动式、启发式教学等方法，从学生的实际出发，引导学生进入学习的主体地位，开动思维，使学生主动、积极地掌握知识、技能，并逐步学会学习，提高分析问题和解决问题的能力。例如在进行抽象概念讲授时，就可以采取启发式的教学，先由日常生活实例提出问题，引起学生的兴趣与思考，然后再推出抽象的概念。

d. 角色扮演教学法。

在角色扮演教学法中，课堂就是学生的舞台，学生就是演员，他们根据兴趣和能力扮演不同的角色，教师退居幕后，成为导演。它体现了教学活动的开放性。在模拟房地产经纪业务环境中，学生运用所学交际技巧完成一定经纪任务。在完成任务的过程中既要重视语言的准确性，又要保持语言的流畅性；既要注意商务沟通的过程，又要注意沟通的结果。这样的教学能激发学生的学习兴趣，变被动为主动学习。学生可以在表演过程中轻松地掌握知识，同时培养增强自信心。例如在房地产买卖居间业务中，由学生 A 充当出售方，学生 B 扮演居间人，先由 A 向 B 委托出售某住宅，要求填写委托出售房屋情况登记表，B 对委托出售的房屋进行查验，协助 A 填写委托协议书，并为其寻找客户；然后互换角色，训练学生房地产居间业务的能力。

e. 项目教学法。

项目教学法是师生通过共同实施一个完整的项目工作而进行的教学活动，是通过一个具体的项目，结合多种教学方法和教学模式，让学生在完成整个项目过程中，不断学习、分析、总结，在掌握理论的同时进行实践，通过项目完成的好坏总结学习的效果。例如借助裕兴企业客户，让每位学生完成一单房地产租赁业务。事实证明，由于项目涉及面宽，学生投入多，学生普遍认为真正能学到东西。

f. 模拟教学法。

在房地产经纪模拟实训中心完成部分教学内容，如模拟房地产经纪业务洽谈，由学生或老师扮演客户，来到房地产经纪人处咨询房地产税费，由学生扮演的房地产经纪人员解答客户的咨询，学生应细致、耐心地回答客户问题。锻炼学生的接待与表达能力。

●学生为中心的授课方式：

本课程在教学方法上，积极对传统教学方法进行改革。改革的重点是提高学生的参与度，调动学生的学习积极性。成立课程项目学习小组，多采用小组讨论式、启发式教学等能增进课堂互动、提高学生学习兴趣和积极性的教学方法，使用课堂教学与现场教学相结合的方法，使用案例教学，运用多媒体等先进的教学手段，多种措施提高教师的课堂教学效果。采取课堂教授、房地产实践部门的专家讲解、学生参加房交会、讨论、讲座等形式进行教学。课程时间在实务操作课和案例实践课的教学过程中穿插安排。

●成绩考核：

改革成绩考核方式，提高实务操作课和案例实践课在综合评分的比重，探索出重在考核学生实践能力为主的成绩考核体系。更多地增加了案例分析、调查报告、项目实训报告等。实践证明，这种考核方法能较好地促进教和学两方面质量的提高。

(2)教学手段。

本课程积极将信息技术应用到学科教学中，从开设该课程起就应用多媒体教学辅助手段，把多媒体融合到课程的教与学中，逐步实现教学内容的呈现方式、学生的学习方式、教师的教学方式和师生互动方式的。教师积极主动改革教学方法，教学多媒体由原来作为教师讲解的辅助工具转变为学生的认知工具和成长摇篮。教学过程由原来基于归纳演绎的讲解式进程转变为基于“情景创设”“合作学习”“师生互动”等活动的开放性新型教学过程，以提高教学效果。

另外，该课程还启用了一套房地产经纪软件。该软件是某房地产经纪公司实际应用的公司办公软件，集业务办理、客户管理及公司自动化办公于一体。该套软件直接运用到教学中来，对学生经纪业务操作能力的培养与提高有相当大的作用。学生通过课程的练习，熟悉该套软件的使用，将为毕业后的上岗零过渡打下了坚实基础。

●网络教学环境：

浙江金融职业学院校园网以数字化校园建设为目标，采用先进的网络技术、信息技术和3G技术，在进一步完善校园网络建设，增加网络资源，丰富网络服务的基础上，建立一个实时高速的、开放的、多媒体的、具有移动 Internet 访问和移动办公特性的数字化计算机信息网络，为学院的教学、科研、管理、服务提供丰富的网络资源和良好的服务，并满足远程网络教学的需要，达到国内大学校园网应用水平。

在现有网络资源的基础上本课程已建立了教学网站，课程网站上的教学资源包括：教学大纲、授课计划、电子教案、多媒体课件、教学参考资料、教学录像、测试题库等，方便学生对于课程中的重点与难点内容进行自主学习。

(3)教学组织形式。

专业课程以职业能力培养为重点，与行业企业合作进行了基于工作过程的课程开发与设计，能充分体现职业性、实践性和开放性的要求。由于对实践性教学进行了大胆的设计和创新，建立和完善由企业职业经理提出的实践教学体系。实践内容涉及房地产经纪岗位的各个实践环节，授课方式采用实务操作课、分析实验课与案例教学实践课相结合的方式。

授课地点采取课堂、实验室、房地产经纪门店、房地产交易博览会现场等相结合的方式。

为了使学生及时地将房地产经纪业务的知识应用于实践，本专业还组织学生进行工学交替，利用 2—3 周的时间进行社会实践，如参加房交会、为房地产企业做调查研究。在第五学期还安排学生到合作企业（如裕兴不动产经纪有限公司、杭州互动房地产代理有限公司等）实习，进行为期近一学期的房地产经纪业务的实践操作，在实习期间学生为自己、为企业创造了价值。

(4)完善教学条件，保证教学质量。

课程建设期间，对教学大纲重新调整，使课程内容更加合理、结构更加紧凑；积极进行教材建设和完善教学条件。①作为主编单位联合兄弟院校修订出版了高职高专经管类核心课教改项目成果系列规划教材《房地产经纪》，并编写高质量的教学参考书，使教材进一步完善。②本课程为我校最早开展多媒体教学的课程之一，省级精品课程建设期间，应用现代信息技术，进行了多媒体课件的更新，提高了课件质量和授课效果；并开展网络教学与管理，实现相关的教学大纲、教案、习题、实验指导、参考文献目录、网络课件、录像等免费上网开放，达到资源共享。

(5)手、眼、脑并用，丰富实践教学的形式。

本课程组业从培养学生的实际能力入手，在课程中开设了大量的实验实训项目，实验实训课程达到总课时的 60%以上。在基础性实训和生产性实训学时上，我们则以 1：4 的比例来分配，即生产性实训比例达 80%以上。同时本课程中 1/4 学时由社会实践经历丰富的房地产经纪公司兼职教授来完成，充分强调学生的动手操作能力和实践能力的训练。通过实训课程，促进学生对所学知识的融会贯通，提高自学能力、动手能力、设计能力，以及分析问题、解决问题的能力。

3. 教材改革。

(1)通过行业指导、校企合作共编教材，凝练校企合作成果，提高教材质量。

十多年以来，我们与易居、我爱我家、21 世纪不动产等十多家著名房地产经纪企业联合组建了十多个房地产订单班。校企双方都有进一步完善教材及资源库的愿意。

(2) 重新设计和编排教学内容和实践教学体系，编写一套适应项目学习、案例学习等不同学习方式的教材。

随着高职教育改革的不断深入，项目式教学、案例学习和合作学习、基于工作过程的任务导向的学习等多种教学方法正全面展开，但由于缺少相应的教材及配套素材一直难以深入。新教材通过教学改革实施“前校后店”实践育人模式，对整个实践教学体系重新设计（包括理论课、辅导课、实验课和项目安排）。解决理论与实践脱节的问题。通过行业指导、校企合作共编教材，凝练校企合作成果，提高教材质量。适应项目学习、案例学习等不同学习方式的教材。

(3)依托我校 2010 年在杭州发起成立的全国房地产职业教育论坛和房地产职业教育网，跨区域、跨学校联合编写教材。

2010 年 11 月，我校联合四所院校在杭州发起成立全国房地产职业教育论坛暨高职高专房地产学者联谊会。从 2010 年以来，房地产职业教育论坛的规模不断扩大，连续举办三届，现在每年有 50 多家与房地产相关专业的院校参加。我院殷世波老师作为常务副会长和秘书长，已多次与兄弟院校合作编写过教材。包括国家十二五规划教材《房地产经纪》。

(4)针对目前教材呈现形式单一,配套资源开发不足等问题,更多应用现代信息技术创新教材呈现形式,创新教材呈现形式,初步建立立体化、动态、共享的课程教材资源库。

《房地产经纪》是2008年浙江省精品课程“房地产经纪”的配套教材。为了不断强化学习情境,更加注重操作能力培养。将依托省级精品课程的资源,联合合作企业和兄弟院校。更多地用动画、视频、录像、现场情景再现等多种生动活泼的方式创新教材呈现形式,完成了立体化教材的基础材料。

开发了房地产经纪工作过程模拟软件、网络课程、虚拟仿真实训平台、通用主题素材库以及音像制品等多种形式的数字化教学资源,建立了动态、共享的课程教材资源库。同时,依托精品课程的资源,积极开发了补充性、更新性和延伸性教辅资料。这就需要整合资源编写一套建立在资源库基础上的立体化教材。

通过本课程的建设,培养人才的理念有了很大的突破,建立和培养了一支团结、和谐、精干、高效的教学团队,构建了一个相对完备的立体化课程体系,建设了多元立体教材系统、内容丰富的网络资源系统,积累了大量的教改教研成果和经验,研究并实践了多种教学方法和手段,大幅度提高了教学效果和效益,形成一门特色鲜明、美誉度较高的品牌课程。经过多年的教学实践,使教师和学生的知识、能力和素质得到同步提升。

(三)重视师资队伍建设,打造精干高效的教学团队

精品课程的建设实践使我们深刻地体会到,拥有潜心教学、治学严谨、学术水平高和教学能力强的课程负责人是课程质量的保证,知识结构和年龄结构合理的师资队伍是课程建设可持续发展的关键和保证。本专业建立了一支数量足够,年龄、学历、职称结构合理,素质优良,专兼结合且兼职教师相对稳定的教师队伍。专职教师总人数7人,已全部实现硕士化,其中副高以上职称3人,占43%;35岁以下青年教师4人;专任任课教师中具有双师型教师5人,占72%。兼职教师总人数18人,由房地产行业中既具有扎实理论功底,又具有丰富实践经验的人员组成。专兼职教师比例达到1∶2.6。其中订单班课程中有60%以上是企业兼职教师授课。

(四)组织并承办房地产发展与应用型人才培养论坛暨首届高职高专院校房地产学者联谊会,交流房地产专业课程教学经验,共建教学资源库,实现资源共享

2010年12月6日,2010房地产发展与应用型人才培养论坛暨首届高职高专院校房地产学者联谊会在浙江金融职业学院召开,全国20余所开设房地产专业的高职院校的系部主任、专业负责人及行业专家齐聚一堂,共同交流房地产发展形势、人才需求、专业及课程建设经验等。本次会议由浙江金融职业学院与温州职业技术学院、深圳职业技术学院、广州番禺职业技术学院、浙江建设职业技术学院共同发起举办。

会议嘉宾房产协会会长、原省建设厅副厅长唐世定先生、国家十二五发展规划参与人、上海易居房地产研究院专家杨红旭先生、绿城房地产集团有限公司执行总经理傅林江先生、21世纪不动产全国培训委员会会长杨海英女士分别从房地产行业的发展情况、企业对房地产从业人员的需求等方面作了主题演讲。

在教学改革研讨环节,来自辽宁商贸职业学院、浙江建设职业技术学院、广州番禺职业

技术学院、温州职业技术学院、广西建设职业技术学院等高校的专家和学者进行了深入的交流和探讨，不仅对专业及课程建设已取得的成果进行了总结，也分析了目前在人才培养及教学组织中存在的问题。通过交流学习，已建成的教学资源得到了推广，存在的问题则初步得到了解决。

本次会议成效显著，不仅为房地产学者搭建了交流的平台，也为今后教学资源的共享奠定了基础。

经过课程组全体成员的不懈努力，在省级精品课程的建设中，我们采取了一系列切实可行的措施，全面提升教学效果，达到了省级精品课程的建设要求。

三、存在的问题与不足及下一步措施

精品课程建设存在的问题在于：

1. 教学课件制作的动画效果不够理想。应根据房地产经纪岗位工作实务的特点，制作图文并茂的教学课件。需要进一步提升教师课件制作能力，在课件中增加更多的动画效果，在课件内容上也更应体现开放性及互动性，使课件更多地展示操作的流程，从而提高学生对课程学习的兴趣。

2. 本课程全程教学录像完成50%左右。需要充分利用学院新建的录播教室，在未来一年内完成课程全程教学录像。

精品课程建设是一项长期的系统的动态工程。如何适应高等职业教育校企合作、工学结合的要求，突出职业性与实践性，还有很多问题值得我们在今后的课程建设中不断探索和实践。

网络化、个性化、理实一体化课程开发与建设实践

——"电子商务实务"课程建设十年

陈月波

"电子商务实务"2007年入选浙江省精品课程，十年来，课程建设团队在理论教学、实践实训、工学结合、产学合作，以及课程的配套教材建设、课程网站建设、师资队伍建设、实验实训基地建设等方面进行了全方位的实践探索，取得了很好的教学效果和学生的好评。下面从几方面对十年来"电子商务实务"课程建设实践与探索进行一个总结。

一、"电子商务实务"课程建设概况

从2001年起，我院多个专业（包括会计专业、金融专业、计算机专业、市场营销专业等）先后开设了"电子商务""电子商务基础""电子商务概论"等课程。2003年起我院的电子商务专业正式开始招生，"电子商务概论"课程就成为专业必修课程。2006年把"电子商务概论"改名为"电子商务实务"，并重新组织教材的编写，2007年9月在2004年出版的《电子商务概论》基础上完成了《电子商务实务》教材出版工作，2007年"电子商务实务"成为浙江省省级精品课程。

近几年来，作为电子商务专业的核心课程，"电子商务实务"的课程建设一直没有停止过，是2006、2007院重点建设的课程，2007教育部经济类教指委重点建设课程。2006年获得了学院课程建设创新奖。自2012年9月以来，受浙江金融职业学院2012年教学与课程建设带头人工程资助，"电子商务实务"课程按国家精品资源共享课程的建设标准与要求建设。该课程在完成了省级精品课程建设标准的基础上，结合电子商务领域中理论和实践的变化，继续完善并提高课程建设水平，达到国家精品资源共享课程的建设标准。

"电子商务实务"是我院电子商务专业一门重要的专业必修课程，安排在第一学期进行。课程内容主要包括了电子商务的基本知识、电子商务的交易模式、电子商务技术、电子支付、电子商务安全技术以及网络营销、现代物流等专业知识。目的在于培养学生对电子商务专业的兴趣与爱好，并为以后学习打好基础。

通过本课程的学习，要求学生熟练掌握电子商务的基础知识和基本理论，掌握电子商务各种交易的方法和技能，了解电子商务的盈利模式，培养和提高学生的分析问题、判断问题和解决实际问题的能力。

二、课程建设过程质量

(一)建设理念和思路

通过一系列院级精品课程建设、省级精品课程建设的积累及成长达到国家精品共享课程的建设标准,并在电子商务类一系列课程中形成示范作用,带动专业课程建设。

在课程的学习过程中,学生以网易—浙江金融职业学院创业基地及金通103自主创业基地为平台,以淘宝网、拍拍网为真实创业及课程实践环境,运用课程所学的理论知识及职业技能达到专业课程人才培养的目标。

本课程内容主要包括了电子商务的基本知识、电子商务的交易模式、交易流程、电子商务的网络技术、安全技术、网络营销及现代物流等专业知识。

通过本课程的教学,要求学生熟练地、系统地掌握电子商务的基础知识和基本理论,掌握电子商务交易的方法和技能,了解电子商务的发展和盈利模式,理论联系实际,培养和提高学生分析问题、判断问题和解决问题的能力,为今后从事相关的工作打好基础。

(二)"四维一体"的课程体系建设

根据省级精品课程建设标准,在考察该课程省内及国内其他高校的教学情况,结合电子商务领域中理论和实践的发展变化,进一步丰富了我们的课程教学内容,形成具有本校特色的课程的理论体系和实践教学体系,即校内实训、校外实践、自主创业、课堂教学四维立体的教学体系(如图1所示)。

课程的理论部分内容压缩在六章以内。第一至第六章分别是:电子商务概述、电子商务交易模式、电子商务技术、电子支付与网络银行、网络营销、电子商务与物流。但是在开学的前三堂课程中,补充了电子商务的最新发展内容,这部分内容每学期更新,始终把最新的行业与学科的发展内容介绍给学生,实践证明,这种安排对提高学生学习本课程和本专业的兴趣具有非常重要的作用。

实践教学是高职教育的重要特色。本课程的实践教学体系,是由校内实验实训、校外实践训练和学生自主创业三者紧密结合起来,互相补充,与课堂教学形成四维立体的教学体系。

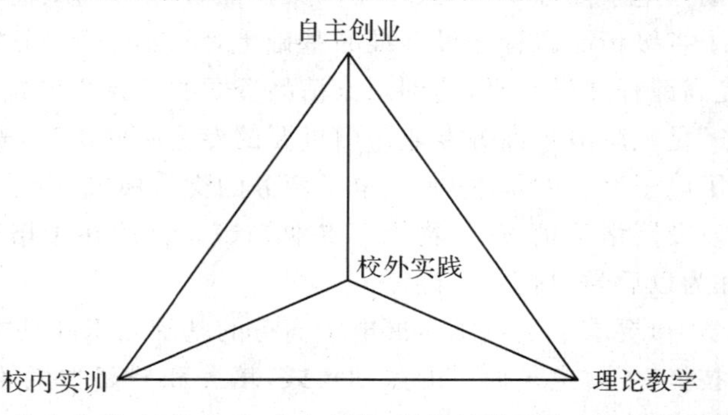

图1 校内实训、校外实践、自主创业、课堂教学四维立体的教学体系

校内实验实训基地建设也是专业建设的主要内容,为了提高学生的职业能力,在本课程的教学中,科学合理地设计课程的实验实训项目。校内实验实训内容包括了劳动部助理电子商务师模拟实训、阿里巴巴电子商务实训、浙科电子商务模拟实验三部分内容,实际教学中可灵活安排。同时校内课外实训还包括淘宝开店、课题研究、市场调研等内容。鼓励学生积极开展第二课堂的实践活动。本课程的校内实验实训的主要内容如下:

1. 国家职业资格考试,强化学生技能培养。对于电子商务专业,学生在毕业时除了具有学历证书外,也应获得国家劳动部颁发的电子商务师资格证书,实施学历文凭证书和职业资格证书教育相结合。为此,本课程体系中引入国家职业资格鉴定的内容,涵盖助理电子商务师的考试内容,以国家专业岗位技能考核的鉴定证书来检验学生的专业技能训练。

2. 实践教学过程中充分利用现代化教学手段,形成多媒体形象化教学、案例讨论式教学、软件模拟教学、科研式教学、学生上机操作等形式多样的教学活动,形成了一套有效的课内实践教学方法体系,对学生创新能力的培养起到了积极的作用。

3. 综合实训课程,全面提高学生的动手能力。

(三)形成了相对稳定、教学水平较高的师资课程团队

构建一支"双师"结构为重点专兼结合的专业教学团队。以完善双师结构的专业教学团队为重点,从专业带头人建设、骨干教师队伍建设以及行业兼职教师队伍建设等方面入手,以聘用、培养、引进等手段,着力提升专业教学团队的教学与社会服务能力。讲授本门课程的教师有 6 位,其中教授有 1 位,讲师有 5 位,硕士学位 3 位,行业专家 2 位。课程主讲教师中具有双师素质的教师有 5 位,35 周岁以下青年教师中硕士以上学位教师数 3 位,其中来自行业企业的教师 2 位,占 25%,形成了一支教育观念新、师德高、教学水平高、实践能力强、专兼结合,具备"双师"素质的专业教学团队。教师的教学水平和科研能力都有了很大的提高。

1. 师资结构:课程组成员均具有高校教师资格、阿里巴巴认证资格教师。

2. 职称结构:课程组中教授 1 名,讲师 5 名。

3. 学术结构:教学团队的学术结构非常广泛,5 名教师分别在 5 所大学取得本科及硕士学位,这些院校分别是中国海洋大学、福州大学、浙江大学、江西财经大学、杭州电子科技大学等。

4. 年龄结构:课程组中 40 岁以上 1 人,30 岁以上 5 人。

5. 师资配置:本课程师资配置合理,6 名教师共同承担"电子商务实务"课程的授课、实训与实践、教师学生的比例约为:1∶30。

(四)资源建设情况

本课程经过前期建设,现已基本完成教学文件建设,包括课程标准、授课计划、教案、实践指导书、学习指南等相关内容,并已经上传到网络上供下载。具体建设情况包括课程简介、教学大纲、实训大纲、实训指导、教案课件、教学录像、教材讲义、课程试卷及参考答案、电子商务实务 B2B 实验范例。此外,还包含师资建设、特色化建设、教改成果、习题集、案例集、参考文献、教师指导、电子商务专业论坛、电子商务专业网站、电子商务专业博客、电子商务协会网、趣购网、学创网等资源。

(五)资源上网情况

电子商务实务精品资源共享课经过前期建设,现已基本完成拓展资源建设,功能模块包括学习交流、在线自测、课程互动、作业系统、案例库、专题讲座库、试题库和仿真实训系统。具体建设情况如下:

1. 教学答疑。为师生提供用于解决课堂教学和课后实践中所遇问题的在线交流平台。该功能可正常使用,并已有数条答疑记录。

2. 在线自测。为学生提供的用于检测教学内容掌握情况的测试平台。该功可能正常使用(授权使用)。

3. 课程互动。该功能可正常使用,但内容需充实完善。

4. 作业系统。该功能可正常使用,但内容需充实完善。

5. 案例库。电子商务经典案例汇编,包括思科、国美、海尔等国际知名公司案例。该功能可正常使用。

6. 专题讲座库。电子商务专题讲座汇编,包括马云演讲等。该功能可正常使用。

7. 试题库。提供多套模拟卷供学生练习使用。

8. 仿真实训系统。基于 FLASH 的电子商务仿真实训系统,实训内容包括 EDI 外贸工作流程、EDI 内部管理应用等。

拓展资源已初步建成,大多数功能现都可正常使用,小部分功能还需开发完善。今后还需对已有模块内容进行补充完善,使其效用最大化。课程建成系列网络化、特色化教学平台,包括如下:

(1)http://jpkc.zfc.edu.cn/yingxiao/index.php(“网络营销实务”)。

(2)http://allt2000.blog.hexun.com/(教学实践博客)。

(3)http://www.0571ec.cn/(电子商务专业网站)。

(4)http://jpkc.zfc.edu.cn/dzswzygx/(“电子商务实务”共享资源)。

(5)http://dzswsw.jpkc.cc/(“电子商务实务”省级精品课程网站)。

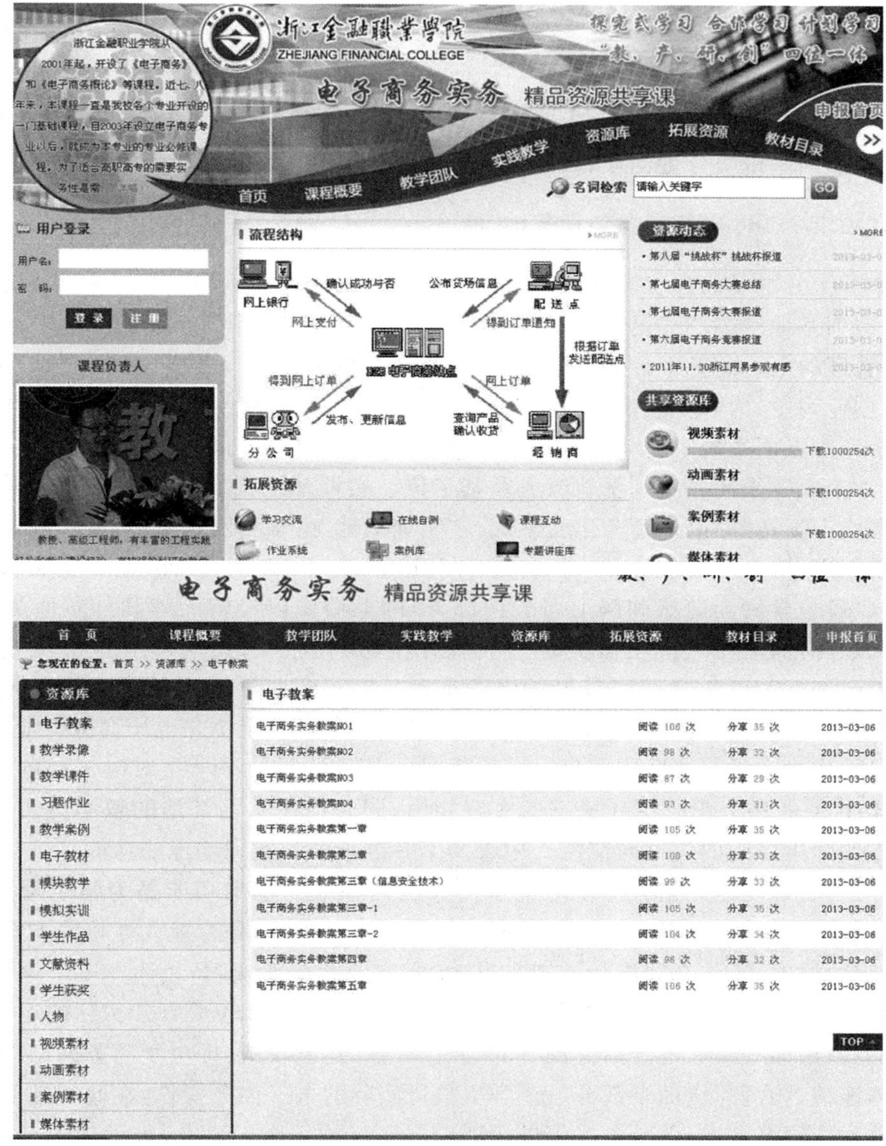

图 2 "电子商务实务"省级精品课程网站

三、"工学结合"的教学方法与手段

近年来,不断探索高职高专"电子商务实务"课程教学的新思路、新模式,通过课程的规范化教学,促进教学体系和教学内容的更新,促进教学环节和教学方法的改革,具体工作如下:

A. 调整教学计划,使教学大纲和教学计划的统一不断完善,加强实训环节;

B. 改进教学方法，丰富教学环节，注重师生互动，开展案例教学、任务驱动教学等多样化教学。

教学设计上以工学结合为切入点，根据课程内容和学生特点，合理设计教学方法。探索工学交替、任务驱动、项目导向，课堂与实习地点一体化的教学模式。我们利用“祐康 96188 电子商务的实训基地”、自主创业和网上开店进行“工学结合”的教学实践探索。

(一)“祐康 96188 电子商务实训基地”建设

“祐康 96188 电子商务实训基地”，由我院和杭州祐康电子商务有限公司共同创建的合作平台，“实训基地”本着“立足学院、依托企业、面向学生”的原则，打造了由学生自主开发、自主运营管理的电子商务平台——学创网。“实训基地”自 2005 年 10 月设立以来，以培养学生自主创业为主，为学生提供了大量的实训与全真的实践机会，双方在资源共享、人才交流、技术培训等方面实现了优势互补和共同发展，应该说取得了很好的效果。

祐康 96188 电子商务实训基地组成及其定位。实训基地拥有实体店与自主网站，实行“实体＋网络＋配送”的电子商务运营模式。“实训基地”由学创网和实体(展示营业厅)两部分组成，学创网(http://218.108.81.184/ec/96188/gouwu/index.asp)主要包括 B2C、C2C 两部分。B2C 包含网上商城和网上服务两部分，网上商城以经营品牌和外贸商品为主，商品多以潮流和时尚为主。网上服务包括在线打印、在线冲印、在线订票和在线书吧组成。C2C 以论坛形式，为同学之间交易提供服务平台。展示营业厅主要是展示陈列样品为主，辅以完全由学生经营管理的小量的零售业务。“实训基地”的定位是电子商务专业学生实习实训的场所，作为教学与实践零距离过渡的桥梁。其目的是加深学生对电子商务课程的理解、培养学生在全真企业应用环境下的实践能力，同时依托实训基地的教学与实验管理平台，更加方便师生之间的沟通与交流。祐康 96188 电子商务实训基地的功能：

1. 实习与实训功能。祐康 96188 电子商务实训基地的基本功能是为学生提供认知实习、专业实习和毕业实习的场所，如图 3 所示，按照我院电子商务专业人才培养方案，要求学生经过一个阶段的学习，必须进行认知实习、专业实习和毕业实习，祐康 96188 电子商务实训基地，为我们一部分同学提供了不同的实习与锻炼的岗位。电子商务实际的运营训练功能。通过引入祐康 96188 电子商务现有的“四位一体”运营模式：即电子商务网站、电话导购服务、实体连锁、物流配送四个部分。让学生进行实际的电子商务操作，在此基础上，引导学生对商务模式、网络技术、营销方式等进行理论与实际相结合的研究，鼓励学生开展对新商务模式的探索与创业实践。

2. 辅助教学功能。通过“学创网”平台，一方面可以向学生提供在线讨论环境，让学生和老师在线讨论或答疑，或者向学生提供专题讨论资源等；另一方面可以为教师和学生提供共享的资源，如教师可在线发布其所教授课程的教学要求、教案、参考教材，教学内容安排、实习和考核要求等，学生可在线浏览或下载其所需的内容。

3. 通过实践操作，学生可迅速地熟练了解、掌握电子商务交易的各个环节和方法和技巧，拓宽知识面。培养他们思考、分析、判断和解决问题的能力，巩固和提高所学的理论知识，使教学和实践相结合，可以极大地提高学生的动手能力和实际操作能力。

组织学生到企业进行实地参观，了解企业电子商务的运用情况，通过互动环节，增加学

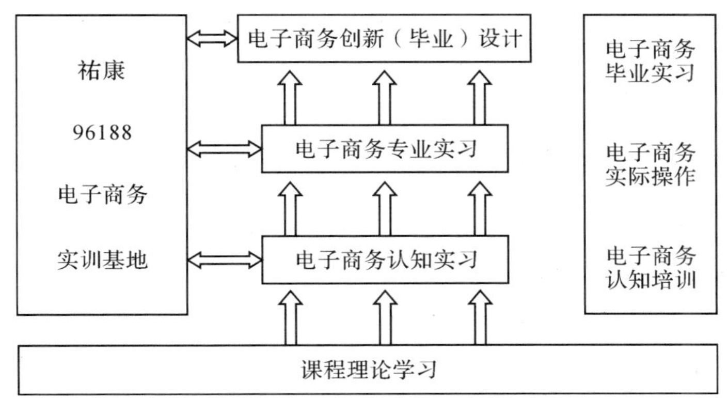

图 3　祐康 96188 电子商务实训基地基本功能

生真实感受。学生走进合作企业，请行业专家为学生上课，开展工学结合的新尝试，这种实践方式得到了学生的肯定。

(二)淘宝开店与自主创业

本课程要求学生必须完成网上开店，通过几年来的摸索发现，学生网上开店是一种很好的教学实践，由于开店的成本较低，门槛不高，学生不但可以把学习到的知识运用到店铺的经营管理中，同时还可以提高学习电子商务专业的兴趣和积极性。鼓励学生积极开展自主创业活动，如电子商务 08(1)班焦克亮同学通过本课程的学习，在老师的帮助鼓励下，创立了的“金创数码有限责任公司”。

四、课程教材建设成果

(一)学生培养质量

通过学科竞赛，增强学生的创业意识、创业素质和创业精神。以浙江省“挑战杯”创业创新大赛、浙江省大学生电子商务竞赛、全国“三创”电子商务挑战赛为载体，使学生自觉深入社会实际，不断提高实践能力。经过数年的竞赛指导，本学期继续完善良好的竞赛培育机制，通过赛前动员，建立参赛小组，委派指导教师，深入社会调研，方案分析设计，最后形成创业计划。

2013 年 5 月，在由浙江省教育厅主办的第八届大学生电子商务竞赛上，我院电子商务专业陈月波、刘海、张颖老师指导的《Family Feels 创业计划书》和《职场奋斗记——加减乘除简历册创业计划书》荣获二等奖，《漂香之都创业计划书》和《爱的留守创业计划书》获得三等奖。

刘海、张颖指导的两个学生创业项目获浙江金融职业学院第七届“挑战杯”创新创业竞赛预立项：刘茹等同学的“迪斯爱宝”项目和王怡佳等同学的“交换屋子去旅行”项目。刘海老师还指导学生入选 2013 年新苗人才计划项目(参加省级遴选)：基于 LBS 的车载车位智能导航平台的设计。

2011级、2012级学生在2013年6月参加阿里巴巴认证，100%学生通过淘宝平台基础技能认证。圆满完成2013届学生的就业工作，电子商务专业就业率达到97.6%，签约率达到95.1%，电商10(1)班尤云昆同学考取杭州师范大学电子商务专业专升本继续深造。

(二)课程教改项目

1.马天有老师(申报、在研及已结题)：

(1)2013年浙江省人力资源和社会保障科学研究课题“基于提升高职学生职业能力的‘职场IT能手’养成计划的探索与实践”；(2)2013年浙江金融职业学院院级课题“基于提升高职学生就业能力的‘职场IT能手’养成计划的探索与实践”；(3)2013年浙江金融职业学院教改课题“电子商务专业大学先修课程的开发与建设”。

2.刘海老师(申报、在研及已结题)：

(1)主持的2012—2013年学院教改课题“以网易实践基地为载体培养电商学生职业素质的探索”顺利结题；(2)申报2013年中国高等职业技术教育研究会年度课题“现代职教体系下高职院校校企合作长效机制实证研究——以浙江金融职业学院网易映像派合作项目为例”。

3.张颖老师(申报、在研及已结题)：

申报2013年浙江省人力资源和社会保障科学研究课题“基于创业胜任力的高职层次化创业教育体系构建研究”。

4.邱勋老师(申报、在研及已结题)：

(1)申报2013年浙江省人力资源和社会保障科学研究课题“高技能应用型移动金融人才培养模式研究”；(2)2013年社科联科普课题“把银行装进口袋里——移动银行一本通”。

(三)课程教改论文

1.人才培养模式专著。

《电子商务专业人才培养模式探索》(陈月波著)2012年12月由中国人民大学出版社出版。

2.一系列教学研究论文。

(1)《关于“电子商务实务”课程建设的实践》,《职教论坛》,2010年第32期,陈月波。

(2)高职电子商务专业特色化建设探索,《绍兴文理学院学报》,2010年第12期,陈月波。

(3)关于电子商务专业个性化人才培养模式的实践,《职教论坛》,2011年第29期,陈月波。

(4)基于工作任务的程序设计课程教学改革探讨,《现代企业教育》,2011年第11期,张颖。

(5)“现代物流管理”课程教学改革的研究,《现代企业教育》,2011年第12期,戴海容。

(四)公开出版教材

(1)《电子商务概论》,清华大学出版社,2004年9月。

(2)《电子商务实务》,电子工业出版社,2007年9月。

(3)《电子商务实务项目课程设计》2008年计划出版，目前已经基本完成主要内容的编写。(项目化课程)

(4)《电子商务实务》，清华大学出版社，2010年9月，陈月波。(浙江省重点建设教材)

(5)《网络营销实务》，西安交通大学出版社，2012年1月，陈月波。

(6)《电子支付与交易安全》，人民邮电出版社，2011年10月，陈月波。

(7)《电子商务盈利模式分析》，浙江大学出版社，2011年6月，陈月波。

(五)学生评教情况

据不完全统计，教授"电子商务实务"课程团队成员的学生评教情况，均居学院前列。

(六)随需所取的网络资源建设

提供大量视频材料供下载。本课程现已形成了一套适合不同专业使用的多媒体教材、讲稿、网络课件和大量教学参考视频资料。与课程相关的教学大纲、实验大纲、习题等教学资源都全部已上网开放，其运行可靠、使用效果好。

(1)http://jpkc.zfc.edu.cn/dzswzygx/("电子商务实务"共享资源)。

(2)http://dzswsw.jpkc.cc/("电子商务实务"省级精品课程网站)。

(3)http://jpkc.zfc.edu.cn/yingxiao/index.php("网络营销实务"精品课程网站)。

(4)http://allt2000.blog.hexun.com/(教学实践博客)。

(5)http://shop11339609.taobao.com/(金色印象淘宝店)。

(6)http://www.057ec.cn/(电子商务专业网站)。

电子商务专业网站(www.0571ec.cn)包括了"专业建设""课程建设""准专业"，用于毕业生的"论文选题"，提供课件、软件等资源的"下载公园"，面向班级交流的"网上家园"以及可以进行无约束交流的专业"BBS论坛"等栏目，同时与96188学创网、趣购网(C2C、B2C)、自主创业学生网上开店等进行了链接。网上很多内容不定期更新。电子商务的网络化建设就是围绕这个专业网站全方位地展开。

(七)师生互动网络化

1.师生答疑网络化。学生对知识的渴求不仅表现在课堂上，而且还表现在课余时间上，教师如何在课余时间与学生进行交流沟通呢？在网络化时代的今天，利用互联网技术，完全可以全面提升教师与学生的沟通能力。为此，我们创建了"答疑版在线论坛"，为师生间更好地沟通提供了一个平台，不仅提供课件、习题、案例集的下载，还向学生提供多方位的服务，服务的内容不仅包括给学生解答教学中遇到的问题，课后作业中不理解的部分，还给学生们提供一个双向交流的平台。在实践的过程中取得了良好的效果。

2.电子商务专业的BBS论坛。我们在BBS专业论坛可以为同学们提供了如下一些服务：

在论坛上开设一个板块"在线交易板块"。学生无约束交流互动，电子商务专业各个年级的同学可以在这个板块开展无约束交流互动；也可以向老师提出意见；在板块中提供一些国内和国外院校的电子商务专业课程的网站供学生参考，并不断地更新；提供业界的一些最新资讯；指导学生的学习方向。

(八)注重培养学生的自主创业的意识与实践

在本课程的教学过程中,特别注重加强学生的自主创业实践与训练,增加他们这方面的一些知识;根据这门课教学的特点,要求学生完成网上开店实践,培养学生通过网络进行自主创业。授课班级基本上达到98%学生完成在淘宝网开店,有接近5%的学生在毕业的时候以此作为职业,继续从事C2C网络贸易。

五、课程建设不足与对策

(一)不足

1. 反馈信息掌握不够及时。

本课程在建设中缺乏来自学生的反馈信息,收集到的有关课程网站的使用情况、评价信息等较少。

2. 视频教学形式还可改进。

视频教学最好能同时展现教师授课画面和PPT画面或者两者交替展示。本课程的教学视频目前还只能展现教师授课画面。

(二)对策

1. 我们会通过留言板、E-mail或BBS方式,要求学生对网上课程资源的使用情况提出反馈意见或建议,以便及时调整和修正课程内容,还可以通过统计课程网站的点击率,了解掌握精品课程的辐射效果。

2. 我们将向视频教学做得较为出色的课程组学习,选择一种适合本课程且较为先进的视频教学技术,充分利用和发挥团队教师的技术特长,花1到2年时间改进已有教学视频,以期提升教学质量。

六、结束语

"电子商务实务"精品课程的建设,几年来得到了省教育厅、教育部财经类教学指导委员会和学院领导的关心和支持,谨在此表示由衷的感谢!我们将继续努力,向国家精品课程发起冲击,朝着打造高职第一流的课程方向看齐。

对接外贸单证岗位　系统开发项目课程

——“外贸单证操作”课程建设十年

章安平

“外贸单证操作”课程是国际贸易实务专业的专业核心课程，在我院始建于2003年，通过十年建设，取得了较好的建设成绩。在“双元双优”课程团队的共同努力下，该课程在2005年被评为院重点课程，在2007年被评为省精品课程，在2009年被评为国家精品课程，在2011年入选教育部网络培训中心高职外贸师资唯一培训课程，在2013年被评为国家精品资源共享课。该课程的配套教材《外贸单证操作》在2008年以项目教材形式通过高等教育出版社出版，在2009年被评为省重点教材，在2013年被评为国家“十二五”规划教材。

一、课程定位和设计思路

（一）课程定位

“外贸单证操作”是国际贸易实务、国际商务、商务英语等国际经贸类专业的一门专业核心课程。本课程主要培养具有较强职业能力、专业知识和良好职业素质的外贸单证员。通过本课程的学习，学生能制作和办理各种外贸单据，能审核信用证和各种外贸单据，能分析和处理各种外贸单证问题。本课程的铺垫课程是“外贸基础”和“国际结算操作”。

“外贸单证操作”既是国际经贸类专业一门提升学生综合运用专业知识能力的专业核心主干课程，也是培养学生职业综合能力和岗位技能的岗前训练课程的指导课程。通过有目的、有步骤地实施以任务驱动的项目教学，从而在培养学生自主学习、团结协作的能力以及良好的沟通与表达能力基础上，重点培养学生的创新思维和解决问题的方法，锻炼学生通过自主学习掌握工作思路与方法的能力，切实提高学生的职业技能、处理实际问题的方法和综合素质。

（二）设计理念与思路

1.课程设计理念。

“外贸单证操作”采用的是以外贸单证员岗位职业标准为依据，以职业能力为本位，以工作过程为主导，以校企合作为路径，融“教、学、做”为一体的工学结合课程建设模式。

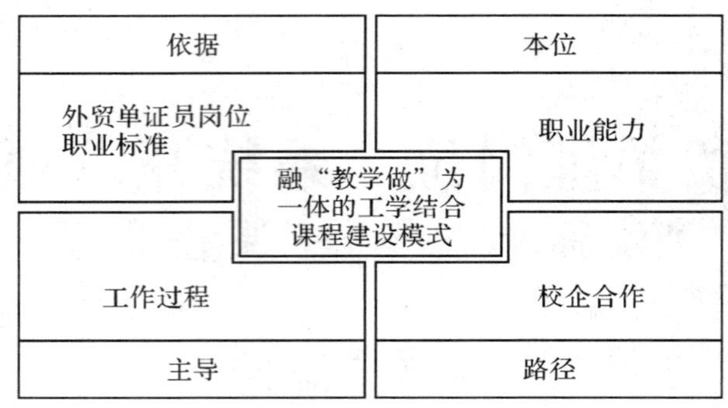

图1 “外贸单证操作”课程设计理念

本课程的设计体现开放性、职业性和实践性三个特点。首先，开放性体现在本课程的双元建设主体，是由校内专任教师和外贸企业外贸单证业务专家共同进行课程建设；其次，职业性体现在课程培养定位于外贸单证员职业人和以外贸单证元岗位职业标准为依据；最后，实践性体现在课程内容以外贸单证员工作过程与任务和以外贸单证员职业能力为本位。

2.课程设计思路。

“外贸单证操作”课程整体设计思路是，在工学结合课程建设模式的指导下，首先校企合作分析外贸单证员工作过程和任务，共同开发外贸单证员岗位职业标准；然后依据职业标准，以职业能力为本位，开发课程标准，设计项目活动载体，编写项目教材；同时，建设双师结构的课程教学团队，在校内外实训基地开展以学生为主体、融“教、学、做”为一体、以工作任务为驱动的项目教学；最后，实施过程考核与结果考核相结合、校内考核与企业考核相结合、课程考核与职业考证相结合的多样化课程评价体系。

(1)开发岗位职业标准和课程标准。

①开发岗位职业标准。在大量外贸单证工作相关企业调研的基础上，校内外贸单证专任教师与来自外贸企业外贸单证业务经理以及商业银行国际业务部、商检局、海关等外贸单证工作相关单位的业务专家召开外贸单证员岗位职业标准开发会。首先，按照外贸单证工作过程，分析外贸单证员的工作任务；然后，分析外贸单证员完成这些工作任务需要具备哪些职业素质、职业能力和专业知识，通过归纳和整理出外贸单证员岗位职业标准；最后，再向广大外贸单证员征求意见后修改完善，形成外贸单证员岗位职业标准。

②开发课程标准。根据已开发的外贸单证员岗位职业标准，结合课程教学的各项要求，拟订本课程的课程标准。其具体内容包括课程性质、设计思路、课程目标、课程内容和要求、教材编写、教学建议、教学评价、课程资源的开发与利用、其他说明等。

(2)设计项目活动载体和编写项目教材。

①设计项目活动载体。设计项目活动载体时，要遵循真实性、代表性、综合性等三个原则。真实性是指项目活动载体要来源于真实外贸案例；代表性是指项目活动载体中所生产的产品是当地外贸的典型外贸产品，如在浙江，服装是浙江省主打出口产品之一。综合性是指设计的项目活动载体是一个大型外贸单证操作的综合性案例，尽量能覆盖所有11个工作项目。

②编写项目教材。《外贸单证操作》教材编写人员是由学校专任教师与行业企业外贸单

证业务专家共同组成的。该教材是以外贸单证工作过程为线索，共包括审证和改证业务操作、制作商业发票和装箱单操作、制作订舱委托书、办理订舱操作、制作出境货物报检单和办理报检操作、制作和申领原产地证操作、制作和办理报关单证操作、制作投保单和办理保险操作、制作附属单据操作、制作汇票操作、单据审核操作和交单收汇和单证归档操作11个项目，每个项目都包括学习目标、工作项目、操作示范、知识链接和能力实训等5个组成部分。

(3)设计双师结构的课程教学团队。

本课程采用校内专任教师和行业兼职教师共同开发课程、共同编写教材、共同备课、共同授课、共同命题的双元课程建设主体模式。本课程的教学团队是由6名校内专任教师和9名行业兼职教师组成，行业兼职教师与专任教师比例超过1∶1。为了提升专任教师的业务操作能力和紧密相互之间合作关系，行业兼职教师与专任教师进行了朋友式结对。

(4)设计课程教学场所。

本课程教学课程全部放在校内实训室与校外实习基地，实现课堂与实习地点一体化教学模式。打破了传统坐在教室进行教学的固有模式，使学生的学习和操作全部都在实训实习基地，使"教、学、做"融为一体，让学生以外贸单证员身份进行业务操作，使其非常容易找到操作和工作的感觉，以提高学习效率。

(5)设计课程评价体系。

本课程采用多样化的考核方式，采用过程考核与结果考核相结合、校内考核与企业考核相结合、课程考核与职业考证相结合。即最终考核成绩除了期末上机考核成绩外，还包括平时每次上机实训成绩的过程考核；除了校内考核之外，外贸单证相关企业对学生在工学交替期间的评价也作为考核成绩的组成部分。平时成绩占20%，上机实训成绩占40%，期末上机考核成绩占总成绩的40%。这种考核方法得到了外贸企业一线外贸单证工作人员的认同。

二、课程建设团队

本课程组在师资队伍的建设过程中，逐步探索了"双元双优"的教学团队建设模式，该模式入选国家示范性建设项目建设二周年成功案例师资队伍建设案例之首，获得教育部专家的认可。

"双师"结构：课程组共有15名教师，其中6名专任教师，全部是双师素质教师；9名行业兼职教师，都来自外贸单证一线业务专家，行业兼职教师与专任教师的比例超过1∶1，配备1名优秀教育技术骨干。

学缘结构：教师主要来自对外经贸大学、浙江大学、西南财经大学、浙江工商大学、安徽财经大学、浙江工业大学等院校，知识面涵盖了国际贸易的各个方面，学缘结构合理。

年龄结构：年龄结构合理，45岁以上2人，35—45岁8人，35岁以下5人，形成合理的教学梯队。

职称结构：高级职称8人，占53%，中级职称7人，占47%，结构合理。

职业资格结构：职业资格证书持有率占100%，且7名专任教师都有外贸从业经验，合理的职业资格结构有效地保障了本课程实践教学的质量。

近五年培养青年教师的措施与成效：

课程组按计划对教师实施目标管理，即由课程组和教师自己共同制定学习和发展目标，以半年小结、年终考核的方式进行管理。

1.实施以老带新计划。按照学院师资队伍建设中实施“青蓝工程”的部署，由老教师负责对青年教师进行传、帮、带。通过定期指导、检查教案、课前试讲、跟班听课、课后交流等形式，提升他们的教学能力，帮助青年教师尽快成长。课程负责人担任指导的3位教师均顺利通过了考核验收，其中，唐春宇和王婧被评为学校教坛新秀，王婧获得学院教学技能大赛一等奖，浙江省教学技能大赛优秀奖。

2.鼓励教师通过各种途径加强理论水平的提升。课程组制定了课程负责人、主讲教师及其他授课教师的培养计划，特别是在教师攻读硕士学位、担任国内访问学者和取得双师资格方面给予大力支持。课程组6名专任教师全部具有硕士学位，3人晋升副教授。

3.培养课程组教师的双师素质，提升他们的专业技术水平，鼓励教师经常性地进修、学习、交流，经常性地深入企业锻炼和调研，在企业挂职锻炼，并为企业提供专业服务，大大提高了他们的专业技术水平。课程组所有6名专任教师都取得双师资格。

4.注重职业能力培养，加大职业能力提升力度。按照学校提升教师教育教学职业能力工程部署，学校在全校范围内推行教师职业教学能力的测试活动。本课程教师的授课均能以外贸单证职业岗位需求来设计课程教学的项目和工作任务，使理论与实践零距离。此外，为更好地指导学生的实践，课程组教师还积极下企业，感受外贸单证岗位的真实工作环境；向行业兼职教师学习，锻炼、提升职业能力。

三、课程内容

(一)课程内容的针对性与适用性

1.教学内容的针对性。

通过对外贸单证员岗位要求的工作任务和职业能力分析，按照外贸单证员岗位的工作流程与任务，把课程内容分成审证和改证业务操作、制作商业发票和装箱单操作、制作订舱委托书、办理订舱操作、制作出境货物报检单和办理报检操作、制作和申领原产地证操作、制作和办理报关单证操作、制作投保单和办理保险操作、制作附属单据操作、制作汇票操作、单据审核操作和交单收汇和单证归档操作等11个工作项目，每个工作项目又根据实际工作流程需要划分为若干工作任务，工作任务下又设计了具体的操作步骤、程序和方法，构建了集理论、方法、实践操作于一体的理论、实践一体化教学内容体系。本课程教学充分体现工学结合、任务驱动、项目导向的教学模式，突出学生职业能力的培养及职业素质的养成，增强学生的岗位适应能力，实现毕业与上岗零过渡。

2.教学内容的适用性。

本课程的教学内容充分体现了外贸单证员职业岗位实际工作所需素质、能力、知识等要求。同时在项目活动载体的选择上，也充分考虑了浙江地方外贸特色，以适应浙江中小外贸企业对外贸单证员岗位的要求。

外贸单证操作业务贯穿外贸企业进出口业务的全过程，在经济发达的东南沿海地区，尤其是作为全国外贸大省的浙江，有大量的中小外贸企业，在外贸企业类型上包括流通型外贸企业和生产型外贸企业，在外贸业务种类上有出口业务和进口业务之分，还有自营进出口业务和代理进出口业务之分，这就需要越来越多的掌握外贸单证及相关业务知识的高素质外贸单证人才。

因此在设计项目活动载体时，遵循了真实性、代表性、综合性等三个原则。真实性是指项目活动载体要来源于真实外贸案例；代表性是指项目活动载体中所生产的产品是当地外贸的典型外贸产品，如在浙江，服装是浙江省主打出口产品之一。综合性是指设计的项目活动载体是一个大型外贸单证操作的综合性案例，尽量能覆盖所有 11 个工作项目。

（二）教学内容的组织与安排

本课程的教学内容从学生职业能力培养的基本规律出发，依据外贸单证职业岗位的工作任务、工作流程中的知识与技能要求，遵循教、学、做合一的原则，整合教学内容，相对应地设计学习情境、工作项目及工作任务，以完成工作任务情况作为衡量学习效果的主要依据。具体的理论、实践一体化教学组织与安排如下表：

表 1　教学进度安排一览表

序　号	学习情境	能力要求	知识要求	课　时
0	外贸单证员岗位概述		• 熟悉外贸单证员的工作任务 • 熟悉外贸单证员岗位的职业能力、职业素质和专业知识的要求	3
1	审证和改证业务操作	1.1 能读懂外贸合同条款 1.2 能读懂 L/C 条款 1.3 能审出 L/C 中的问题条款 1.4 能提出信用证修改意见 1.5 能处理信用证修改	• 熟悉合同条款 • 掌握信用证内容 • 掌握 UCP600 改证相关条款 • 熟悉审证步骤	9
2	制作商业发票和装箱单操作	2.1 能读懂 L/C 条款或合同条款品名条款、价格条款 2.2 能根据 L/C 或合同条款准确填写商业发票中起运地、目的地的内容 2.3 熟悉数字的英文科学表示法 2.4 能找出信用证中制作装箱单的相关条款 2.5 能根据 L/C 条款或合同条款准确填写品名、数量、件数、箱数、体积、尺码、包装方式内容	• 熟悉发票的分类和作用 • 熟悉 UCP600 中关于商业发票的条款 • 熟悉装箱单的类别和作用 • 熟悉 UCP600 中关于装箱单制作的条款	12

续表

序　号	学习情境	能力要求	知识要求	课　时
3	制作订舱委托书和办理订舱操作	3.1 能分析 L/C 或合同条款 3.2 能准确填制货物数量、重量、体积 3.3 能准确填制价格、运费支付方式 3.4 能根据 L/C 条款或合同条款确定装运人、收货人、通知人等 3.5 能确定最迟交货期并据此订舱	· 熟悉托运操作流程 · 熟悉主要海运航线 · 熟悉主要港口名称 · 熟悉主要船公司	9
4	制作出境货物报检单和办理报检操作	4.1 能读懂 L/C 条款或合同条款品名条款、价格条款 4.2 能根据 L/C 条款和/或合同条款准确填制出境货物报检单 4.3 能准确填制报检委托书	· 了解商品检验检疫基本知识 · 熟悉报检流程 · 熟悉换证凭单、换证凭条和通关单的用途	5
5	制作和申领原产地证操作	5.1 能根据 L/C 条款和/或合同条款准确填制一般原产地证 5.2 能根据 L/C 条款和/或合同条款准确填制普惠制原产地证	· 了解原产地证申领手续 · 熟悉一般原产地证和普惠制原产地证各栏目的内容	6
6	制作和办理报关单据	6.1 能熟练运用海关手册寻找海关代码 6.2 能准确填制报关委托书 6.3 能准确缮制报关单及其他随附单据	· 了解报关和报关流程 · 熟悉报关单的种类和用途	5
7	制作投保单和办理保险操作	7.1 能确定投保条款及投保范围 7.2 熟悉保险加成的运用，保险金额的计算 7.3 能分析 L/C 条款或合同条款装运条款，界定投保时间、投保起始目的地、赔付地点	· 熟悉国际运输保险公约、险种 · 熟悉 UCP600 关于保险单的条款	4
8	制作附属单据操作	8.1 能根据 L/C 条款或合同条款要求缮制装运通知 8.2 能根据 L/C 条款或合同条款要求缮制船公司证明 8.3 能根据 L/C 条款或合同条款要求缮制受益人证明等	· 熟悉装运通知、受益人证明等附属单据的内容 · 熟悉证明类单据的特殊操作	3
9	制作汇票操作	9.1 能准确填制 L/C 项下汇票 9.2 能准确填制托收项下汇票	· 熟悉汇票的种类 · 熟悉汇票的票据行为	8
10	单据审核操作	10.1 能审核商业发票 10.2 能审核装箱单 10.3 能审核运输单据 10.4 能审核保险单据 10.5 能审核产地证 10.6 能审核汇票 10.7 能审核其他单据	· 熟悉审单原则 · 熟悉审单方法 · 熟悉常见的单据不符点	6

续表

序　号	学习情境	能力要求	知识要求	课　时
11	交单收汇与单证归档操作	11.1 能按 L/C 指示或合同条款交单 11.2 能办理付汇 11.3 能检查收回的单据的准确性、完整性和一致性 11.4 能处理有问题的收回单据 11.5 能按业务和其他部门的要求将各类单证归档	· 熟悉 L/C 交单规定 · 熟悉汇款和托收交单规定 · 了解并在规定的时间内及时催收报关单、核销单、场站收据等单据 · 了解各类单据移交所规定的时间	2
合计				72

(三)教学模式的设计与创新

我们重视学生在校学习与实际工作的一致性，因此有针对性地采取了项目教学、课证融合等行动导向的教学模式。

1.“外贸单证操作”课程采用项目教学法，体现工学结合。

从 2007 年开始，“外贸单证操作”课程采用以项目导向、以外贸单证员的实际工作任务为线索，融“教、学、做”为一体，注重岗位职业能力培养的项目教学法。项目教学法充分体现了工学结合，大大提高了课程教学的针对性和效率。

2.“外贸单证操作”课程采用“课证融合”教学法，实现“双证”。

“外贸单证操作”课程实施“课证融合”教学方法改革，把本课程教学内容与外贸单证员职业岗位标准和职业考证内容融合起来，使学生学完本课程后能较顺利考取外贸单证员职业证书，毕业时实现“双证”，保证学生顺利就业和优质就业。

(四)实践教学条件的建设与使用

1.校内实训设备与实训环境建设。

国际贸易实务专业已建立了由省财政重点支持 65 万元的外贸单证实训室和中央财政支持 108 万元的外贸业务实训室，这两个实训室分别有 220 平方米和 330 平方米。这两个实训室共配备了 120 多台电脑、1 套南京世格外贸单证教学软件和 1 套南北 ERP 外贸业务操作软件，以及外贸单证部门在单证办理中要涉及相关部门的模拟场景。这两个实训室可以同时容纳 120 多人开展外贸单证实训操作和外贸单证员职业考证的培训。

国际贸易实务专业非常注重外贸单证实训室和外贸业务实训室职业环境和职业氛围的营造。国际贸易实务专业模拟了一家外贸公司——浙江金苑进出口有限公司，外贸单证实训室和外贸业务实训室分别是这家外贸公司的单证部和业务部。通过模拟外贸单证员和外贸业务员的工作环境与业务操作流程，设计大量浙江金苑进出口有限公司为出口商的出口业务作为本课程的项目活动载体、实训实习项目，利用外贸单证教学软件和 ERP 外贸业务操作软件，让学生以外贸单证员职业人的身份，开展外贸单证操作实训，以培养学生的外贸单证操作能力和养成较好的外贸单证员职业素质。

2.校外实习基地的建设与利用。

国际贸易实务专业人才培养定位之一是为浙江省中小外贸企业培养外贸单证员。基于此定位,国际贸易实务专业在校外实习基地建设中投入大量精力,校外实习基地建设时,为了更好地发挥其功能,充分考虑了如下校外实习基地的建设因素:

(1)地域覆盖面:国际贸易实务专业选择杭州、宁波、温州、绍兴、台州等外贸发达地区作为校外实习基地开发的重要地域。重点地域目标的确定避免了盲目扩张校外实训基地的错误做法,本专业在选定的外贸发达地区重点突破,为学生校外实习实训创造大量的机会,同时也为学生就业提供良好的平台,借助重点地域的校外实习基地更好地推动国际贸易实务专业的人才培养效果。

(2)产品覆盖面:国际贸易实务专业在开发校外实习基地时有针对性地选择浙江出口主打产品企业作为重点目标,截至目前确立的45家校外实训基地中产品覆盖了纺织服装、五金矿产、工艺品、箱包等浙江省的主打产品,产品覆盖面广。这一方针为学生熟悉了解浙江省主要出口主打产品的外贸单证操作提供了良好的基础。

(3)企业规模覆盖面:国际贸易实务专业在选择校外实习基地时并不一味地追求大企业,而是将选择面扩及大、中、小三类企业,不同的企业对外贸单证员岗位的需求有一定的差别,选择三类企业中的典型企业作为与之合作的校外实习基地,对于未来学生的就业定位有着非常积极的作用。

(4)企业类型覆盖面:国际贸易实务专业在选择校外实习基地时兼顾生产型外贸企业与流通型外贸企业两类企业,使外贸行业中企业类型对于岗位需求的影响得以充分展示,使学生对于未来就业的岗位有了全面的认识。

四、建设载体与成效

(一)"外贸单证操作"国家级精品课程建设项目(2009—2013年)

"外贸单证操作"为国际贸易实务专业的专业核心课程。从2006年开始,实施了以外贸单证员岗位职业标准为依据,以职业能力为本位,以工作过程为主导,以校企合作为路径,融"教、学、做"为一体的工学结合课程建设模式。

本课程基于外贸单证员工作过程和工作任务开发了课程标准,编写了项目教材,实施了工学交替、双元课程建设主体和课程融合等教学改革,建设成果喜人,在2009年和2013年分别被教育部评为国家精品课程和国家精品资源共享课程。

(二)国际贸易实务专业"双元双优"教学团队建设模式,入选教育部全国示范性高职院校2周年经典案例师资队伍案例之首(2008年)

国际贸易实务专业提出并实施了"双元双优"教学团队建设模式:校内专任教师通过培养成为优秀教师职业人;从大量外贸从业人员中遴选出优秀外贸职业人(行业兼职教师),两者共同开发职业岗位标准、共同开发专业教学标准、共同开发课程标准、共同编写教材、共同备课、共同命题、共同指导工学交替和顶岗实习，参与人才培养全过程，把大学生培养成能胜任外贸工作的合格职业人，实现“优秀职业人＋优秀职业人＋大学生＝合格职业人”的效应。该模式深化了双师结构的内涵，使工学结合课程落到实处。2008 年 12 月，“双元双优”教学团队建设模式入选教育部全国示范性高职院校 2 周年经典案例师资队伍案例之首。

(三)《外贸单证操作》省重点教材(2008 年)

2008 年 9 月通过高等教育出版社出版了《外贸单证操作》项目教材。该教材是由课程负责人章安平任主编，主讲教师唐春宇和行业兼职教师浙江新大集团公司马茂灯经理任副主编，多名课程组教师参与了教材的编写。课程组教师在外贸单证员岗位工作任务和职业能力分析的基础上，依据“外贸单证操作”课程标准，打破以知识体系为线索的传统编写模式，采用了以外贸单证员工作过程为线索，体现工学结合、任务驱动、项目教学的项目教材编写模式。该教材基于外贸单证工作流程，分为审证和改证业务操作、制作商业发票和装箱单操作、制作订舱委托书和办理订舱操作、制作出境货物报检单和办理报检操作、制作和申领原产地证操作、制作和办理报关单证操作、制作投保单和办理保险操作、制作附属单据操作、制作汇票操作、单据审核操作、交单收汇和单证归档操作等十一个学习情境。每个学习情境都包括学习目标、工作项目、操作示范、知识链接和能力实训等五部分内容。每个学习情境都依据学习目标设计了一个典型的工作项目，布置了相应工作任务，进行了操作示范，提供了知识链接，最后还提供了 1—3 套对应的能力实训项目。该教材的出版，一方面为本课程实施项目教学奠定了扎实的基础，另一方面也引领财经类项目教材的编写模式。

(四)“外贸单证操作”课程组荣获学院“优秀教学团队”称号(2008 年)

“外贸单证操作”课程组注重课程教学团队的建设，从职业教育思想、职业教育课程标准开发的实践与探索、工学结合课程的改革实施三方面提升师资的高职教育理论水平，提升教学团队的职业能力和教学能力，并取得显著成效。对专任教师分别采取派出进修和培训、参加各种学术活动、到企业进行挂职锻炼等多种措施，提升教师的专业水平。教师团队科研成果与教学成果突出，教学效果好。“外贸单证操作”课程组在 2008 年荣获学院“优秀教学团队”称号。

(五)浙江省财政厅重点支持实训室“外贸单证实训室”项目(2006 年)

2006 年，国际贸易实务成功申报并建设了浙江省财政专项资金重点支持实验室——外贸单证实训室。该实训室共投入了 65 万元，购买了 1 套外贸单证实训教学软件和 65 台电脑等主要软件和硬件。该实训室包括外贸单证制作室和单证办理模拟区两个部分，可以同时容纳 80 人开展 20 多个外贸单证操作项目的实训教学。该实训室的建成，为外贸单证操作课程开展基于工作过程融“教、学、做”为一体的项目教学、“课证融合”等教学改革奠定了扎实的基础。

(六)“外贸单证操作”工学交替教学改革研究与实践(2009 年)

2009 年，“‘外贸单证操作’工学交替教学改革研究与实践”作为学院教改项目立项。

“外贸单证操作”课程实施了工学交替的教学改革，该项目主要解决了实践（实训）课程与实际脱节的问题，把教学课程从教室延伸到外贸单证实训室，再延伸到外贸单证员的实际工作岗位，及外贸企业和外贸单证工作相关的实务部门。通过多次工学交替改革和实践，不仅有利于提高学生外贸业务操作能力，还有利于养成学生较好的职业素质，大大提高了“外贸单证操作”课程的教学质量。该研究项目取得了较好的改革成效。

（七）“外贸单证操作”开展“课证融合”改革探索与实践（2007—2008 年）

2007—2008 年，“‘外贸单证操作’开展‘课证融合’改革探索与实践”作为学院教改项目立项。本课程教学与外贸单证员职业考证进行紧密的融合，开展“课证融合”改革探索与实践。该创新为全面开展各项国际贸易相关岗位职业培训认证考试提供了理论依据与经验借鉴，提高了学生的就业竞争力和实现学生的高就业。

五、课程特色

（一）项目教学法

本课程改变传统的以师生身份，教师为主体，知识为本位的教学模式，采用了以职业人身份，学生为主体，职业能力培养为本位，以工作过程和工作任务为主线，任务驱动，项目导向的项目教学法；教学通过项目导入、学生操作、教师示范、归纳总结、能力实训等五个环节循序渐进，让学生以职业人身份进行业务操作，突出学生主体地位，业务操作安排在校内外贸单证实训室，让学生在做中学，让教师在做中教，融“教、学、做”为一体。为顺利实施本课程项目教学，编写了配套的项目教材，建设了立体化的教学资源。本课程基于工作过程的项目教学改革为高职国际贸易实务专业课程建设探索了富有特色的工学结合课程建设模式。

（二）“双元双优”教学团队建设模式

本课程创造性地提出了“双元双优”课程教学团队建设模式，通过培养和遴选分别形成优秀的教师职业人队伍和优秀的外贸单证员职业人队伍（行业兼职教师），“双元双优”课程教学团队全程参与课程建设全过程，通过共同开发标准，共同编写教材、共同备课、共同授课、共同命题等方式将学生培养成为合格的外贸单证员职业人。该模式探索了一条“双师”结构教学团队建设的成功路径，起到了示范引领作用。

六、课程建设绩效

（一）内涵成果

该课程在 2005 年被评为院重点课程，在 2007 年被评为省精品课程，在 2009 年被评为国家精品课程，在2011年入选教育部网络培训中心高职外贸师资唯一培训课程，在2013年被评为国家精品资源共享课。该课程的配套教材《外贸单证操作》在2008年以项目教材形式通过高等教育出版社出版，在2009年被评为省重点教材，在2013年被评为国家“十二五”规划教材。

（二）人才培养

本课程实行“课证融合”建设，将课程建设与全国外贸单证员考试结合在一起，从全国外贸单证员职业考证通过率逐年上升，比全国平均通过率约高出20%，在全国处于领先地位。学生在全国大学生外贸单证技能竞赛中荣获团体一等奖佳绩，在全国外贸技能大赛中两名参赛选手均荣获个人一等奖、团体一等奖。

引入职业角色　融入职业素养
——“出口业务操作”课程建设七年

张海燕

“出口业务操作”课程由国际贸易实务专业“国际贸易实务”课程为基础日渐演变而来，自2006年设立至今，历经院优质核心课程、教指委重点建设课程、省精品课程建设阶段，逐渐形成相对成熟的课程建设模式，以外贸业务员岗位为对接岗位，以培养学生外贸从业能力为主要目标，依托专兼结合的“双元双优”的课程团队，采用基于工学结合的项目教学改革，大力打造立体化丰富的教学资源，借助外贸业务实训室与广大校外实训基地的支撑，深化教学改革，提高教学实效，培养学生从业能力，发挥专业核心课程的重要作用。

一、建设过程

“出口业务操作”省级精品课程建设历经三个阶段：

第一阶段：学院优质核心课程建设阶段

“出口业务操作”优质核心课程项目隶属于浙江金融职业学院国际贸易实务重点专业及专业群建设项目，属于课程建设子项目之一。该项目自2007年1月起建设，于2007年12月初步建成，经2008年深化与修订，至2008年12月完成建设任务。

第二阶段：教指委重点建设课程建设阶段

“出口业务操作”课程于2009年4月成功立项全国经济类教指委重点建设课程。在这一建设阶段，本课程重点开发了丰富的教学资源，出版教材，开发教学项目载体，探索项目教学改革实践，以职业角色引领学生学习。

第三阶段：省精品课程建设阶段

“出口业务操作”课程于2010年成功入选浙江省精品课程建设项目，该项目的建设目标是“出口业务操作”课程建设成基于外贸企业出口业务员岗位人才需求的进行工学交替的项目教学改革的优质专业核心课程，通过此课程的学习，学生能够掌握外贸出口业务员所需的专业知识、职业能力及职业素质，能够完成出口业务的常规操作流程。

二、建设内容

“出口业务操作”课程是以传统的“国际贸易实务”课程和“进出口贸易实务”课程为基础，打破原有教学体系的束缚，将外贸进出口业务拆分，不再笼统地将进出口业务流程混为一谈，而是以出口业务的具体操作流程为依据，按照出口业务发展的脉络重新整合授课内容与授课顺序，即“出口业务操作”课程的授课顺序就是外贸出口业务的操作顺序，同时，将外贸管理的思想引入出口业务操作中，强化学生的外贸管理观念，改变原有重操作、轻管理的模式，不仅要在教学上体现一线操作实践，更要在教学上适当引导一线操作，将外贸管理的观念深入未来的外贸从业人员的头脑，使我国外贸从业人员的观念更具时代性、科学性。

“出口业务操作”是高等职业院校国际贸易实务专业的专业核心课程，是国际商务类专业的重要专业课程。课程的目标在于通过课程项目教学内容的学习与实训，让学生掌握外贸出口业务一线操作的基本流程，具备出口准备工作、出口报还价核算、出口发还盘、出口合同磋商与签订、出口货物跟踪、出口货物出运、出口货物报关、报检、保险、出口制单结汇、出口收汇核销、出口退税、出口其他善后业务处理的能力。

该课程要以“外贸基础”“外贸业务英语”“国际结算操作”等课程的学习为基础，也是进一步学习“进口业务操作”“外贸业务综合实训”等课程的基础。该课程打破以知识传授为主要特征的传统学科课程模式，转变为以工作项目与任务为中心组织课程内容，在邀请外贸业务专家对国际贸易实务专业所覆盖的业务岗位进行任务与职业能力分析的基础上，以就业为导向，以外贸业务员岗位为核心，以出口业务操作为主体，按照高职学生认知特点，采用业务流程引导教学进行的方法展示教学内容，让学生在完成具体项目的过程中来构建相关知识体系，训练职业技能，发展职业能力。本课程出口准备工作、出口报价核算与发盘操作、出口还价核算与还盘操作、接受与出口签约操作、催审改证操作、内贸合同跟踪、产品出运操作、出口制单结汇、出口善后业务处理等九个学习项目，这些学习项目是以外贸业务员岗位的基本素质、基本能力、基本规范、基本业务、基本操作为线索来设计的。课程内容突出对学生职业能力的训练，理论知识的选取紧紧围绕工作任务完成的需要来进行，同时又充分考虑了高等职业教育对理论知识学习的需要，并融合了相关职业资格证书对知识、技能和态度的要求。

本课程在建设过程中，牢固树立职业导向的理念，坚持以外贸企业出口业务员岗位的人才需求为建设依据，形成了一系列富有特色的建设成果：

特色1：课程定位科学、细致：摒弃绝大多数外贸类专业“进出口实务”的课程分类方法，将进出口业务独立划分为“出口业务操作”“进口业务操作”两门课程，这一定位符合外贸行业岗位发展的新要求。

特色2：项目教学改革形成系列项目成果：“出口业务操作”课程自始至终贯彻项目教学改革，改变原有教师讲授的传统模式，以“教师导入项目—下发工作任务—指导学生操作—示范标准操作—布置能力实训”的流程组织教学，并在此过程中，开发了项目活动载体，并形成了项目化教材，计划于 2009 年 3 月由高教出版社出版。

特色 3：工学交替改革让实践检验校内教学效果："出口业务操作"工学交替实践使该课程建设向更高层次迈出重要一步，通过学生的工学交替实践切实检验校内项目教学改革的成效，不仅学生收益颇丰，也让课程建设项目组积累了宝贵的建设资料与经验。

三、建设队伍

本课程组在师资队伍的建设过程中，逐步探索了"双元双优"的教学团队建设模式，该模式入选国家示范性建设项目建设二周年成功案例师资队伍建设案例之首，获得教育部专家的认可。

"双师"结构：课程组共有 18 名教师，其中 9 名专任教师，全部是双师素质教师；9 名行业兼职教师，都来自外贸业务一线业务专家。行业兼职教师与专任教师的比例达到 1∶1。

学缘结构：教师主要来自对外经贸大学、浙江大学、西南财经大学、浙江工商大学、安徽财经大学、浙江工业大学等院校，知识面涵盖了国际贸易的各个方面，学缘结构合理。

年龄结构：本课程的教师队伍年龄结构合理，45 岁以上占 16.7%，35—45 岁占 44.4%，35 岁以下占 38.9%，形成合理的教学梯队。课程组教师治学严谨、师德高尚，执教能力强，教学效果良好。

职称结构：高级职称 8 人，占 44%，中级职称 10 人，占 56%，结构合理。专任教师中，副教授 4 人，讲师 5 人。

职业资格结构：职业资格证书持有率占 100%，且 3 名专任教师来自企业，有丰富实践经验，其他 6 位均在企业挂职锻炼过，职业资格结构非常合理，职业资格证书持有率占 100%，从而有效保障了实践教学质量。

表 1 "出口业务操作"课程建设队伍

<table>
<tr><td colspan="4">双师结构</td><td colspan="12">年龄结构</td></tr>
<tr><td colspan="2">专任教师</td><td colspan="2">行业兼职教师</td><td colspan="4">45 岁以上</td><td colspan="4">35—45 岁</td><td colspan="4">35 岁以下</td></tr>
<tr><td>人数</td><td>比例</td><td>人数</td><td>比例</td><td colspan="2">人数</td><td colspan="2">比例</td><td colspan="2">人数</td><td colspan="2">比例</td><td colspan="2">人数</td><td colspan="2">比例</td></tr>
<tr><td>9</td><td>100%</td><td>9</td><td>100%</td><td colspan="2">3</td><td colspan="2">16.7%</td><td colspan="2">8</td><td colspan="2">44.4%</td><td colspan="2">7</td><td colspan="2">38.9%</td></tr>
<tr><td colspan="4">职称结构(专任教师)</td><td colspan="12">职业资格结构</td></tr>
<tr><td colspan="2">副教授/副高</td><td colspan="2">讲师/中级</td><td colspan="6">专任教师</td><td colspan="6">行业兼职教师</td></tr>
<tr><td>人数</td><td>比例</td><td>人数</td><td>比例</td><td colspan="3">人数</td><td colspan="3">比例</td><td colspan="3">人数</td><td colspan="3">比例</td></tr>
<tr><td>4</td><td>44.4%</td><td>5</td><td>65.6%</td><td colspan="3">9</td><td colspan="3">100%</td><td colspan="3">9</td><td colspan="3">100%</td></tr>
</table>

四、建设载体与成效

(一)2006年国家示范性建设重点专业教改课题:"出口业务操作"课程工学结合的项目教学改革实践

"出口业务操作"课程工学结合的项目教学改革实践是浙江金融职业学院国家示范性高等职业院校建设项目国际贸易实务专业的立项项目,建设的主要内容围绕"出口业务操作"课程工学交替的实践与项目改革的实践展开。

1."出口业务操作"课程工学结合路径探索:"出口业务操作"课程在课程建设各要素建设过程中全面贯彻工学结合的建设路径,在教学主体、教学模式、教学内容、教学场所、教学进程、考评体系等6个方面探索工学结合的具体路径如下:

教学主体:校内专任教师+外贸企业专家;

教学模式:能力本位+任务导向,学生主体的项目教学;

教学内容:外贸出口典型项目活动载体为主线;

教学场所:校内实训基地+校外实训基地;

教学进程:校内实训+工学交替;

考评体系:过程考核+结果考核,校内考核+企业考核。

2."出口业务操作"课程项目教学改革实践:"出口业务操作"课程项目教学改革体现在项目活动载体设计、教学实践进行项目教学、项目教材编写、学生项目成果设计等诸多方面,形成的系列成果如下:

课程标准1套、项目活动载体2套、项目教材1套、整体设计及单元设计1套、课程质量标准1套、生产性实训方案1套、生产性实训考核标准1套、学生项目成果要求指标1套。

(二)2007年浙江金融职业学院首届教学创新奖:国际贸易实务专业"课证融合"改革探索与实践

国际贸易实务专业自2005年起开展"课证融合"改革,其中"出口业务操作"与"进口业务操作""外贸业务综合实训"三门课程共同服务于全国外贸业务员考证的需要,在课程层面实现课证融合。

1.教学内容的融合:以职业考证内容为主要教学内容,结合自身的教学改革设计教学内容,使课堂教学的内容覆盖职业考证内容。

2.教学进程的融合:根据职业考证的时间,结合学科体系特点确定课程开设学期及开设时间,使课程培训与职业考证时间有机结合。

3.教材的融合:根据职业考证教材,结合项目教学内容,将二者有机结合起来,使教学与考证培训实现功能上的融合。

(三)2008年浙江金融职业学院立项课题:国际贸易实务专业核心课程工学交替实现路径研究与实践——以“出口业务操作”为例

以“出口业务操作”为例来研究国际贸易实务专业的专业核心课程工学交替教学改革的实现路径,并在国际贸易专业核心课程中加以实践。以“出口业务操作”课程的改革实践为突破口来探讨国际贸易实务专业核心课程的工学交替路径,并借此探讨向其他财经管理类专业课程的推广。解决的关键问题有:

1. 内部问题:主要在于工学交替考核制度的细化与可执行性亟待解决,要以具体的工作任务引导学生的工学交替,需要具体、可执行、可考核的工作任务开发。所以,高质量工学交替教学实践的实现要配合以项目教学改革的实践,有明确任务导向的教学引导才有可能保证工学交替起到预期的效果。

2. 外部问题:主要在于工学交替企业的选择,一方面借助专业已经建立的校外实训基地的帮助;另一方面,要积极调动学生,运用学生自己的资源开发工学交替的机会,使学生、教师变成工学交替的共同主体,而非教师单方面推动工学交替的进行。

3. 时间问题:工学交替的时间尝试以弹性时间与固定时间相结合的办法进行,即将工作任务细化后,允许学生结合自身的资源,选择最适合工学交替的项目,在该项目教学时间内实现工学交替,化整为零。

根据上述建设思路,“出口业务操作”课程在2008—2009学年第一学期对国际贸易实务专业学生开展工学交替,将全部学生安排在外贸及其相关行业的一线操作岗位进行实际动手操作,学生对于职场环境、职业氛围、职业岗位有了更全面、更直观的了解,对于学生明确努力方向提供了良好的机会,工学交替效果良好。

(四)“出口业务操作”教育部经济类教指委重点建设课程建设项目(2009年)

“出口业务操作”课程作为国际贸易实务专业的专业核心课程,主要面向外贸业务员岗位需求,培养符合一线岗位要求的外贸业务员。“出口业务操作”课程自2007年开始,实施了以外贸业务员岗位职业标准为依据,以职业能力为本位,以工作过程为主导,以校企合作为路径,融“教、学、做”为一体的工学结合课程建设模式。本课程基于外贸业务员工作过程和工作任务开发了课程标准,编写了项目教材,实施了工学交替、双元课程建设主体和课程融合等教学改革,建设成果喜人,在2009年被教育部经济类教指委评选为重点建设课程。

建设内容主要包括:

1. 外贸业务员岗位标准开发:广泛邀请外贸及相关行业专家共同开发体现行业人才需求的外贸业务员岗位标准,明确外贸业务员岗位对从业人员的知识、技能、素质要求,确立课程建设的科学依据。

2. “出口业务操作”课程标准开发:依据外贸业务员岗位标准,将行业对岗位从业人员的要求转化为课程建设的内容,使其实现标准化转变,使行业的岗位需求可以通过有效途径转变为学院人才培养的目标,使两者有效对接,实现深层的课证融合。

3. “出口业务操作”项目教学改革实践:课程开展项目教学改革,打破原有的学科体系授课的传统模式,以外贸业务员岗位标准为依据,以外贸出口业务操作流程为主线,设计项目活动载体,实行任务驱动、能力本位的项目教学改革,形成系列成果。

4.“出口业务操作”项目教材编写：广泛邀请行业企业专家参与共同编写项目教材，设计大型、综合业务案例贯彻教学全过程，使学生以职业人的身份完成出口业务操作全过程，为项目教学改革提供强有力的支撑。“出口业务操作”项目教材已于2009年4月由高等教育出版社出版。

5.“出口业务操作”实训实践场所建设：着力打造由校内生产性实训基地与校外实训基地共同构成的全方位实训实践场所，突显职业性与实践性，为学生扮演职业人开展能力实训提供有利环境，同时校外实训基地的建设为学生开展工学交替实践提供方便条件，目前校内外实训基地建设取得显著成效。

（五）“出口业务操作”省精品课程建设项目（2010—2013年）

“出口业务操作”课程省级精品课程建设阶段，重点探索、实践课程建设模式：以外贸业务员岗位标准为依据，以外贸业务操作能力为本位，借助双元双优的教学团队，在校内外实训基地实行工学结合的项目教学。该模式有效保障了学生在校学习与实际工作的一致性。

1.“出口业务操作”课程以外贸业务员岗位标准为依据，确保课程建设依据的职业性、实践性与开放性。

本课程建设过程中坚持以外贸业务员岗位标准为建设依据，以外贸业务员岗位知识、素质、能力要求为主要教学内容，以外贸业务员岗位对从业人员的需求变化作为本课程教学的方向标，使本课程的教学设计符合行业岗位要求，体现高职教学改革的职业性、实践性与开放性。

2.“出口业务操作”以外贸业务操作能力为本位，采用项目导向、任务驱动、能力本位的行动导向的教学模式。

本课程采用项目导向、任务驱动、能力本位的行动导向的教学模式。课程教学内容根据外贸业务员岗位标准及外贸出口业务流程设计为十个工作项目，每个工作项目设计具体的工作任务，通过学生对指定工作任务的完成情况作为衡量学生掌握外贸业务员岗位相关能力情况的主要指标，从教学、考核等环节强化能力本位的建设思路。

3.“出口业务操作”在教学主体及教学场所设计上秉承工学结合的设计思路，有效保障了学生在校学习与实际工作的一致性。

本课程打造了一支由校内专任教师及外贸企业业务专家共同构成的“双元双优”教学团队，从教学主体的构建上体现了工学结合的设计思路，从师资队伍上保障了学生在校学习与实际工作的一致性。同时，本课程打破传统教室的授课模式，把专业课程教学放在仿真外贸工作场景的外贸业务实训室和全真工作场景的外贸相关企业，让师生都以职业人身份开展教与学，实施“课堂与实习地点一体化”教学组织形式，在教学场所的设计上体现工学结合的建设思路。

4.“出口业务操作”开展工学交替，将学生实际工作的模拟演练提前到学生在校期间，更好地保障了学生在校学习与实际工作的一致性。

课程实施了工学交替的教学改革，使学生在校期间就可以提前进入实际工作岗位进行实际操作，体验职业氛围，演练职业能力，深化职业理解。

课程组在对工学交替的环节进行设计时，与外贸企业专家共同协商确定工学交替的时间、地点、企业安排；在工学交替管理上，确定1+1的工学交替指导教师，由一名校内专任教师与一名外贸企业专家共同指导学生的工学交替，细化工学交替的任务，明确考评体系及成果要求，使学生在工学交替期间完成指定的工作任务，提高工学交替的质量。

（六）融入职业素质养成的“出口业务操作”课程综合改革获院第五届教学成果奖二等奖（2013年）

“出口业务操作”课程探索职业素质渗透进专业课程的改革思路，对行业人才需求进行立体分析，覆盖从业人员的专业知识、职业能力、职业素养等多个层面。而高职的专业课程建设无论是最初的学科理论体系架构，还是目前较为普及的项目教学改革，课程的功能设计仍较为单一。课程是人才培养的微观基础，职业素质养成、专业知识累积、职业能力提升不能在课程中有机结合，就使得学校人才培养与行业岗位需求的对接缺少了微观基础。而不经系统设计仅靠课程中昙花一现的职业素质案例同样无法切实满足行业岗位的人才需求。本项目分析了“出口业务操作”课程的改革目标、课程内容、教材、师资队伍、教学环境、教学形式、教学考核等七个要素，从课程设计、教学实施、教学考核三个环节对课程开展综合改革，重点解决专业课程建设重能力、轻素质，重教学、轻育人的问题。

1. 全面引入外贸业务员岗位职业标准，重视课程设计中融入职业素质养成需求，强调素质、能力、知识有机结合，满足岗位人才需求的综合性。更新课程建设理念，课程设计中融入外贸业务员岗位对从业人员的素质要求，将职业素质养成作为课程建设的重要组合部分，避免单一强调职业能力提升，或偏能力、轻素质的片面作法。

2. 全面统筹教学内容、教材、师资队伍、教学环境、考核方法等课程建设要素，开展课程综合改革，凝练可推广的研究成果。在微观课程中融入职业素质要求就必须对课程进行精心设计，对课程建设的各要素全面考量，从教学内容的选取、配套教材建设、师资队伍建设、教学环境营造、考核体系构建等多方面对课程进行系统设计、综合改革，才能使职业素质培养成为专业课程建设中重要组成部分，而不是可有可无的修饰成分；才能使融入职业素质养成的课程综合改革形成可操作、可探讨、可复制、可推广的教学成果。

五、课程特色

本课程建设在国内同类院校课程建设中特色鲜明，思路清晰，建设时间尽管不长，但发展前景看好。

（一）课程定位更具时代特征，更符合行业发展需要

中国外贸自改革开放以来一直发展迅猛，其中尤以出口贸易为主。自2006年国家提出改变外贸战略，变“鼓励出口”为“进出口并重”以来，外贸行业对外贸进、出口业务的操作人员有了更高的要求，而国内绝大多数外贸类专业仍沿袭“进出口贸易实务”的课程建设，没有对出口贸易与进口贸易作进一步的细化。而本课程则是在客观分析外贸行业发展的时代特征后，设置的更符合外贸行业发展需要的专业课程，与其他传统“进出口贸易实务”课程不同的是，本课程更侧重出口业务操作能力的训练，更侧重区分出口业务独有的业务环节的职业能力要求。这一课程的设置与定位在国内具有一定的领先性。

（二）项目教学设计系统、实施具体，教学效果良好

本课程项目教学法的设计思路得到国内职教专家徐国庆博士的认可，课程组设计的课程教学标准在国内高职中处于领先，围绕外贸业务员职业岗位的标准，课程目标明确，设计思路清晰，体现任务驱动的项目教学要求，同时已进入实施及逐步完善阶段。学生通过以项目制为主导的学习和实践，能够充分调动自主学习的积极性和能力，并强化自身的职业技能以及综合素质。

（三）“双元双优”教学团队建设模式得到教育部专家认可

本课程实施的专任教师与行业兼职教师共同开发课程、共同编写教材、共同备课、共同授课和共同命题的“双元课程建设模式”，在全国都处于领先地位。

（四）“课证融合”成效明显

本课程实行“课证融合”建设，将课程建设与全国外贸业务员考试结合在一起，从全国外贸业务员职业考证通过率逐年上升，比全国平均通过率约高出20％，在全国处于领先地位。学生在全国大学生外贸从业能力竞赛中取得团体一等奖的佳绩，在全国外贸技能大赛中两名参赛选手均荣获个人一等奖、团体一等奖。

校企会深度融合，构建立体化教学模式
——“商务英语翻译”课程建设十年

曹深艳　朱慧芬

一、课程建设概况

“商务英语翻译”的前身是“英语翻译”，自 2003 年商务英语专业招生以来，就是专业核心主干课程。但是，在专业建设初期，课程设置学科研究性质浓重，俨然是“本科压缩饼干”。经过两年的建设，课程在打造高职特色、创新教学模式、改革教学内容等方面，取得显著进步。2005 年，“英语翻译”课程立项成为学院重点建设课程。课程组借助学院“水平评估”和“国家级示范院校建设”两大建设契机，紧随高职教育改革大潮，大力开展课程改革。2006 年，随着专业人才培养定位的不断明晰，课程组在认真研讨、调研和论证的基础上，重新进行课程定位，更名为“商务英语翻译”。从此，该课程进入了快速发展阶段，成绩斐然，成果丰富。2008 年，立项成为国家高职高专经济类教指委重点建设课程；同年，课程教学团队获学院优秀教学团队称号；2009 年，完成“以技能训练为核心构建商务英语翻译立体化教学模式研究”省教育厅科研课题研究；2010 年 5 月，立项成为浙江省高职高专精品课程；2010 年 9 月，主持人曹深艳入选浙江金融职业学院 2012 年教学与课程建设带头人工程；2012 年，立项成为院级精品资源共享课程；2013 年课程组荣获学院优秀教学成果二等奖；2013 年 7 月，课程组核心成员朱慧芬老师获浙江省微课比赛一等奖、国家三等奖；2013 年 8 月，课程组编写的项目教材《商务英语翻译实务》(科学出版社)修订版获得国家教育部十二五职业教育规划教材建设立项。

本课程网址为：http://b6.wjxit.com/。

二、课程建设过程质量

(一)建设理念和思路

职业教育的课程建设必须“以服务为宗旨，以就业为导向、以能力为本位”。职业教育要服务于地区社会经济发展，为企业培养具有良好综合素质、具有较好的知识、技能和良好品质的技能型人才，提高学生就业竞争力。

多年来，项目组以该课程建设为契机，积极而卓有成效地开拓与杭州市翻译协会、西博公司和中国人民银行杭州支行之间长期稳定的合作，构建了特色鲜明的课程实践教学体系，形成了“一社一赛三课堂、深度融合校企会”的格局，并在教学实践中实施和改进，取得了显著成效。我们的主要建设构想如下：

构建一支双元双优课程教学团队，由 4 名专任教师和 4 名行业兼职教师共同参与项目建设全过程。

构建一个多维实践教学平台，多渠道全方位地为学生创造实践实习机会，突破课堂教学的局限性。

构建多元化的实践教学载体，丰富学生学习和实践活动，提供学生自我能力展示的舞台。

构建模块化的实践教学内容，以工作任务为主线设计教学任务，冲破了翻译类课程重理论的传统知识体系束缚，解决了课堂教学与人才培养定位不相适应的问题，实现教学内容与职业岗位要求的对接。

构建“教学做一体化”实践教学模式，以案例教学、情境教学、合作学习、翻译工作坊等为特色的实训主导的变重理论轻实践、重知识传授轻能力培养的观念，摆脱英语课程本科式理论主导的教学模式影响，重视学生实践动手能力的培养。

构建全方位立体化的教学评价体系，合理评价学生的学习效果，克服了传统考核方式的片面性，避免高分低能的评估失误。

构建实用型课程教学资源，以翻译工具、平行文本、商务英语翻译词汇库等，为学生课外自主学习提供指导和工具，解决学生过分依赖教师，自主学习能力缺乏等问题。

出版一部项目驱动实训教材，打破传统教材的编写体例，解决理论与实践脱节的问题。“商务英语翻译”是高职商务英语专业核心课程。课程目标是培养学生掌握基本的翻译技能，运用常用的技巧翻译商务文本的能力；引导学生利用参考书、字典、网络和权威的平行文本，独立翻译商务文本；培养学生积累背诵日常翻译中常用词组和句型的习惯。它以英语精读的学习为基础，与本专业的“商务英语阅读”“商务英语写作”“国际贸易英文函电”等课程有着纵向联系。

该门课程的总学时为 72 课时，以基本翻译知识与技巧为基础，以商务英语翻译技能培养为中心，开展教学。建议基础英语翻译 24 课时，商务英语翻译 48 课时，其中理论 22 课时，实践 50 课时，4 个学分。

本课程改革主要思路：

1. 打破以知识传授为主要特征的传统学科课程模式，转变为以工作任务为中心组织课程内容，并让学生在完成具体项目的过程中学会完成相应工作任务，并构建相关理论知识，发展职业能力。

2. 依据“商务英语专业人才培养方案”中的商务助理、外贸业务员等岗位对商务英语能力的要求，突出对学生职业能力的训练，理论知识的选取紧紧围绕工作任务完成的需要来进行，项目设计以工作任务为线索来进行。教学过程中，注重学生实际动手能力的培养，以操练为主，给学生提供丰富的实践机会，突出高职特色。

3. 教学效果评价采取过程评价与结果评价相结合的方式，通过理论与实践相结合，重点评价学生的职业能力。

4. 以培养学生商务英语翻译能力为核心，构建了以网络为平台、行业兼职教师和专业教师相结合、实践与理论相结合的立体化的教学模式。

(二)课程团队建设

建设了一支双元双优实践教学团队，由 4 名专任教师和 4 名行业兼职教师共同参与项目建设全过程，强化专任教师实践教学能力，解决了英语教师知识单一，对社会需求、对相关企业缺乏了解等问题。

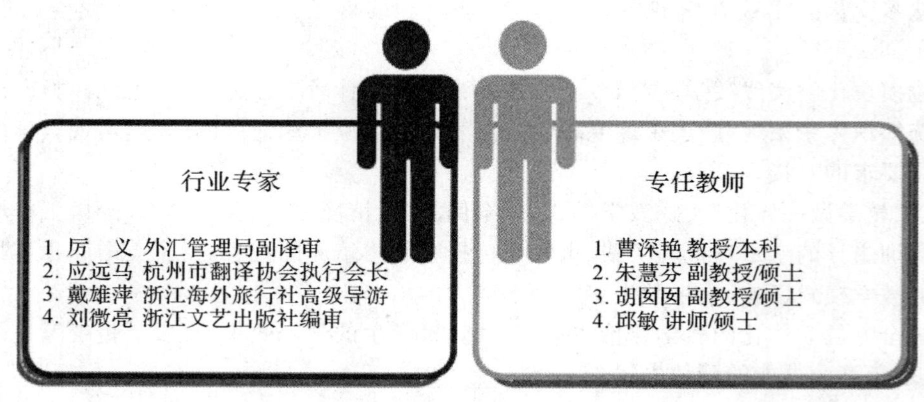

行业专家
1. 厉　义 外汇管理局副译审
2. 应远马 杭州市翻译协会执行会长
3. 戴雄萍 浙江海外旅行社高级导游
4. 刘微亮 浙江文艺出版社编审
专任教师
1. 曹深艳 教授/本科
2. 朱慧芬 副教授/硕士
3. 胡因因 副教授/硕士
4. 邱敏 讲师/硕士

图 1　双元双优教学团队

为了强化教师实践教学能力的培养，本项目从行业兼职教师和专任教师两个方面进行培养，鼓励专兼合作，共同进步。行业兼职教师参与课程建设的全过程，同时，鼓励专任教师积极投身行业企业发展，加强对企业行业的了解，培养自身岗位能力。

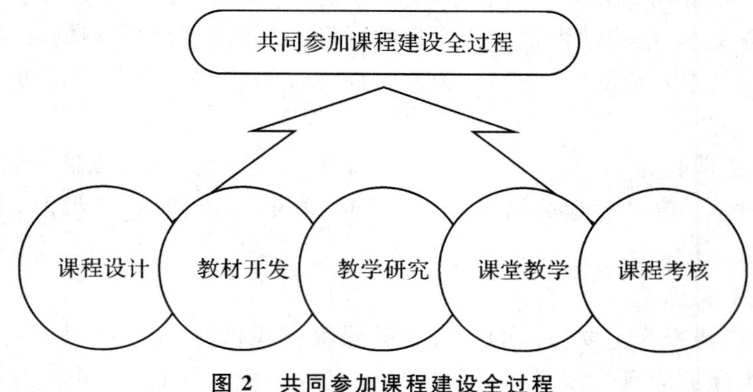

图 2　共同参加课程建设全过程

(三)资源建设情况

1. 课程资源建设目标。

建设了实用型课程教学资源，以翻译工具、平行文本、商务英语翻译词汇库等为主体，配备了集文本、磁带、CD、多媒体、网络于一体的自主学习资源，为学生课外自学提供了丰富的网络学习资源，为学生自主学习和实践提供指导和参考工具，培养以学生为主体、教师为主导的多媒体网络环境下的自主学习能力，解决学生过分依赖教师，自主学习能力缺乏等问题，使学生达到知识和能力的协调发展。

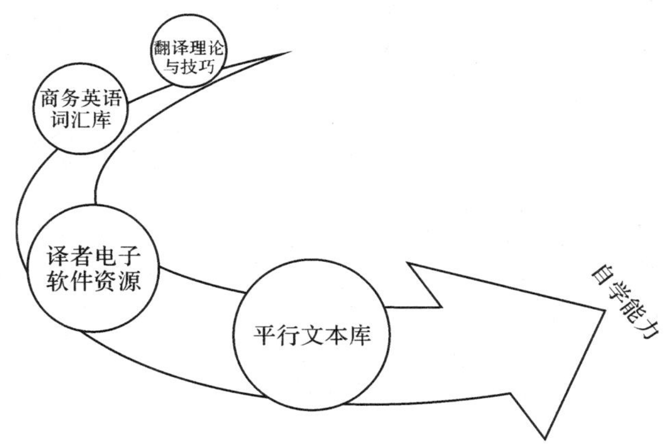

图 3 "商务英语翻译"课程资源建设目标

本课程资源建设目标是，达到优质核心课程标准要求，在此基础上继续开发研究，力争在五至十年内通过持久、扎实的努力，将本课程建设成优秀省级精品课程，使其成为针对性实效性强、广受学生欢迎、在国内高职院校同类课程中具有示范作用的课程。

(1)完成教学指导性文件的编写与修订。

(2)完成教案、讲义、习题集、案例集、试题库的建设。

(3)完善现有的多媒体教学课件，制作系统新颖实用的商务英语翻译课件。

(4)注重学生的实践能力，学生的实践条件得到改善，并充分开发和利用校内外实训基地。

(5)商务英语翻译教学网络建设完善。

(6)课证融合，将考证与课堂教学结合起来。

(7)形成教学改革成果(发表教改论文、出版教材或研究论著)。

2. 建设步骤。

本课程建设始于 2005 年学院重点课程建设，延续至 2013 年 12 月，分为六个阶段。

第一阶段(2005 年 9 月—2005 年 12 月)，准备计划阶段：调研论证，确定课程建设框架，完成课程建设规划等文件的计划和编写，明确研究任务。

第二阶段(2006 年 1 月—2007 年 8 月)，初期建设阶段：完成课程教学大纲、实训大纲、实训指导书的编写。

第三阶段(2007 年 9 月—2008 年 12 月)，课程建设深入阶段：完成教案的编写，建设案例集、试题库和习题集，制作课件。完成教材编写和出版任务。

第四阶段(2009 年 1 月—2009 年 12 月)，中期建设阶段：课程标准开发和网络课程建设，教材使用和调研，修改第一至第四阶段资料文件。

第五阶段(2010 年 1 月—2011 年 12 月)，后期建设阶段：完成课程建设预期任务，建设网络课程平台。

第六阶段(2012 年 1 月—2013 年 12 月),深化内涵阶段:完善课程建设资料,充实完善网络课程建设,修订教材,完成课程录像,建设课程精品资源库。

(四)资源上网情况

完成教学资料编写(教案、讲义、案例集、试题库、习题集);实现课程录像上网、课程教学资料上网;完成翻译欣赏屋建设。

通过课题组成员的一致努力,到目前为止已经完成了以下建设目标。

1. 修订完善了基本的教学文件:

(1)商务英语翻译课程建设规划;

(2)商务英语翻译课程标准;

(3)商务英语翻译实训大纲;

(4)商务英语翻译实训指导书;

(5)实践性教学考核内容与方法;

(6)案例集;

(7)试题库;

(8)习题集;

(9)教案;

(10)课件。

2. 编制完成《商务英语翻译课程标准》。

3. 完成网络课程建设。

4. 搭建商务英语翻译课程教学平台。

(1)本门课程的简要介绍,包括课程的定位,课程性质、学时学分、培养目标、主要内容、前后续课程联系等。

(2)教师简介:课程负责人、课程组成员、行业兼职教师相关教学与工作信息。

(3)课程标准:对学生学习目标和课程教学定位等进行论述,包括课程性质、课程目标、内容目标、实施建议等内容。

(4)课程内容:以项目为主线,以过程为导向,根据学生职业需求进行编写的 13 单元;突出实用性的同时注重基本的翻译理论和技巧的学习。

(5)教案:为每一个课程教学单元编写教案。

(6)多媒体课件:为每一个教学单元编制课件。

(7)学习方法指导:介绍翻译字典的使用方法、网络资源的查找方法、翻译项目管理等。

(8)参考资料目录:参考书数目、可参考的网址、常用翻译软件、常用平行文本库、常用翻译词汇。

(9)试题库:单元标准作业、辅导作业、单元测试题、参考答案、综合测试题及参考答案。

(10)多媒体素材库:课程录像、学生部分实训录像。

(11)常见问题及解答:对课程学习中学生可能经常遇到的学习难点的解答。

(12)翻译考证信息:大学英语四六级考试新题型。

(五)教学方法改革

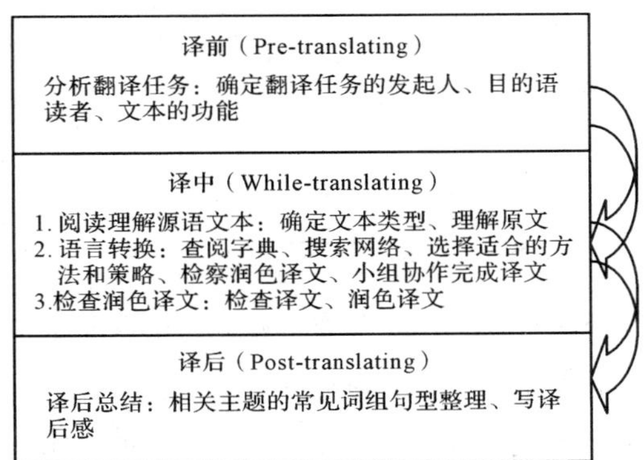

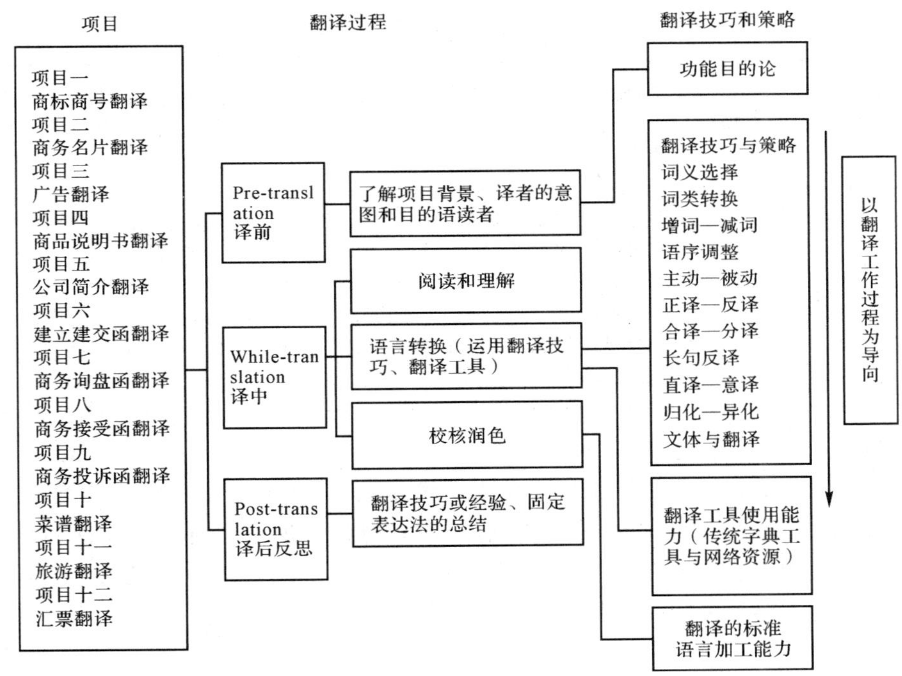

图 4　PWP 的翻译教学模式

1. 构建了以案例教学、情境教学、合作学习、翻译工作坊等为特色的实训主导的“教学做一体化”实践教学模式，变重理论轻实践、重知识传授轻能力培养的观念，摆脱英语课程本科式理论主导的教学模式影响，重视学生实践动手能力的培养。

“商务英语翻译”课程不仅要传授商务英语翻译基本技巧和商务英语翻译基本理论，还要培养学生在商务活动背景下的团队协作能力和语言交际能力。因此，在教学中我们主要采用 PWP 教学模式和项目教学法、以过程为导向的情景教学法、案例教学法，主要体现了协作式、探究式学习。在实践项目的完成过程中，学生需要在译前(Pre-translating)分析翻

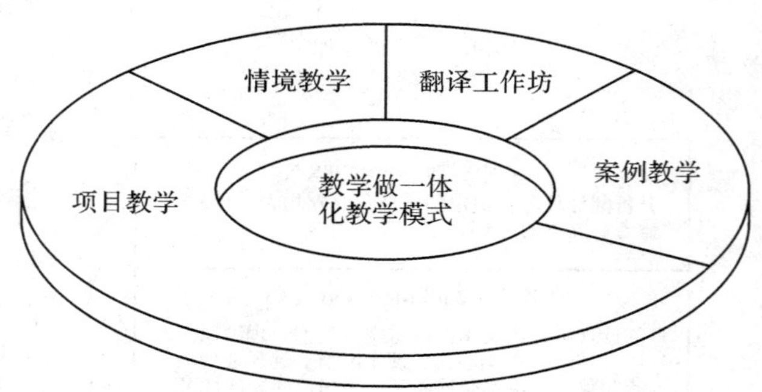

图 5 “商务英语翻译”课程“教学做一体化”实践教学模式

译任务，在译中(While-translating)阅读理解源语，利用网络、字典辅助，选择合适的翻译方法和策略进行翻译，通过小组的协作，检查润色译文，完成译文，在译后(Post-translating)，进行总结和反思。

表 1 “商务英语翻译”课程教学模式

项目教学法	“项目教学法”是通过实施一个完整的项目而进行的教学活动，其目的是在课堂教学中把理论与实践教学有机地结合起来，充分发掘学生的创造潜能，提高学生解决实际问题的综合能力。
案例教学法	案例教学法即运用社会或身边发生的案例激发学生学习兴趣，给学生的行为以启发的教学模式。其操作流程为“以例激趣—以例说理—以例导行”。
任务型教学法	任务型教学(Task-based Language Teaching)是指教师通过引导学习者在课堂上完成任务来进行的教学。这是 20 世纪 80 年代兴起的一种强调“在做中学”(learning by doing)的语言教学方法，是交际教学法的发展。

(1)项目教学。

课程教学以商务情境下翻译工作任务为主线，以十三个项目为载体，按照翻译工作的流程：译前→译中→译后的 PWP 模式展开，辅以基本的翻译理论和技巧。在这种模式下，突出了几个传统翻译教学中弱化的因素：译前的项目背景、委托人意图和目的语读者；译中的翻译工具特别是网络资源的使用技巧；译后对某一翻译项目的总结。

(2)情境教学。

传统翻译教学的素材常常是黑白的文字，而我们“商务英语翻译”课教学中的案例(项目)和丰富的公示语音频和视频资源为翻译教学提供了具体翻译的情景，便于学习者根据具体情境选择合适的翻译策略，提高学生的学习兴趣。在翻译课教学中为了让学生有身临其境的感觉，提高学生的兴趣，尝试使用 Jean Vience 的“模仿真实情景法”(real-life like assignment)。操作过程中，先将一个近 30 人的班级分为 4 大组，每组 5～7 人。假定每个小组成员同属一个公司，其中两组为中国公司的成员，另外两组为外国公司的成员；每组的组长担任该公司的总经理一职，每位同学分别担任公司的某一职务，如公关部经理、销售部经理、人事部经理等。每次情景练习就在这些“公司”间进行。

(3)翻译工作坊。

翻译工作坊目的在于培养学生实际分析问题和解决问题的能力。①在翻译工作坊操作中，重视学生作为认知主体的地位，学生的参与度成为决定教学效果的重要因素。②在翻译工作坊中，要求小组的成员通过共同讨论、分析、总结来完成一项翻译任务，这一过程锻炼小组成员的协作能力。③翻译工作坊主导的课堂，翻译项目一般是在现实的翻译任务基础上根据学生的水平进行选择，要求学生完成翻译任务。翻译工作坊提供真实的任务，采取协作方式，具有鲜明的实践性，符合高等职业教育英语教学的要求，能有效培养学生实际翻译能力。

(4)案例教学。

传统的翻译教学以教师为中心，课堂主要以教师讲解课本内容展开，学生的课堂参与的机会少，积极性、主动性和创造性得不到充分的发挥。案例教学主要从操练入手，以工作任务为教学单元，基本的理论技巧从具体项目(案例)中引出，在案例的驱动下开展基本的翻译理论和技巧学习，引导学生参与案例的分析，以小组为单位完成翻译任务。案例教学法主导的课堂围绕呈现案例、分析案例、解决案例涉及的问题展开，又通过案例进行操练，整个教学过程渗透着实践性。

此外，在设计“商务英语翻译”课程的教学时，我们非常重视探索性、反思性和协作性学习、以过程为导向的项目教学等现代教学理念在教学中的应用。我们重视实践教学，以任务为导向开展项目教学；我们也同样重视基础翻译基础理论和技巧的传授，坚持“实用为主，够用为度”原则，在教学中渗透与商务英语翻译相关度最大的新理论功能目的论。根据翻译工作的过程，我们总结了适合高职高专学生的商务英语翻译教学方法。

商务英语翻译课程改革的特点是构建了教学做一体化的教学模式。高职“商务英语翻译”教学改革的关键在于明确课程定位。高职商务英语翻译教学的目的不是培养专门性的翻译人才，而是培养商务领域一线人才的商务英语翻译技能。立体化的教学模式以提高学生的专业技能为目的，课程设计不再以学科化的语言知识和翻译理论与技巧的讲授为中心，而是遵循“实用为主、够用为度”原则，以实践技能教学为主线，把理论教学与实践教学紧密结合起来，使实训教学与工作任务密切联系，确保技能训练的核心地位。

构建以技能训练为核心的“商务英语翻译”教学做一体化教学模式，教师是主体。同时，企业在工作任务和职业能力分析、教学内容的安排中起到指导性的作用。基于校企合作课程开发机制充分发挥学校、企业和教师的作用，制定课程标准、编写教材等文本资料，设计具体的教育过程。

教学做一体化教学模式的核心内容就是打破英语翻译课程传统的结构框架，努力通过“三个结合”培养学生商务英语翻译技能：学习任务与工作任务相结合、理论教学与实践实训相结合、教学与生产服务相结合，使课程教学贴近实际、贴近职业、贴近市场，提高学生的职业能力。

(1)改革课堂教学内容，使学习任务与工作任务相结合。

建构主义的学习观认为学习不是由教师把知识简单地传递给学生，而是一个由学生自己建构知识的过程。教学应从问题开始，让学生在解决问题的过程中学习，提倡学中做与做中学，善于把当前学习内容尽量与自己已有的知识经验联系起来，并对这种联系加以认真思考。通过教师的组织、学生的演练，在仿真、愉悦、宽松的场景中达到教学目的。

“商务英语翻译”教学做一体化教学模式的构建首先从教学内容和教学方法入手，采用项目教学法，将学习任务与工作任务紧密结合起来。以工作任务为依托的项目教学依据职业岗位工作任务设计教学项目，将金融、外贸、商务和管理等实务与翻译理论及技巧融为一体，师生通过共同实施工作项目开展教学活动。教学从职业岗位工作任务分析出发，基本知识广而不深、点到为止；以技能训练为核心，围绕一个个相对独立的商务工作项目为单元，以翻译名片、翻译公司简介、翻译商务信函等工作任务为依托，基本技能贯穿教学的始终；以工作任务为主线，将理论与实践、课堂教学与职业岗位实际结合起来，培养学生实际动手能力和岗位职业能力，在实践操作中学习翻译理论知识与技巧。

(2)建设校内实训室和校外实训基地，理论教学与实践实训相结合。

校外实践教学基地与校内实践教学基地都是高职实践教学框架的重要组成部分，“内”与“外”的有机结合是培养学生商务英语翻译技能的保障。校内实训基地始终是实施实践教学环节的主要场所，是学生进行翻译基本功训练、商务英语翻译技能训练、商务活动模拟操作训练和综合技能训练的基地。教学做一体化教学模式要求课程教学拥有优良的校内实训环境，先进的实训设备，为学生在校内创造工作环境。

商务英语口译实训室、仿真商务英语活动实训室、外贸业务员实训室、国际商务实训中心等校内实训室所营造的职业氛围，融理论教学与实践教学为一体，再现工作情景，促使学生在教师的指导下运用已有的翻译技巧和商务知识去完成工作任务，有利于培养学生翻译技能。校外实践教学基地是校内实践教学基地的补充，是校内实践教学的延伸。它们能为学生实训提供场所、设备和真实的商务环境，给他们独立完成相应的生产任务的机会，使学生提高操作熟练程度，得到职业规范化训练，并完成英语翻译能力和商务职业能力的结合。在校外实践岗位上，学生运用在课堂内学到的商务英语翻译理论和技巧，汲取实训中完成各个工作任务所学到的经验和方法，处理与外商合作所面临的信函、单据和接待等任务。通过实践工作，提高动手能力，进一步强化在学校所学的商务英语翻译理论知识和技巧，在实际工作中逐步具备适应企业工作岗位的实践能力、专业技能、敬业精神和严谨求实的工作作风。

(3)成立翻译社，教学与生产服务相结合。

实施产教结合的根本目的在于培养高素质的技能人才。产教结合必须坚持以教为主的教学原则，教学与生产有机结合，实现理论教学和实践教学的良性循环。翻译社为教学做一体化教学营造真实的翻译工作环境，让学生面对真实的工作任务，在实践过程中探究知识，提出问题，构建适合他们自己的知识结构，并在此过程中学习翻译知识和技能。

翻译社主要由专业教师为指导，行业兼职教师为顾问，依托校网建构网络平台，承接校内外业务。翻译社运作模式采用教师指导下的学生负责式，按照业务种类将翻译社成员分成若干工作组，每组有指导教师和学生社员参与。社长从学生中择优选聘，从营销宣传到后续服务，主要由学生经营，教师全程指导。根据课程教学内容，承接学术论文摘要、出国申请函、证书和单据、企业简介、菜谱、说明书、求职信函、求职简历等业务。

2.构建了一套多维实践教学平台，借助校内实训室和校外实习基地，第一课堂教学、第二课堂活动、第三课堂自主学习有机结合，打造一套实践教学平台，拓展实践教学空间，多渠道全方位地为学生创造实践实习机会，突破课堂教学的局限性。

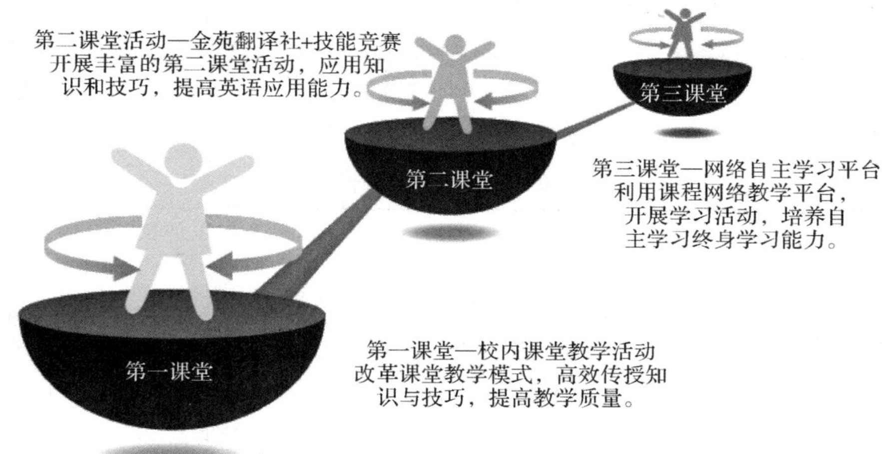
第二课堂活动—金苑翻译社+技能竞赛
开展丰富的第二课堂活动，应用知识和技巧，提高英语应用能力。
第三课堂
第二课堂
第三课堂—网络自主学习平台
利用课程网络教学平台，开展学习活动，培养自主学习终身学习能力。
第一课堂
第一课堂—校内课堂教学活动
改革课堂教学模式，高效传授知识与技巧，提高教学质量。

图 6　多维实践教学平台

3. 商务英语翻译课程网络教学平台的建设，已将课程标准、实训指导书、考核质量标准、教案、课件、习题集等上网。教学平台非常注重学习情境、学习资源、学习环境（非教学环境）、学习活动等设计，并加强了教学和互动功能，促进了课程教学改革。

4. 设计了多元化的实践教学载体，将课程实践教学与毕业设计、社会服务、技能竞赛、社会实践活动、志愿者服务等活动结合起来。丰富学生学习和实践活动，提供学生自我能力展示的舞台，提高学生学习信心和兴趣，弥补语言类课程实践教学的不足。

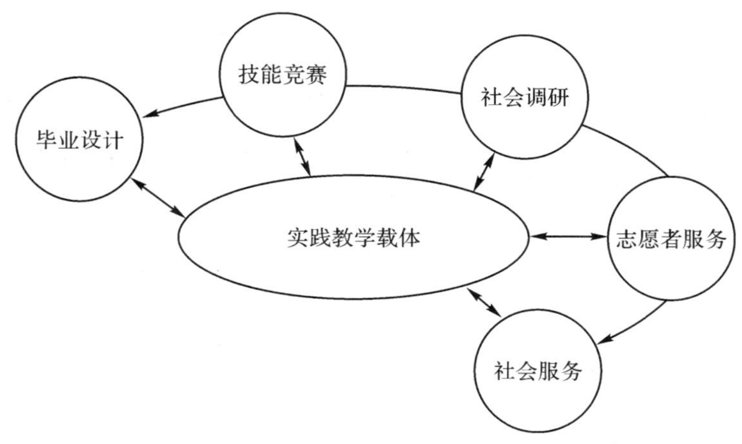
技能竞赛
社会调研
毕业设计
实践教学载体
志愿者服务
社会服务

图 7　多元化的实践教学载体

5. 构建了模块化的实践教学内容，以工作任务为主线设计教学任务，冲破了翻译类课程重理论的传统知识体系束缚，解决了课堂教学与人才培养定位不相适应问题。打破以知识传授为主要特征的传统学科课程模式，为以外贸业务员和商务助理工作任务为中心组织课程内容，使学生在完成具体项目的过程中学会完成相应工作任务，构建相关理论知识，发展商务翻译职业能力。

课程内容突出对学生商务翻译能力的培养，理论知识的选取紧紧围绕外贸业务员和商务助理工作任务完成的需要，教学设计以国际商务情景下（接待、陪同、洽谈、函电等）商务助理和外贸业务员工作任务为线索来进行。教学过程中，通过校企合作和校内实训基地建设等多种途径，采取工学交替等形式，为学生提供丰富的实践机会，以操练为主，以能力为本，突出高职特色。

表 2　课程内容设计

序　号	工作任务	能力要求	知识要求	课　时
1	翻译 商标商号	1. 能掌握商标商号的翻译方法 2. 能掌握商标商号的有关知识 3. 能深入了解翻译的标准，并进行翻译	1. 掌握商标翻译的常用技巧 2. 掌握商号翻译的常用表达法 3. 了解国内外的翻译标准	6
2	翻译 商务名片	1. 能掌握商务名片的翻译方法 2. 能掌握商务名片的有关知识 3. 能深入了解翻译的过程，并进行翻译	1. 掌握商务名片翻译的常用技巧 2. 掌握商务名片的有关知识 3. 了解翻译的过程	6
3	翻译 广告词	1. 能掌握广告词的翻译方法 2. 能掌握广告的有关知识 3. 能深入了解词义的选择，并能在翻译过程中正确地选择和确定词义	1. 掌握广告词翻译的常用技巧 2. 掌握广告的有关知识 3. 了解词义的选择，并能在翻译过程正确地选择和确定词义	6
4	翻译商品说明书	1. 掌握商品说明书的基本技巧 2. 能够翻译简单的产品说明书（中译英），能就一些复杂的说明书，如家电、化妆品等产品进行熟练（英译中翻译） 3. 能够熟练使用增减法进行翻译	1. 了解中外商品说明书的语言特点、翻译技巧和方法 2. 理解翻译中增减法的定义 3. 理解增减词汇在翻译中的必要性	6
5	翻译 建交函	1. 掌握建交函的有关知识 2. 掌握建交函的翻译技巧 3. 能够熟练使用转态译法进行翻译	1. 掌握建交函的有关知识和翻译技巧 2. 掌握建交函常用术语和句型 3. 理解转态翻译在翻译中的必要性	6
6	翻译 询盘函	1. 掌握询盘函的有关知识 2. 掌握询盘函的翻译技巧 3. 能够熟练使用词类转换法进行翻译	1. 掌握询盘函有关知识和翻译技巧 2. 掌握询盘函常用术语和句型 3. 理解词类转换翻译法在翻译中的必要性	6
7	翻译 接受函	1. 掌握接受函的有关知识 2. 掌握接受函的翻译技巧 3. 能够熟练使用语序调整法进行翻译	1. 掌握接受函有关知识和翻译技巧 2. 掌握接受函常用术语和句型 3. 理解语序调整在翻译中的必要性	6
8	翻译 投诉函	1. 掌握投诉函的有关知识 2. 掌握投诉函的翻译技巧 3. 能够熟练使用正反译法进行翻译	1. 掌握投诉函有关知识和翻译技巧 2. 掌握投诉函常用术语和句型 3. 理解正反译法在翻译中的必要性	6

续表

序　号	工作任务	能力要求	知识要求	课　时
9	翻译公司简介	1. 掌握公司简介相关知识 2. 掌握公司简介翻译技巧 3. 能够熟练使用合译分译法进行翻译	1. 掌握公司简介的有关知识 2. 掌握公司简介的翻译技巧 3. 理解合译分译在翻译中的必要性	6
10	翻译汇票	1. 能掌握汇票相关知识 2. 能掌握汇票翻译技巧 3. 能熟练使用直译与意译法进行翻译	1. 掌握汇票的有关知识 2. 掌握汇票的翻译技巧 3. 理解直译与意译在翻译中的必要性	6
11	翻译信用证	1. 能掌握信用证相关知识 2. 能掌握信用证翻译技巧 3. 能够熟练掌握归化与异化	1. 掌握信用证的有关知识 2. 掌握信用证的翻译技巧 3. 理解归化与异化在翻译中必要性	6
12	翻译菜谱	1. 能熟悉常见的菜谱翻译技巧 2. 能运用恰当的翻译技巧，翻译中文菜谱 3. 能够了解翻译与文化的关系	1. 了解中国的餐饮文化 2. 熟悉常见的中文菜名的翻译技巧 3. 理解翻译与文化的关系	6
13	翻译旅游景点资料	1. 能掌握基本旅游知识 2. 能掌握旅游翻译的技巧和方法 3. 能够了解翻译与文体的关系	1. 掌握基本旅游知识 2. 掌握基本旅游翻译方法 3. 理解翻译与文体的关系	6

“商务英语翻译”课程的内容组织以十三个商务英语翻译项目和翻译理论与技巧为两条交叉的主线，以翻译工作过程为导向，培养商务英语翻译技能。

每个教学项目以工作任务为主线，包括能力目标、知识目标、工作任务及任务分析和操作示范、知识链接、知识拓展等内容。

6. 构建了全方位立体化的教学评价体系，合理评价学生的学习效果，克服了传统考核方式的片面性，避免高分低能的评估失误。

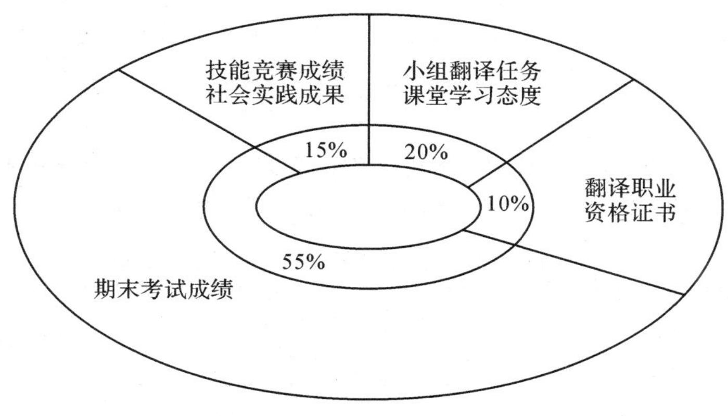

图 8　立体化的教学评价体系

采用立体化的考核方法，注重学生实际动手能力的培养，对学生商务英语翻译能力进行全方位立体化的评价。

表 3 立体化的考核方法

序号	考核项目	成绩评定依据	知识、技能与态度要求	考核标准	总评成绩（%）
1	小组翻译任务	学生小组翻译作品	能依据课程任务要求，开展翻译活动拥有团队合作精神，调查过程中能分工协作	翻译选材符合课程要求（10%） 能根据所学翻译技巧和方法进行翻译（40%） 翻译作品规范，论述准确，作品能反映出较高水平（40%） 团队合作成功（10%）	10
2	课堂学习态度	作业 实训报告 考勤记录	遵守学校纪律，不无故迟到、早退、旷课、认真按时完成课程作业及实训报告听课认真，学习主动	作业完整，干净整齐（30%） 实训报告整洁（30%） 全勤（20%） 掌握所学理论和技巧（20%）	10
3	实践成果	个人翻译作品鉴定	能依据所学知识，为学校、社会或者翻译机构完成翻译任务	个人翻译作品（单位印章） 实践单位鉴定（单位印章）	15
		资格证书		资格证书复印件	10
4	期末考试	试卷			55

三、课程建设结果质量

（一）学生培养质量

建成了体现项目课程改革成果的省级精品课程“商务英语翻译”，使 8 届上千名学生直接受益，提高了学生就业质量与竞争力，专业学生就业率达 100%。近年来，根据统计数据显示，每年两次的大学生英语四六级等级考试中，我专业学生成绩在稳步增长。

杭州市翻译协会成功地举办了四届浙江省公示语外语纠错大赛，吸引了省内各高校师生及社会广大外语爱好者的热切关注和积极参与，该比赛旨在为浙江省各个城市及旅游景点的标识与路牌翻译提供建设性意见，为进一步提高我省的国际形象创造良好的语言环境。“商务英语翻译”课程建设一直非常重视该赛事的指导，专业学生在大赛中连年获得好成绩。

表 4 2008 年浙江省第二届公示语外语纠错大赛

参赛时间	2008 年 9 月浙江省决赛
参赛地点	杭州
参赛人数	10 人
指导教师	曹深艳、朱慧芬、胡囡囡、邱　敏

表 5　获奖情况列表

姓　名	班　级	所获奖项	指导老师
陈芝	英语 06(1)	一等奖	朱慧芬
黄藤红	英语 06(1)	二等奖	胡囡囡
齐细娇	英语 06(2)	二等奖	邱　敏
王兴	英语 06(3)	三等奖	朱慧芬
李　娜、唐静洁、王　兴	英语 06(3)	团队奖	朱慧芬

表 6　2010 年浙江省第三届公示语外语纠错大赛

参赛时间	2010 年 11 月浙江省决赛
参赛地点	杭州
参赛人数	10 人
指导教师	曹深艳、朱慧芬、胡囡囡、邱　敏、王娟萍、张万里、于　洋

表 7　获奖情况列表

姓　名	班　级	所获奖项	指导老师
唐文君	英语 09(2)	三等奖	胡囡囡
茅川燕	英语 08(1)	优胜奖	胡囡囡
尉丹丹	英语 09(2)	优胜奖	张万里
蔡慧靓	英语 09(1)	优胜奖	于　洋

表 8　2012 年浙江省第四届公示语外语纠错大赛

参赛时间	2012 年 11 月浙江省决赛
参赛地点	杭州
参赛人数	10 人
指导教师	曹深艳、朱慧芬、胡囡囡、邱　敏、王娟萍、唐小波

表 9　获奖情况列表浙江省决赛

姓　名	班　级	所获奖项	指导老师
王飘逸	英语 10(3)	一等奖	邱　敏、唐小波
钱飞英	英语 10(3)	二等奖	邱　敏、唐小波
陈　笑	英语 10(4)	优胜奖	邱　敏、唐小波
车萍等	英语 11(4)	团队奖	王娟萍

“浙江省公示语外语纠错大赛”是我院商务英语专业“商务英语翻译”课程实训教学的一个重要平台，我院师生在第二、三、四届大赛中的出色表现是课程教学改革的硕果，也是“课赛融合”教学模式改革的成功体现，从一个方面反映了商务英语特色专业的建设成效。同

时，也激励我们继续努力，进一步改进教学，提高人才培养水平，增强学生的英语水平和竞争力。我们将继续加深与杭州市翻译协会的合作，促进人才培养模式改革，提高专业人才培养质量。

(二)课程教改项目

课程组教师共主持开展了12项课程与教学改革课题。

2009—2010年，曹深艳主持浙江省教育厅项目“以技能训练为核心构建商务英语翻译立体化教学模式研究”，对课程教学模式改革进行了全面的研究探讨和实践，在教材建设、教学方法改革、教学内容组织、课程实践教学体系建设和社会服务能力提升等方面取得明显成果，课题发表3篇研究论文，于2010年12月完成研究。2012年11月，该项目获得学院教学成果二等奖。

2009—2011年，朱慧芬主持浙江省高职教育研究会“‘服务＋教学’双功能翻译类生产性实训项目开发与研究”，对课程的实训项目进行开发和研究，并形成了一系列的翻译实训项目，在社会服务和课程实训方面取得明显效果，课题发表研究论文1篇，于2011年1月完成研究，并获得中国高等职业技术教育研究会第十三次教育年会优秀教育研究成果评审二等奖。

胡囡囡主持浙江2012年度杭州市哲学社会规划课题“功能理论视角下的公示语翻译研究——以高等教育国际化形势下的浙江高校为例”，本课题通过对高等教育国际化形势下浙江省高校公示语翻译情况的调查、分析，发现目前存在的问题，从功能翻译理论的角度对公示语翻译中存在的问题和错误进行了解析，从而探讨如何选择更加准确、适当的翻译策略进行公示语翻译工作。本课题计划在2013年5月结题，发表以功能理论视角下的公示语翻译研究——以高等教育国际化形势下的浙江高校为例为主题的论文一篇。

胡囡囡主持2012年浙江省人力资源和社会保障科学研究课题“高等教育国际化视域下的翻译类毕业生就业能力提升研究”，本课题顺应高等教育国际化的发展趋势，旨在研究如何在高等教育国际化的新形势下提升高校翻译人才就业的能力。本课题于2013年5月结题，发表以高等教育国际化视域下的翻译类毕业生就业能力提升研究为主题的论文一篇。

胡囡囡主持2012年浙江省教育厅课题“高等教育国际化形势下的浙江省高校公示语翻译策略研究”，本研究顺应高等教育国际化的发展趋势，有利于提升我省高等教育国际化程度；对增强高校学生跨文化意识具有推动作用；对创造良好校园语言环境和文化环境，提高我省高校校园形象具有积极的意义，同时也为浙江旅游业做出了贡献。本项目于2013年5月结题，验收时，完成一项浙江省高校公示语翻译情况调研，并总结适合省内高校公示语翻译的策略。

2010—2011年，邱敏主持院级科研项目“‘上海世博’背景下的浙江旅游翻译”，对浙江旅游资料的翻译方法和策略进行了研究和实践，在教学上引导学生从目的论角度来思考如何进行旅游资料的翻译，课题公开发表1篇研究论文，于2011年6月完成研究。

2011年12月，贾丽君主持高职教育英语类教学改革项目：“零课时”英语听力自主学习平台的构建——高职英语听力教学改革的研究和探索。

2012年5月，贾丽君主持浙江金融职业学院的重点教学改革课题：浙江金融职业学院

“零课时”英语听力教学改革的理论研究和实践探索。

2012年8月，贾丽君主持浙江省教育技术研究规划重点课题：“信息技术下高职‘零课时’英语听力实训改革的实践探索”。

2010年张敏主持院级科研项目：“微篇英语教学模型构建研究”。

2011年张敏主持院级科研项目：“从EGP到ESP——商务英语课程设置创新研究”。

2012年王慧盛主持院教改课题：“双教合作基础英语教学改革研究与实践”。

2013年邱敏主持院级教改课题：“基于行业需求的毕业设计改革研究”。

(三)课程教改论文

商务英语专业课程团队开始建设以来，发表课程教改论文21篇。

1. 曹深艳，《以技能训练为核心构建立体化教学模式》，《大家》，2008年12月。

2. 朱慧芬，《引导学生自主使用翻译工具提高学生翻译能力》，《湖北经济学院学报》，2008年8月。

3. 朱慧芬，《中式菜名中的语言变异现象及其翻译》，《哈尔滨学院学报》，2009年7月。

4. 朱慧芬，《商务英语翻译项目教学应重视词块教学》，《湖北第二师范大学学报》，2009年7月。

5. 朱慧芬，《“服务＋教学”双功能翻译类生产性实训研究与项目开发》，《中国职业教育》，2010年2月。

6. 朱慧芬，《银行公示语翻译现状调查与研究——以浙江省10所银行为例》，《浙江金融》，2011年3月。

7. 朱慧芬，《生态翻译理论视域下的老字号英译研究——以杭州老字号为例》，《安徽工业大学学报(社科版)》，2011年3月。

8. 胡囡囡，《习语翻译策略刍议》，《长沙大学学报》，2009年1月。

9. 胡囡囡，《首批国家示范高职院校商务英语专业实践教学体系比较研究》，《长春理工大学》，2011年1月。

10. 胡囡囡，《示范性高职院校与翻译协会的深度融合刍议——浙江金融职业学院加强与杭州市翻译协会的合作，提升商务英语翻译课程团队的社会服务能力》，《大家》，2011年2月。

11. 胡囡囡，《高职院校商务英语教改刍议》，《湖北经济学院学报》，2010年9月。

12. 胡囡囡，《高职院校“商务英语翻译”课程改革研究刍议》，《教育与职业》，2012年5月。

13. 邱敏，《从目的论视角谈“上海世博”背景下的浙江旅游翻译》，《科技信息》，2010年12月。

14. 邱敏，《中西文化差异对翻译实践的影响》，《科技视界》，2011年第26期。

15. 贾丽君，《高职院校“零课时”英语听力教学改革的探索和研究》，《牡丹江教育学院学报》，2013年第4期。

16. 贾丽君，《高职商务英语听力课程改革方向的探索》，《时代教育》，2012年第22期。

17. 张敏，《英语竞赛辅导与高职院校英语的教与学》，《牡丹江师范学院学报》，2010年

6月。

18. 张敏,《微篇英语教学模式探讨》,《长春理工大学学报》,2011年1月。

19. 张敏,《微篇英语教学模式研究与实践》,《教育与职业》,2011年11月。

20. 张敏,《高职院校商务英语专业课程设置创新研究》,《语文学刊》,2012年2月。

21. 张敏,《高职基础英语教学与人文素质教育的融通》,《长沙民政职业技术学院学报》,2012年1月。

(四)公开出版教材

书　名	作　者	出版社	出版时间
商务英语翻译实务	曹深艳等	科学出版社	2008.6

该教材具备以下特点:

1. 依据本课程标准编写教材。充分体现项目课程设计思想,以项目为载体实施教学;项目选取科学、实用,使学生在完成项目的过程中逐步提高职业能力,同时考虑可操作性。教材内容反映高职商务英语翻译教学新成果、新技术。

2. 教材编写坚持"实用为主,够用为度"的原则,并注意与相关课程(如商务英语写作、外贸英文函电等)的衔接,编写侧重商务英语翻译能力的培养;贴近高职学生需要;案例入手,将翻译理论与技巧渗透在案例分析中;操练为主,突出高职特色,注重实践,实用性强。

3. 编写出版了由"教科书、教学参考书、学生手册和实训手册"组成的立体化教材,为教师采用现代化教学手段,提供了教学课件及电子教案等;为学生提供了丰富的练习和欣赏材料以及基本的理论和技巧介绍。教学资料丰富,学生自主学习方便,教师备课便利。

该教材《商务英语翻译实务》(科学出版社)出版以来,受到使用院校师生好评。同时,经过四年的教学实践，编写组老师发现问题，并计划补充新的内容，注入新思路和新方法，准备进行修订完善。2013 年 8 月，本教材修订版获得国家教育部“十二五”职业教育规划教材建设立项。

（五）学生评教情况

表 10　学生评教情况

学　年	学　期	课　程	学生评教分数
2010—2011	1	商务英语翻译	92.5
	2	商务英语翻译	93.39
2011—2012	1	商务英语翻译	94.15
	2	商务英语翻译	97.72
2012—2013	1	商务英语翻译	93.6
	2	商务英语翻译	97.16

（六）网络资源使用情况

本课程资源的开发与利用包括相关教辅材料、实训指导手册、信息技术应用、工学结合、网络资源、仿真软件等，充分利用已有的教学实训基地，让学生在教师的带教下参与实际翻译任务的分析解决，使学生充分感受到课程知识的实用性。

1. 主体：商务英语翻译课程网络资源主要服务商务英语专业“商务英语翻译”课程大二在学学生、大一翻译社学生、大三翻译方向毕业设计学生、部分从事翻译相关工作的毕业生、杭州市翻译协会学生会员委员会成员以及其他的翻译爱好者。

2. 内容：网络资源的使用可以帮助学生进行课程学习、获悉课程最新通知、提交课程作业、查询作业批改、完成翻译项目实训；翻译社成员可以获悉最新的翻译社动态，参加定期举行的翻译擂台赛，进行相关主题的讨论，比如公示语翻译专题讨论；大三学生通过网站专栏可进行翻译毕业设计方面的选题、资料、模板、历届优秀毕业设计。

3. 主要板块使用情况统计（以下数据截至 2012 年 12 月 17 日）。

表 11　主要板块使用情况统计（以下数据截至 2012 年 12 月 17 日）

主　题	主　题	帖　子
公告	39	116
课程作业	51	733
实训报告	50	357
毕业设计	28	126
在线答疑	19	131
专家指导	7	34

续表

主　题	主　题	帖　子
翻译 show 吧	7	34
公示语聊吧	9	41
老师,请听我说	18	52
翻译社动态	12	12

四、课程社会评价

在课程建设进程中,为了不断改革课程,创新教学方法,课程组不定期地针对"商务英语翻译"课程的课程定位、课程标准、项目安排、课程特色、教学方法等,向授课学生、用人单位、同行教师等进行调研,调研方式包含访谈、问卷等。这些调研保证了"商务英语翻译"课程的健康有序发展。

1. 针对授课学生的问卷调查:"商务英语翻译"课程自开课以来非常重视学生对课程评价,每学年对授课学生进行相关的意见。学生对"商务英语翻译"课程教学的内容和教学手段都高度认可,但学生希望本课程能够更多地提供实用型练习的机会,提供更多形式的多媒体翻译教学载体,希望教学活动更加多样化。

2. 针对用人单位的访谈:专业教师利用寒暑假调研的机会对行业和企业进行访谈,其中包括浙江省翻译协会、杭州市翻译协会、杭州农资集团金鸿进出口有限公司、杭州炫漫曲丝绸进出口有限公司、杭州高每贸易有限公司等。调研单位对就业学生的反馈情况给"商务英语翻译"教学提出了新的要求,我们在教学中需要更加重视商务信函的翻译教学,重视学生语言的基本功,提高学生翻译的灵活程度。

3. 针对同行的问卷调查:课程组分别在 2012 年和 2013 年面向全国的语言专业的同行发出课程相关问卷,收回有效问卷 50 份。问卷采用了 6 级评分制,同行对"商务英语翻译"课程的课程定位评价非常好,其中有 60%的教师评价满分,33.3%的教师评价 87 分;对课程的课程标准评价良好,其中 53.3%的教师评价满分,46.7%的教师对课程标准评价 87 分;51.6%的同行教师对课程的项目安排评价满分,41.9%的教师对本课程项目安排的评分为 87 分。大多数教师认为:课程的突出优点在于"科研立课""社会服务""课赛融合""校企会合作"。

五、课程建设不足与对策

(一)不足

1. 课程团队整体水平有待继续提高。

2. 综合性实训项目的开发和指导有待深入。

3.课程教学资源库有待丰富。

4.课程录像和教辅资料有待完善和提高。

(二)对策

1.基于校内外实训基地建设，联合行业兼职教师，加强调研，编写翻译类综合性的实训项目。

2.加强专任教师与行业兼职教师的联系，共同研讨如何更加有效地提高综合实训指导的质量和效果，建设一支稳定而高水平的行业兼职教师队伍。

3.联系优质的视频制作者，与课程教师合作共同完成网络视频的拍摄。

4.丰富和更新各类网络资源，以满足学生和社会对课程的学习需要。

5.提升课程品牌效应，积极申报精品资源共享课程，扩大课程影响力。

商务英语翻译是一门跨学科复合型课程，与本科同类课程相比，我们更注重其实践教学体系建设，注重学生实践能力的培养，本项目突破了英语语言类课程教学改革的瓶颈，打破语言知识和翻译理论为主的格局，建设了一支优秀教学团队，开发设计了项目驱动的实训教材，构建了一套教、学、做一体化的教学模式，搭建了实践教学平台，设计了多维实践教学载体，取得了显著的改革成效，是英语类课程教学改革的典范，具有鲜明的高职特色。

今后，我们将继续遵循“实用为主，够用为度”的教学原则，以实务实训为重心，以工作任务为主线，深化实践教学体系改革，在培养学生基本翻译能力的基础上，融金融实务、外贸实务、旅游实务、餐饮服务、商务英语基本知识、英语语言基本知识以及基础英语翻译理论和技巧的学习为一体，在课程教学的实用性和实践性等方面进行深入的探讨和研究；进一步提高项目教学团队的教学和研究水平，推动青年教师快速成长，建设稳定的行业兼职教师队伍；多出优质研究成果；扩大专业及课程的影响力，使其在全省乃至全国高职院校同类专业中起示范引领作用，为商务英语专业建设打造特色和亮点，为建设知名强校做出我们的贡献。

基于职业需求的多元化大学英语课程教学改革实践

——“大学英语”课程建设八年

武晓燕

“大学英语”一直是浙江金融职业学院非英语专业学生的一门必修公共基础课程。受益面广，影响大。自立项为精品课程以来，课程组负责人认真履行职责，课程组全体教师以建设具有特色和一流教学水平的课程为己任，精心研究和制定了精品课程建设规划。在建设过程中，坚决贯彻落实“职业导向”的理念，遵循“实用为主、够用为度”的原则，尝试多种形式的教学改革，以提高学生英语综合应用能力、跨文化素养以及职业能力为主要目标，以实践性、应用性为核心，构建集语言技能教育＋语言知识及文化教育＋信息素质教育于一体的全方位科学的外语教育教学体系。通过科学、合理的教学组织安排，全面、立体的教学资源建设，形成了系列建设成果，使精品课程在教学队伍、教学内容、教学条件、教学方法与手段等各方面都有了较明显的改善和提高，初步建成了具有较强师资队伍、教学内容新颖、教学方法灵活、教学手段先进、教学效果良好、具有一定示范作用的课程。课程网址为 http://b2.wjxit.com/。

一、主要建设过程与重点内容

大学英语精品课程建设主要分为以下三个阶段：

第一阶段：(2007 年 9 月—2009 年 8 月)学院重点课程建设

研究与建设重点：高职大学英语课程教学体系的改革与研究。

根据《高职高专教育英语课程教学基本要求》和我院各系各专业的人才培养计划，结合学生实际，遵循“应用为主，够用为度”的原则，立足高职院校实际，针对高职学生的特点，对教学内容重新整合，将课程内容结构与知识序列重构，在大学英语教学中保证学生听说读写译五项基本技能的基础上，结合专业需求和专业人才培养目标，在日常的课堂教学中有意识地、自然地渗透行业英语的相关内容。同时开设多门选修课供学生选择，拓宽学生知识面，提高学习英语的兴趣。首先，构建必修课程＋选修课程于一体的教学体系，其中，必修课程以现有大学英语课程为基础，同时将该课程内容模块化，课程教学主要分为视听说教学、读写译教学;选修课程侧重职业英语语言技能的提高及等级考试方面的培训;同时定期开展学习方法指导讲座和各类第二课堂活动。其次,根据生源的差异和学情的不同,组建不同的教学团队,设定不同的教学要求,制定不同的教学大纲,选用不同的教材,采取不同的教学方法,分中职生和普高生,进行分层分类教学。该课程体系兼顾对具有不同层次学生的英语水平的提高,以确保基础阶段和提高阶段大学英语课程体系的科学构建。

第二阶段:(2009 年 9 月—2010 年 8 月)院级精品课程建设阶段

研究与实践重点:"三课堂"结合的大学英语教学模式改革。

结合本校学生实际,在教学方法上进行了改革,主要体现在:

1. 利用各种教学方法和手段,活跃课堂教学。体现"以学生为中心"的思想,把学生的生活、学习和兴趣融入教学中,培养学生的语言应用能力。在课堂教学中充分利用先进的教学理论和方法,如、交际教学法、任务教学法、情景主题项目教学法等。例如,在情景主题项目教学中,首先,结合学生特点,精心设计情景主题项目。在教学过程中,把教材中的章节按项目进行编排,再将项目分为若干的子项目。每个项目的确立都根据学生的实际情况进行统筹安排。其次,引导学生分析项目并提出问题;然后根据提出的问题,即时讲授新知识;最后问题解决后,按照项目要求,让学生在实践中对知识和能力进行巩固。

2. 注重课内和课外实践的有机结合,开发隐性课程,积极开展课外语言学习和应用的环境建设,尽可能多地为学生提供接触和操练英语的场所和机会,培养学生的自学能力。指导学生进行课外阅读及课外听力练习。鼓励学生收听本校英语广播及国外英语调频节目,如 VOA、BBC 等。鼓励学生积极参加各种英语活动,如英语讲座、英语角、英语竞赛等以提高学生的口语能力。

3. 充分利用大学英语课程教学网站和网络教学平台这个"第三课堂",试行多媒体网络交互式自主学习模式。在教学内容上强调趣味性,坚持题材、体裁的多元化,突出知识性。在教学方式上加强课前自主输入(课前小组调研和预习),激活完善多种形式的课堂输入和输出方法。正确发挥教师在大学英语课堂教学中的作用,如组织教学、检查准备情况、调动学生积极性、适时答疑、总结评价、布置新任务和加强自我建设等。

第三阶段:(2010 年 9 月至今)省级精品课程建设阶段

研究与实践重点:双 C 理念下的自主学习和能力为本的大学英语教学评价研究与实践。

在大学英语教学模式改革取得一定成绩的基础上,我们进一步深化、探索新模式下大学英语教学方法和教学评价的研究。首先加大实践教学条件为现阶段的教学改革提供硬件支持,加强对英语广播台和语言实训中心建设,为实践教学的开展提供了积极有力的保障。其次,在双 C 教学理念("合作学习+控制学习")的指导下,研究如何利用网络教学资源,通过合作式学习、网络探索式学习等多种教学形式,并辅以个人自主学习、小组讨论学习、课程互动论坛等多种活动,实现从封闭性教学方式向自主学习方式的转变,浅层学习方法向深层学习方法的转化;并辅之相关的教学评价方法的改革,加大过程性考核的力度,实现从语言知识向语言技能应用的转化,知识教育向素质教育转化,全面提高学生的英语语言与信息素质综合能力。

二、课程资源建设情况

(一)课程基本资源建设已总体完善

“大学英语”这门课程从立项以来,就开始着手重新架构大学英语课程教学网站,以便更好地反映课程教学思想,切合当前我院大学英语教学实际。

1.制订和完善了教学大纲和教学总体设计,确定教学质量标准。大学英语课程教学大纲的制订是以教育部《高职高专英语课程教学要求(试行)》为理论依据进行制订,分别从教学目标、教学内容、教学方法、教学评估体系等方面对学生的学习做出具体要求,侧重于对学生听说技能水平的提高,并对学生的课堂学习与课外活动制订具体要求,加强对学生语言应用技能的训练。

2.对授课计划进行更新,按照情景主题来设计教学单元。

3.为了学生能够更好地进行课后自主学习,我们依据课程单元教学内容,编写了课程学习指南,设计每个学习情境主题的知识目标、能力目标、重、难点及解决方法,为学生提供大学英语课程学习指导。

4.根据学生英语学习水平的不同层次来编写教学课件和教案,主要分为适合较高层次的大学英语教学(以针对普高生源的学生为主)、适合一般层次水平的实用英语教学(针对三校生源学生为主)。而且教学课件可以下载,方便学生下载进行网下学习。

5.根据课程特点不断完善试题库建设,分为单元习题库、等级考试题库、竞赛题库三部分。

这些课程资源都以层级目录显示,方便学生查找,有针对性地学习。

(二)建立了立体化的课程资源体系

“大学英语”课程组在课程立体化资源建设上投入大量精力,目前素材资源库、行业英语课程学习资源、在线学习平台、师生互动平台这四项两项内容已经建设完成,并投入使用,效果良好。

1.素材资源库,为了更好地培养学生的听说能力,同时为教师提高更多的英语视听素材,我们引进了新东方的多媒体学习库、蓝鸽大学英语资源库等,供学生在线进行英语自主学习和英语在线测试。为英语学习者提供了大量的免费试题及答案解析,学习者可以根据自身的考级考证需要选取相关内容进行学习,内容涵盖英语等级考试(英语应用能力B级,CET3,CET4,CET6)、职业考证(剑桥商务英语,中高级口译)和公共英语考级试题等。目前使用率较高,学生反应良好。

2.根据高职高专人才培养目标,培养学生的职业英语能力,课程组收集和制作了适合我院特色的行业英语学习资源,以演示文稿的课件形式展现,内容涉及金融英语、营销英语、文秘英语、商贸英语、计算机英语等。供学生在学习基础英语之余,进行职业英语拓展学习。

3.复旦社21世纪大学英语教学平台:21世纪大学英语教学平台是教师教学的一个有

力的交互性辅助工具，包括资源库、题库、试卷库等丰富的教学资源，对在线教学互动提供了小组、讨论、测验、作业、考试等全面手段。经过教师确认的教学内容可以让学生学习；同时，有了这个平台，学生可以更加方便地在教师的规定下进行学习，获得更加大量的教学信息和练习机会。本平台自 2013 年 3 月初在浙江金融职业学院试点使用以来，教师和学生普遍有良好反馈，在 2013 年 9 月全面投入使用。

4. 课程互动平台：本课程项目组以新的教育观念为指导，让学习者参与到学习的过程当中来，将互动平台作为重要教学工具加以开发，设置在线答疑、作品分享、师生交流与知识拓展以及下载专区五个栏目，同时利用教学网络平台展示学生优秀作品，以供广大英语爱好者和学习者交流学习。通过平台的互动与交流，有效掌握学生的英语学习现状，使学生在英语的课上课下学习能够有效结合起来，有效提高学生英语学习兴趣和水平。

(三)突出课程的特色资源建设

为配合我院建设“国内一流、国际知名高职院校”目标，本课程利用英语语言优势，除上述资源建设外，还建设了本课程所特有的具有国际化特色的“国际培优班”。主要目的是为综合素质较好、有留学国外意向的学生提供平台与服务。学生在修读本专业课程的同时，在课余时间集中修读以雅思(IELTS)为核心的英语课程。雅思成绩达到 6.0，单科成绩 5.5，参与我校与国外合作培养项目。相关资源已陆续上网。其中主要包括：

1. “国际培优班”简介：包括国际培优班招生简章、教学计划及管理条例等。

2. “国际培优班”教学资源：本板块设置雅思(IELTS)词汇、雅思听力、雅思口语、雅思阅读和雅思写作五个模块，供有意留学国外备考雅思(IELTS) 的学生自习和资料查阅。

3. “国际培优班”活动：针对国际班开展的相关活动和学术讲座，帮助学生拓展关于雅思、出国留学、异国文化等知识。

三、课程主要特色

(一)确立“三个中心”的教学理念

“以社会需求为中心”是指以社会第一线的职业岗位需求确定教学目标、安排教学内容、调整教学方法。“以学生为中心”的教学就是摈弃传统的教师中心地位，一切教学活动都围绕学生展开，鼓励学生积极主动地参与形式多样的语言实践，提高学生英语的各种技能。教师则成为教学活动的组织者、管理者、引导者、合作者和咨询者。“以学习主题为中心”就是每一单元的教学内容都以一个主题为中心，即从不同侧面围绕一个学生感兴趣并能引起思考的共同主题，在这一主题下把听、说、读、写、译等语言活动有机地结合起来，从而培养和提高学生的英语应用能力。

(二)实施因材施教与分级教学，实现教学资源的优化

针对我校生源情况、学生人数和语言能力参差不齐等问题，我们采取分类指导、因材施

教的原则，根据学生不同的语言水平组班并制定相应的教学要求。根据普高学生、三校学生及“3+2”学生的三个来源结合学生基础的不同和学习能力的差异，为学生制定不同层级的教学目标，实施不同层级的教学计划，组织不同层级的考核和评价。分层教学面向全体学生，因材施教，使每个学生在原有的基础上都学有所获。

（三）强调实践教学，注重开发隐性课程，狠抓第二课堂的学习与活动

隐性课程是学校教育实践和教育结果中不可或缺且有效的组成部分。我们成立课题组，申报了“高职英语教学改革中的隐性课程研究”项目，对包括教科书中隐含的教育因素，比如英语国家的风土人情等文化因素；课堂教学活动隐含的教育因素，比如师生互动关系及课堂气氛和环境等；班级、公寓及院系的文化活动所隐含的教育因素进行了深入的研究和探讨并积极运用于实践中。狠抓第二课堂的学习与活动，成立英语社团，有两位英语教师及外教给予指导和帮助，开展了形式多样的融娱乐、竞赛和练习为一体的英语活动，成绩显著。在近年举办的浙江省高职实用英语口语大赛中及演讲比赛中，均有学生脱颖而出。

四、课程队伍建设

我们始终把精品课建设与提高课程师资队伍整体教学水平结合起来。为全方位提高外语系师资队伍素质和教学科研水平，针对教师队伍年轻化的现实情况，我们采取以下具体措施：

（一）着力提高青年教师的学历层次，不断完善他们的知识结构

经过近年来坚持不懈地实施教师学历提升计划，我们大学英语主讲教师队伍中，45 岁以下的教师已全部具有硕士学位。此外，鼓励和支持教师自费出国进修。

（二）高度重视对外合作与交流，力争更多的出国进修机会

目前有 8 名教师有短期出国培训的经历。

（三）充分利用社会资源，持续开展暑假期间的短期师资培训

近年来，各教材出版发行部门为推销其所出版的教材，抑或是扩大自身影响并借以增强其市场竞争力，每年的暑假期间，都会牵头组织大学英语教学师资培训，我校绝大部分教师都积极参与其中，通过适时“充电”来不断提升自己的综合素质和教学水平。

（四）倡导读书与交流，坚持与专家对话，共同探讨学科前沿理论和教学发展趋势

作为一项优良的传统，我院一直坚持“请进来，走出去”的办法，长期坚持邀请全国知名学者和专家、教授来院讲学，使全体教师能够有机会面对面与专家对话，共同探讨学科前沿理论和教学发展趋势。近 3 年来，我们就先后邀请了近十位国内外知名学者和专家教授前来讲学，取得了非常好的效果。

(五)坚持"以老带新"制度，相互促进、共同提高，开展形式多样的教学活动

针对大学英语教师流动性较大的特点，我们持之以恒地恪守"青蓝工程"制度，由高职称、高学历并且教学经验丰富的教师，担任新任教师的教学指导工作，负责向他们传授教学艺术、教学方法，帮助新教师尽快熟悉业务，提高教学能力及科研水平。此外，我们还通过开展"青年教师课堂教学艺术竞赛""课件制作竞赛""教案设计比赛"等活动，鼓励教师相互学习，取长补短，不断提高教学水平。

目前，大学英语教学团队共有 18 人，40 岁以上的教师 3 人，30 岁以上教师 5 人，30 岁以下教师 10 人，主要来自悉尼大学、爱丁堡大学、英国约克大学、香港中文大学、浙江大学、中南财经大学、安徽大学、浙江工商大学等知名院校，学缘结构合理。在职称结构上，具有正高职称 1 名，副高 4 名，中级职称 8 名，初级职称 5 名；在学历学位上，英语硕士 15 位，硕士研究生比例达 83%。已有 8 名经历了出国进修、学习的锻炼，经过几年的努力，我们大学英语教师队伍中的职称结构、学历结构得以提升。其在锤炼师资队伍和打造品牌课程的同时，极大地促进了我校外语教学质量的稳步提高，大学英语课程组于 2009 年被学院评为"优秀课程教学团队"。

五、课程建设取得的成果

(一)学生综合素质得到提高

1. 英语等级考试通过率。

通过一系列的教学改革，建成了体现项目课程改革成果的省级精品课程"大学英语"，使四届 10000 余名本校学生直接受益，提高英语综合能力。近几年来，根据统计数据显示，每年两次的大学生英语 B 级、三级等级考试，我校学生的年级平均通过率在浙江省同类院校中名列前茅。我校非英语专业(国际商务系学生除外)入学一年后，2009、2010、2011、2012、2013、2014 三校生的大学英语 B 级考试一次性通过率一直保持在 97%以上。2009、2010 普高生大学英语三级考试一次性通过率为 78%与 66%；2011 年大学英语三级考试体型改革难度加大后，2011、2012 普高生的大学英语三级考试一次性通过率为 62.4%与 63.6%；2013、2014 一次性通过率为 64.47%与 66.32%。另外，我校学生参加英语四六等级考试的积极性非常高，不少学生四六级取得高分，例如：在 2011 年 12 月的四级考试中，我校保险 11(1)班王月东、营销 11(1)班沈可心分别取得 616 分、594 分的好成绩。

2. 各类英语竞赛。

重视第二课堂建设。充分利用外教资源，以英语角和英语社团活动为载体，发挥其课外英语学习的组织和对氛围的引导作用建立各类竞赛辅导团队，积极组织学生参加各类英语竞赛，促进课赛融合，激发学生学习英语的兴趣和积极性，打好英语基础，全面提高英语综合运用能力。近年来，我们的学生在各类英语竞赛中取得了良好成绩，充分展示了我校大学英语教学改革的成果，具体如下：

(1)英语口语竞赛。

2009 年 9 月,我校学生冯伯骏、费晓翔在“高教杯”浙江省第六届高职高专实用英语口语大赛中荣获非英语专业组二等奖。

2009 年 11 月,我校学生费晓翔在下沙高教园区英语口语演讲比赛中获得非英语专业组一等奖。

2010 年 9 月,我校学生张宏广在“高教杯”浙江省第七届高职高专实用英语口语大赛中荣获非英语专业组二等奖。

2011 年 9 月,我校学生马慧婷在“高教杯”浙江省第八届高职高专实用英语口语大赛中荣获非英语专业组二等奖。

2012 年 11 月,我校学生翁炫彬、马慧婷在“高教杯”浙江省第八届高职高专实用英语口语大赛中荣获非英语专业组二等奖。

2013 年 11 月,我校学生周润达在“高教杯”浙江省第九届高职高专实用英语口语大赛中荣获非英语专业组二等奖。

(2)全国新概念英语背诵大赛。

2010 年 6 月,我校学生翁炫彬在“外研通杯”新概念英语大赛浙江省赛区荣获第一名。

2011 年 8 月,我校学生翁炫彬在“外研通杯”新概念英语大赛全国总决赛荣获第三名。

(3)全国大学生英语竞赛。

2011 年 5 月,我校学生吴瑶在全国大学生英语竞赛(NECCS)中,成绩优异,荣获 D 类一等奖。

2012 年 5 月,我校学生金晓敏在全国大学生英语竞赛(NECCS)中,成绩优异,荣获 D 类一等奖。

2013 年 5 月,我校学生赵晓敏和楼洁晶在全国大学生英语竞赛(NECCS)中荣获 D 类一等奖。

2014 年 5 月,我校学生金文磊在全国大学生英语竞赛(NECCS)中荣获 D 类特等奖。

(4)全国高职高专实用英语写作大赛。

2010 年,我校学生何伟龙在高职高专实用英语写作大赛中荣获浙江省特等奖,全国二等奖。

2011 年,我校学生黄靖在高职高专实用英语写作大赛中荣获浙江省特等奖,全国二等奖。

2012 年,我校学生薛余雷在高职高专实用英语写作大赛中荣获浙江省二等奖。

2013 年,我校学生毛杨波、楼玲玲在高职高专英语写作大赛中荣获浙江省三等奖。

2014 年,我校学生叶万轮在高职高专英语写作大赛中荣获浙江省二等奖。

(二)教师的专业能力得到提高

大学英语精品课程建设和教学改革的实施有效地促进了教师自身教学水平和业务能力的提高和发展,教师们积极进行教学改革研究和探索,在较短的时间内取得了一定成果,近五年来,承担各类教学改革项目 20 多项,在公开刊物发表教学改革论文 50 余篇,编写教材 10 余本,在各类教学比赛中取得了很好的成绩,受到学生的好评。主要成绩如下:

1. 主要相关教学改革项目。

表1 主要相关教学改革项目

序号	教学改革、教学研究成果	来源	时间	解决的问题
1	政府工作报告中隐喻的英译研究——以《杭州市政府工作报告》为例	杭州市哲学社会科学常规性规划课题	2014	从认知语言学的角度分析提出政府工作报告中隐喻的汉英翻译原则、隐喻汉英翻译模式，以及技巧。
2	带老外畅中国文化——20个中国特色传统文化主题（中英对照）	浙江省社科联	2014	选取20个老外感兴趣的中国特色文化主题，中英对照，弘扬中国传统文化
3	提升杭州市国际服务外包人才外语水平的对策研究	杭州市哲社	2013	分析服务外包行业人才外语需求及外语能力，提出提升服务外包行业人才外语能力的对策
4	图说跨文化交际中的体态语	浙江省社科联	2013	解决跨文化交际中的体态语误用问题
5	教你用英语与外商谈生意——写给中小企业营销人员	浙江省社科联		设置真实的市场营销工作场景，通过场景对话、知识链接、补充练习培养中小企业营销人员的英语口语和开拓外商市场的能力。
6	“以输出为驱动”的高职院校国际化人才英语综合能力培养研究	浙江省教育科学规划研究项目		基于高职学生英语学习现状的调查，运用输出驱动假设理论从教学模式、教学方法、评估体系等方面研究高职学生英语综合能力提高的策略
7	基于外向型企业需求的高职学生就业竞争力提升策略	浙江省人社厅		基于外向型企业用人需求分析和高职学生就业形势调研，探究提升学生就业竞争力的措施
8	解释性翻译及其在外宣翻译中的应用——以浙江旅游外宣为例	教育厅		基于浙江省旅游景点及相关产品的中英翻译对比调研、改进翻译方法，提高外宣水平
9	基于多元反馈的网络英语学习环境设计与创建	省教育厅科研	2012	通过实践的方式探索学习环境具体应用，开发相应学习平台。为省级精品课程网站建设提供实践素材，完善网站建设
10	高职院校双语教学的目标定位和发展对策研究	省教育厅科研	2011	探索高职双语教学路径，提高学生的英语应用能力和可持续发展能力
11	能力本位的高职英语教学评价研究	省教育科学规划	2011	解决如何“以评促教，以评促学”，提高学生综合英语应用能力的问题
12	高职高专英语教师教学反思与行动研究	省教育科学规划	2010	解决高职院校教师专业发展途径的问题，提升教师专业素质，从而提高教学质量

续表

序　号	教学改革、教学研究成果	来　源	时　间	解决的问题
13	职业教育国际化与高职院校双语教学研究	教育部英语教指委	2012	分析目前高职院校双语教学现状，以及影响和制约双语教学的因素，从而进一步提供解决实际问题的方案，为推进高等职业院校双语教学提供可资借鉴的意见
14	适应国际化发展的高职学生英语综合素质培养模式研究	教育部英语教指委	2012	研究在高等教育国际化的背景下，高职学生应该具备什么样的英语素养，如何提高学生英语综合素质
15	学生英语学习需求视角下的浙江高职公共英语教育研究	教育部英语教指委	2011	了解学生的学习需求，发现目前高职公共英语教学中存在的问题，并提出解决问题的对策和方法
16	语块在大学英语四级议论文写作中的实证性研究	浙江金融职业学院	2012	探索和实践语块教学在大学英语写作中的作用，进一步提高学生的英语书面表达能力
17	高职院校学生跨文化交际能力培养体系构建	浙江金融职业学院	2013	了解高职学生跨文化交际能力现状，提出解决问题的对策和方法，提高学生的跨文化交际能力
18	高职院校学生英语口头交际能力及交际意愿调查研究	浙江金融职业学院	2011	发现学生口语能力不高的原因，从而采取相应对策，改革教学方法，提高学生的英语口语水平
19	高职英语教师信息（ICT）素养与其专业发展	浙江金融职业学院	2011	了解高职英语教师信息素养，以及和专业发展之间的关系，探讨提高教师信息素质的途径，以利于更好地促进教学改革，提高教学质量
20	高职学生“多元化”英语自主学习体系构建研究	省外文学会	2009	建构高职大学英语多元化自主学习型教学体系，培养学生可持续发展能力
21	高职公共英语与职业英语教学衔接的研究与实践	浙江金融职业学院	2009	解决高职公共英语教学与专业英语教学脱节的问题，促进学生职业英语能力的提高
22	“三课堂”高职英语教学模式研究与探讨	浙江金融职业学院	2008	为高职英语课堂教学模式的创新，提高教学质量提供实证研究，增强教学实效性
23	实用英语口语大赛项目研究与实践	浙江金融职业学院	2009	提高学生的口语应用能力，营造校园英语文化氛围，促进课赛融合
24	基于能力本位教育的高职英语课程改革研究——以我院市场营销专业为例	浙江金融职业学院	2009	以市场营销为例，探索高职学生英语应用能力尤其是职业英语能力的培养途径

续表

序　号	教学改革、教学研究成果	来　源	时　间	解决的问题
25	文化导向型英语教学模式的研究与探讨	浙江金融职业学院	2008	解决高职学生跨文化意识的培养问题，增强了学生的跨文化能力
26	折中主义教学法在高职英语中的应用	浙江金融职业学院	2007	解决了高职公共英语教学内容设计和教学手段创新的问题
27	基于服务专业教学的高职英语课程改革研究	省高职教育研究会会	2007	解决高职大学英语课程教学范式改革的途径和思路，实现课程创新与学生发展的双赢目标
28	高职英语分层应用能力的培养方案和途径	浙江金融职业学院	2006	解决了新旧课程方案衔接的基本问题，为我院实施新课程方案做好准备工作

2. 主要相关教改论文。

近五年来，课程组老师在精品课程建设中，积极总结探索，发表相关课程教学改革论文50余篇，其中有代表性的有：

(1)《议高职院校公共英语与职业英语教学的衔接》，《湖北经济学院学报》，2009(5)。

(2)《英语教学新探：高校教师自我探索之路》，《高等职业教育(天津职业大学学报)》，2009(1)。

(3)《基于网络平台的高职学生英语自主学习能力培养》，《扬州大学学报(高教研究版)》，2009(5)。

(4)《高职学生"多元化"英语自主学习体系的构建与实施》，《宁波工程学院学报》，2009(2)。

(5)《基于多媒体辅助的商务英语听力课程项目教学改革》，《湖北经济学院学报》，2009(1)。

(6)《预制语块与大学英语议论文教学》，《保定学院学报》，2009(3)。

(7)《辩论赛——任务驱动型大学英语课堂教学设计的新尝试》，《湖北第二师范学院学报》，2009(1)。

(8)《反思性教学和高职英语教师的自我发展》，《扬州大学学报(人文社会科学版)》，2010(5)。

(9)《基于学生职业能力发展的高职双语教学模式的研究与构建》，《高等职业教育(天津职业大学学报)》，2011(1)。

(10)《职业能力发展需求视野下的高职英语教学模式改革》，《黑龙江高教研究》，2011(8)。

(11)《高职英语教师信息素养技术素养调查研究》，《高等职业教育(天津职业大学学报)》，2011(12)。

(12)《高职英语开放性实践教学模式开发与实践》，《教育与职业》，2012(8)。

(13)《能力本位的高职英语教学评价研究》，《湖北函授大学学报》，2012(12)。

(14)《高职双语教学的动因、内涵及路径选择》，《职教论坛》，2013(26)。

3. 主要教材建设成果。

推进教材的立体化建设。本着"实用、有效"的原则，选用和编写与本课程学生相适应的系列教材，把教材建设与学生职业英语能力培养结合起来。主要公开出版教材有。

表 2　主要教材建设成果

教材名称	承担任务	出版社	出版时间
商务英语综合教程	总主编	浙江大学出版社	2009
新编实用英语	副主编	浙江大学出版社	2005
大学英语三级考试辅导	副主编	浙江大学出版社	2004
大学英语 B 级考试辅导	副主编	浙江大学出版社	2004
创新新编实用英语	副主编	浙江大学出版社	2011
大学英语视听说(高等教育“十一五”重点教材)	主　编	浙江大学出版社	2012
市场营销实用英语口语(浙江省级重点教材)	主　编	浙江大学出版社	2012
商务英语听力(下)(浙江省级重点教材)	主　编	中国人民大学出版社	2012

4. 教师教学基本功比赛。

李佐老师在 2010 年学院青年教师说课大赛中荣获三等奖。

吴唯老师在 2011 年学院新进三年青年教师说课大赛中荣获优胜奖。

郭颖老师在 2012 年学院新进三年青年教师说课大赛中荣获优胜奖。

李佐老师在 2014 年第五届全国大学英语教学大赛浙江赛区的比赛中荣获一等奖。

(三)课程社会评价良好

1. 校外专家评价良好。

本课程得到了浙江大学外国语学院院长、博士生导师、国家级教学名师何莲珍教授的充分肯定,她认为,“大学英语”课程体系合理、教学方案科学,教学方法先进,教研队伍的学历结构和主讲教师的职称结构合理,具有融理论教学与实践教学为一体、校内外相结合之特点。在教学内容上突出理论知识的基础性和实用性,强调应用能力的灵活性、持续性、扩张性和创新性。实践性教学环节特色突出,课程的教学理论与实践并举,有益于学生技术应用能力和创新意识的养成,注重培养学生的综合素质。

2. 行业企业专家评价良好。

根据毕业学生的跟踪调查及校友会反馈情况,用人单位尤其是银行部门及外贸公司对我院毕业生的英语水平及应用能力有较高的评价。

3. 校内评价优秀。

通过学生座谈、问卷、生评教等调查,学生对任课教师教学质量反应良好。据教务部教学评估系统资料统计,近三年来,学生对“大学英语”任课教师教学质量的有效评价中,平均分基本都超过 90 分;由我校督导组随机听课、抽查作业、座谈等方式的检查反映,教学效果良好。在任课教师的正确引导下,学生对“大学英语”课程的学习表现出了较大的兴趣,学习积极性、主动性不断提高。

“校会合作”模式下课程改革与优秀国际货代物流员培养

——“国际海上货运代理实务”课程建设

肖　旭

一、课程建设成果情况

“国际海上货运代理实务”自2010年5月被教育部高职高专经济类教指委评为重点建设课程，2012年被评为院级精品课程以来，项目组以培养优秀国际货代物流员为目标，在“校会合作”模式指引下，紧紧围绕“基于企业需求”的课程改革，在省级重点教材建设、校内生产性实训室建设、校外实训基地建设、技能竞赛、教学团队建设和教学成果建设方面均取得了较好成绩，在建设期间取得的成果如下：

1. 2013年6月在北大出版社出版省级重点教材《国际海上货运代理实务》。

2. 构建“校会合作”模式，与浙江省国际货代物流协会签订了产学研战略合作协议，建立了30个校外实习基地。

3. 项目负责人带队参加2013年全国首届外贸单证技能大赛，获得团体一等奖、个人一等奖(2项)、个人二等奖(2项)。

4. 带队参加2013年浙江省高职高专院校技能大赛报关竞赛项目获得团体三等奖。

5. 教学改革成果“国际商贸类专业‘双元双优’教学团队建设模式研究与实践”获得学院第五届教学成果一等奖。

6. 参与“外贸单证操作”国家级资源共享课建设，该项目成功转型为国家级资源共享课。

7. 立体化教学资源内容进一步完善。课程标准、整体设计、教学课件、单元设计、电子教材、实训项目、习题库、试卷库、教学录像等资源进一步得到了加强和完善。

二、课程改革的主要经验

(一)合理确立课程定位

“国际海上货运代理实务”是国际商务、国际贸易实务等国际经贸类专业的一门专业核心课程。课程以学生掌握国际货代业务的操作能力为主要内容,目的在于培养学生对国际货代业务的处理能力。该课程以“外贸基础”“国际货代与物流基础”等课程的学习为基础,是进一步学习“国际货代业务综合实训”等课程的基础。

“国际海上货运代理实务”课程在国际商务专业课程体系中占有重要地位:首先,该课程与“国际航空货运代理实务”“国际货代与物流基础”“国际货代业务综合实训”四门课程共同组成课程包,面向国际商务专业国际货代物流员岗位的人才培养定位,培养学生具备国际货代业务操作能力。通过国际货代物流员岗位标准开发,确立了国际货代物流员岗位对于从业人员要求掌握业务处理、业务操作、单证、国际客服服务等四方面的能力,与之相对应,该课程确定了八项细化的能力目标与之相对应,培养学生揽货操作能力、接托单操作能力、订舱操作能力、安排集卡运输操作能力、报检报关操作能力、提单确认操作能力、提单签发操作能力、运费结算、交单还单操作能力等;其次,该课程同时服务于全国国际货代从业人员职业资格证书考证需要,是一门典型的“课证融合”课程,体现在教学内容、教学进程等方面将专业核心课程教学与职业考证要求进行了深度课证融合。

(二)科学设计课程

“国际海上货运代理实务”课程采用的是以国际货代物流员岗位职业标准为依据,以职业能力为本位,以工作过程为主导,以校企合作为路径,融“课程、岗位、证书”为一体的工学结合课程建设模式。

“国际海上货运代理实务”课程整体设计思路是,在工学结合课程建设模式的指导下,首先校企合作分析国际货代物流员工作过程和任务,共同开发国际货代物流员岗位职业标准;然后依据职业标准,以职业能力为本位,开发课程标准,设计项目活动载体,编写项目教材;同时,建设双师结构的课程教学团队,在校内外实训基地开展以学生为主体、融“教、学、做、考”为一体、以工作任务为驱动的项目教学;最后,实施过程考核与结果考核相结合、校内考核与企业考核相结合、课程考核与职业考证相结合的多样化课程评价体系。

(三)创新教学方法与手段

1.采用项目教学法,体现工学结合。

“国际海上货运代理实务”课程采用以项目为导向、以实际工作任务为线索,融“教、学、做、考”为一体,注重岗位职业能力培养的项目教学法。项目教学法充分体现了工学结合,大大提高了课程教学的针对性和效率。

2.实施“课堂与校内外实训基地一体化”教学组织形式。

“国际海上货运代理实务”课程的教学打破了在传统教室进行教学的固有模式,把专业课程教学放在仿真货代工作场景的国际货代与报关综合实训室和全真工作场景的货代相关企业,让师生都以职业人身份开展教与学,实施“课堂与校内外实训基地一体化”教学组织形式,体现教学过程的实践性、开放性和职业性。

3.实施工学交替教学改革。

“国际海上货运代理实务”课程实施了工学交替的教学改革,该项目主要解决了实践(实训)课程与实际脱节的问题,把教学课程从教室延伸到国际货代实训室,再延伸到国际货代物流员的实际工作岗位,即与货代企业相关的实务部门。

4.摒弃传统的"教室"观,实施"课堂与校内外实训基地一体化"教学组织形式,大力营造职业氛围。

本课程将全部授课安排在校内实训基地与校外实习基地进行,改变学生对于教室的传统理解。学生在校内外实训基地学习国际货代操作的相关职业能力,能够更好地以一个国际货代物流员的"职业人"身份进行角色,良好职业氛围的营造对于学生职业素质的提升起到了关键的作用,这使得本课程的教学安排在突出职业能力本位的同时,兼顾了学生职业素质的培养。

5.摒弃传统的"讲课"观,以项目导向、任务驱动、能力本位的项目教学代替灌输式教学。

本课程依据国际货代操作流程设计了13个工作项目,针对每一个工作项目设计具体的工作任务,要求学生完成指定的工作任务以提高学生该项目所覆盖的职业能力。在教学过程中,学生在具有职业氛围的实训基地完成实际的国际货代物流员需要完成的相同的工作任务,整个教学过程就演变成仿真的模拟操作,学生的职业人意识得到了进一步巩固与加深。

6.摒弃传统的"教师"观,以"双元双优"课程教学团队代替单一的校内专任教师。

本课程教学团队由校内专任教师及校外业务专家共同构成,在教学组织安排上有着明确的分工。校内专任教师侧重学生基础职业能力的培养,而校外业务专家则根据各自特点不同有着不同的分工。教学能力相对较强的行业专家走进课堂,对学生的生产性实训开展具体的指导;业务经验丰富的行业专家参与课程共同备课、共同命题,使课程建设符合实际业务操作的要求;行业资源丰富的行业专家对学生的工学交替进行指导,确保工学交替的质量。通过这种分工,丰富的人力资源得到了充分的利用。

7.摒弃传统的"考试"观,构建多元化考评体系,提高考核的科学性,按照"做中考"考核原则,重点考核学生的职业能力提升情况。

本课程考核采用多元化考评体系,强调过程考核,按照"做中考"考核原则,重点考核学生相关的职业能力提升情况。本课程采用过程考核与结果考核相结合、校内考核与企业考核相结合、课程考核与职业考证相结合。即最终考核成绩除了期末上机考核成绩外,还包括平时每次上机实训成绩的过程考核;除了校内考核之外,货代相关企业对学生在工学交替期间的评价也作为考核成绩的组成部分。其中平时成绩占10%,项目实训过程考核(上机)占20%,货代企业对学生在工学交替期间的考核成绩占30%,期末操作考核(上机)占总成绩的40%。

三、课程改革的主要创新点

(一)主体双元、素质双优、运行双轨:"双元双优"教学团队建设模式

本课程创造性地提出了"双元双优"课程教学团队建设模式,通过培养和遴选分别形成优秀的教师职业人队伍和优秀的国际货代物流员职业人队伍(行业兼职教师),"双元双优"

课程教学团队全程参与课程建设全过程，通过共同开发标准，共同编写教材、共同备课、共同授课、共同命题等方式将学生培养成为合格的国际货代职业人。该模式探索了一条“双师”结构教学团队建设的成功路径，起到了示范引领作用。

（二）“专业、协会、企业、市场”四方联动工作机制

校企合作、工学结合的长效机制的建立一直是国际商贸类教学改革难以突破的难点问题。本课程在建设过程中根据专业定位的特点和行业发展的要求，构建了“以专业为中心、以协会为纽带、以行业为依托、以市场为导向”的“专业、协会、企业、市场”四方联动工作机制，搭建“校—企”互通平台、构建“校—会”合作通道、重视骨干企业、依托货代行业，创新校企合作新路径，拓展校外实习基地网络，最后以市场机制引导学生顺利就业。“四方联动”的校企合作、工学结合长效工作机制为专业人才培养筑起了集约型、综合性新平台。

（三）“课证岗”三位一体教学改革新思路

“课证岗”三位一体中的“课”代表的是专业课程，“证”代表的是职业证书，“岗”代表的是就业岗位，“三位一体”是指专业课程和职业证书一体化，专业课程和就业岗位一体化，专业证书和就业岗位一体化，通过三个一体化，构建专业课程为就业岗位和职业证书服务工作机制，突破“压缩饼干”模式，破解现实难题，引领工学结合课程体系构建路径；理顺就业岗位、专业课程和职业考证三要素之间的逻辑互动关系，就业岗位是课程设置和考证选择的依据，职业证书是课程的结果和上岗的条件，专业课程是岗位的要求和考证的直接载体，三者互动互通互为一体，是工学结合课程体系构建的新逻辑。

（四）任务驱动、项目导向的项目教学法

本课程采用了以职业人身份，学生为主体，职业能力培养为本位，以工作过程和工作任务为主线，任务驱动，项目导向的项目教学法；教学通过项目导入、学生操作、教师示范、归纳总结、能力实训等五个环节，课程教学全部安排在校内国际货代与报关实训室与校外实习基地，实现课堂与实习地点一体化教学模式，让学生在做中学，让教师在做中教，融“教、学、做、考”为一体。为顺利实施本课程项目教学，编写了配套的项目讲义，建设了立体化的教学资源。本课程基于工作过程的项目教学改革为高职报关与国际货运专业课程建设探索了富有特色的工学结合课程建设模式。

（五）工学交替教学实践新模式

本课程教学场所全部安排在校内国际货代与报关实训室和校外实习基地，实现课堂与实习地点一体化。通过前期在校内实训室学习和训练后，再到校外实习基地进行国际货代业务的实战训练，实现工学交替。

在改革创新中提高课程教学质量
——“管理信息系统”课程建设十年

郑春瑛

一、课程概述

管理信息系统是一门融管理实务与信息技术在一起的实践性很强的课程，作为计算机信息管理专业的专业核心课程，自 2001 年计算机信息管理专业成立以来，已经有 10 多届学生学习过本课程。本课程在校内主要经历了三个阶段：

第一阶段(2001—2004)：计算机信息管理专业 2001 级、2002 级 2 届学生开设了本课程，作为考试课每周 8 课时，教材选用张宽海主编的《管理信息系统概论》，教学内容以理论知识讲授为主，无系统开发实训课，无固定教师。

第二阶段(2005—2006)：有专门定位本课程的教师，并就教学内容、教学方式、教学安排等实施了改革，对计算机信息管理专业的学生，作为考试课每周 4 课时，教材选用朱顺泉和姜灵敏编著的《管理信息系统理论与实务》，教学内容分理论知识、分析设计、账务处理与报表管理信息系统开发、专家讲座等几部分，教学安排是前半学期讲解系统规划、系统分析、系统设计、系统实施、系统维护等方面的理论知识，后半学期在老师的指导下完成账务处理与报表管理信息系统的开发，包括数据库的连接、菜单设计、科目及余额的输入、试算平衡、凭证输入及审核、总账日记账的登记、报表输出等。针对不同班级前导课程的学习掌握情况，课程选用 Visual Basic＋Access 或 Visual Foxpro 来开发系统。对电子商务专业的学生，作为考查课每周 2 课时，教材选用徐世河主编的《管理信息系统设计教程》，教学时以理论讲授为主结合案例分析，实训课安排了几项大作业。2005 年本课程通过了院级课程包验收。

第三阶段(2007 至今)：2006 年下半年学院成为教育部首批“国家示范性高等职业院校建设计划”立项建设单位，计算机信息管理专业作为 5 个重点建设专业之一开始了全面建设，包括课程体系建设、教材建设、人才培养模式改革、教学标准等，本课程经过立项作为精品课程来建设，要求达到省级精品课程标准、正式出版教材一本。2007 年 3 月经过行业专家和教育专家对工作任务与职业能力的论证分析，进一步明确了本课程的定位：作为我院计算机信息管理专业的一门专业核心课程，是学生学习软件开发方面知识的专业课程。

二、建设举措

(一)课程团队建设

《管理信息系统》课程组根据学院的发展规划结合师资队伍的现状,在师资队伍建设方面主要采取了以下措施,从而实现了教师、学生、课程三者共同成长的目标。

1. 注重教师职教理论水平的提高。一是鼓励课程组教师积极参加各种教育培训、会议。二是组织教师到全国各优秀院校参观学习。三是鼓励教师去发达国家和地区就先进职教理论进行学习交流。

2. 注重教师专业技术水平的提高。结合学院师资建设规划,支持教师申报更高职称,攻读更高学历学位,参与科研、撰写论文、编著教材。

3. 注重教师职业能力的培养。组织和鼓励教师利用假期或者业余时间结合课题到IT企业实践、挂职锻炼、调查学习。

4. 注重教师教学能力的提高。一是有经验的教师与新进教师结对,青蓝方互帮互学;二是观摩学习优秀教师的课堂教学。

5. 注重发挥行业教师的作用。本课程从浙江用友软件有限公司、杭州优优软件信息科技有限公司等聘请了行业专家做兼职教师,参与到教学、教改、课程建设中,还不定期邀请著名IT企业的专家为学生做讲座。

6. 注重教师理论联系实际能力的培养。一是经验丰富的老教师带领年轻教师开展各级各类课题的研究,努力提升教师的科研水平、实践能力。二是通过兼任班主任,使教师在熟悉学生工作、就业工作的同时,也提高了教师的自身素质及其工作能力。

(二)课程整体设计

目前开设管理信息系统课程的高校及专业五花八门,但究其教学目的、教学内容、教学方法、实践环节的安排等方面,又各不相同。作为示范性高职院校计算机专业的管理信息系统课程我们与时俱进地对课程进行了重新设计。

1. 课程的总体设计思路。

管理信息系统的研究对象和使用背景决定了其是一门综合性、实践性极强的学科,学生不可能通过课堂教学掌握所有知识,有的知识主要靠学生的实践和感悟。为此,经过和软件管理者及开发专家的多次磋商、讨论并不断完善,我们打破以知识传授为主要特征的传统学科课程模式,转变为以IT企业软件开发的工作任务为中心来选取并组织管理信息系统课程内容,以软件开发的工作模式及其流程为线索来组织教学,并实施了系统的项目教学法,让学生在完成具体项目的过程中来构建相关理论知识,并发展职业能力。

为了体现本课程重在使学生了解软件开发的流程及文档的编写管理,而不必花很多精力去理解复杂的业务处理流程,教学中我们选择业务处理流程简单易理解的库存管理系统作为样例。课程包括准备开发管理信息系统、库存管理系统开发实践二部分,第一部分主要学习管理信息概念、建立管理信息系统的社会基础和技术基础、管理信息系统的应用，为完成库存管理系统的开发作准备。第二部分包括选择开发方法、系统调查、系统分析、系统设计、系统实施、系统维护六个学习项目，这些学习项目是以库存管理系统的开发生命周期为线索来设计的。每个项目的学习都按以典型产品为载体设计的活动来进行，以工作任务为中心整合理论与实践，实现理论与实践的一体化。

2. 学生的培养目标。

为确定学生所需要的职业能力，我们专门邀请了计算机、金融等行业专家和教育专家进行了论证，管理信息系统课程结合论证的结果确定课程对学生的培养目标：让学生从整体上对软件开发的流程及管理有初步认识，使学生具备从事代码编写、数据库应用、文档编写管理、软件单元测试等专门化工作任务中所需要的基本职业能力。前导课程包括高级程序设计语言和数据库应用与管理等，后续课程包括移动应用开发、毕业设计等，以便本课程给学生一个综合运用所学知识的锻炼机会。

（三）教学方法改革

课程实施了系统的项目教学法，具体安排如下：前半学期课堂上结合库存管理系统相关的标准文档来讲解需求调研报告、技术开发合同、系统分析报告、系统设计报告、系统安装方案、项目总结等的编写和管理，课外要求全班分若干小组进行软件需求的调查，通过调查每个小组寻找并确定具有一定应用价值的软件开发项目，成立项目组，设立项目经理，由项目经理对成员进行分工。然后根据教学进程，各项目组成员分工协作地进行需求调研、系统分析、系统设计，并编写各项目组所确定的软件开发项目相应的文档。

考虑到高职学生独立完成一个系统的分析设计开发有难度，后半学期教师根据各项目组的不同水平，进行有针对性的安排。对有能力的项目小组，在教师的指导下分工协作的完成其项目开发；其他项目组的每个成员则根据系统开发的流程在任课教师的指导下完成库存管理系统中数据库、登录界面、主界面、系统输入界面、系统处理、系统输出界面等的设计实现，要求代码编写规范、功能少而精。

（四）考核方法改革

本课程期末成绩原来由两部分组成：平时作业及表现占总成绩的 30%；期末闭卷考试占总成绩的 70%。这样的考核不尽合理，期末成绩无法真正体现学生学习本课程的综合表现。为了使课程考核结果能够真正体现学生的综合表现，教学效果评价采取过程评价与结果评价、自我评价和相互评价、老师评价相结合的方式，通过理论与实践相结合，重点评价学生的职业能力。改革后的考核方法：(1)平时作业及表现占总成绩的 20%；(2)项目组的开展情况占总成绩的 40%，主要包括可行性研究报告、技术开发合同、系统分析报告、系统设计报告、系统安全方案、项目总结等，要求提交电子文档和打印文稿，并就本组选题和其他项目组模拟签订合同，要求每个同学就自己负责的部分制作 PPT 上讲台进行讲解演示并答疑，教师组织讨论并进行自评、互评，最后教师点评。(3)在教师的指导下调试实现一个小系统，占总成绩的 40%，要求提交安装部署后的系统。

三、建设成效

(一)师资队伍

我们从优化师资队伍的结构入手,本着优质双师的培养与全面提高教师素质并举的原则,建立了一支结构合理、素质良好、富有活力的高水平教师队伍。本课程共有专任教师 8 人,其中高级职称 5 人,中级职称 3 人。课程的主讲教师以有企业工作经历的中青年教师为主,8 名专任教师都具有各类行业企业职业资格证书。本课程充分利用社会人才资源,从行业、企业聘请了 8 名学识渊博、能够把握学科发展动态的行业专家,指导或直接参与课程教学等活动,使学生了解了更多的行业发展前沿动态和生产一线的专业知识与技能。

我们非常重视教学团队建设,努力提高教师从事教育工作的荣誉感、责任感和使命感,坚持既教书又育人。经过大家的共同努力课程组老师取得的主要成绩:两位老师入选了浙江省新世纪 151 人才工程第三层次、一位老师入选浙江省高职(高专)专业带头人、一位老师入选浙江金融职业学院"金晖学者"、两位老师入选学院"金星闪光"(中青年骨干教师)培养计划;在学院高层次人才学术结对活动中有两位老师分别结对了两位青年教师;指导学生方面《嵌入式无源 RFID 电子钥匙的开发与应用(作品)》荣获浙江省第三届高职高专院校"挑战杯"竞赛一等奖、"一体式电子教鞭设计"获 2010 年度浙江省大学生科技创新活动计划、"三维虚拟货币展馆设计与实现"荣获浙江金融职业学院第六届"挑战杯"创新创业竞赛二等奖;在个人荣誉方面有浙江省高校三育人先进个人、优秀班主任、品位教师等荣誉称号;在教学方面"高职院校财经类专业项目课程整体改革与实践"获第六届浙江省高等教育教学成果奖一等奖、《高职"管理信息系统"课程教学探讨》获第六次"全国优秀职教文章"评选一等奖;科研方面完成省部级、院级等课题 20 多项、发表论文 20 多篇。

表 1　管理信息系统课程专任教师基本情况

序号	姓名	性别	出生年月	学位	职称	职业资格证书
1	郑春瑛	女	1970.03	硕士	教授	高级工程师
2	陶再平	男	1971.11	博士	教授	工程师
3	陈月波	男	1964.10	学士	教授	高级工程师
4	黄振业	男	1977.01	硕士	讲师	Linux 网络管理认证教师
5	冯雪芬	女	1980.12	硕士	讲师	淘宝大学高校认证讲师
6	龙芳	女	1979.09	硕士	讲师	开源培训师
7	史浩	男	1972.02	硕士	讲师	高级工程师
8	杨洁	女	1973.01	硕士	副教授	《电子商务》专业双师证书

表 2　管理信息系统课程教师发表的主要教学研究论文

序号	论文题目	刊物名称	发表时间
1	项目教学法在管理信息课程中的应用探讨	中国职业技术教育	2007.08
2	分层教学在高职《管理信息系统》课程中的实践	职业技术教育	2012.08
3	关于高职计算机类专业学生的大学生涯规划	职教论坛	2012.12
4	高职《管理信息系统》课程教学探讨	职业技术教育	2006.06
5	微博在高职教育辅助教学中应用的研究	福建电脑	2013.02
6	高职信息技术类专业人才培养模式改革的探索与实践	教育与职业	2010.02

表 3　管理信息系统课程教师主持的主要课题

序号	课题名称	课题类别	结题时间
1	浙江省软件产业现状分析及加速发展对策研究	浙江省哲学社会科学发展规划办	2010.08
2	《管理信息系统》2008 年省级精品课程	浙江省教育厅、浙江省财政厅	2011.11
3	高职院校“管理信息系统”课程项目化教材建设研究	浙江省社会科学界联合会	2008.06
4	浙江省软件业实用人才培养机制与从业自律体系研究	浙江省信息产业厅、浙江省教育厅	2008.09
5	适应电子商务环境的会计信息系统的构建研究	浙江省财政厅	2009.12
6	项目教学法在高职课程教学中的应用研究	浙江省高职教育研究会	2010.12
7	综合职业能力视角下的计算机信息管理专业实践教学体系构建与实施	浙江省新世纪高等教育教学改革项目	2013.08
2	Web 用户访问模式挖掘及其在电子商务中的应用	浙江省教育厅年度科研计划项目	2012.05
8	基于三维网络合作育人的 2433 人才培养模式研究与实践	浙江省社会科学联合会研究课题	2010.06
9	计算机信息管理专业人才培养模式改革的实践与成效	浙江省教育厅年度科研计划项目	2010.06
10	基于 DVR 的沉浸式虚拟学习环境构建及其应用模式研究	浙江省教育技术规划课题	2012.05

表 4　管理信息系统课程兼职教师情况

序号	姓名	性别	出生年月	学历	专业技术职业资格	单位名称
1	卢翔	男	1981.01	硕士研究生	高级开发顾问	浙江用友软件有限公司
2	陈菁菁	男	1984.09	本科	系统分析员	浙大图灵软件技术有限公司
3	张礼辉	男	1978.05	本科	工程师	杭州优优信息科技有限公司

续表

序号	姓名	性别	出生年月	学历	专业技术职业资格	单位名称
4	黄启春	男	1972.12	博士研究生	工程师	杭州同人软件有限公司
5	陈玉明	男	1971.12	硕士研究生	工程师	深圳发展银行杭州分行
6	李平	男	1975.12	本科	工程师	杭州中化信息研究有限公司
7	李友金	男	1964.12	本科	工程师	外资企业开发部
8	金夏生	男	1973.06	硕士研究生	工程师	浙商银行总行

(二)课程资源

1. 课程网站。课程组在2008年建设了课程网站,课程被评为省级精品课程后又重新设计建设了课程网站,经过不断的修改完善,现有视频教程、在线测试、动画、课程论坛、课程标准、课程整体设计、授课教案、情景导入、虚拟开发等网络资源。

2. 配套教材。课程组结合《关于全面提高高等职业教育教学质量的若干意见》(教高〔2006〕16号)文件精神,以国家示范性高等职业院校建设为契机,以IT企业软件开发的工作任务为中心来选取并组织教材内容,于2008年2月由机械工业出版社正式出版课程配套教材,目前使用情况良好。教材特点:一是采用"项目和任务驱动"的编写方式,这些项目是以库存管理系统的开发生命周期为线索来设计的。每个项目包含学习目标、工作任务、小结、思考训练题及作业,而且每个项目完成后都有成果。二是教材中每个项目涉及的库存管理系统各阶段的文档,都是按IT企业的实际工作流程组织的,并力图体现标准规范。三是开发语言和数据库选择Visual C#和SQL SERVER,为使系统界面美观还使用第三方软件DXperienceEval。四是教材中库存管理系统的开发这部分内容相当于实训指导书,可操作性强。五是整个库存管理系统是基于C/S模式的,在最后还介绍了B/S模式的库存量查询,让读者了解基于B/S模式的系统开发。

3. 项目实例。制作准备了库存管理系统及其标准规范的文档,如可行性研究报告、技术开发合同、系统分析报告、系统设计报告、安装配置说明书,实训内容都围绕库存管理系统的开发这个大项目,先后包括选择开发方法、系统调查、系统分析、系统设计、系统实施、系统运行与维护6个项目,这些项目是以库存管理系统的开发生命周期为线索来组织的。为便于学生学习,用屏幕录像软件录制了库存管理系统开发各环节的视频教程。

4. 案例。为便于学生理解掌握管理信息系统有关的知识,并提高学生对课程的学习兴趣,课程组搜集整理了不少系统分析设计方面的案例,并制作了有情节互动的项目案例操作库。

(三)教学效果

有学生觉得管理信息系统这门课培养了其语言表达能力,让同学们勇敢地站在讲台上当老师,觉得这门课的教学模式非常好,因为这门课贯穿了学生大一、大二上学期所学到的知识,如数据库、C#、PPT的制作等等,让他们既复习了旧的知识,又学到了新知识。有学生觉得学到更多的是项目组的教学组织形式,学生们以前从没接触过项目组的概念,这培养了他们的组织能力、沟通能力、团队协作能力，感觉每当完成老师的任务，就感到非常开心。当然也有提建议的，如希望理论知识讲得更加有趣、实践操作这块讲慢点等，这些课程组会在以后的教学中努力加以改进，以使教学效果更好。

表 5　管理信息系统课程教师指导学生的主要获奖成果

序号	成果的项目名称	成果类别和等级	授予单位	授予时间
1	一体式电子教鞭设计	2010 年度浙江省大学生科技创新活动计划暨新苗人才计划	浙江省教育厅	2010.11
2	嵌入式无源 RFID 电子钥匙的开发与应用(作品)	浙江省第三届高职高专院校“挑战杯”竞赛　一等奖	浙江省教育厅	2011.12
3	三维虚拟货币展馆的设计与实现	2012 年度浙江省大学生科技创新活动计划暨新苗人才计划	浙江省教育厅	2012.11
4	一款节能型饮水机的设计	2012 年度浙江省大学生科技创新活动计划暨新苗人才计划	浙江省教育厅	2012.11
5	一款概念式智能化骑行伴侣的设计	2013 年浙江省大学生科技创新活动计划暨新苗人才计划	浙江省教育厅	2013.11
6	学生参加浙江省第十届大学生程序设计竞赛(ACM)获二等奖(专科组)	浙江省第十届大学生程序设计竞赛获二等奖(专科组)	浙江省大学生科技竞赛委员会	2013.05

四、努力方向

经过十年的课程建设，基本达到了教师、学生与课程共同成长的效果，社会在不断发展，新的技术不断出现，为了使课程满足学生培养中新的需求，本课程以后还需要在以下几个方面不断做出努力：(1)更新课程使用的系统开发模板，在新版本的 Visual studio. net＋SQL 开发环境下重新制作系统开发的模板，加大系统开发的课时比例。(2)更新课件及教案，并把整个软件开发的过程用屏幕录制软件录制下来。(3)案例教学方面，需不断地吸取新的、现实的案例。

综合职业能力培养　为目标教学做一体化教学改革与实践
——“局域网组建与管理”课程建设十年

陶再平

一、课程概况

计算机网络是当今计算机科学与工程中发展迅速，应用活跃的领域，人才需求十分旺盛。“局域网组建与管理”作为计算机信息管理专业一门核心课程，其实践性很强。课程的主要任务是讲授计算机网络的基础知识和主流技术，包括计算机网络的组成、体系结构及协议、局域网标准及主流局域网技术、广域网、网络互联技术、网络应用等。

本课程的前导课程有“微机组装与维护”等，后续有“网页设计与制作”“高级网络管理技术”“网站建设技术”等专业技能课，地位十分重要。

常用局域网的组建与管理及应用的操作，使学生了解计算机网络的基本知识，培养学生建立和联接计算机局域网络的基本操作技能，并通过几种常用的网管系统、安全系统软件的学习使学生具备对局域网络进行安全有效地管理的能力，为学生发展各专门化方向的职业能力奠定基础。

课程较早地采用了项目教学法，通过多个渐进式的网络应用与管理项目实施，让学生了解并把握整个项目过程及每一实施环节的技术要求，使得学生尽早进入工作实践，为学生提供体验完整工作过程的学习机会，逐步实现从学习者到工作者的角色转换。项目教学法的实施有效提高课程教学效果，使学生在从事专门化工作任务前具备所需要的基本职业能力。

目前，“局域网组建与管理”课程为信息技术系的系本课程，计算机信息管理专业、计算机多媒体技术、信息安全技术三个专业均开设了该课程，年均授课人数200左右。

二、建设历程

“局域网组建与管理”是计算机信息管理专业的主干课程，其发展主要分为三个阶段：

第一阶段(2004—2007 年):课程开设及探索阶段

2004 年前,我院全日制及函授的计算机类专业主要开设“网络技术基础”课程,教学内容主要是关于网络的基本理论知识与配套实验。通过该课程的实践,课程教学团队积累了网络类课程教学的经验。2004 年,学院开始招收全日制计算机信息管理高职“3+2”专科专业,加上 2003 级在校的职高和普高学生形成了 3 个类别的学生层次。针对高职专业强化实践教学的要求,专业重新修订了计算机信息管理专业人才培养方案,该课程的教学计划与教学大纲,重新设计和调整了教学内容,强调理论教学与实践相结合。根据职业能力需求加强了实验教学环节。另外重视教学团队建设,特别是行业兼职教师队伍建设,通过学院聘任和下沙高教园高校师资互聘等途径为“局域网组建与管理”课程引进了优质的兼职教师,初步实现了授课和实训与企业的实际岗位需求联系。学生的实训由本课程的辅导教师,以及外聘专家或岗位能手(工程师或高级工程师)共同指导。截止到 2007 年,本课程的建设初见成效,有适用于本专业的教材和实训指导书,建立了一系列的课程教学资源,也形成了相对固定的师资队伍,有 4 名教师可担任本课程的主讲教师。同时国家级计算机应用与软件技术实训基地建设以及投入使用,使得“局域网组建与管理”的实践教学条件得到了进一步改善。

第二阶段(2008—2011 年):课程教学逐步成熟与发展阶段

通过 3 年的教学实践和研究,教学团队对“局域网组建与管理”课程的工作任务和职业能力有了更清晰的认识。在 2008 年,以国家示范性建设为契机,“局域网组建与管理”课程作为国家级重点专业的优质核心课程建设项目在专家的指导下进行了课程的工作过程系统化设计。“局域网组建与管理”优质核心课程项目专门成立了项目小组,充分利用企业一线的行业专家调研所取得了工作任务与职业能力分析资料,精心编制了项目课程标准,并按期完成了课程各项建设任务。出版了《局域网组建与管理》以及《局域网组建与管理实训教程》两本教材,其中《局域网组建与管理实训教程》入选了 2009 年度浙江省重点建设教材。“局域网组建与管理”课程也在 2010 年入选浙江省级精品课程。

第三阶段(2011—2013 年):课程建设的转型升级阶段

自 2011 年“局域网组建与管理”课程以优秀成绩通过浙江省教育厅验收之后,课程组团队积极思考,主动谋划课程建设的转型升级。在这一阶段,积极以学院全面推进精品资源共享课程和视频公开课程建设为契机,推进课程的转型升级,“局域网组建与管理”课程成功入选学院的精品资源共享课程。

三、主要举措及成效

(一)优化专兼结合教学团队

课程团队积极加强与企业的合作,密切与企业的联系。课程负责人帮助团队每位教师制定职业生涯规划，鼓励教师受聘到企业任职，参与企业的项目开发或技术服务，以提高教师的实践教学能力，由企业对教师在企业的表现进行考核评价。课程团队积极参与计算机信息管理专业开展的师资队伍建设"六个一工程"，即"每位教师主讲一门课程、主持或参与一项教改课题、发表一篇教研论文、联系一家校外基地、结对一位行业专家、指导一批学生创新实践"，较好地促进了年青教师教学及实践等各方面能力的提升。

课程团队现有成员7名，其中教授1名，副高2名，团队结构如表1所示。在加强专任教师实践教学能力提升的同时，专业积极聘请行业企业专家、一线技术骨干参与课程建设和课程教学取得了较好的教学效果。

表1 局域网组建与管理课程团队

序号	姓名	职称	学历	入选人才工程情况
1	陶再平	教授	博士	浙江省151人才第三层次 浙江省高职高专带头人 浙江金融职业学院中青年学术学科带头人
2	吕侃徽	讲师	硕士	骨干教师
3	俞承杭*	副教授	硕士	
4	卢竹林	讲师	硕士	
5	谢亮	讲师	硕士	
6	郭建立*	工程师	硕士	
7	许为华	高级工程师	硕士	

近五年来，课程团队负责人成功晋升教授，并且先后入选浙江省151人才第三层次和浙江省高职高专带头人。课程团队在2011年被评为学院优秀课程教学团队。团队成员在教学改革和科学研究方面均取得了一系列的成果。先后主持各类省厅级课题10项，如表2所示。

表2 课程团队主持课题情况

序号	课题名称	课题类别	主持人	立项时间
1	综合职业能力视角下的计算机信息管理专业实践教学体系构建与实施	浙江省新世纪高等教育教学改革项目	陶再平(1/8)	2010
2	浙江省开放源代码软件人才培养工程	浙江省信息产业厅立项课题	陶再平(2/9)	2007
3	教育管理信息化系统互操作研究	浙江省教育厅科研计划项目	陶再平(2/6) 吕侃徽(3/6)	2006
4	计算机信息管理专业工学结合人才培养模式研究与实践	浙江省教育厅年度科研计划项目	陶再平(1/4)	2008
5	基于三维网络合作育人的2433人才培养模式研究与实践	浙江省社会科学联合会研究课题	陶再平(1/6)	2008

续表

序　号	课题名称	课题类别	主持人	立项时间
6	Web 用户访问模式挖掘及其在电子商务中的应用	浙江省教育厅年度科研计划项目	陶再平(1/6)	2010
7	基于 DVR 的沉浸式虚拟学习环境构建及其应用模式研究	浙江省教育技术规划课题	陶再平(1/6)	2012
8	计算机组装理实一体化教学改革与实践	浙江省教育科学规划研究课题	吕侃徽(1/6)	2012
9	《微机组装与维护》省重点建设教材	浙江省教育厅	陶再平	2009
10	《局域网组建与管理实训教程》省重点建设教材	浙江省教育厅	吕侃徽	2010

课程负责人先后在各类核心刊物上发表论文 10 余篇。如表 3 所示。

表 3　课程负责人发表论文情况

序　号	论文名称	刊物名称	发表日期	作者排名
1	序列模式增量式更新的研究	计算机工程与设计	2007.4	陶再平(1/1)
2	基于对象—关系映射技术的数据库应用系统的开发	计算机应用研究	2007.9	陶再平(1/3)
3	基于 NHibernate 的产权管理系统开发	计算机工程与设计	2006.11	陶再平(1/2)
4	基于 UML 的计费网关的设计与实现	计算机工程与设计	2007.11	陶再平(1/1)
5	高职信息技术类专业人才培养模式改革的探索与实践	教育与职业	2010.02	陶再平(1/1)
6	基于工学结合的课程体系改革与整合—以计算机信息管理专业为例	黑龙江高教研究	2010.06	陶再平(1/1)
7	Verifying Timed Routing Protocols of Web Service Interoperability	IJACT	2011.11	陶再平(1/1)
8	An Efficient Algorithm for Weighted Sequential Pattern Mining	IJACT	2012.02	陶再平(1/1)
9	An Efficient Algorithm for Sequential Pattern Mining With Time Constraints	ICMMT2011	2011.07	陶再平(1/1)
10	An Incremental Update Algorithm For Sequential Patterns Mining	IEA2011	2011.1	陶再平(1/1)
11	A Fast Web Transaction Pattern Mining Algorithm	IJCSITS	2012.04	陶再平(1/1)

另外课程团队负责人先后被浙江省中小企业局、杭州市科技局聘为中小企业创业指导师，以及杭州下沙高新技术开发区聘为大学生创业指导师，为中小企业和大学生提供创业指导和技术服务咨询。在进行创业指导和技术服务过程中，教师成功申请国家实用新型专利多项，如表 4 所示。

表 4 课程负责人申请专利情况

序　号	专利名称	授予单位	授予时间	申请人
1	广告包装展示盒	国家知识产权局	2010.3	刘斯、陶再平
2	一种带有无源 RFID 标签的钥匙	国家知识产权局	2011.8	陶再平、刘斯

(二)精心设计教学内容

在课程设计和教学内容选择过程中，结合中小企业信息化需求和高职高专学生的实际，以任务驱动的形式进行教学组织，更加注重对学生能力的培养。精心分析、选择、确定任务模型；改变了以往“以教师为中心”的传统教学框架，建立“以学生学、练为主”的新的教学理念。将基于工作过程系统化设计理念贯穿课程及项目化教材主线，整个课程设计基于工作任务方式来完成。通过每个任务的完成，逐步引导学生完成符合中小企业网络组装与管理常见应用。精心设计的主要工作任务共计 11 项，其相互既独立又相互关联，从网络组网至网络管理、维护，整体上看呈递进状。

在学生学习过程中，设置工学交替环节，让学生在学院的校园网络中心、校外实习基地的中心机房、学院专业实训室等场所进行职业技能的熟悉和提升。

课程团队积极开展课程考核方法的改革，实现由传统教学以知识掌握为目标的结果性评价体系向以技能与能力的形成为目标的过程导向的评价体系的转变。

课程组完成了课程标准和项目活动载体的设计，其他课程要素如课程标准、项目活动载体设计、教学大纲、实训大纲、多媒体课件及教案、教辅资料、习题集、案例集、试题库、实践教学考核与评价体系等课程要素建设，所有课程资料都实现上网共享。

(三)开展形式多样的课程教学改革

本课程是根据网络管理类岗位工作任务与职业能力的分解结果进行教学内容与实训项目的设计，各教学单元具有较好的系统性。在教学过程中在坚持项目化教学为主体的教学方法改革的同时，注重不同教学方案和教学手段的探索与实践，比如对内容比较简单或雷同的知识性内容采用“自学指导法”处理。通过布置自学任务，指出学习重点难点并结合学习检查等方式让学生发挥主观能动性，以培养学生的独立思考和创新能力。实施效果良好。

在实训或校外工学交替现场时，针对某些技术重点或难点充分积极引导学生参与问题的现场讨论，活跃学习气氛，“现场讨论法”使学生处于一种接受知识的最佳状态，从而提升然教学效果。

注重和强化学生的自学和实践动手能力。在有些时候“学生演示法”的教学方法也能取得较好的效果，所谓学生演示法就是在实训或校外实践时，针对某个专题或实际小项目，让部分学生自己亲自演示并向其他学生解说，使学生产生自我能够解决技术问题的自信心。

(四)出版工学结合教材

教材是课程内容的重要资源和载体，是规定教学内容、设计教学方法和开展教学的重要依据，其内容和表现方式决定着教学的质量和效率。

在教材编写过程中课程组组建由行业专家和在校老师共同组成的教材开发团队。在教材建设中始终坚持从职业岗位(群)需求分析出发,以学生综合职业能力培养为目标,依据岗位对知识与技能的要求来选择和组织内容,使学生学习内容与工作岗位的工作内容能紧密结合起来。针对高职学生形象思维相对较弱,实际操作能力较强的特点,在教材编写过程中更多强调做中学,以学生掌握实际操作技能为主线,不过分强调知识的系统性,坚持"适度够用实践为主"的指导思想。

在教材建设过程中,我们一贯遵循"定位准确、内容先进、取舍合理、体系得当"的基本原则,采用"任务驱动""项目导向"等多种形式。在具体的编写方法上,按照"目标—问题—任务—方法—结论—扩展"的步骤,即提出问题、分析问题、设计任务、解决任务、归纳规律。针对高职学生特点编写教材,注重从实际到理论、从具体到抽象、从个别到一般、从零散到系统,提倡做中学或者教学做合一。

另外,我们非常重视充分利用信息技术建设立体化教材,使电子课件、习题集、试题库和案例库等优质教学资源成为教材的有机组成部分。积极采用 Flash 等多媒体技术增强教学互动性,增加教学内容的吸引力,提高学生自主学习的主动性。

课程团队先后编写并出版《局域网组建与管理》和《局域网组建与管理实训教程》2 本教材,其中《局域网组建与管理实训教程》为省级重点建设教材,如表 5 所示。

表 5　课程团队编写教材情况

序　号	教材名称	主　编	出版时间	出版社
1	局域网组建与管理	陶再平　吕侃徽	2008.8	高等教育出版社
7	局域网组建与管理实训教程	陶再平　吕侃徽	2010.11	大连理工大学出版社

(五)课程资源建设情况

1.课程标准建设方面。

"局域网组建与管理"课程在 2008 年示范性重点专业计算机信息管理专业建设中开发了课程标准,课程标准在《计算机信息管理专业教学标准》计算机信息管理专业其他核心课程一起由高等教育出版社公开出版(2009 年),在后续使用过程中,课程标准得到了不断的完善。课程标准开发中坚持以学生为本位,注重学生职业能力培养与职业素质的养成。通过项目课程的教学,使得学生真正在职业能力上得到了提升,得到了许多单位的认可。课程突出工学交替的组织形式,充分依托生产性实训基地、校外实践基地以及校内可用的一切实践环境来检验和提升实践教学项目和工作任务的结合程度。

2.授课计划方面。

课程组制定了授课计划和实训计划,并且根据不同的学生来源特点,有针对性地进行动态调整。课程授课计划与实训计划均按照一体化教学的目标进行设置,在授课计划中充分利用学生社团等载体设计工学交替环节。

3.教案建设方面。

课程教案材料完备,通过项目化教学设计,对课程教学内容进行了有效整合,在完成项目课程标准开发前提下,经过多次分析、论证进行了课程项目(活动)载体设计,使得课程建设与工作任务、职业能力紧密结合，形成理论教学＋项目实训＋行业实践多层递进的良好教学模式。

4.实践指导书建设方面。

课程理实一体化教学改革实践中，课题组将项目化教材建设作为教学改革实践中一个重要组成来进行实现，截至目前，已经正式出版《局域网组建与管理》和《局域网组建与管理实训教程》两本教材，其中《局域网组建与管理实训教程》为2009年浙江省重点建设教材。

5.学习指南建设方面。

课程组为了帮助学生更好地学习，特别编写了学习指南。

6.教学课件方面。

课程已经完成课程教学课件建设；

7.教学案例方面。

截至2013年底，课程组已经收集了近300实际应用案例，案例的选取均紧密围绕工作、生活和学习环境。对同学们的职业技能养成起到了重要作用。

8.试题库、习题库。

课程试题库和习题库建设完成。

9.课程测试系统。

课程测试系统平台已经建设完成测试之中，测试的后台题库资源需进一步完善。

10 多媒体资源。

课程组提供丰富的教学辅助资料，其中包括视频、音频及纸质资料等。在课程网站上已经上载的有课程硬件知识资源，可让学生在课外有选择性地进行视频交互式操作研习。

(六)学生活动丰富多彩、竞赛成果突出

通过局域网组建与管理课程的学习，学生在网络组建与管理、维护方面的能力得到了大幅度提升，主要体现在：

课程的教学组织中，学生可以通过课程工学交替环节、学生社团实践、信息技术系E帮帮工作室对学员的终端和网络进行维护，得到了师生的广泛认可。主要体现的活动有：

1.首届网络信息服务月活动——“办公电脑”年度体检。

2.“E路益心”—下沙高校联合巡回电脑维修活动(下沙13所高校的计算机协会联合主办)等。

3.“维修遍校园爱心传万家”电脑维修—校内爱心义务活动。

4.计算机协会下设“PC120电脑救援中心”为全院师生开展电脑设备保养、维修服务，2012—2013学年累计为全院师生服务次数达1197次。

5.2010年下半年全国网络工程师资格(水平)考核中，毕磊同学取得了全省第三的好成绩，为我院师生参加该项考试中取得的最好成绩。

课程团队在注重学生职业技能和职业素质的养成，鼓励学生创新创业。近几年来课程团队指导学生先后申请，获得浙江省大学生创新创业项目(新苗人才)多个立项(如表6所示)。

表 6　浙江省大学生新苗人才计划项目情况

序　号	名	立项时间	指导教师	负责人
1	一体式电子教鞭	2010	陶再平	徐燕敏
2	嵌入式无源 RFID 电子钥匙的开发和应用	2011	陶再平	戴佩佩
3	快速公交(BRT)车道辅助运营系统的研究	2011	吕侃徽	何彬
4	一款节能型饮水机的设计	2012	吕侃徽	杨志华
5	一款快速公交(BRT)车辆简易车载椅设计	2013	吕侃徽	李骏
6	多功能 USB 旋转接口	2013	许为华	王展钊

通过积极引导和培育，计算机信息管理专业在各类创新创业大赛中屡获佳绩，尤其是在最近两届浙江省高职高专大学生挑战杯晋升中均取得了非常优秀的成绩，其中就有由局域网组建与管理课程团队指导的项目，如表 7 所示。

表 7　浙江省高职高专大学生挑战杯竞赛情况

序号	获奖项目	获奖等级	获奖时间	指导教师	负责人
1	嵌入式无源 RFID 电子钥匙的开发与应用	一等奖	2011	陶再平	戴佩佩
2	快速公交(BRT)车道辅助运营系统的研究	二等奖	2011	吕侃徽	何彬
3	一种车载生命保护装置	特等奖	2013	刘斯　吕侃徽	覃雪姣

四、课程特色

(一)项目化教学特色

课程建设根据专业教学标准和课程标准开发的成果，根据网络应用典型工作岗位的工作任务和对应的职业能力需求，设计项目化教学内容，在教学过程中通过引导学生完成特定项目努力提升学生的职业能力，在此过程中也注重学生职业素质的养成。

(二)教学模式的 4A(Anyone、Anytime、Anywhere 和 Anything)特色

本课程的教学资源全部可在网上浏览和下载，任何学生(Anyone)在任何时候(Anytime)、任何地方(Anywhere)都能获取需要的任何知识(Anything)，保证学生按需学习和主动学习。

(三)考核评价的特色

课程建设十分注重考核评价体系的重建，改变传统的理论考试加平时成绩的考核方式，而是通过理论考试、实训项目及综合项目评定相结合的方式，加大综合项目成绩的比重，另外也积极鼓励学生参与各种网络相关的职业资格证的考试，使这些学生在毕业时能够拥有双证书。

(四)贴切职业岗位能力,行业兼职教师授课

项目课程建设中,主要围绕工作岗位的能力,在本课程项目教学中,聘用行业兼职教师授课,与专任教师教授授课课时比例达到 1∶1。以能力为主线的课程教学设计非常鲜明。

五、后续工作

在下一阶段,计课程团队将重点在以下几个方面加强研究和实践:

1. 结合精品资源共享课程和视频公开课程等项目的实施,进一步推进课程资源的建设力度,提高课程建设水平。

2. 以信息技术系 E 帮帮工作室等各类社团为载体,进一步加强学生自主创新创业引导和指导工作。

3. 进一步加强专兼教学团队的实践能力提升工作。

创新课程建设理念　培养高品质金融人才
——“思想道德修养与法律基础”课程建设十年

邹宏秋

2013是学院迁址下沙新校区十年、首届高职毕业生十年、人才培养工作第一家优秀等级十年的重要纪念年份。以“三个十年”为契机，回望我院“思想道德修养与法律基础”课程建设，我们欣喜地看到，该课程也在这十年间取得了长足进步，对于学院人才培养发挥了重要的素质提升作用；该课程团队也在这十年间取得了显著成长，积极参与学院党建、思想政治教育、文化建设、教研科研、示范引领等工作，做出了较大贡献，取得了较好成绩。

一、课程发展沿革

浙江金融职业学院从1998年起以马克思主义理论基础知识、思想品德修养基础知识和法律基础知识为中心构建我校思想政治理论课教学体系，相继开设“马克思主义哲学原理”“思想品德修养”“法律基础”“毛泽东思想概论”“邓小平理论和‘三个代表’重要思想概论”“金融职业道德”等课程。

根据中共中央宣传部、教育部《关于进一步加强和改进高等学校思想政治理论课的意见》(教社政〔2005〕5号)和中共浙江省委宣传部、中共浙江省委教育工委、浙江省教育厅《关于转发〈中共中央宣传部教育部关于进一步加强和改进高等学校思想政治理论课的意见〉及实施方案的通知》(浙教工委〔2005〕9号)文件精神，高职院校将从2006级学生开始，普遍实施思想政治理论课新课程设置方案，开设“毛泽东思想、邓小平理论和‘三个代表’重要思想概论”(4学分)、“思想道德修养与法律基础”(3学分)两门课程，同时开设“形势与政策”课(1学分)。

中宣部、教育部关于思想政治理论课“05新课程方案”文件下达后，我校认真学习文件精神并贯彻实施，从2006级学生始开设“思想道德修养与法律基础”“毛泽东思想、邓小平理论和‘三个代表’重要思想概论”(现课程名称为“毛泽东思想和中国特色社会主义理论体系概论”)。

二、课程设置与课程定位

“思想道德修养与法律基础”课是2005年高校思想政治理论课新课程方案中的重要课程，是大学生思想政治教育的一门必修的公共基础理论课程。我校面向全院所有专业学生开设“思想道德修养与法律基础”课，课程开设时间为第一学期，总学时54(其中课堂理论教学时数48，实践教学时数6)，学分3。人文艺术系(社科部、体育艺术部、明理学院)负责开课，基层教学组织单位是思想政治理论教研室。使用教材是马克思理论研究和建设工程重点教材《思想道德修养与法律基础》(高等教育出版社出版)。

中共中央宣传部、教育部《〈关于进一步加强和改进高等学校思想政治理论课的意见〉的实施方案》规定：“思想道德修养与法律基础(课)主要进行社会主义道德教育和法制教育，帮助学生增强社会主义法制观念，提高思想道德素质，解决成长成才过程中遇到的实际问题。”本课程是高等学校思想政治理论课课程体系的重要组成部分，也是与大学生活学习结合最紧密、实践性最强的一门课程。我校“思想道德修养与法律基础”课作为一门高职院校课程，立足于高等职业教育，突出职业性。坚持以正确价值观为核心的人文素质和职业素质全面提升的教育导向，坚持知行合一的教学理念，注重提高学生的综合素质及职业意识和核心职业能力，培养具有人文科学与人文精神、法律意识与法治精神、职业能力与职业精神的德能兼备的复合型高职人才，帮助学生成长为具有责任意识、生存能力和发展潜质的职业人。

三、课程建设思路与举措

高质量地进行课程建设，首先要审视三个问题，认清四种关系。三个问题即：第一，高等职业教育要培养什么人？第二，学生需要从课程学习中获得什么？第三，教师要教给学生什么？怎么教？同时要认清以下四种关系：第一，学生与教材。就本课程的理论内容的学习而言，存在知易行难的问题。第二，学生与教师。大多数学生对本课程不反感甚至有好感。但能否持续这种喜爱，能否从中受益，主要取决于教师。教师要在内容上征服学生，在形式上吸引学生。第三，教材与教学。教材体系更侧重于知识逻辑性，教学体系应当更侧重于强调教学目标，突出内容的重难点。第四，教师与教材。教师要手中有教材，心中有学生，眼中有方向，脑中有思想。围绕高职学生的成长成才，形成个性化的教学体系。

由此，我们认为，本课程有两个突出特点：第一，贵在知，重在行。有见贤思齐的躬行才会修“真经”。第二，教材是文本，教学是根本。有个性化的教学体系才有好成效。

(一)明确课程建设目标

结合高职人才培养目标和经济社会发展对高职人才的要求，重点进行教学内容与体系、教学手段与方法等方面的创新性改革，致力于开拓人文素质与职业素质融合提升的教学路径，培养和提高高职学生的综合素质及职业意识和核心职业能力，实现高职思想政治理论课从传统学科型向职业教育的转变。通过课程的总体性建设，充分发挥课程的育人功能和作用，使高职学生无论是在校期间，还是走上工作岗位，都能够正视自己，善待他人，理智自信，有所作为。

在课程建设中，把一流师资队伍、一流课堂教学质量、一流教学资源、一流教研科研、一流教学管理“五个一流”作为总体目标，把“学生真心喜爱、终身受益、毕生难忘”作为教学质量目标。

(二)用创新理念引领课程建设和教学改革

我校“思想道德修养与法律基础”课严格遵循“05 新课程方案”中关于课程设置和学时学分等要求，并坚持以小班教学为主，成立督导组巡视督导课堂教学。在保证规范教学运行的过程中，对于如何提高课程教学质量、取得实效，是我们一直深入思考的一个重要问题，也在多年的教学实践中，结合学校的实际情况和学生特点，先后提出了一系列课程建设和教学改革的新理念，在教学实践中贯彻实施，在提高课程教学实效方面发挥了积极的重要作用。主要的创新教学理念和做法是：

1. 开展课前三分钟演讲活动。确定“思想道德修养与法律基础”课以“道德范畴解读”为演讲主题。道德范畴是指那些概括和反映道德的主要本质，体现一定社会整体的道德要求，并须成为人们的普遍信念而对人们行为发生影响的基本概念。思政理论课教师在“思想道德修养与法律基础”课教学中引导学生重点关注“幸福、良心、尊严、善恶、勇敢、正义、悲悯、痛苦、敬畏、荣誉”等道德范畴，要求学生结合亲身感悟做纪实性解读；或结合所见所闻做案例式解读；或结合启迪性文学作品做散文、诗歌类诵读式解读。确定以“道德范畴解读”作为课前三分钟演讲的主题，对于教材知识体系而言是一种有益的延伸；对于学生知识结构而言是一种必要的补充；对于教学过程而言是一种增益的紧凑而活泼的形式和环节；对于教育理论而言是一种直接突出学生主体地位的方式方法。

坚持采取课前演讲形式，为每一个学生提供了一次锻炼和展示自我的机会，对于提高学生的知识品味、德性修养、认识能力、逻辑思维能力和语言表达能力以及氛围营造等综合能力具有直接的促进作用。

课前演讲在我校已经全面推行了 8 年时间，广受学生喜爱和好评。课堂教学环节的创新，对于锻炼提高学生的综合素质和能力起到了积极的促进作用。

2. 实施专题教学模式，实现课程内容由教材体系向教学体系的转化。在广泛征询意见和研讨基础上，我校于 2011 年 9 月起全面开展专题教学，贯彻“多个教师上一门课”的教育理念，组成专题教学组，通过“轮课”方式开展教学。专题教学模式既实现了优质师资的最大共享，也有利于教师将专题教学与学术研究结合起来，效果良好。思想政治理论课教师的生评教成绩总体上又获得进一步的提升。

专题教学的优势。在一位教师一个班级一讲到底的传统模式下，课堂教学往往难以做到有力地吸引和影响学生，难以有效引导学生形成积极主动、自觉自愿学习和思考的局面和氛围。其原因一方面在于学生的学，部分学生不能够较好地自我管理导致学习效果不理想而产生对授课教师教学管理和教学质量的不满，甚至由此演化成轻视、反感思想政治理论课的认识偏差；另一方面在于教师的教，部分教师或者是备课不充分，过于依赖已有的教学课件和教学经验；或者是教学观念落后，缺乏与学生互动的技巧和教学艺术；或者是忙于教学而疏于科研，致使学术水平不够，等等。采取专题教学模式，能够较好地克服上述弊病，一方面通过专题设定，对教材内容进行调整和重构，能够有效促进教材体系向教学体系的转化；另一方面通过专题教学组的“轮课式”教学，打破了“一个教师、一本教材、一个班级、一讲到底”的传统教学模式，形成“鲶鱼效应”，有效激发教师的教学和科研潜能，提高教学效果，也有利于克服学生的审美疲劳。

关于专题教学的组织和实施问题，我校社科部制订了《〈思想道德修养与法律基础〉课专题教学运行方案（草案）》和《〈思想道德修养与法律基础〉课专题教学基本要求》，在专题内容设计、教学课时分配、教学组织实施、教学运行方法、课程考核方式以及授课教师在整个教学过程中的任务和要求都做出了切实可行的具体规划。

3.实施专题模式下课程教学与专业教育相融合。“思想道德修养与法律基础”课既是大学生思想政治教育的主阵地，也是大学生专业理论学习、技能培养以及提高专业核心能力与素养的专业教育阵地。课程教学与专业教育相融合，就担负起相关的专业认知引导和专业教育工作，形成有利的专业学习导向和职业教育氛围，强化了学生的职业意识，增强了学生的职业素质；同时，也有利于引导学生结合所学与所长思考自身成长和就业面对的思想道德和法律问题，变“要我学”为“我要学”，转变部分学生认为思政课只是泛泛空谈的偏见，自觉提高思想道德修养和法律修养。有助于高职学生拥有专业知识和专业技能、适应特定岗位需求的同时，增强持续发展的能力，促使高职学生成长为德才兼备、全面发展的人，使学生在成就自我中成就事业，完善人生，奉献社会。具体要求：

教学组成员所联系班级以同一专业或同一专业群为主。使得课程教师能够更有针对性地将课程教学与学生专业教育有机结合起来，在教学内容上更加贴近学生的所思所需，更加贴近学生的成长成才和未来发展就业。

内容选取上区分为两个层次。一个是教学内容必须全部涵盖的基础理论知识层次，如理想信念、爱国主义、社会公德、基本法律修养的认同意识等；另一个是需要且适合紧密结合不同专业特色开展教学的内容层次，如职业道德教育、就业形势教育、法律规范教育等。

形成特定专业或专业群的个性化理论教学。课程教学与专业教育相融合，重点是教学内容上要与专业以及专业所对应的产业、行业、企业实际相结合，而不同专业的教学内容选取要有所区别，如进行道德修养专题教育时，会计专业、金融专业或计算机专业的职业道德规范都不相同，教学重点也应当有所区别。一是选用与专业或专业群密切相关的典型案例教学。帮助学生提高专业领域的记忆力、注意力、观察力、思维力等智力因素，增强专业领域的发展动机、兴趣、情感、意志和性格等人格因素。二是在入学适应专题教学中，融入专业人才培养方案内容和专业课程设置情况内容；思想修养专题教学中融入职业理想教育和职业观教育，教育学生自觉把自己的人生追求同祖国的前途命运联系起来，树立为祖国繁荣富强贡献青春力量的远大志向；道德修养专题教学中融入职业道德修养教育，引导学生磨炼意志、砥砺品格，诚实守信，服务人民；法律修养专题教学中融入与专业相对应的行业法规与案例。

4.创新教学方法，构建学生学习机制。在教学方法上，强调要以生为本，突出学生的主体地位，探索基于问题的教学方法，同时配合讨论式教学、案例教学、多媒体教学等，提高教学的吸引力。目前案例教学应用比较多，本课题组成员采取“精心选取案例—组织学生讨论—教师精评”模式，使所选案例能充分调动学生兴趣，但又把握好理论原则和深度点评，避免缺乏冷静思考的表面的热闹讨论。同时课程建设在下阶段拟尝试根据专题内容设置情景教学。构建“一次课前演讲、一份课堂活动总结、一篇读书心得、一次知识竞赛、一次社会实践”的“五个一”学生学习模式，形成“课堂学习＋自主学习＋实践学习”的知行统一的学生学习机制。

5.坚持集体备课，保证教学质量。基于教学论研究的视角，集体备课是以提高教学质量、增强教学实效为直接目的的一个重要教学环节。高校思想政治理论课教学每时每刻要面对国际国内形势的风云变幻，面对经济、政治、文化、社会、生态各领域的丛生万象，要关注来自社会不同阶层、不同群体的学生主体的思想心理动态。充分发挥大学生思想政治教育的主渠道作用，就要高度重视高校思想政治理论课教师的集体备课。

所谓集体备课，就是一个学科组或课程组全体教师围绕课程教学集思广益，合作探究，实现课程教学科学、艺术、创造的融合，在提高教学质量的同时提升教师队伍的整体教学能力和理论水平。我校“思想道德修养与法律基础”课程团队始终坚持集体备课，通过集体研讨确立教学统一教案和课件，保证基本教学质量，也促进了团队合作氛围的形成。集体备课满足了教师职业认同的需要、学科建设的需要、教学实效的需要、教师成长的需要和团队建设的需要，进而较好地解决教师的师德教风、专业水平和教学能力，以及教材体系向教学体系转化、学科知识向信仰体系转化等三大根本性问题。

6.坚持召开学生学情座谈会。把握学生思想动态、学习特点和要求，确定课程建设和教学改革的目标和方向，把握教学重点和难点，因材施教。

7.创新实践教学环节。课程团队教师积极担任学生社团“中国特色社会主义理论体系研读会”指导老师，坚持将课程建设与团学活动紧密结合，与专业育人有机融合，与职业精神深度契合。依托校内实践载体和校外实践基地，开展思想政治理论课实践教学，已积累了大量课程实践活动文本资料和音像图片资料。在完成常规的实践教学任务的同时，每年暑期选定部分学生代表组成社会实践调研小组，到延安、韶山等革命老区参观调研。

8.精心建设“思想道德修养与法律基础”省级精品课程网站。网站界面友好，互动性强，博客专栏和专题讨论等板块都吸引了大量学生的参与，成为学生自主学习、生生交流、师生交流的平台。

四、团队建设思路与举措

讲好一节课，需要一名好教师；讲好一门课，需要一个坚持正确方向、师德高尚、业务熟练、结构合理的教学团队。高校思想政治理论课是一门公共基础理论课，教学对象广泛，只有建立一支坚强有力、业务精湛的专业化教师队伍，才能够实现对学生思想政治理论素养提升的教育目标。“思想道德修养与法律基础”课程团队建设的主要思路和举措是：

(一)要求教师坚守课堂教学主阵地,苦练内功,服务学生

课程教师要热爱马克思主义理论和思想政治教育专业,热爱思想政治理论课教学工作。要坚持用大量的时间和精力来备课,不断修订教案和课件,更新案例,完善教学内容,认真对待每一次课,一以贯之地做到以饱满的热情、积极向上的精神状态投入教学,坚持将学生放在第一位,将教学质量放在第一位。在教学中突出学生主体地位,注重因材施教,强调知行统一,开展适合高职学生特点和高职人才培养目标的教学改革。耐心倾听学生的心声,主动征询对课堂教学改进的意见。经常通过电子邮件、QQ、电话、短信等途径与学生保持联系与互动,为学生答疑解惑,引导学生健康成长。抓住新生入学的教育时机,引导学生学会学习、学会做事、懂得感恩,帮助学生“精神成人”。

(二)树立团队意识,营造奋发向上的工作氛围,关爱青年教师成长

我校思政教师队伍是一支以青年教师为主体的队伍,课程建设中注重发挥青年教师的主体作用,强调教学质量,重视强调教研和科研,关心指导青年开展教研和科研。在教师自身的积极进取下,我校10位思想政治理论课专任教师中,有2位教师入选浙江省151人才第三层次,2位教师入选浙江省优秀青年教师资助计划,3位教师入选学院首批青年骨干教师培养计划。在学院近三年的“青年教师教学技能”比赛中,2名教师分别获得二等奖和三等奖;4人获学院“品位教师”“优秀教师”“教坛新秀”“最受学生欢迎的青年教师”以及“星级教师”等荣誉。科研方面,有五位教师成功申报教育部人文社科研究项目,在《思想理论教育导刊》《理论探讨》《中国高教研究》等期刊公开发表论文60余篇,其中核心期刊40余篇,出版专著和教材共4部,研究成果在省内外的学术交流会上多次获得好评。

(三)锻造教研科研真功夫,提高能力,促进教学

团队建设中始终重视教师教学与研究的有机结合,积极研究教学热点难题与规律性问题,以教科研促进教学质量提升,取得了一定的成效。近年来,课程团队教师在教学改革项目、科学研究项目以及学术论文、专著撰写等方面都取得了较为瞩目的成绩。许多专著和论文获得中国高等职业技术教育研究会、教育部职业技术教育中心研究所、中国伦理学会德育专业委员会、浙江省哲学学会等单位授予的奖项。

五、课程建设成效与展望

规范有序的课程设置和严格严肃的教学要求,重视教学质量和团队精神的教学氛围,促成了我校思想政治理论课教育教学工作的良好局面,课程建设也取得日益丰厚的成果。2007年6月“思想道德修养与法律基础”被确定为第三批院级重点建设课程(浙金院〔2007〕81号)。2008年在浙江省教育厅对高职院校思想政治理论课督查中获得优秀,“思想道德修养与法律基础”课程于2009年被确立为省级精品课程建设项目。2011年11月在浙江省教

育厅关于2009年省级精品课程建设项目中期检查中取得优秀等级。“思想道德修养与法律基础”教学团队也被评为学校优秀教学团队。

(一)课程建设已经取得的进展

1.形成符合高职学生学习特点、提升学生综合素质的理论课教学方法。

高职院校学生有其共性的学习特点和心理特点,就思想政治理论课的学习心理而言,给课程教学直接带来挑战的主要有以下五种情况:一是对于思想政治理论课存在偏见,有抵触心理;二是对政治理论、思想道德领域的现象、知识、问题不感兴趣;三是虽有认真学习的想法,但缺乏良好的学习习惯,缺乏自我约束和管理能力,自制力较低;四是所谓的“务实”派,只重视专业课和技能训练,认为思政课没用;五是对理论教学感到枯燥乏味,从而失去学习积极性。

课程教学中要因材施教,有的放矢,做到以下三点:一是从知识、能力、素质三方面深入挖掘课程的功能和作用;二是制作生动活泼的多媒体教学课件,将相关案例以图片、图表或视频的形式引入多媒体课件中,将抽象的理论形象化、具体化,实现现代教育技术与传统教学手段的有机结合;三是组织开展课前演讲、主题讨论等课堂活动,灵活采用启发式、案例式、情境式教学方法,突出学生的主体地位,激发学生学习的积极性和主动性,锻炼提升学生的综合素质。

2.实施融合职业素质教育的专题教学,形成理论课教学的特色模式。

创新教学模式的根本目的在于实现教材体系向教学体系的转化,进一步提高教学实效。模式创新分两步走:第一步,结合学生实际,积极探索适合高职学生特点和高职人才培养目标的课程教学新模式,以专题教学作为改革方向,更新教育观念。第二步,积极探索课程教学与专业教育相融合的理论和实践路径,突出学生的职业素质培育。通过课程教学与专业教育相融合,更好地授予学生了解社会、把握时局、分析问题和解决问题的能力,以及个人成才、社会发展、民族振兴的希望,激励和引导青年学生自觉将个人的成长和发展与祖国的前途命运联系在一起,充分发挥思想政治理论课作为大学生思想政治教育的主渠道作用。

3.形成“课程主导,合力育人”的实践教学模式。

“思想道德修养与法律基础”是一门面向全校学生开设的公共必修课,如何使全体学生都有效参与到课程的实践性教学活动中来,一直是许多高校面对的一项难题。如果仅仅依靠课程组本身的师资力量,不但难以做到实践活动中学生参与的全部性,也难以做到实践主题和活动方式灵活多样,活动指导深入具体,而实践性教学的时间更是难以规划安排。课程组要在确保“思想道德修养与法律基础”课实践教学时数的前提下,能够突破实践课时的局限,增加实践性教学的比例,加强理论教学与实践的结合;要有利于学生在校学习期间课时的科学安排和合理使用,避免实践活动和内容的不必要重复。

4.改革课程考核方式,构建科学合理的课程测评体系。

从学生学习实际出发,改革课程考核方式,改变“一门课程、一张试卷、一考定音”的考核方式,多方位、多层次、多渠道评定学生的课程成绩,构建科学合理的课程测评体系。

5.形成课程育人、环境育人、实践育人的德育育人体系。

一是要依托学校思想政治理论课建设领导小组和社科部,做好兼职教师队伍管理与建设工作，与学工部、宣传部、各系党总支等职能部门协作开展大学生思想政治教育工作；二是要与明理学院面向全校一年级学生开展的“明德理”“明事理”“明学理”“明情理”的明理教育有机结合，着力提升学生情感智慧与审美情趣，提升学生人文素质和综合素养；三是与学院“诚信文化、金融文化、校友文化”三维文化育人体系有机结合；四是依托学生社团“中国特色社会主义理论体系研读会”开展丰富多彩的课程实践活动。

6. 形成梯队整齐、结构合理、整体素质高的专兼职教师队伍。

鼓励年轻教师提高学历，丰富知识结构。为教师出外学习、进修、培训、交流、社会实践创造机会，促进教师知识的更新和专业水平的提高，进一步提高课程团队整体素质。学校现有思想政治理论课专职教师 11 人。从职称结构看，教授 2 人，副教授 2 人，讲师 6 人，助教 1 人。年龄结构上，45 岁以下 9 人。学历结构来看，博士 2 人，硕士 8 人(其中在读博士 2 人)，学士 1 人。这支队伍人数不多，但每一位教师都积极向上，团结友爱，有着良好的精神风貌和敬业奉献的氛围。在老师们的努力下，有 1 位教师入选 2013 年全国高校优秀中青年思想政治理论课教师择优资助计划，1 位教师为浙江省 151 第三层次人才，1 位教师入选浙江省 151 人才第三层次，2 位教师入选浙江省优秀青年教师资助计划，3 位教师入选学院首批青年骨干教师培养计划。在学院近三年的“青年教师教学技能”比赛中，2 名教师分别获得二等奖和三等奖；4 人获学院“品位教师”“优秀教师”“教坛新秀”“最受学生欢迎的青年教师”以及“星级教师”等荣誉。

7. 加强网络资源的开发和推广应用，实现课程资源共享。

进一步完善课程教学课件、教学案例、教学录像等教学资源并上传课程网站，丰富和完善网上资源，努力做到本课程高水平、多功能的全面系统网络化，实现课程资源的共享。完善教学条件，充分利用课程网络资源，充分发挥课程网络教学平台的作用。

(二)课程建设的引领辐射作用

我校“思想道德修养与法律基础”课程建设与教学立足横向交流大舞台，共谋发展，服务社会。十年来，课建设和教学改革成效显著，取得了一定的社会影响，教学团队成员在马克思主义理论修养提升、教学业务水平发展以及相关学术研究和社会服务能力提升等方面都取得了较为突出的成绩。

近五年来课程团队教师获教育部人文社科课题 7 项，2013 年获国家社科基金项目 1 项。思想政治理论课教师还撰写出版专著 5 部，在《中国高等教育》《中国高教研究》《高等工程教育研究》《思想理论教育导刊》《教育探索》《江苏高教》等刊物公开发表学术论文 60 余篇。获得浙江省优秀教学成果奖、全国和谐德育研究与实验总课题组、中国伦理学会德育专业委员会论文评比一等奖等教科研奖项。

课程团队注重加强与全国多省份多所高职院校、本省内普通本科院校和高职院校的课程交流研讨。我校是浙江省高校“毛泽东思想和中国特色社会主义理论体系概论”课教学研究会副会长单位，浙江省马克思主义学会高职分会“思想政治理论课建设研究中心”主任单位，“全国高职高专院校思想政治理论课建设联盟”副秘书长单位。思想政治理论课教师积极发挥我校思政理论课课程建设的社会服务能力，组织召开浙江省高校“毛泽东思想和中国特色社会主义理论体系概论”课教学研究会会长会议；在“概论”课暑期备课会上做关于专题教学、做关于集体备课等主题的交流发言;在全省“思想道德修养与法律基础”精品课程负责人研讨会上做关于课程建设的交流发言;在省马克思主义学会高职分会换届大会暨2012年学术年会上就思政课程建设与改革作主题发言,在中国高等教育学会大学素质教育研究分会年会暨2012、2013大学素质教育高层论坛做主题发言,等等。参与并完成省教育厅关于高校思想政治理论课辅助教材《中国特色社会主义理论在浙江的实践》的教材编写工作,并在2013年7月召开的全省高校暑期教材培训会上做参编章节的教材培训指导。课程建设效果和社会服务能力受到了同行及兄弟院校的认可、好评。

在学院和社会各界的支持帮助下,我校“思想道德修养与法律基础”课程建设取得了一定成效。但是,我们也认识到课程建设还存在着不足,主要是专题教学模式尚需进一步完善,课程教学与专业教育相融合有待于进一步深化推进,结合“90后”高职学生特点开展教学需要坚持深入调研、深化对学生关心和关注,等等。所谓教无定法,学无止境。时代总有新发展,形势总有新变化,学生总有新特点,教学也要总有新举措。“思想道德修养与法律基础”课程团队将始终以昂扬的热情,为培养德能兼备的优秀高职人才倾心尽力!

以学施教:学教互嵌式教学改革与学生思想政治素养提升

——“毛泽东思想和中国特色社会主义理论体系概论”课程建设三年

曲士英　鲁明川

2010 年 12 月,“毛泽东思想和中国特色社会主义理论体系概论”入选浙江省精品课程,自入选省精品课程以来,课程组坚持把党的最新理论成果与课堂教学结合起来,不断深化课程建设和教学改革。帮助学生正确认识马克思主义中国化理论成果在指导中国革命和建设中的重要历史地位和作用,掌握中国化马克思主义的基本理论和精神实质,确立科学社会主义信仰和建设中国特色社会主义的共同理想,增强执行党的基本路线和基本纲领的自觉性和坚定性,坚定在中国共产党领导下走中国特色社会主义道路的信念。经过两年的改革探索,课程建设取得一定成效,主要建设情况如下:

一、课程建设理念和思路

“毛泽东思想和中国特色社会主义理论体系概论”作为高等学校各专业必修的一门思想政治理论课,是在高校思想政治理论课体系中分量最重、占据核心地位的课程。其任务是通过该课程的教学,使学生了解马克思主义中国化的历史进程,认识毛泽东思想、邓小平理论、“三个代表”重要思想以及科学发展观是马克思主义基本原理和中国具体实际相结合的历史性飞跃的理论成果,是中国化的马克思主义,帮助学生正确认识马克思主义中国化理论成果在指导中国革命和建设中的重要历史地位和作用,掌握中国化马克思主义的基本理论和精神实质,确立科学社会主义信仰和建设中国特色社会主义的共同理想,增强执行党的基本路线和基本纲领的自觉性和坚定性,坚定在中国共产党领导下走中国特色社会主义道路的信念。

“毛泽东思想和中国特色社会主义理论体系概论”课程坚持“多个教师上好一门课”的建设理念,努力追求“学生真心喜爱、终身受益、毕生难忘”的课程境界,帮助学生运用马克思主义基本原理,坚定信念,树立正确的世界观、人生观、价值观,为走上正确的成长道路奠定坚实基础,帮助大学生成为有理想、有道德、有文化、有纪律的优秀的社会主义现代化建设事业的接班人。

本课程在教学理念的指导下,采用在授课过程中达到使学生心灵上有触动、思想上有感悟、行动中有体现的教学思路，运用论题辩论法、案例教学法、演讲式教学法等突出学生的主体地位，最终达到课堂效果最优化的目的。

二、课程建设内容

"毛泽东思想和中国特色社会主义理论体系概论"作为一门高校思想政治理论课，具有较强的政治性和理论性，在具体教学过程中，必须从高职学生的特点和高职人才培养目标出发，从单项的接受转向互动性学习，从单纯注重基本理论知识的传授转向重视对学生认知、情感和能力的培养，着力于在教学内容上深化，在教学过程中强调课程教学的基本理论与当前社会实际问题的结合，学以致用。课程建设内容如下：

(一)实施专题教学，实现课程内容由教材体系向教学体系的转化

2012年2月，课程组在多方论证的基础上，在"毛泽东思想和中国特色社会主义理论体系概论"课程中开展了专题教学改革，本着"多个教师上一门课"的教育理念，对教材内容进行调整和重构，打破"一个教师、一本教材、一个班级、一讲到底"的传统教学模式，使学生在课程学习中，可以接触到多个教师，每个教师都有自己的个性气质和思维方式，让学生感受到不同的教学风格，从而避免听觉和视觉的疲劳，增加了课程教学容量，开阔了学生的视野，促进教材体系向教学体系的转化。课程组专题教学方案具体如下：

1. 教学专题设计：依据教学大纲和高职学生实际，对教材内容进行调整和重构，将理论教学内容确定为马克思主义中国化的理论成果及其精髓、新民主主义革命与社会主义改造、建设中国特色社会主义的三个基本问题、中国特色社会主义经济与政治、中国特色社会主义文化与社会、祖国统一与国际战略、中国特色社会主义事业的依靠和领导力量等七个教学专题。

2. 专题教学组的设置：依据课程专兼职教师的教学和研究专长分别组建三个小组，总论、专题一、专题二教学任务由三个教学组共同承担，专题三教学任务由第一小组承担，专题四教学任务由第二小组承担，专题五、专题六教学任务由第三小组承担。教学专题组实行组长负责制，教学组组长由具有讲师及以上职称的专职教师担任，负责组织集体备课、课件制作、教案编写、教学协调等相关教学工作。

3. 专题教学的运行：根据课程教学专题设置和教学组教师资源实际，班级授课采用轮课制，即通过教学组之间以及教师之间相互轮换，共同完成同一个教学班的教学任务。各教学组按照以下课表进行轮课。

专题教学模式能够彰显课程教师多元化的个性魅力，使学生在学习知识、思考问题的过程中，感悟到不同教师的独特优势和突出特点所在。幽默风趣是魅力，娓娓道来也是风采，激情澎湃具有感召力，深刻解读则具有穿透力。这样的教学组织更像是学生的一套大餐，五味俱全。

4. 教学过程要求：

(1)课前演讲——新闻速递与时事点评

教师根据授课班级实际组织学生演讲，自然班每次课1—2名学生进行演讲，合班每次

2—3 名学生演讲，一学期下来，保证每个学生都能上台演讲一次，每位学生的演讲时间严格控制在 3 分钟以内。

(2)拓展阅读活动

每个专题推荐 1—3 个阅读书目，要求学生在课程教学结束前至少阅读一本书，并撰写读书心得，字数 500 左右，课程结束前上交。

(3)课堂活动设计

每个专题开展一次课堂活动，要求学生写不少于 300 字的课堂活动小结，表达对课堂活动的看法和建议，专题教学结束前上交。

(4)社会实践活动安排

要求每个学生至少参加一次社会实践活动并撰写社会实践报告。教师要对学生的社会实践选题、报告撰写进行指导，“五一”前下发社会实践报告表，专题教学结束前收齐社会实践报告并批阅，每个班级挑选出 1—2 篇优秀社会实践报告，汇编成优秀社会实践报告集并在下一学期发放给学生。

(5)平时成绩评定

平时成绩采用统一评定标准，即学生平时成绩＝课前演讲＋读书心得＋课堂活动小结＋考勤及课堂表现。具体分值比例如下：出勤和课堂表现 40 分、新闻速递与时事点评演讲 40 分、读书心得 20 分，实施分项极限打分方式，即出勤和课堂表现最高分为 40 分、新闻速递与时事点评演讲最高分 40 分、读书心得最高分 20 分。教师在平时授课过程中，统一采用这一标准评定学生成绩，期末考试之前，教师累加这三项成绩形成学生的平时成绩，减少或避免由于标准不一带来的成绩换算或遗漏问题。

5.学生的学习方案：构建“一次课前演讲、一份课堂活动总结、一篇读书心得、一次知识竞赛、一次社会实践”的“五个一”课程学习模式，形成“理论学习＋自主学习＋实践学习”的知行统一的学生学习机制。

6.课程的考核方式：注重学生的综合表现，突出过程评价，实现结果评价与过程评价有机结合起来，改变“一门课程、一张试卷、一考定音”的考核方式。评价方法是根据平时课堂表现(包括到课情况、上课纪律及参与课堂活动情况等)、社会实践活动情况、期末考试成绩相结合进行综合评分。学生总评成绩 100％＝平时成绩 30％＋实践报告成绩 20％＋期末考试成绩 50％。

(二)实施专题模式下课程教学与专业教育相融合

“毛泽东思想和中国特色社会主义理论体系概论”课既是大学生思想政治教育的主阵地，也是大学生专业理论学习、技能培养以及提高专业核心能力与素养的专业教育阵地。课程教学与专业教育相融合，担负起相关的专业认知引导和专业教育工作，实现思想政治理论课教育教学与专业教育教学的有机融合增强持续发展的能力，促使高职学生成长为德才兼备、全面发展的人，使学生在成就自我中成就事业，完善人生，奉献社会。

1.专题教学组成员所联系班级以同一专业或同一专业群为主。使课程教师能够更有针对性地将课程教学与学生专业教育有机结合，在教学内容上更加贴近学生的所思所需，更加贴近学生的成长成才和未来发展。

2.形成特定专业或专业群的个性化理论教学。课程教学与专业教育相融合，重点是教学内容上要与专业以及专业所对应的产业、行业、企业实际相结合，而不同专业的教学内容选取要有所区别，如进行中国特色社会主义经济与政治专题中经济部分内容教学时，农金专业、保险专业、计算机专业的教学重点应当有所区别。面对农金专业学生时，社会主义新农村的内容应该有所侧重和拓展；面对保险专业学生时，分配制度和社会保障体系的内容应该有所侧重和拓展；面对计算机专业学生时，建设创新型国家的内容应该有所侧重和拓展。选用与专业或专业群密切相关的典型案例教学，帮助学生提高专业领域的记忆力、注意力、观察力、思维力等智力因素，增强专业领域的发展动机、兴趣、情感和意志。教育学生自觉把自己的专业学习同祖国的前途命运联系起来，树立为祖国繁荣富强贡献青春力量的远大志向。

3.课程实践教学与专业技能训练、专业实习有机结合。一是将课程教学内容设定为学生“五笔”技能实训的速度练习和考核的主要内容。二是在专业所指向的行业、企业及其业务活动的城市社区、农村乡镇等地建立相对稳定的课程教学实践基地。

4.课程教师关心学生个人成长和专业发展问题。大学生处在思想成长阶段，他们的思想不仅容易受到社会环境各种因素的影响，也容易受到个人遇到的具体困难和问题的影响，特别是专业学习、专业技能训练、专业发展困惑等问题的影响。课程教师热心、耐心、细心帮助大学生处理好成长过程中学习成才、择业交友、健康生活等方面的具体问题，要关心学生职业生涯设计，关心学生就业和创业，增强思想政治教育的实际效果。

5.形成课程育人网络。形成以课程教师为主体，以辅导员和班主任、专业主任和专业教师为辅助的课程育人网络，使得课程教学管理能够与学生所在专业、系部的专业教育和教学管理有机结合，营造合力育人、和谐育人的教育氛围。

（三）创新教学方法，突出教学实效

1.定期开展学生座谈，实施问题教学法。

为了进一步了解“毛泽东思想和中国特色社会主义理论体系概论”教学的实际情况，深化课程教学改革，切实提高课程教学实效，每年的5月中旬，课程组都会开展面向全体授课班级的学生座谈会，了解学生学习需求、掌握学生思想动态。针对座谈中所反映出来的情况和问题进行集体备课并在课堂上予以必要解答，有的放矢地开展课程教学，提高教学实效。

2.坚持课程组集体备课和教学组专题备课相结合，形成富有高职特色的课程教案和课件。

一是教学组专题备课。

要求准确把握专题教学内容高度的思想性、鲜明的政治性和极强的说理性特点，选用恰当的教学手段、教学方法和教学资源，进行教学设计。要注意结合学生所学专业和教的个性特征修订完善个性化的教案和课件，实现专题教学内容的理性与感性的统一，思辨性与直观性的统一。二是课程组集体备课。开展专题教学的至少一周前，教学组组长要在课程组全体成员前试讲，教学设计要按照课程组成员提出的意见和建议做认真细致的修改和完善直至获得认可，方能够开展课堂教学。集体备课制度确保了教学的有序性、规范性、创新性和实效性，特别有益于年轻教师成长和新老教师的思想交流和碰撞，使理论教学既符合教材要求，也符合高职学生特点，使课程组成员能够在一个较高平台上开展教学，确保高质量地开展教学工作。

3. 开展“新闻速递与时事点评”，创新课堂教学环节。

针对近年来学生素质提高、知识基础较好的生源特点和课程性质，以拓展课程内容、提升学生道德认知的逻辑思维能力和价值判断能力为出发点，开展以“新闻速递与时事点评”为主题的课前三分钟演讲活动。要求学生脱稿并制作图文并茂的PPT提升演讲效果，给予学生多维度的综合能力锻炼机会。

4. 构建双向互动式教学模式，突出学生主体地位。

突破传统课堂教学单向灌输式的教学模式，激发学生学习兴趣，同时充分利用微博、教师博客、QQ空间、手机短信、电子邮箱等现代通信工具，打破时空限制，使学生随时都可以联系上教师，解决学习和生活上的疑惑。

（四）构建“四体三用”全方位教学体系

“四体”即搭建四个教学平台：课程教师主讲授课的理论教学平台，明理学院的明理教育平台，进行自主学习和在线互动的课程网站平台，以学生社团“中国特色社会主义理论体系研读会”为主体的实践教学平台。

“三用”即开展“三个课堂”育人：第一课堂依托理论教学平台，开展专题教学；第二课堂依托明理教育平台和课程网站平台开展主题报告、主题讨论和自主学习、在线互动；第三课堂依托实践教学平台开展社会实践。通过第一课堂、第二课堂、第三课堂的有机结合，形成具有高职教育特色的全方位教学体系，充分发挥课程育人功能和作用。

表 1　全方位教学体系

<table>
<tr><th>四个教学平台</th><th>三个课堂</th><th>育人环节</th></tr>
<tr><td>理论教学平台</td><td>第一课堂</td><td>专题教学</td></tr>
<tr><td>明理教育平台</td><td rowspan="2">第二课堂</td><td>主题报告
主题讨论</td></tr>
<tr><td>课程网站平台</td><td>自主学习
在线互动（讨论、答疑、博客）</td></tr>
<tr><td>实践教学平台</td><td>第三课堂</td><td>社会实践</td></tr>
</table>

“四体三用”的具体实施情况：

1. 依托理论教学平台，开展专题教学。

依托“毛泽东思想和中国特色社会主义理论体系概论”课程教学平台，设置教学专题，组建教学组，开展专题教学，有条不紊地进行课程各专题内容的教学工作，完成“毛泽东思想和中国特色社会主义理论体系概论”课程第一课堂的各项教育教学任务，为课程建设奠定坚实的基础。

2. 依托明理学院的明理教育平台，开展主题报告和主题讨论。

明理学院系浙江金融职业学院为进一步加强素质教育工作而设置的虚实结合的二级学院，坚持以社会主义核心价值体系引领素质教育，教育学生明德理、明情理、明学理、明事理。课程建设过程中，紧密依托明理学院，使“毛泽东思想和中国特色社会主义理论体系概论”课程教学与明理教育有机融合，搭建课程教学新的平台，为课程建设提供了可靠的载体依托。

3. 依托课程网站平台，开展自主学习和主题讨论。

课程网站（网址 http://jpkc.zfc.edu.cn/mzdsx/）界面美观大方，资源丰富，平台实用。

通过网络实现了课程建设的开放性，保证了教学资源的共享性。课网站设有网络课堂、实践活动、课程作业、课程讨论、在线答疑等板块，方便学生在课下能与老师及时交流，也为

不同班级、不同专业学生之间就社会现象、热点问题、人生困惑等问题展开思想碰撞提供了一个良好的平台。学生反映网络第二课堂效果良好。

4. 依托实践教学平台开展社会实践，引导学生关爱他人、奉献社会。

课程组多数成员为学生社团“中国特色社会主义理论体系研读会”指导老师，能够始终将课程教学与团学活动紧密结合起来。通过组织学生开展观看影历史视片、征文、知识竞赛等活动，使学生在切身体验和感受中强化教学效果。鼓励学生利用课余时间参与明理学院和团委组织开展的社会调查、参观访问、社会服务、志愿者服务等活动，引导学生将书本知识与社会实践结合起来，培养学生品德践行能力，做到知行统一。同时，利用节假日，给学生布置相关的社会实践活动内容，统一指导，独立完成，并按要求提交了社会实践论文或心得体会。社团实践活动提升了广大学生的综合素养，丰富了校园文化生活，培养了一批批优秀学生干部，在下沙高教园区产生了一定的影响。该社团连年被评为学院十佳社团，考核等级优秀。

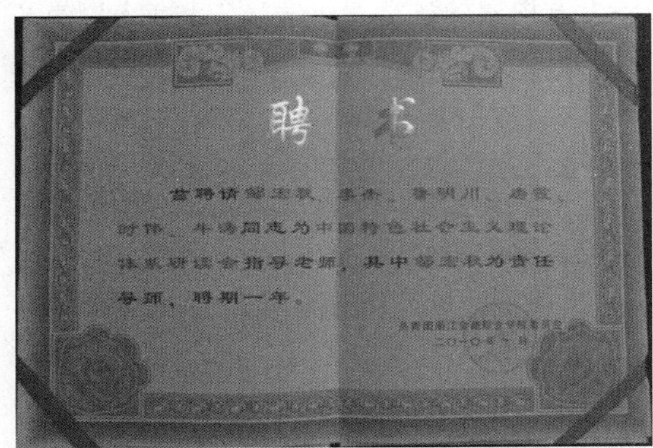
聘书

“毛泽东思想和中国特色社会主义理论体系概论”课程组在校内实践教学的基础上，积极拓展校外社会实践基地，与淳安、常山、台州等地的有关单位建立了紧密的合作联系，将课程实践教学与学生社会调查、志愿服务、公益活动、专业课实习等结合起来，引导学生理论联系实际，关爱他人，奉献社会。

课程组教师指导学生每年暑假到校外实习基地开展主题鲜明的实践活动。组织学生到淳安县瑶山乡幸福村等地进行暑期大学生社会实践。实践活动主要包括开展环保、科技、反假币等讲座，提高村民素质；开展“百名村民谈幸福”活动，了解村民的民主观、幸福感及新农村建设的感受，开展以丰富乡村文化生活，推进精神文明建设为目标的文娱活动。构建“校村参与、村民参与、师生参与、多方互动”的全民文化建设运动，锻炼了学生的社会实践能力。

组织学生到杭州九堡社区“传播温暖阳光，健康与爱同行”的敬老院之行活动 、赴台州进行“服务新农村，践行荣辱观”等社会实践活动，充分发挥大学生骨干力量，进行理论的宣传，实践的锻炼。

课程组积极组织力量，已经先后选编了七届学生(2006—2012 级学生)优秀社会实践报告集，共计 100 余万字，极大地激发了学生的实践热情，取得良好成效。

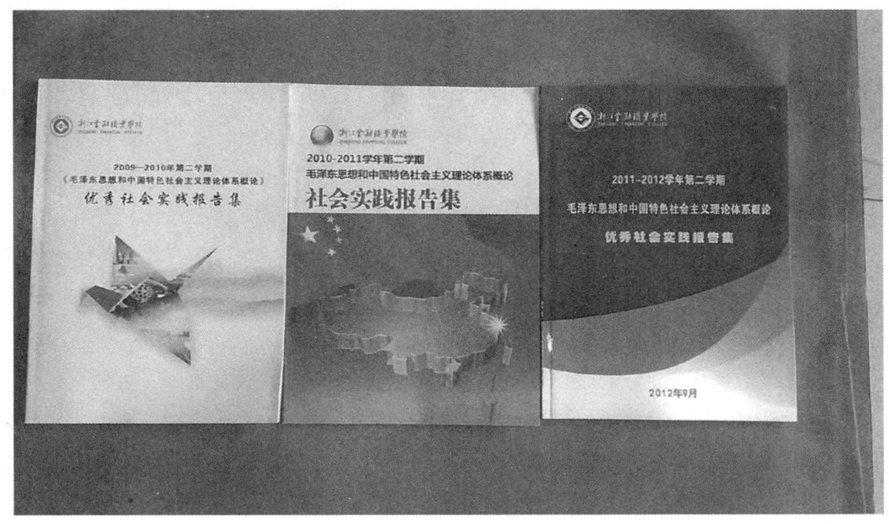

三、课程建设特色

我院“毛泽东思想和中国特色社会主义理论体系概论”课在课程建设和教学改革中形成了“一个依托，四个突出”鲜明特色。“一个依托”即以明理学院为依托，“四个突出”即“突出教学实效、突出学生主体地位、突出教学质量、突出过程评价”，推进“概论”课的精品化建设。

(一)实施专题教学,实现课程内容由教材体系向教学体系的转化

2012年2月,课程组在多方论证的基础上,在“毛泽东思想和中国特色社会主义理论体系概论”课程中开展了专题教学改革,本着“多个教师上一门课”的教育理念,对教材内容进行调整和重构,打破“一个教师、一本教材、一个班级、一讲到底”的传统教学模式,使学生在课程学习中,可以接触到多个教师,每个教师都有自己的个性气质和思维方式,让学生感受到不同教学风格,从而避免听觉和视觉的疲劳,增加了课程教学容量,开阔了学生的视野,促进教材体系向教学体系的转化。

(二)依托明理学院,推进课程教学创新

明理学院系浙江金融职业学院为进一步加强素质教育工作而设置二级学院,坚持以社会主义核心价值体系引领素质教育,教育学生明德理、明情理、明学理、明事理。课程组紧密依托明理学院,将课程教学与明理教育有机融合,搭建课程教学新的平台,推进了课程教育教学的创新,为课程精品化建设提供了可靠的载体依托。

(三)构建知行合一的教学体系,突出教学实效

我院“概论”课程组有目的地拓宽教学视野,把课堂小情境与社会大情境结合起来,让学生走出课堂,走向社会,亲身体验、感悟、理解、运用所学知识,把课内教学与课外实践融合起来。我院“概论”课程组教师针紧密结合实际组织学生开展切实可行的社会实践活动:从2006级开始,利用“五一”假期和暑假时间在学生中广泛开展社会调查、志愿者服务等实践活动,指导学生认真撰写社会实践报告,实现理论与实践的辩证统一,使教师所讲、学生所学、环境所设、师生所做较好地融为一体。通过知行合一教学活动的开展,让学生广泛地接触社会,培养自己多角度分析、研究、解决问题的良好思维习惯,达到学以致用、行中求知、知行合一。充分调动学生的学习热情,促进课程教学实效的切实提高。

(四)坚持课堂创新,突出学生主体地位

一是在课堂教学中开展“新闻速递与时事点评”和“精彩三分钟”等创新课堂活动,激发学生学习兴趣,突破传统课堂教学单向灌输式的教学模式,促成学生从“要我学”到“我要学”的转变,构建双向互动式教学模式,突出学生主体地位。二是充分利用教师博客、QQ空间、电子邮箱等网络工具,打破时空限制,使学生随时都可以联系上教师,解决自己学习中的疑惑,充分展现学生的主体地位。

(五)坚持教师集体备课,进行“小班化”教学,突出教学质量

课程组制定和实施了专兼职教师集体备课制度,每一章都组织集体备课(1—2周举行1次),有较详细的记录。在备课环节上,每章都确定主讲教师,就本章的教学目的、教学重点、难点、热点、教学案例、教学方法的运用和课堂教学设计等问题提出建议,与会教师在讨论的基础上,做出统一的课程设计要求,统一制作教学大纲、教案和教学课件、统一制定课后思考题、参考文献,统一规划社会实践调查方案等。通过集体备课为确保我院在一个较高平台基

础上开好课创造了条件，使课件内容逻辑体系严密、贴近学生实际、体现国际国内热点和焦点问题，并做到突出重点，把握难点；课件表现形式丰富多彩，做到理论性与感染性相结合，同时又为教师展示个性才能留有空间，确保了教学的有序性、规范性、创新性和实效性，既符合教材要求，也符合高职学生特点，确保高质量地开展教学工作。“小班化”教学，便于演讲式、辩论式、讨论式等教学方法的采用，促进教师与学生沟通互动，实现“教师与学生的零距离”，达到因材施教的效果，切实提高课程教学质量。

四、课程建设的主要成效

“毛泽东思想和中国特色社会主义理论体系概论”课程在各方面的关心和帮助以及课程组全体教师的努力下，课程建设效果得到了专家、同行和学生的认可，取得了良好的成效。

（一）课程教学获得学生喜爱，教学实效获得好评

通过两年的课程建设，“毛泽东思想和中国特色社会主义理论体系概论”课程进一步受到学生的喜爱，课程组教师在学校生评教成绩进一步得到提升，排名中位居前列，教学效果得到广大学生的好评。2013 年 5 月，邹宏秋老师入选教育部“全国高校优秀中青年思想政治理论课教师择优资助计划”。3 名主讲教师主持两门省级精品课程、一门省级德育选修课，其中“传统文化与大学生道德修养”课程是高职院校唯一入选“浙江省高校德育精品选修课程”的课程。课程组邹宏秋老师参编浙江省高等学校德育统编教材《中国特色社会主义在浙江的实践》，浙江大学出版社，2013 年 6 月出版。初步彰显了我院思想政治理论课教师的教学水平和课程建设能力。

课程教学在获得学生好评的同时，也受到了校内领导和老师的好评。2010—2011 学年第二学期和 2011—2012 学年第二学期，学院领导周建松、盛健、王琦、盖晓芬等多次走进教室，听取课程组牛涛、时伟、王国雨等老师的课堂授课。课后，学院领导与师生进行了面对面的交流，对我系几位教师在教学过程中关注学情、研究教法、悉心设计的做法给予肯定，鼓励我院思想政治理论课在现有基础上进一步创新教学，增强思想政治理论课教学实效性，充分发挥思想政治理论课在

韩振亮教授说“法”：集体备课好

大学生思想政治教育中的主渠道作用。

除此之外，课程教学改革和网站建设受到校外专家和同行的好评。中央马克思主义理论研究和建设工程“概论”课教材课编写组成员、浙江理工大学韩振亮教授在跟踪听课和多次调研的基础上，认为我院的“毛泽东思想和中国特色社会主义理论体系概论”课程教学改革理念和方法值得肯定，课程建设效果具有借鉴和推广意义。

(二) 学生群体呈现新风貌，综合素质有新提高

通过课程理论教学和实践性教学，学生身上发生了显著变化。总体变化为以下几个方面：

1. 积极追求进步，课堂表现更加活跃。通过课程教学，提高了学生的政治理论水平，深化了学生对中国共产党的认识，学生在政治上积极要求进步的现象不断增多，积极递交入党申请书，主动向党组织靠拢；课堂教学中学生积极思考、主动发言，在学校系部各项活动中踊跃参加。

2. 尊敬师长，讲求礼让。学生在校园里、教学楼走廊等处见到教师，都会停下脚步致礼问好；在乘坐电梯时，即使上下课时人多时间紧，学生仍能够井然有序，先出后进。学生走出校门，更是处处要求自己品格高尚，不随波逐流。即使坐公交车有近一个小时路程，我们的学生仍然毫不犹豫让座给更需要的人。

3. 认同专业，乐观向上。在对待本专业的态度上，许多学生曾经并不了解或者并不喜欢自己的专业，但开学一段时间后，通过对课程的了解，与授课教师的接触交流，都变得乐观积极起来，纷纷表示要学好本专业，并且尽可能抓住与本专业能力素质相关的机会锻炼和提升自己的综合素质和职业能力。

4. 综合素质明显提高，多次获得省级奖项。课程教学突出学生的职业能力培养，通过教师适当地引导和启发，提出观点，鼓励学生用自己的言语表达观点，不翻书、不背诵，积极发挥学生的主观能动性，让学生说，让学生做。特别是以“新闻速递与时事点评”为主题的课前演讲活动，更是锻炼了学生的理性思维，全面提升学生的综合能力，学生在各级各类活动中表现优异，获得省级奖项多项。2013 年 11 月，鲁明川老师指导的“挑战杯”项目：农民的价值观的调查和思考——基于浙江省 2572 名村民的实证研究，获得浙江省第四届高职高专创业创新“挑战杯”二等奖。

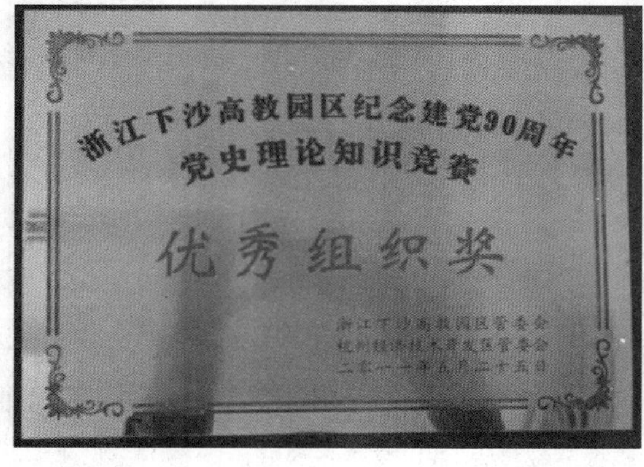

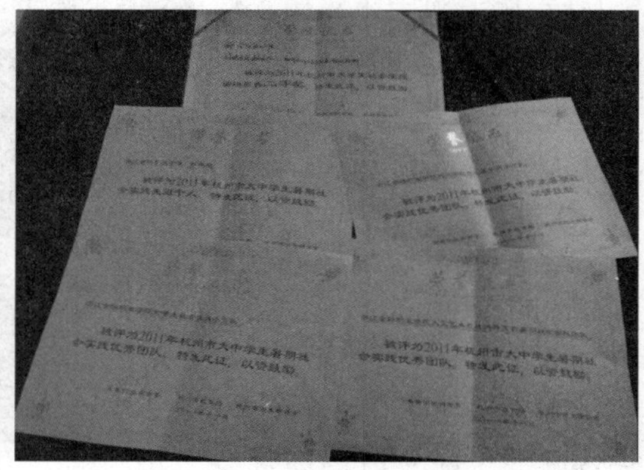

（三）教科、科研成果增多、层次不断提升

课程组教师主持教育部人文社科规划、省哲社、省社科联、省教育规划、省教育厅等厅局级以上课题10余项，其中仅教育部人文社科规划项目就有5项，具体如下：2010年11月，课程组负责人曲士英老师申报的“社会主义核心价值体系建设与国家文化安全研究”项目获教育部社科司立项，实现了我院思政教师在该层次项目上零的突破；2011年9月，课程组时伟老师申报的“当代大学生政治参与调查——以苏浙部分高校为例”项目获教育部社科司立项；2012年1月，课程组牛涛老师申报的“基于大学生文化消费视角的国家文化安全研究”项目、王国雨老师申报的“《诗经》诠释与早期儒家哲学的生成”项目、李杰老师申报的“消费视阈下大学生社会心态的现状及对策研究”项目同时获得教育部社科司立项。2013年5月，鲁明川老师申报的“《资本论》生态哲学思想与中国特色社会主义生态文明建设”获得教育部社科司立项；2013年6月，王国雨老师主持申报的“《诗经》诠释与早期儒家哲学的生成研究”项目获得国家社科基金立项，实现我院国家社科基金零的突破。极大地提高了课程组科研项目层次整体水平。

课题组教师在《中国高教研究》《江苏高教》《高等工程教育研究》《学术交流》等期刊公开发表论文80余篇，其中核心期刊50余篇，部分成果被《新华文摘》、人大复印资料部分转载或全文转载，研究成果在省内外学术交流会上多次获得好评。

（四）课程教师成长速度加快，教师队伍素质有整体性提升

“毛泽东思想和中国特色社会主义理论体系概论”课程涉及政治学、历史学、经济学、社会学等众多学科，需要学科背景全面的教学团队。目前本课程教学团队有教授、副教授、讲

师,学科背景有思政、政治学、法学等,基本满足教学需要。教学团队中青年结合,思想活跃,拓展课程建设的视野。近几年,在学院领导的重视,全体教师的共同努力,课程组教师教学能力不断得到提升。其中课题组成员邹宏秋教授、李杰副教授被浙江省人事厅、教育厅评为“新世纪 151 人才”,鲁明川、李杰 2 名教师入选浙江省优秀青年教师资助计划,时伟、牛涛分别为 2011 年、2013 年学院“教坛新秀”,李杰、王国雨、时伟、牛涛 2012 年入选学院“青年学术带头人”培养工程,鲁明川、方石英入选“青年骨干”培养工程,鲁明川、牛涛两位年轻教师分别于 2012 年、2013 年考入上海财经大学、上海师范大学攻读博士学位。课程组教师多人次获得“优秀教师”“教学名师”“品位教师”“杰出青年教师”“科研工作先进个人”等荣誉称号。

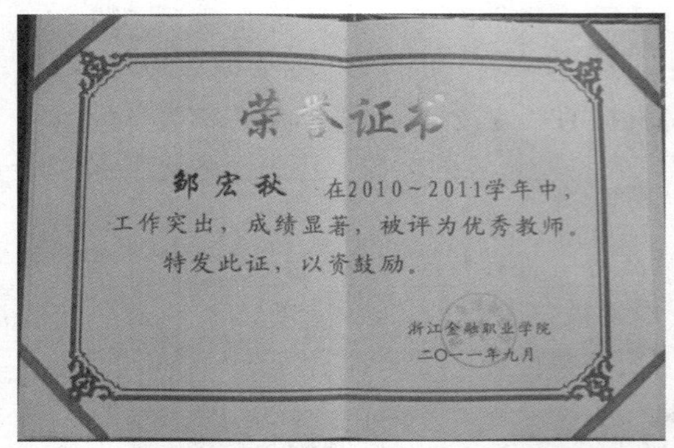

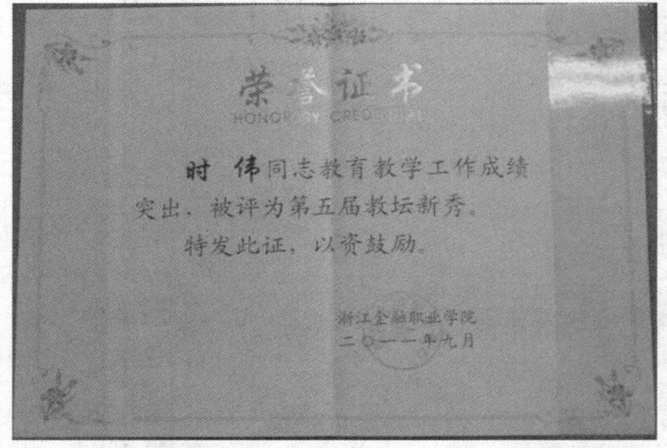

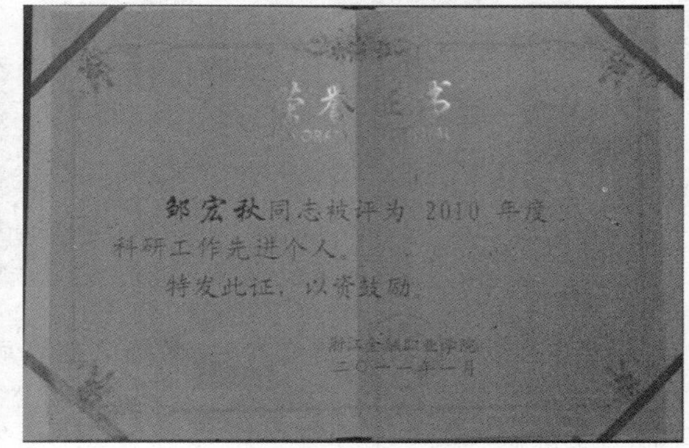

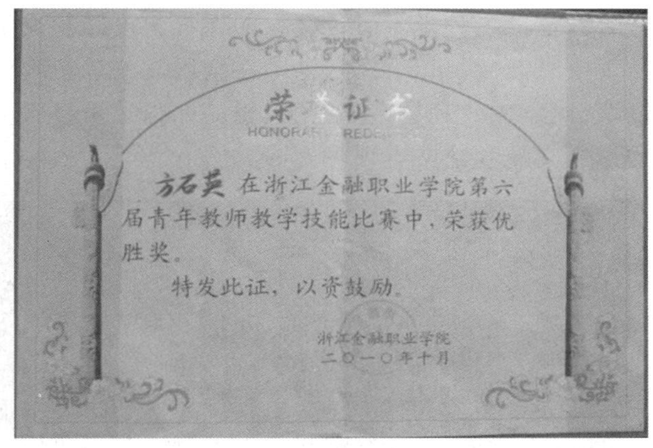

（五）示范辐射作用突出

2010 年 12 月以来，“毛泽东思想和中国特色社会主义理论体系概论”课程建设成效日益显现，社会服务能力受到了同行及兄弟院校的认可、好评。示范辐射作用的发挥主要通过以下几个路径：

1. 借助课程建设在省内的较高地位和良好声誉。课程组负责人曲士英老师先后担任了浙江省马克思主义学会高职分会副秘书长、浙江省科学社会主义学会常务理事、浙江省高校马克思主义理论教育研究会第八届理事会副理事长等省内课程团体或学术团体的相关职务。课程组邹宏秋老师担任浙江省马克思主义学会高职分会“思想政治理论课建设与改革研究中心”主任、浙江省高校“毛泽东思想和中国特色社会主义理论体系概论”课教学研究会副会长。

2011 年 4 月 22 日课程组组织召开了以“创新教学模式，增强教学实效”为主题的省马克思主义学会高职分会“思想政治理论课建设研究中心”2011 年度第一次研讨会；2012 年 3 月 25 日，课程组组织召开了浙江省高校“毛泽东思想和中国特色社会主义理论体系概论”课教学研究会会长会议；2013 年 6 月 7 日，课程组组织召开了浙江省马克思主义学会高职分会思想政治理论课建设与改革研究中心 2013 年度教学研讨会；通过主办会议有助于推动我院马克思主义理论教学研究工作的进一步发展，也进一步增强了我院思想政治理论课程建设的示范辐射作用。

2. 借助各种学术研讨会议的课程建设经验交流平台。课程组负责人曲士英、课程组成员邹宏秋、鲁明川、李杰等老师在全国高校思想政治理论课教学研讨班、省马克思主义学会高职分会、党建和思政研讨会、精品课程建设经验交流会等会议上做课程建设经验交流、优秀论文交流和论文点评等。

课程组教师参加各类学术研讨会

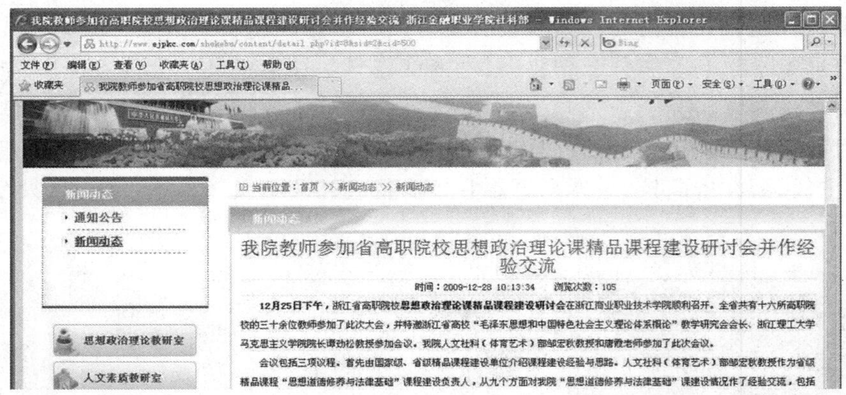
我院教师参加省高职院校思想政治理论课精品课程建设研讨会并作经验交流 浙江金融职业学院社科部 - Windows Internet Explorer

文件(F) 编辑(E) 查看(V) 收藏夹(A) 工具(T) 帮助(H)

当前位置：首页 >> 新闻动态 >> 新闻动态

新闻动态

· 通知公告

· 新闻动态

思想政治理论教研室

人文素质教研室

我院教师参加省高职院校思想政治理论课精品课程建设研讨会并作经验交流

时间：2009-12-28 10:13:34 浏览次数：105

12月25日下午，浙江省高职院校**思想政治理论课精品课程建设研讨会**在浙江商业职业技术学院顺利召开。全省共有十六所高职院校的三十余位教师参加了此次大会，并特邀浙江省高校“毛泽东思想和中国特色社会主义理论体系概论”教学研究会会长、浙江理工大学马克思主义学院院长谭劲松教授参加会议。我院人文社科（体育艺术）部邹宏秋教授和唐霞老师参加了此次会议。

会议包括三项议程。首先由国家级、省级精品课程建设单位介绍课程建设经验与思路。人文社科（体育艺术）部邹宏秋教授作为省级精品课程“思想道德修养与法律基础”课程建设负责人，从九个方面对我院“思想道德修养与法律基础”课建设情况作了经验交流，包括

3. 借助来我校考察学习进行课程建设交流的平台。2010年以来，石家庄高等职业技术学院、大连职业技术学院、新疆职业大学、昆明冶金职业技术学院以及浙江旅游职业技术学院、绍兴文理学院上虞分院等省内外十几所高职院校专程来我校考察学习思想政治理论课建设，充分发挥了我院“毛泽东思想和中国特色社会主义理论体系概论”精品课程建设的示范辐射作用。

传承与创新：高职职业实体体育课程的改革实践
——“高职职业实用体育”课程十年

翁惠根

一、引言

最近的十年，是我国高等职业教育经历数量上规模化，地域上园区化，质量上内涵化，属性上类型化大发展、大跨越、大提升的十年，也是职业教育观、终身教育观、课程教学观不断嬗变的十年。高职体育课程教学作为学校教育的重要组成部分，多年来一直沿袭中专课程的“教师主导型”模式或简单模仿本科课程的“学生主导型”模式，缺失作为高职院校体育教育的类型特征和特色，如何实现高职体育课程从纯体质教学观、终身体育教学观向以职业岗位身体素质和素养需求为导向的嬗变，实现在加强学生体质健康水平，提升学生终身体育锻炼能力的同时，强化准职业岗位学生的职业体能储备、岗位身体机能储备和职业综合素养，这是高职院校公共基础课程主动服务职业人培养的创新举措和特色彰显。

二、关于高职职业实用体育课程

职业实用性体育课程是指以“准职业人”（学生）目前所学专业、未来可能从事的第一职业岗位能力需要特征为工作任务，以培养和完善从事职业岗位所需要的职业体能、终身体育锻炼能力、职业特殊身体素质和综合职业素质为教学目标而组织的有计划、有目的的教育内容的总和。职业特殊身体素质是指人们在从事职业活动过程中特别需要具备的克服外界环境的特殊影响（自我生存与发展、抗自然危害和抗心理挫折等）的能力，如空中乘务人员必须具有抗眩晕和平衡能力，具备稳定的神经系统功能，建筑职业人员必须具备必要的攀爬和不恐高能力，林业、地质职业人员需要具备必要的较强有氧耐力素质和登攀能力。

由于职业岗位多达上千个，“高职职业实用体育”不能穷尽所有职业岗位的体育能力教育，只是概念性课程。我院以金融类专业为切入口，从2006年开始，对所有金融类专业学生实施了以“银行柜员职业实用体育”为重点的课程改革与建设。

三、"高职职业实用体育课程"改革与实践

(一)课程建设的基本思路

本课程的建设是基于公共体育基础课教学主动围绕职业人培养目标并以身体练习为基本手段,为"准职业人"积极提供职业体能储备、职业岗位特殊身体技能、职业综合素质以及终身体育锻炼能力养成教育服务的建设理念,并以此为工作任务,将课程体系构建为职业体能模块、职业综合素质模块、终身体育锻炼模块以及职业岗位特殊身体技能四个课程模块,每一个模块内都以有效的若干个体育项目为载体,在四个学期体育必修课中,实行"站台式"轮转模式进行授课,确保每个学生均能平等地接受职业实用体育课程教育与教学活动。

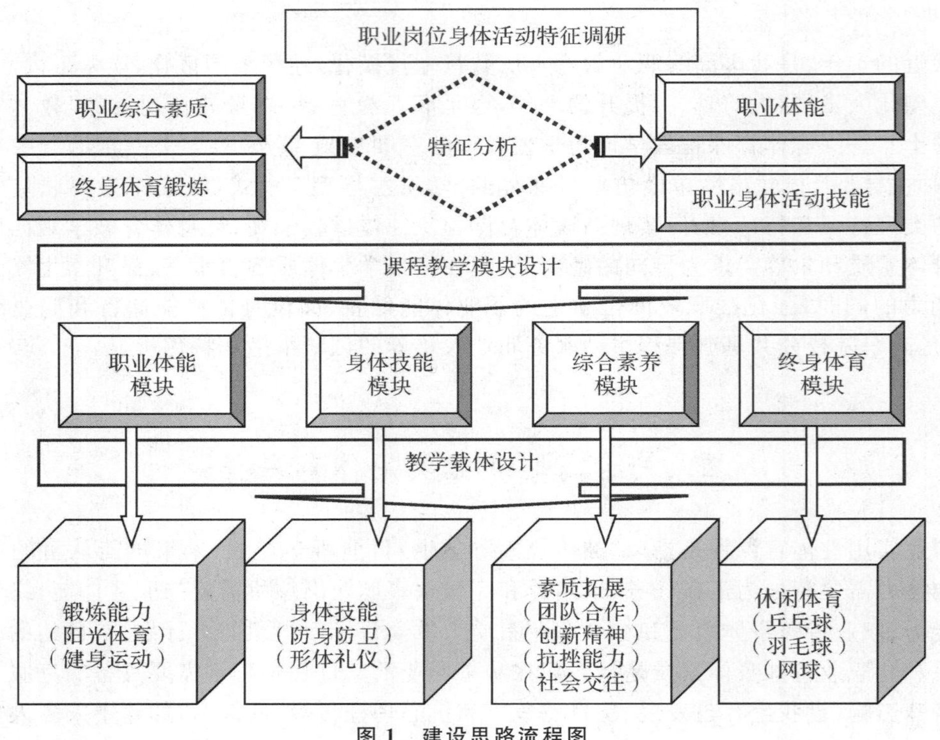

图1 建设思路流程图

(二)课程建设目标

本课程围绕《全国普通高校体育课程教学指导纲要》中体育课程的运动参与、身体健康、运动技能、心理健康和社会适应目标来组织进行。

运动参与目标:主要通过建立课外体育锻炼制度来实施,现代大学的体育课程,应是"课内外"一体化、"校内外一体化"的大课程。自2004年以来,学院一直坚持学生早锻炼、课后

体育锻炼考勤制度，并实施了“4N—7N”（注：N代表周数，每周4次为合格，7次为优秀）的评价标准和12个学生课外体育锻炼俱乐部，有力地推动了学生良好健康生活方式的养成和运动参与习惯和能力的培养。

身体健康目标：以身体练习为基本手段，通过健身运动（职业体能）、阳光体育、金融防身与防卫、休闲体育·乒乓球、休闲体育·羽毛球、休闲体育·网球以及职业综合素质拓展训练等体育科目（项目）的教学，实现增进健康，增强体质的目标。

运动技能目标：学习并基本掌握1—2项运动项目的锻炼方法，并努力成为终身体育锻炼项目，学习并了解职业岗位工作中身体活动技能的特殊需要，具有处理一般性临场损伤与急救的基本常识和技能。

心理健康和社会适应目标：以团队为主体的拓展训练，有意识地培养学生善于沟通交往，善于合作，善于随机应变，善于创新并勇于成功的心态和能力。

（三）课程内容

本课程以工作任务为驱动，以体育项目为载体，以运动参与模块（课余体育锻炼考勤制度）、职业岗位特殊身体机能模块（金融防身与防卫、职业形体礼仪）、职业综合素养（拓展训练）、职业体能模块（健美运动、阳光体育课程）以及职业终身体育锻炼能力模块（乒乓球、羽毛球、网球等休闲体育）为主要教学内容，以四个学期至少112学时四个模块八个项目“站台式”轮转的授课模式，进行了四学年的教学改革与实践，取得了显著的教学成效。

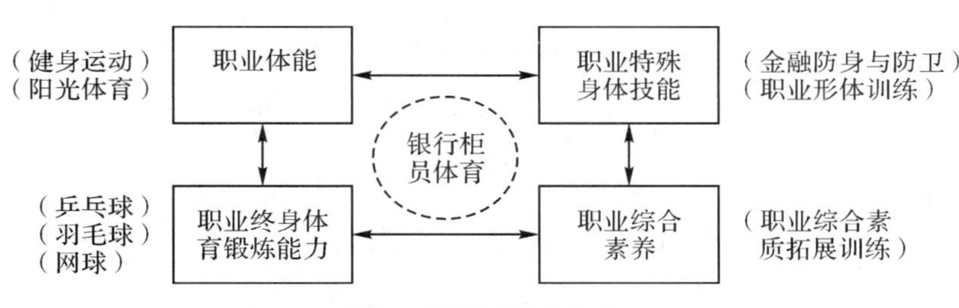

图2　课程模块与内容

（四）课程授课方式

本课程以四个学期为单元，采取贯通制、循环型、站台式授课方式，即采取一二年级公共体育必修课的四个学期贯通安排，四个模块八个科目教学成循环状，金融类学生体育选课按照1—8班进行选课，并成为每个站点的始发站，“老师是车站，学生是列车”，学生没经过一个站，教师就是“加油站”，这类授课模式便于教师集中精力和经验将有限的课时上精上好，学生学习也不断有新鲜感和新收获。

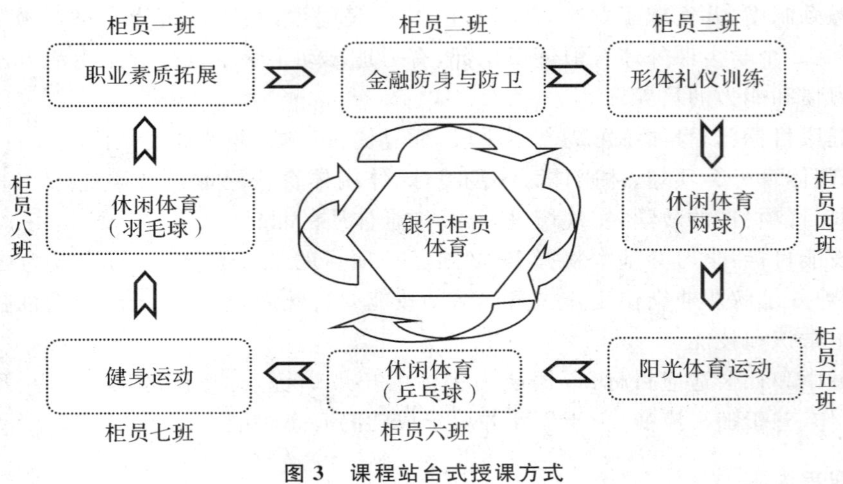

图 3　课程站台式授课方式

四、课程的主要特色与亮点

1. 基于高等职业院校人才培养的职业性、实用性和应用型定位，主动开设直接服务于专业人才培养的职业实用性体育课程，顺应了高职类型院校体育课程改革创新与特色建设的主导方向。

2. 基于职业岗位工作中职业体能、职业工作特殊身体活动技能、职业素养以及终身体育锻炼的能力需要为工作任务驱动，以项目课程理论（而非体育学科理论）来构建课程体系。

3. 基于职业教育人才培养中职业综合素质养成教育的重要性，将体验式拓展训练引入体育课程，将身体健康教育与职业素养教育直接融入职业实用体育课程。

4. 基于教学计划、教学周期和教学模块设计的实际情况，创新性地采取了“站台式”循环轮转教学组织法。

5. 基于课程教学“应知、应会、应能”实用目标，利用现代信息化、网络化教育技术，实现教学互动，开辟体育教学的“第三课堂”。

五、课程建设的主要成效

（一）教材建设

课程组以国家示范性高职院校建设为契机，围绕职业实用体育课程建设需要，编著了《银行柜员职业实用性体育》《金融从业人员健身指南》《金融从业人员休闲体育实用手册》《金融职业素质拓展训练案例》《营销从业人员身心调试》和《社区文体组织与管理》6 部教材，出版《高职院校职业实用性体育课程改革与特色建设》论著 1 部；主编了浙江省“十一五”重点建设教材(高职高专)1 部。

(二)省校两级精品课程建设

继 2009 年“高职职业实用体育”课程被省教育厅立项为省级精品课程以来，其内在的模块课程“乒乓球运动”“拓展训练”以及“防身防卫”三门课程被学院列为 2010 年度校级精品课程，形成了“一孵化三”的良好建设效果。2010 年 1 月学院乒乓球项目被省教育厅列为浙江省高校首批体育特色项目，并于 2011 年 4 月通过专家组督查，获得优秀等级。

(三)学生体质健康水平保持较高水平

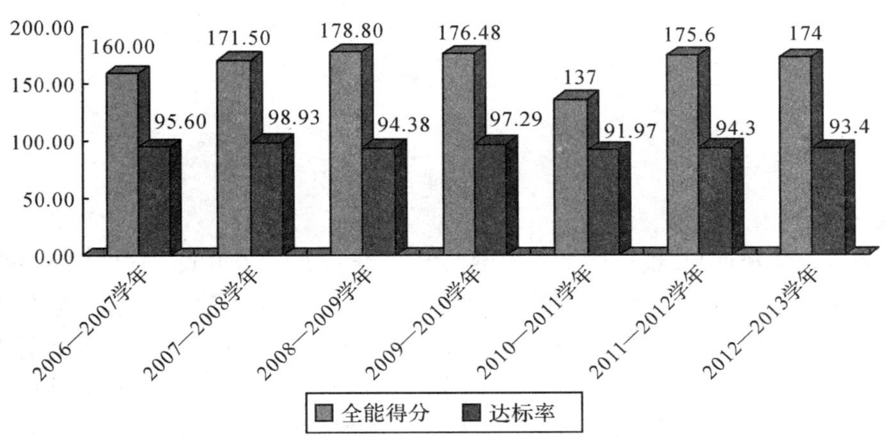

图 4　近七学年来全院学生体质健康水平发展情况

(四)教科研成果日渐涌现

“具有高职特色的职业实用体育课程改革与建设”获得中国大学生体育协会职业教育学校体育工作委员会首届职业院校体育工作特色成果一等奖，“高职院校基于学生职业素质养成教育的职业实用体育课程改革与建设”获得浙江金融职业学院第四届教育教学成果一等奖，“传承与创新：阳光体育课程改革与实践”获得中国大学生体育协会职业教育学校体育工作委员会首届职业院校体育教育教学成果一等奖，“基于金融职业岗位需求的校本体育课程建设”获得中国大学生体育协会职业教育学校体育工作委员会第二届职业院校体育科学论文报告会论文一等奖。

(五)引领示范作用彰显

“具有高职特色的职业实用性体育课程改革与建设”等系列教学成果分别获得中国大学生体育协会职业教育学校体育工作委员会和学院教学成果一等奖，并分别在中国职教体协、浙江省高校体协和杭州市高校体协科研学术报告会上作经验介绍，截至目前，已有全国近 40 所高职院校来学院进行学习和交流，本课程的改革与建设在全国高职院校体育战线具有较强的影响力，引领和示范着浙江省乃至全国高职体育的职业实用性课程改革。

重实践、广辐射、产学一体、课证融合的反假货币骨干人才培养模式

——“反假货币技术”课程建设十年

方秀丽

一、课程建设概况

作为我院的传统课程“银行储蓄与出纳”，2000 年以来一直开设，于 2002 年更名为“商业银行综合柜台业务”，货币真伪鉴别技术为该课程的重要内容之一。随着《中华人民共和国中国人民银行法》（1995 年 3 月 18 日通过，2003 年 12 月 27 日修订）、《中华人民共和国人民币管理条例》（2000 年 5 月 1 日起施行）、《中国人民银行假币收缴、鉴定管理办法》（2003 年 7 月 1 日起施行）等反假货币相关法律法规的制定和施行，中国人民银行作为国家管理人民币的主管机关，在办理人民币存取款业务的金融机构逐步推行办理货币存取款业务人员持“反假货币上岗资格证”制度。根据我院毕业学生绝大部分在金融机构一线工作的实际情况，为适应新形势、新要求，推进对反假货币人才的培养工作，从 2006 年起，我院专门设立了“反假货币技术”课程。课程建设主要历程有：

2006 年 5 月，我院开始承担浙江省反假货币培训基地建设任务，专门设立了“反假货币技术”课程，课程组成员均为浙江省反假货币培训基地建设的骨干。

2006 年 12 月，“反假货币技术”课程成为国家示范性高职院校建设专业——金融专业核心课程，2008 年完成建设。

2008 年院级精品课程立项。

2008 年 12 月，根据学生、商业银行柜员实践操作需要编写的独具特色的国家示范性高职院校重点建设教材《反假货币技术》出版。

2009 年 5 月，含反假货币技术内容的《商业银行柜面操作技能》“普通高等教育‘十一五’国家规划教材高职高专经济金融类专业工学结合规划教材”立项，并于 2010 年 1 月出版。该教材于 2011 年被评为普通高等教育国家级精品教材。

2010 年 5 月，课程组自行开发的“反假货币上岗资格考试系统”获国家版权局计算机软件著作权。

2010 年教育部高职高专经济类教学指导委员会重点建设课程立项。

2010 年省级精品课程立项。

2010 年学院货币陈列与鉴别实验基地被浙江省社会科学界联合会命名为浙江省社会科学普及示范基地。

2011 年 9 月,《人民币与外币反假知识读本》获浙江省社会科学界联合会社科普及课题立项,并于 2012 年 6 月公开出版。

2011 年含反假货币技术内容在内的"技能训练营"被立为教育部高等职业教育金融专业教学资源库建设特色资源中心之一,并于 2014 年圆满完成建设。

2012 年入选为学院精品开放课程(资源共享课)。

二、课程建设过程质量

(一)建设理念和思路

"反假货币技术"是高等职业学校金融管理与实务专业核心课程,是浙江金融职业学院的校本课程。

课程立足于高等职业教育,以就业为导向,能力为本位,课程内容与行业要求、岗位标准高度融合,突出职业性;课程坚持职业素质和职业素养全面提升的教育导向,着力于培养具有较高职业能力和诚实守信、廉洁慎独、遵章守规、严谨细致的金融业一线复合型应用人才。

课程建设质量目标是"三位一体"。通过课程建设,帮助学生以过硬的综合职业素质,实现毕业与上岗零过渡;帮助银行业金融机构职员以专家级的业务能力,实现银行金融服务水平有效提升;帮助社会公众全面深入了解反假货币知识,实现社会整体防假、反假货币能力显著增强。

根据"三位一体"的课程建设质量目标,课程建设以教高三个文件为指导,通过教学内容的整合提炼,教学方法的改革创新,考核体系的优化完善,教师队伍的整体提升,充分发挥校企合作、网络教学、上岗资格证书考试、实验实训、社会服务等五大路径的作用,把课程构建成教师教学改革实践平台、理论学习平台、实践训练平台、学生自主学习平台、师生在线互动平台、学生能力拓展平台、教师交流提高平台、职员业务素质提升平台、社会公众教育服务平台、校企信息交流共享平台。

(二)以"双师优质,专兼结合"为抓手,有效提升队伍素质,加强课程团队建设

本课程组现已形成一支治学严谨、态度认真,科研能力较强,教学效果良好,职称结构、学历结构、年龄结构相对合理的高素质的师资队伍。本课程组现有教师 16 位,其中专任教师 9 人、兼职教师 7 人;副高职称及以上 9 人,占 56%;中级职称 6 人,占 38%;初级职称 1 人,占 6%;硕士 8 名,占 50%;35 周岁及以下 2 人,占 13%;35—45 周岁 9 人,占 56%;45 周岁以上 5 人,占 31%。且教师学科背景较为一致,除一位教师是信息技术专业外,其余教师均为金融专业,较好地迎合了本课程金融岗位的专业性特点。教学团队有活力,富有开拓性。实践指导教师(兼职教师)有丰富的从业资历和行业经验,表现出朝气蓬勃兼有稳重踏

实的教学风格，深受学生好评。课程组教师以中年骨干教师为主，带动青年教师，较好地形成了“传帮带”的教学梯队。

1.打造双师型的专职教师队伍。

本课程组中具备双师素质的教师7人，占44%。建设期内，课程组的师资培养主要通过学术结对、双师培养、青蓝工程等载体注重教学团队教学、职业能力的提升，同时真正提高了课程教学团队的职教理论水平和专业技术水平。课程组还积极鼓励专职教师报考并取得本课程相关的中级专业技术职称或行业资格证书。课程组对教师培养实施目标管理，即由课程组和教师自己共同制定学习和发展目标，以学期检查、学年考核的方式进行管理。

表1　专职教师基本信息一览表

序号	姓名	性别	出生年月	专业技术职务	职业资格证书	专业领域	在课程教学中承担的任务
1	方秀丽	女	1971.7	副教授	经济师	金融	主讲及教学总体规划
2	董瑞丽	女	1968.7	教授	会计师	金融	主讲及实践教学规划
3	牟君清	女	1971.7	副教授	经济师	金融	主讲及实践教学规划
4	章叶英	女	1976.5	讲师	经济师	金融	主讲及实践指导
5	孙淑萍	女	1980.9	讲师		金融	主讲及实践教学规划
6	王祝华	男	1973.10	副研究员	高级程序员	金融	课程建设指导
7	林莉	女	1967.10	讲师	经济师	金融	主讲及实践指导
8	金忠浩	男	1982.1	实习研究员		金融	主讲及实践指导
9	马天有	男	1974.1	讲师	高级程序员	信息技术	实验实训指导

课程组加强校内专职教师职教理论水平、专业技术水平提高，教学能力、职业能力培养等方面的师资培养。

(1)以传、帮、带的形式，落实青年教师的培养计划。

实施青年教师培养计划。课程组积极选拔和培养优秀青年骨干教师，通过检查教案、课前试讲、跟班听课、定期指导、课后交流等形式，不断提升青年教师教书育人能力，帮助他们尽早成为优秀的主讲教师。建设期内，课程组方秀丽、董瑞丽老师被评为教学名师、品位教师、优秀教师等，章叶英、孙淑萍、金忠浩老师被学院评为星级教师。

(2)开展教师职业教育理论培训，提高课程组教师的职教理论水平。

从职业教育思想、职业教育课程标准开发的探索与实践、工学结合课程的探索与改革三方面提升师资的高职教育理论水平。课程组鼓励教师多学习、多思考、多探索，为教师们提供了参加人民银行反假货币鉴别师、职教理论培训的机会，鼓励主讲教师将先进的职业教育理念在“反假货币技术”课程中加以运用。

(3)加强行业联系与合作，共同建设课程，同时提升了教师的职业能力。

人民银行为浙江金融职业学院反假货币师资培养提供支持，包括邀请教师参加反假货币工作相关活动、提供银行系统内部反假货币知识培训机会、为教师参观、考察反假货币相关机构(印钞厂、造币厂等)提供支持等。双方合作开展教学研究，开发课程、培养师资、推进教学改革,努力提高反假货币技术教学水平、培养反假货币骨干人才。

为更好实现课程教学与职业岗位的相互融通,课程组教师利用寒暑假前往工商银行、农业银行、建设银行、上海银行、杭州银行、杭州联合银行等在浙机构实习,了解金融行业反假货币的技术和现状,以此提升专业教师的职业操作能力和水平,缩小教学和行业实践之间的差距。

(4)搭建平台,不断提高课程组教师的专业技术水平。

课程组鼓励教师通过各种途径加强自身专业水平的提升。课程组制定了教师学历提升计划,对在职攻读硕士学位的教师给予大力支持,并积极为青年教师的深造和进修营造良好的发展空间。近两年来有 2 名青年教师取得了硕士学位,在青年教师培养方面取得了显著的成效。

(5)严格要求,提升课程组教师的教育教学能力。

通过多途径提升职业教育教学的能力:

组织教师参加现代化教学手段培训,如制作课程多媒体课件、电子教案,充分利用声像等多媒体手段开展教学,提高教师现代教育技术的应用水平。

教师听课学习实行制度化。根据学院的相关规定本课程组制定了相应的相互听课、评课制度,通过制度化的方式加以落实,切实提高每个教师的课堂教学能力。

表 2　教师参加行业实习、挂职锻炼一览表

姓　名	实习锻炼时间	实习单位
方秀丽	2013.07.06—2013.09.03	工行杭州城东支行
	2012.06.29—2012.09.04	浙江省工行营业部
	2011.07.07—2011.08.31	杭州联合银行四季青支行
	2009.07.11—2009.08.31	杭州联合银行四季青支行
董瑞丽	2010.01—2010.02	浙商银行总行会计部实习
牟君清	2012.06.29—2012.09.04	乐清农村合作银行
	2010.07.10—2010.09.01	杭州银行西湖支行
	2009.07.11—2009.08.31	杭州银行清泰支行
章叶英	2012.06.29—2012.08.05	上海银行城东支行
	2011.07.07—2011.08.31	农业银行机场路支行
	2010.07.15—2010.08.25	农业银行景苑支行
	2009.07.11—2009.08.31	农业银行石桥支行
孙淑萍	2013.07.06—2013.09.03	浙江物产电子商务有限公司
	2012.06.29—2012.09.04	上海银行城东支行
	2011.07.07—2011.08.31	兴业银行杭州分行
金忠浩	2013.07.06—2013.09.03	工行杭州城东支行

2.引进专家型的兼职教师团队。

本课程组在加强专职老师培养的同时,也注重兼职教师的教学和教育能力的提高,请教育专家举办讲座,使行业的兼职教师掌握最先进的教学方法和理念,参与相关课题的研究,准确及时了解人才培养的方式方法,提高兼职教师队伍的整体素质和教学教育能力。

表3 兼职教师基本情况一览表

序号	姓名	性别	出生年月	专业技术职务	职业资格证书	专业领域	在课程教学中承担的任务	兼职教师在行业企业中所任职务
1	陈光荣	男	1954.11	高级经济师	高级经济师	金融	辅讲及实践指导	浙江省钱币学会秘书长(原人行杭州中心支行货币金银处处长)
2	包可栋	男	1970.10	高级经济师	高级经济师	金融	辅讲及实践指导	人行杭州中心支行资本项目处处长(原货币金银处副处长)
3	方玲	女	1972.12	高级会计师	高级会计师	金融	辅讲及实践指导	人行杭州中心支行钞票处理中心副主任(原货币金银处科长)
4	邵建	男	1969.6	高级经济师	高级经济师	金融	辅讲及实践指导	人行杭州中心支行货币金银处副科长
5	曹扬	男	1974.1	高级经济师	高级经济师	金融	辅讲及实践指导	中国银行浙江省分行反假货币培训师
6	温法仁	男	1946.1	高级经济师	高级经济师	金融	辅讲及实践指导	原人行浙江省分行发行处处长/浙江省钱币学会副秘书长
7	陈家青	女	1952.7	经济师	经济师	金融	辅讲及实践指导	原中国工商银行杭州分行出纳处处长

(三)以"立体教学、网络教学"为抓手,全面建设教学资源

课程已完成课程定位、课程设计、课程标准、课程教学质量标准、课程考核方案、授课计划等文件建设;已完成教学课件的制作、教学案例的编写、电子教材的编写、案例集、试题库和项目活动手册(习题库)的编写等教学资源建设。

除此之外,还完成了反假货币上岗资格考试系统,并作为浙江省内商业银行柜员反假货币上岗资格证考试和学习本课程的学生考试使用;另有供课程教学、学习和交流的师生互动平台,其中课程讨论、在线答疑学生使用频繁,深受学生欢迎。

(四)教学方法改革方面:优化教学方法,突显教学实效

高等职业院校金融类专业主要培养一线临柜应用型人才,具备反假货币技能和获取"反假货币上岗资格证书"是从业的基本条件。"反假货币技术"课程以培养学生假币鉴别技能

和假币收缴职业能力为主要目标，帮助学生通过学习、反复实践来掌握人民币、常见外币不同面额、不同版别的防伪特征的识别技能，并通过案例和模拟演练来帮助学生掌握实际工作中假币收缴规程的执行和突发事件的处理能力。

教学方法的改革和创新为课程建设的核心，根据“反假货币技术”课程的特点，以“育人”为落脚点来选择最为合适本课程的教学方法。最为常用的是课堂演示和讨论法、项目教学法、案例分析法、角色扮演法、社会实践法、网络自主学习法。增强教学的直观性、动态性和信息量，提高学生的学习兴趣，调动学习积极性，使他们更有效地掌握反假货币的法律法规知识，学会反假货币技能。

1.课堂演示和讨论法：掌握货币的防伪特征是“反假货币技术”课程教学的关键性内容，由于很多防伪特征的识别需要特殊条件，如紫外线、红外线等光源，通过多媒体课件将不同币种、不同币值货币的公众防伪特征、专业防伪特征逐一向学生讲授、展示，并结合典型假币的图片进行比较、分析、讨论，可以给学生关于货币防伪特征的直观印象和深刻记忆，同时在实验室利用专业设备和相关货币结合开展实训，对提高学生反假货币技术水平、培养职业能力具有显著作用。

2.项目教学法：学生在教师的指导下亲自完成项目活动，在这一过程中学习掌握教学计划内的教学内容。学生全部或部分独立组织、安排学习行为，解决在处理项目中遇到的困难，提高了学生的兴趣，自然能调动学习的积极性。如课程教学所用的学具均为现行流通中各版别各面额的人民币、美元、港元、欧元、日元、英镑等真币和常见假币以及各类专业的货币鉴别机具，让学生运用看、摸、听、测等方法，充分实践，提高假币鉴别能力，从而拉近了教学与实践的距离。

3.案例分析法：根据浙江省反假货币联席办公室定期提供的反假货币工作信息等途径，收集整理案例，根据教学模块、教学进程，结合案例授课，教学理论联系最新实际形势，在课上让学生自己讨论、分析，提出观点和建议，学生的参与性很高。如通过有关假币的新闻事件、警方破获的制假贩假案件、银行一线临柜过程中发生的假币收缴实际事例等等，帮助学生更有效地熟悉反假货币相关法律法规、掌握假币识别与收缴操作规程、正确处置在假币收缴过程中可能出现的突发事件，使理论教学和实践紧紧相连。

4.角色扮演法：为了检验学生学习的阶段性成效，当一个项目活动快结束时，在课堂上，让一些学生扮演为“反假货币宣传员”，另一些学生扮演“客户”，通过体验式学习演练，“反假货币宣传员”向“客户”讲解反假知识，“客户”向“反假货币宣传员”反馈评价，从而达到掌握技能的目的。角色扮演法也是本课程社会实践和社会服务的实习演练。

5.社会实践法：通过让学生具体参与反假货币工作，在实践中应用所学知识，是培养能力的重要途径。学院和行业紧密合作，由人行杭州中心支行提供反假货币宣传资料，在人行的直接指导和授权下，组建反假货币宣传小分队，有计划、有组织到社区、集市、广场、学校、农村、乡镇开展反假货币宣传活动。在活动的过程中，学生给普通群众宣传反假货币法律法规、讲解人民币各项防伪特征，甚至现场帮助他们进行假币识别。社会实践的开展，促使学生对反假货币知识掌握和熟练应用，培养了学生的职业能力，提高了职业水平。

6.网络自主学习法：利用课程的网络辅助教学平台进行网络教学活动。其一，学生在课前、课后通过该课程的网络辅助教学平台，可以预习、复习课程内容，获取课程学习的相关资料，并就自己感兴趣的问题进行拓展性学习。其二，学生、银行金融机构职员利用该平台的

“项目活动习题”“试题库”“在线测试”等栏目进行自测学习，培养学生、银行金融机构职员自主学习能力。其三，利用课程网上的课程讨论、在线答疑等方式，开展学生与教师之间、学生与学生之间、行业与教师之间的讨论和交流，增强学生的学习兴趣，巩固和扩大学习成果。其四，通过学生、银行金融机构职员向家人、亲友推荐观看网络课程——防伪录像，帮助社会公众懂得反假货币法律、掌握反假货币知识，提高防假、反假货币能力。

(五)强化考核体系，突出职业能力

本课程利用学院作为浙江省反假货币培训基地、承担反假货币上岗资格考试的有利条件，与人行杭州中心支行和浙江省反假货币联席办公室密切合作，确立以职业能力测试为重点组织上岗资格考核标准。改革原来人行系统所采用的以知识性内容为主的笔试形式，大量使用图片、动画等形式建设案例型、实务型、操作型题库，自主开发“反假货币上岗资格考试系统”软件，重点对学生、银行金融机构职员的假币识别能力、收缴处理能力、防伪特征的分析辨别能力等职业能力进行考核。学生在课程结束后，银行金融机构新员工上岗前必须参加该系统的测试，成绩达到 80 分以上才能够通过考试并获得“反假货币上岗资格”证书。

另外，为培养学生的职业能力和职业素养，对学生的学习评价主要分两个部分组成：平时成绩和期末考证成绩均达到 80 分以上为合格。(1)平时成绩考核主要包括：学生平时课堂到课、讨论发言、小组项目活动作业、参与工学结合、社会服务等情况；(2)期末成绩考核：浙江省反假货币上岗资格考试。

三、课程建设结果质量

(一)学生培养质量

1. 激发学习兴趣，学生专业技能有新提高。

课程教学内容丰富，教学手段多样，充分调动了学生的学习主动性与积极性。教学方式获得学生喜爱，课程建设获得校内外广泛好评，自 2007 年以来，学生获得“反假货币上岗资格证书”比例逐年上升。

学生在学习的同时熟练掌握了鉴别货币真伪的技能，拥有了货币反假的法律常识，成为人民币和外币真伪鉴别的专家。

表 4 学生在校期间参加反假货币上岗资格考试情况统计

年 份	参加人数	通过人数	通过率	累计参加人数
2007	1190	1137	95.55%	1190
2008	1445	1395	96.54%	2635
2009	1429	1402	98.11%	4064
2010	1376	1360	98.84%	5440

续表

年　份	参加人数	通过人数	通过率	累计参加人数
2011	1157	1147	99.14%	6597
2012	1096	1088	99.27%	7693
2013 上半年	936			8629

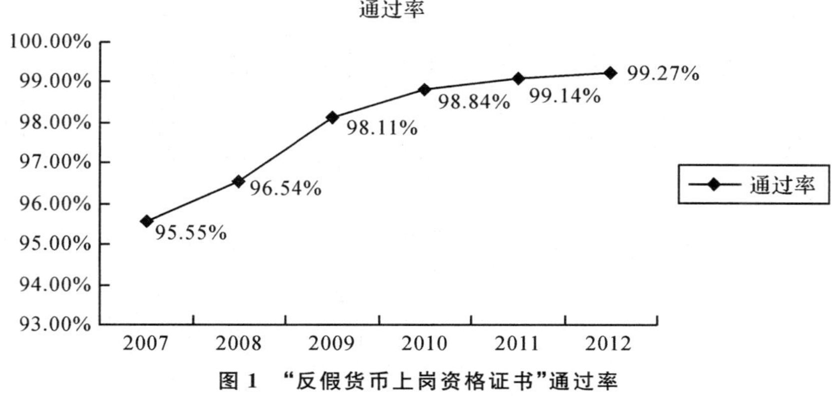

图 1　“反假货币上岗资格证书”通过率

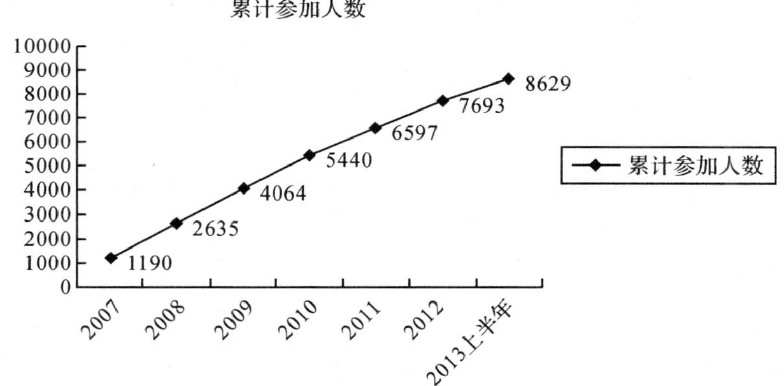

图 2　“反假货币上岗资格证书”考试累计参加人数

2. 提高职业素养，学生就业竞争有新提高。

课程内容以浙江省“反假货币上岗资格证书”考试为依据而制定，紧贴行业岗位实际；课程考核为以证代考，即以浙江省“反假货币上岗资格证书”考试为课程的期末考试，在课程结束的同时获得“反假货币上岗资格证书”，缩短了学生就业上岗的时间距离。

3. 展现整体风貌，学生综合素质有新提高。

部分成绩较好的学生被人民银行杭州中心支行聘为反假货币宣传员，学院职业技能协会、各系、各班级均成立了多支素质高、技能强的反假货币宣传小分队，并利用所学知识，在暑期社会实践、理财博览会等活动中进行反假币宣传，在服务社会的同时也锻炼了学生组织、协调、沟通、表达等能力，综合素质得到进一步提高。

(二)课程教改项目

课程组教师主持及参与教育部规划、省社科联、省新世纪、省教育厅等教改课题14项。

表5　课程组教师主持及参与教改课题

课题名称	课题来源　时间	完成情况
1.人民币与外币反假知识读本	省社科联科普课题 2011.08—2012.09	已结题
2.在职业技能教学中开展思政工作的探索与实践(浙金院〔2011〕67号)	学院教学改革课题 2011.07.05—2012.06.30	已结题
3.校企合作育人管理平台的长效机制建设——以浙江金融职业学院银领学院为例(浙教高教〔2010〕146号,yb2010109)	省新世纪教改课题 2010.08—2013.09	已结题
4.浙江地方金融机构发展战略研究(浙金院〔2010〕97号)	院级地方课题 2010.05.19—2010.12.08	已结题
5.人民币与外币反假知识读本(浙金院〔2009〕140号)	院级培育课题 2009.12.10—2010.11.30	已结题
6.财经类专业实务课程项目教学改革探索与实践(经教指委文〔2009〕7号)	教育部高职高专经济类教指委重点课题 2009.11—2010.12	已结题
7.关于构建人民币反假工作科学体系的研究	浙江省金融学会课题 2009.09—2010.09	已结题
8.金融基本职业技能竞赛项目研究与实践(浙金院〔2009〕60号)	学院教学改革课题 2009.06—2010.06	已结题
9.反假货币技术竞赛项目研究与实践(浙金院〔2009〕60号)	学院教学改革课题 2009.06—2010.06	已结题
10.基于以学生就业为导向的技能课程教学模式改革与实践(浙金院〔2009〕60号)	学院教学改革课题 2009.06—2010.06	已结题
11.金融专业教学改革与教学资源库建设(浙社科联发〔2008〕28号,08N137-G)	省社科联研究课题 2008.09—2009.12	已结题
12.现代银行新柜员人才培养模式研究(浙高教〔2008〕148号,yb07082)	省新世纪教改课题 2007.09—2010.09	已结题
13.住房按揭贷款一本通(浙社科联发〔2007〕19号,年度课题63号)	省社科联科普课题 2007.09—2008.12	已结题
14.基于职业能力培养的现代教育技术应用研究(浙教高科〔2007〕208号,20071267)	浙江省教育厅 2007.07—2008.09	已结题
15.以学生为中心的技能教学、训练与考核模式的构建研究(浙金院〔2006〕39号)	学院教学改革课题 2006.05—2007.05	已结题

(三)课程教改论文

课程组教师在《职业技术教育》等期刊公开发表教改论文10余篇。

表6 课程组教师公开发表教改论文

论文题目	发表刊目、时间	排 名
高职技能教学中开展思政教育的思考	职教通讯 2012(2)	2/2
金融专业国家级教学资源库建设方案思考	职业技术教育 2011(11)	1/2
高职院校实务类课程教学改革实践	职业技术教育 2010(11)	1/1
构建人民币反假工作科学体系	金融教学与研究 2010(2)	1/1
基于就业导向的高职金融专业实践课程体系建设	职业技术教育 2009(11)	1/1
农村反假币工作存在的问题及对策	金融经济 2009(3)	1/1
加强农村人民币反假宣传工作的思考	经济师 2009(1)	1/1
构建有效的农村反假币机制问题的探讨	中国集体经济 2009(1)	1/1
银行业务中身份证反假的现状及对策	集团经济研究 2007(9)	1/1
浅谈加强人民币反假工作的若干对策	集团经济研究 2007(8)	1/1
刍议“反假货币技术”课程情境教学	高等职业教育课程改革与实践 2010(2)	1/1

(四)公开出版教材

几年来,课程建设团队主编了与“反假货币技术”课程相关的4本教材,深受使用院校及行业欢迎。

表7 课程组教师公开出版教材

教材名称	印刷版次	印刷数量	出版时间
商业银行柜面操作技能	2版10次	40000本	2004.8
商业银行综合业务技能	1版3次	15000本	2008.1
反假货币技术	1版3次	15000本	2008.12

其中:2009年5月,含反假货币技术内容的《商业银行柜面操作技能》“普通高等教育‘十一五’国家规划教材高职高专经济金融类专业工学结合规划教材”立项,并于2010年1月出版。该教材于2011年被评为普通高等教育国家级精品教材。

2008年12月,根据学生、商业银行柜员实践操作需要,由课程组教师与行业企业协作编写的国家示范性高职院校重点建设教材《反假货币技术》出版。本教材打破了以往以知识体系为线索的传统编写模式,在邀请银行业务专家对金融类专业所涵盖的业务岗位群进行任务与职业能力分析的基础上,以职业能力为依据,以金融工作过程为主线,与相应职业技能等级证书和职业上岗证书的考试相结合,体现工学结合、任务驱动、项目教学。该教材编写模式注重以学生为主体,以培养职业能力为核心目标,强调能力训练,并紧紧围绕工作任务的需要来选取理论知识，努力做到体现培养高职学生目标的理论性、实践性、知识性和可操作性的一体化。

(五)学生评教情况

代表性学生评价1:“反假货币技术”课程体系科学，课程内容包括人民币和我国收兑的几种常见外币纸币的真伪鉴别与假币收缴的操作规程，是一门实用性很强的专业课。课程教学中运用了人民币防伪指南录像、多媒体课件、专业教学软件等，教学内容丰富，业务性和知识性强，内容与实际完全一致。任课教师具有很强的专业知识和实践经验，责任心强。在本课程主讲老师的正确引导下，我们对“反假货币技术”课程的学习表现出极大的兴趣，学习主动性、积极性不断提高，课堂气氛活跃。任课教师在授课过程中，除教给广大同学业务知识外，还教会广大同学如何做人，如何提高职业素质，如何做一名优秀的柜员。

代表性学生评价2:“反假货币技术”课程教学内容覆盖银行临柜业务中的货币真伪识别与假币收缴的操作规程。课堂教学采用项目化、情境化、多媒体等多种方式进行开展，让我们学生在学中做，做中学，提高了我们的动手操作能力，突出培养我们的职业岗位能力和职业素质。课程理论与实际工作衔接紧密，师生互动性强，课堂学习氛围浓，充分体现了教学与实践零距离，同学们对这种教学方式评价很高，教学效果很好。我们充分利用学校的实习实训基地和校内的职业技能鉴定机构等基础条件，通过“反假货币上岗资格证书”考试并取得相应的职业资格证书。在实习过程中，我能适应岗位要求，正确识别货币真伪，规范收缴假币，受到用人单位的肯定。

(六)网络资源使用情况

我们依托“反假货币技术”精品课程网站，实施全方位育人。在课程建设过程中，课程组对课程内容和布局进行了科学调整，不断优化网页设计和完善课程网站功能，实现教学由课堂向教学网站延伸，搭建了学生在线自主学习平台、银行金融机构职员业务素质提升平台、社会大众金融知识普及平台。

1.学生在线自主学习平台——数千学生在线学习。

将精品课程网站作为教学信息发布的集散地和教学活动的中心，培养学习者自主学习的能力。学习者可以在教学网站上了解教学目标和项目活动内容，结合教材和网站上的内容进行自助式学习。课程网站实现了把教学内容以视频和课件等形式进行在线播放，充分调动学习者的听觉与视觉，让学习者跟随播放内容进行实践操作，加深课程内容的记忆。

此外，课程网站还为学生与学生之间交流，学生与教师之间交流提供了平台，从而突破了生生交流、师生交流的时空限制。通过网络拉近了师生距离，为学生及时解决各类学习问题。

表8　学生参加反假货币技术课程学习人数统计

年　份	参加人数	累计参加人数
2007	1814	1814
2008	2005	3819

续表

年　份	参加人数	累计参加人数
2009	2240	6059
2010	3080	9139
2011	2216	11355
2012	3251	14606
2013 上半年	1900	16506

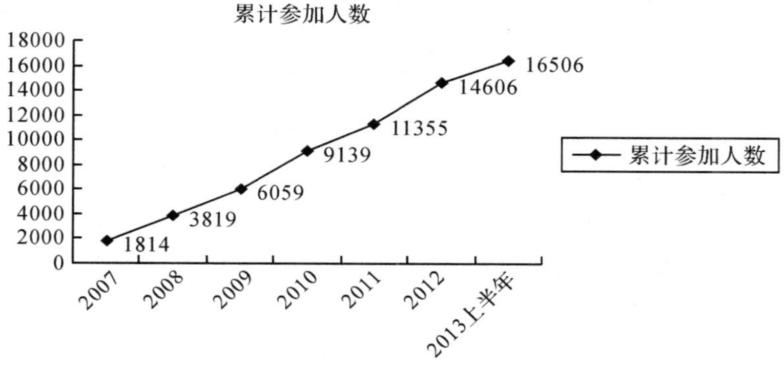

图 3　学生在线自主学习平台累计参加人数

2. 职员业务素质提升平台——数万职员网上点击。

为满足银行金融机构职员业务素质提升需要，课程组还开发了反假货币教育宣传网，该网站主要实现反假货币工作宣传、反假货币知识学习（与课程网站实行链接）和反假货币上岗资格考试工作管理（包括上岗资格考试报名、成绩查询）等功能。通过提供反假货币工作动态、反假货币知识、视频、案例等各类学习材料以及在线测试，便于学习者进行自助学习，提高学习者反假货币的理论知识和实践操作水平，也利于学习者顺利通过“反假货币上岗资格考试”并取得证书，从而实现校企课程资源共享、学院银行双赢的社会效益。

表 9　银行金融机构职员通过课程网络学习并参加反假货币上岗资格考试情况统计

年　份	参加人数	累计参加人数
2007	2858	2858
2008	2862	5720
2009	2554	8274
2010	2941	11215
2011	2210	13425
2012	2560	15985
2013 上半年	1180	17165

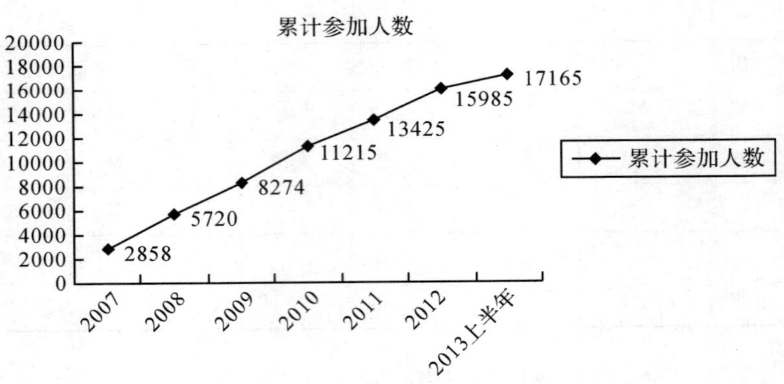

图 4　职员业务素质提升平台累计参加人数

3. 大众金融知识普及平台——数十万大众辐射共享。

我院是浙江省反假货币培训基地、反假货币工作站，货币陈列与鉴别实验基地 2010 年被浙江省社会科学界联合会命名为浙江省社会科学普及示范基地。“反假货币技术”课程组的全体老师都被浙江省反假货币工作联席会议办公室聘为反假货币宣传指导员，部分职业技能协会的学生被聘为反假货币宣传员，师生利用假期和周末，到农村、到社区、到高校进行人民币防伪知识宣传，并多次在教育博览会、理财博览会、社会科学普及周、浙江省全民普及反假货币知识大型宣传活动中进行人民币反假知识宣传，具有良好的社会影响力。

此外，通过学生和银行金融机构职员向自己家人、亲友宣传和引导，越来越多的社会大众通过观看课程网站的防伪录像，查阅反假货币知识，懂得了反假货币的法律法规，懂得了反假货币知识，提高了防假、反假能力。

表 10　“反假货币宣传小分队”等开展社会公众反假货币知识宣传情况

年　份	服务次数	服务人数	累计服务人数
2007	10	3000	3000
2008	12	3600	6600
2009	25	7500	14100
2010	30	9000	23100
2011	40	12000	35100
2012	45	13500	48600
2013 上半年	25	7500	56100

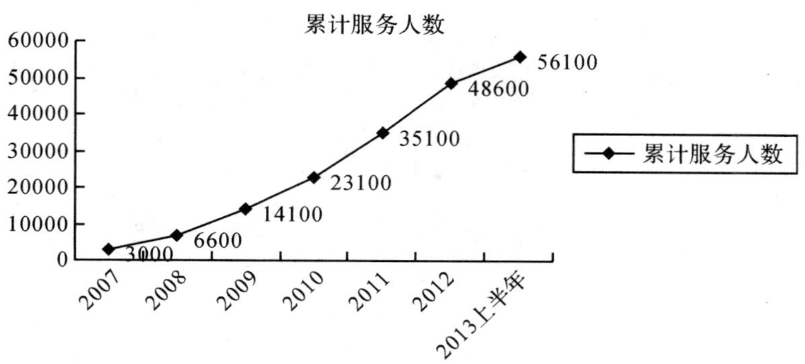

图 5　大众金融知识普及平台累计参加人数

四、课程建设不足与对策

(一)不足

“反假货币技术”课程在学院的领导和人行杭州中心支行、浙江省反假货币联席办公室支持下，坚持加强课程建设，深化教学改革，取得了明显效果。但同时我们也清楚地认识到还有很多问题值得在今后的课程建设中去不断探索和实践。课程组将根据教育部高等职业教育金融专业教学资源库建设要求把课程建设成更优质、具有示范引领作用的课程。

以下几个方面是我们需重点突破和完善的：

1. 教学团队建设。

2. 教材建设。

3. 课堂教学录像等网络其他教学资源。

(二)对策

1. 搭建平台，努力增加培训等机会，不断提高课程组教师的专业技术水平；继续加强双师优质、专兼结合的教学团队建设。

2. 因美元、港元、欧元、英镑等常见外币纸币近两年有新版别发行，拟今年完成教材修订。

3. 由于前期课堂教学实况录像是由我们课程组教师自行拍摄的，受拍摄设备、拍摄技术等因素影响，效果较差，课程组 4 位主讲教师拟于今年下半年各重拍二课时课堂教学录像。

行业性、职业性、实践性三位一体的职业礼仪人才培养

——“商业银行服务礼仪”课程建设十年

王　华

一、项目概况

(一)课程定位

“商业银行服务礼仪”是金融管理与实务专业核心课程，是培养适应银行发展需要的、掌握标准的银行一线岗位礼仪规范，并具有良好职业形象，具有娴熟的待人接物技巧的有修养、有品位、有风度、有气质的应用型金融人才。通过本课程的系统学习，学生不仅能胜任未来就业岗位的相关要求，也具有相应的知识和能力以适应未来职业生涯的进一步拓展和可持续发展的需要。

(二)建设历程

2002年确立为金融管理与实务专业的核心课程。

2007年院级精品课程立项。

2009年省级精品课程立项。

2009年3月根据行业实际需要和学生实践能力编写的独具特色的教材《金融服务礼仪》出版。

2009年5月《金融职业礼仪》“普通高等教育‘十一五’国家规划教材高职高专经济金融类专业工学结合规划教材”立项，2010年3月出版。

2010年《商业银行服务礼仪》省级重点建设教材立项。

2010年曾被教育部高职高专经济类教学指导委推荐申报国家精品课程。

2011年“商业银行服务礼仪”被立为教育部高等职业教育金融专业教学资源库建设课程之一。

2011年获浙江省精品课程验收优秀等级。

2013年《金融职业礼仪》《金融服务礼仪》“普通高度教育‘十二五’国家规划教材(高职高考)”立项、“浙江金融职业的精品开放课程”立项。

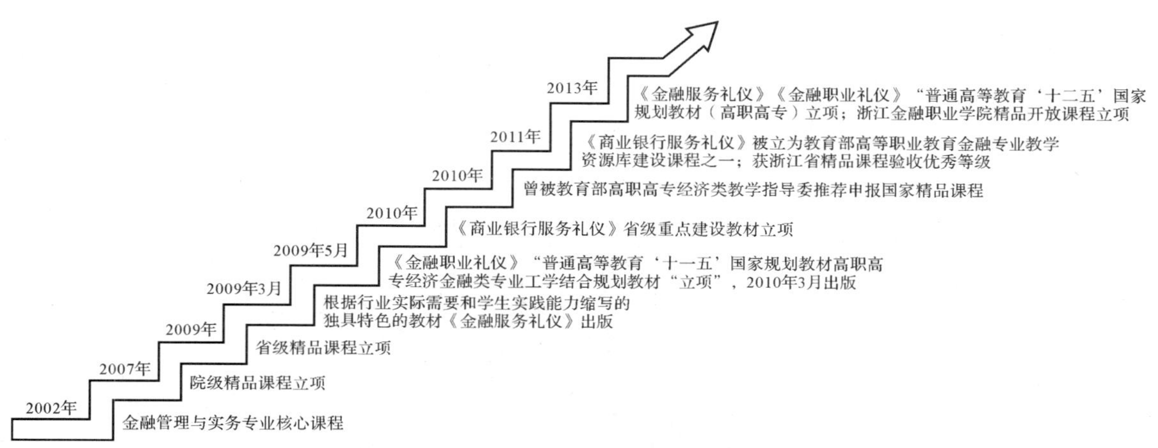
2013年
《金融服务礼仪》《金融职业礼仪》"普通高等教育'十二五'国家规划教材(高职高专)立项;浙江金融职业学院精品开放课程立项
2011年
《商业银行服务礼仪》被立为教育部高等职业教育金融专业教学资源库建设课程之一;获浙江省精品课程验收优秀等级
2010年
曾被教育部高职高专经济类教学指导委推荐申报国家精品课程
2010年
《商业银行服务礼仪》省级重点建设教材立项
2009年5月
《金融职业礼仪》"普通高等教育'十一五'国家规划教材高职高专经济金融类专业工学结合规划教材"立项",2010年3月出版
2009年3月
根据行业实际需要和学生实践能力缩写的独具特色的教材《金融服务礼仪》出版
2009年
省级精品课程立项
2007年
院级精品课程立项
2002年
金融管理与实务专业核心课程

图 1 "商业银行服务礼仪"课程建设历程

二、建设思路

(一)思路

根据银行一线岗位应用型人才培养需求,课程建设围绕"培养哪些岗位能力"这一问题,以"3+3"为课程建设思路,着力探索"如何培养岗位能力"的具体路径。

第一个"3"是指课程规划与建设依据,即依据教高〔2006〕14 号文件、教高〔2006〕16 号文件及浙教高教〔2007〕188 号等文件精神,依据金融行业岗位群的职业能力要求,依据人才培养标准来确立课程建设目标。

第二个"3"是指借助校企合作的平台、工学结合的形式及工作过程的方法来完成课程的开发与课程建设。

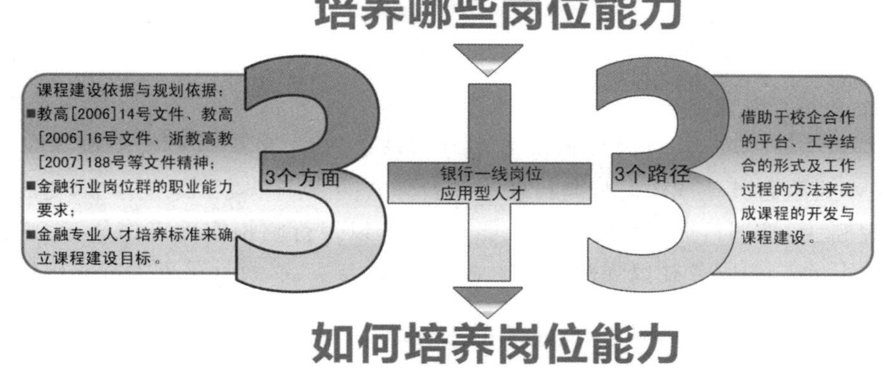
培养哪些岗位能力
课程建设依据与规划依据:
■教高[2006]14号文件、教高[2006]16号文件、浙教高教[2007]188号等文件精神;
■金融行业岗位群的职业能力要求;
■金融专业人才培养标准来确立课程建设目标。
3个方面
银行一线岗位应用型人才
3个路径
借助于校企合作的平台、工学结合的形式及工作过程的方法来完成课程的开发与课程建设。
如何培养岗位能力

图 2 "商业银行服务礼仪"课程"3+3"建设思路

(二)目标

1. 帮助学生:实现从学生到职业人的过渡。
2. 帮助银行员工:提升服务能力与水平。

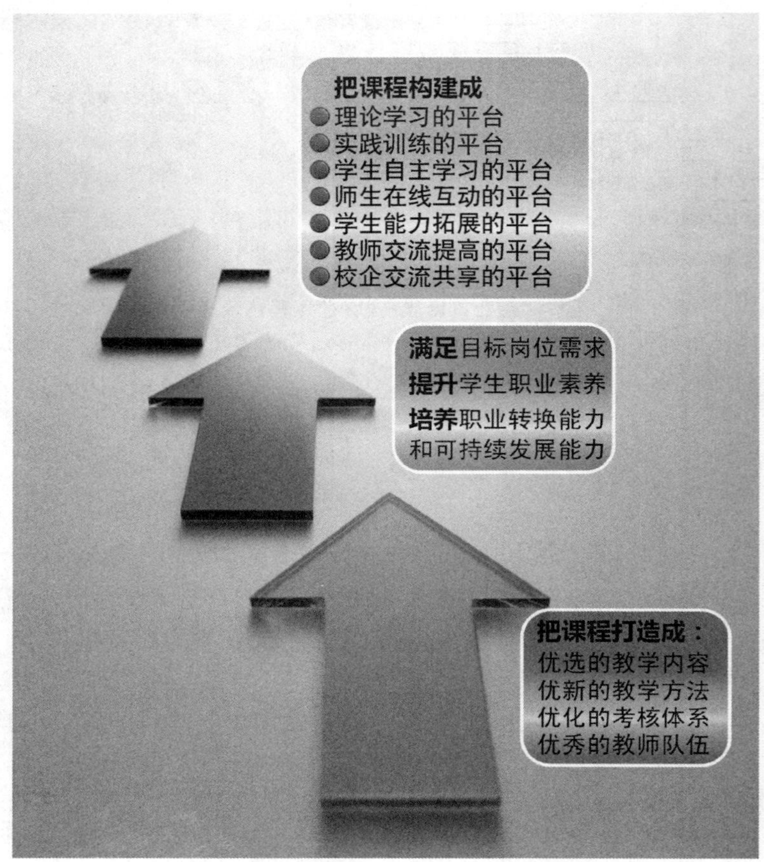

图 3 “商业银行服务礼仪”课程建设目标

(三)扎实开展课程改革

1. 校企合作开发课程标准。

借助行业专家座谈会、校内教师行业实习等形式,结合金融专业国家级教学资源库建设,课程组牵头联合其他同类院校与行业兼职教师共同合作开发了课程标准,完成了顶层设计。在此基础上,按照行业一线岗位职业能力要求,以银行临柜实际工作任务为主线,将银行主要业务活动中的服务礼仪规范融汇于教学、实训与实践,设计了五大教学模块。

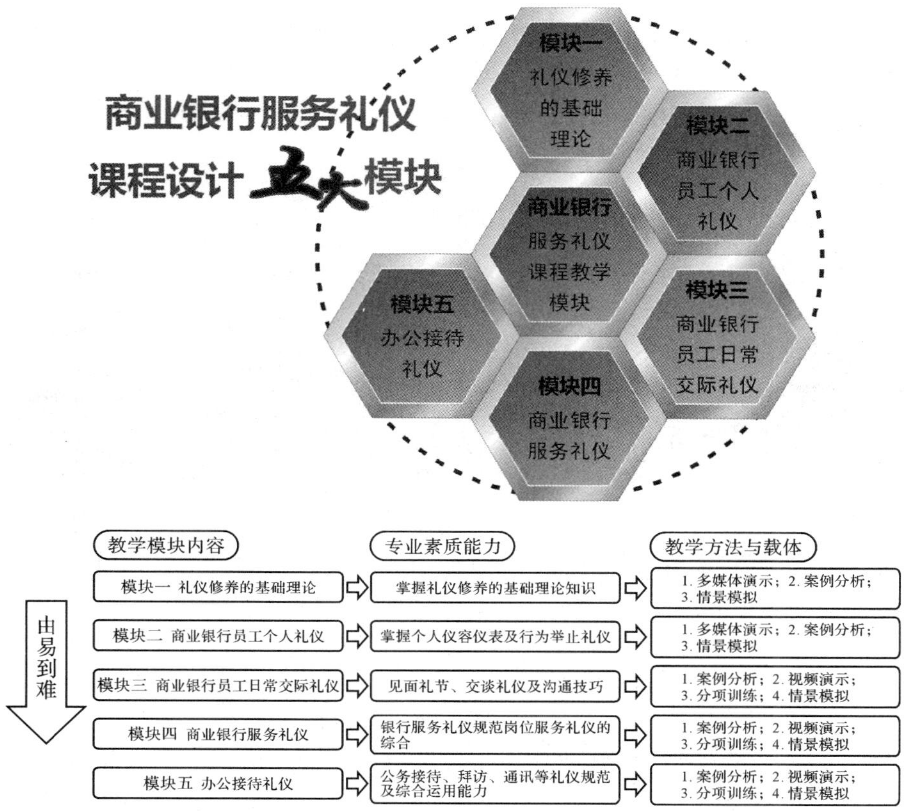

图 4 “商业银行服务礼仪”课程设计五大模块

2.创新教学方法的应用。

根据教学内容、教师行为、学生的行为来选择最为合适本课的教学方法。最为常用的是项目教学法、任务驱动法、案例分析法、角色扮演法、头脑风暴法、合作学习法。增强教学的直观性、动态性和信息量，也提高学生的学习兴趣，调动学习积极性，使他们更有效地掌握银行服务礼仪的相关知识和规范。

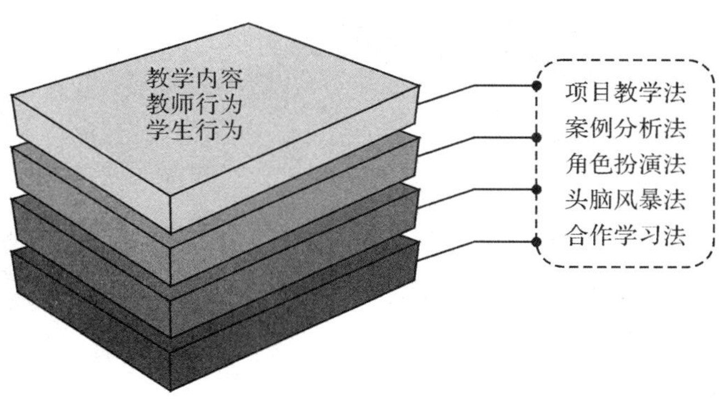

图 5 “商业银行服务礼仪”课程创新教学方法

(1)项目教学法：为了让学生在课堂教学中把理论与实践教学有机地结合起来，充分发掘其创造潜能，提高他们解决实际问题的综合能力，“商业银行服务礼仪”课程组教师精心选择银行一线岗位典型工作情境，让学生分组对项目进行讨论，提出各自的具体实施方案，并演示项目任务完成情况，再由学生对工作结果进行自我评估，师生共同讨论项目完成过程中的不足，以此帮助学生更快更好地提高职业技能。

(2)案例分析法：借助在商业银行实习的经历，校内专职教师通过调研、访谈、观察等多种方法广泛收集银行一线的实际案例。经过梳理与修改，教师们将案例在理论课程教学中加以应用，调动了学生的学习积极性，活跃了课堂氛围，起到了很好的教学效果。

(3)角色扮演法：在特定情境之下，让学生扮演特定情景中的有关角色，通过体验式学习演练，达到掌握技能的目的。如金融实务中的柜台服务礼仪，我们采用情景模拟法，让学生进行场景模拟训练，既增加记忆又不枯燥。

(4)头脑风暴法：头脑风暴法是项目教学法的有益补充。在要求学生完成各类项目的过程中，为提高任务完成质量，教师会鼓励学生采用头脑风暴法，并通过以下手段来提高头脑风暴法的实施效果：(1)教师根据不同章节教学内容与特点，给学生随机分组，让学生之间有更充分的交流与互动；(2)教师精心制作 PPT 课件，通过图片、视频等多元素的教学素材调动学生的发散性思维；(3)教师在课堂上大量使用激励性语言，并要求学生与学生之间也学会相互鼓励，营造出创新、包容、多元的课堂氛围。

(5)合作学习法：为使学生更牢固地掌握礼仪知识并能灵活运用，我们采用小组讨论法，让学生在自由讨论与分享中解决生活中的问题，进一步使学生的学习与未来的工作岗位实现零距离对接。

3. 按行业岗位标准评价学生能力。

将行业标准引入课堂。改革考核评价体系是本课程的特色与亮点之一。

从评价方法与过程来看，商业银行服务礼仪课程考核包括：平时成绩、课堂实训与期末考核三大模块。

(1)平时成绩的考核主要包括平时到课情况、课堂参与(10%)、作业“包括个人自我练习)(10%)；

(2)课堂实训是根据课堂分项实训的操练情况进行评分，主要从动作到位、方法得体、是否体现出礼仪素养等角度进行考查(10%)；

(3)期末考核包含礼仪知识笔试(30%)与实践技能(70%)。其中，实践技能包括“职业形象展示”“职业仪表考核”“行为举止礼仪考核”“岗位服务情景模拟考核”等多项情境考核。

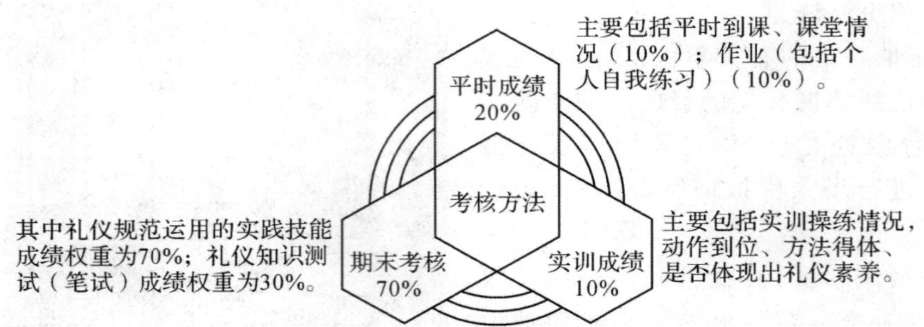
平时成绩
20%
主要包括平时到课、课堂情况（10%）；作业（包括个人自我练习）（10%）。
考核方法
其中礼仪规范运用的实践技能成绩权重为70%；礼仪知识测试（笔试）成绩权重为30%。
期末考核
70%
实训成绩
10%
主要包括实训操练情况，动作到位、方法得体、是否体现出礼仪素养。

图6　按行业岗位标准评价学生能力

从考核评价主体看，课程评价更为多元化：学生个体、学生小组、专职教师、兼职教师均参与评价过程，更为客观、全面地评价学生职业技能的掌握情况，为学生的职业发展提出意见与建议。

(四)立体化的教学资源建设

我们依托《商业银行服务礼仪》精品课程网站实施全方位育人，改版网页，调整了内容和布局。实现将教学由课堂向教学网站延伸，搭建了自主学习平台、师生在线互动平台、校企交流共享平台。

1. 自主学习平台——为培养学生自主学习能力。

将教学网站作为各类教学权威信息发布的集散地和教学活动的中心。培养学生课前上网预习的习惯。在教学网站上了解教学目标和课堂练习题目，利用课堂教学的优势，结合教材和网站内容精讲精练。我们把教学内容以视频等形式对教学内容实现在线播放，充分调动学生听觉与视觉，形成立体化的理论情境，让学生在课后还能练习与提高，加强职业能力的训练。

银行服务礼仪
教案首页
模块二　银行员工个人礼仪
项目1　银行员工的仪容礼仪
模块三　银行员工日常交际礼仪
项目1　银行员工的见面礼仪
教学设计

2.师生在线互动平台——延伸教学空间。

为师生交流提供平台与空间。通过教学网站与学生进行网络沟通，拉近师生距离，为学生提供丰富的学习资源，为学生解决各类学习问题。

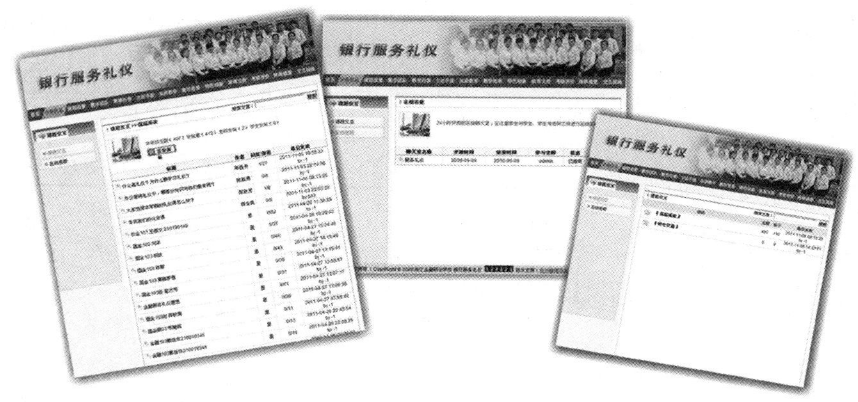

3.校企交流共享平台——教学材料立体化。

为满足在校学生以及金融行业员工这两类学习者的不同学习需要，在网络中提供了适合两类学习者的理论学习材料、案例学习材料以及各类习题，便于学生根据学习需要便捷地获取学习素材，从而实现了校企课程资源共享。

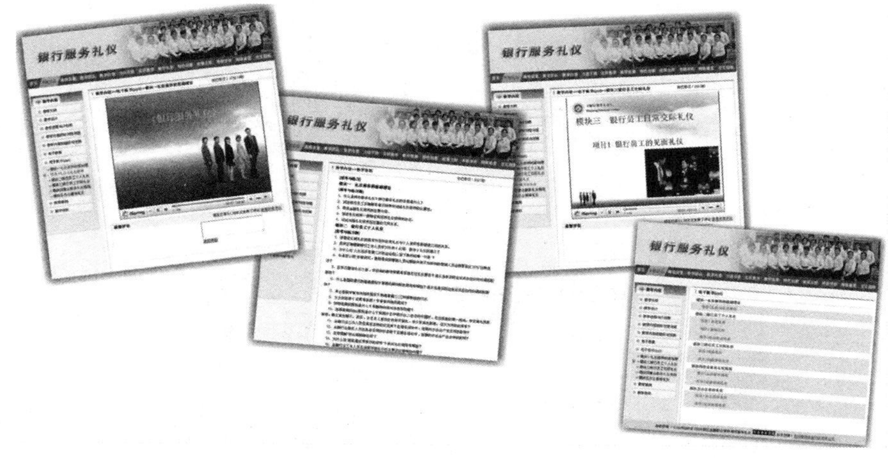

(五)渗透至第二课堂的实践教学体系

高职教育要培养实用型、技术应用型和技能型人才，因而实践教学在高职高专教育中占有非常重要的地位。基于这样的认识，我们建设了功能齐全的实践训练基地。实训室中设备配置齐全，创造了较为良好的实训环境，满足了形体训练、形象设计训练和全真模拟银行工作过程的礼仪训练，确保了学生服务礼仪实践教学条件。借助校企合作平台，我们也在多家银行业建立了校外实训基地。

1.功能齐全的实践训练基地。

表 1　实践训练基地

名　称	建立时间	面积（m^2）	功　能
职业礼仪训练室	2007 年	1500	整合性
职业礼仪展示实训室	2008 年	200	全真模拟商业银行工作过程的礼仪规范
职业形象设计实训室	2008 年	150	金融员工形象设计
职业形体训练室	2008 年	300	金融职业形体训练
职业礼仪多功能实训室	2007 年	500	银行服务礼仪实训及相关活动

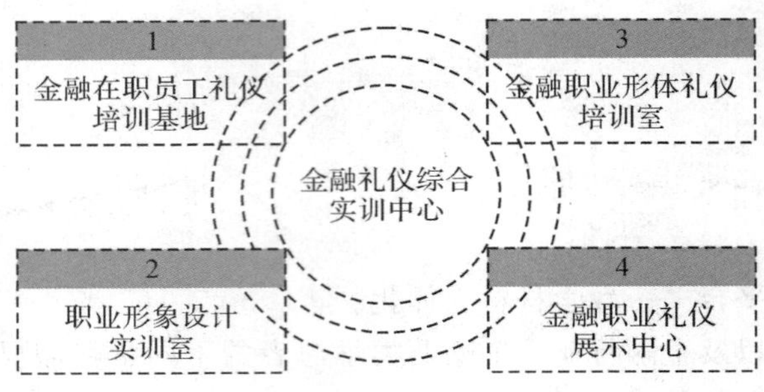

图 7　金融礼仪综合实训中心

（1）职业礼仪实训室实景

(2)校外实训基地一览表

表 2　校外实训基地一览表

序　号	城　市	单　位	实训项目
1	杭州	中国银行浙江省分行	综合柜台服务
2	杭州	中国农业银行浙江省分行	综合柜台服务
3	杭州	中国建设银行浙江省分行	综合柜台服务
4	杭州	浙商银行	综合柜台服务、大堂经理助理
5	杭州	杭州联合银行	综合柜台服务、大堂经理助理
6	杭州	浙商银行杭州分行	综合柜台服务、客户经理
7	杭州	上海银行杭州分行	综合柜台服务、客户经理
8	杭州	中国邮政储蓄银行浙江省分行	综合柜台服务、客户经理
9	杭州	浙江省泰隆商业银行	综合柜台服务、客户经理
10	杭州	浙江省邮政公司	综合柜台服务、客户经理

(3)综合柜台服务、客户经理

2. 多形式的学生能力拓展平台。

课程组教师根据银行从业人员职业性特点，按职业基本能力、专业能力、核心能力等不同层次为学生设计并组织了多形式的能力拓展平台，将课程育人渗透到第二课堂。在校内组建公关礼仪社团以及通过开展职业礼仪大赛、礼仪知识大赛等各种形式增强学生的公关礼仪能力。

(1)礼仪社团。

礼仪社团每学期面向全校举办“扬我青春，魅力无限”文明礼仪推广大赛和演讲比赛等大型系列活动，以外塑金院形象，内引人文潮流为载体。增强学生公关策划能力，提高学生创造能力和社交能力丰富学生的课余生活，提升学生的整体素质，也为广大学生提供一个展现自我的舞台。充分展现我院学生的风采和综合素质，并积极提倡在我院学生中大力弘扬学礼、守礼、行礼的校园文化，也是创建和谐校园的一个重要平台。

●职业礼仪大赛、礼仪知识竞赛。

职业礼仪大赛是本院学生三年学习生活的检验和真实展现，体现了金院学子的良好的综合素质和职业风采。学院的礼仪知识竞赛是弘扬校园礼仪文化，普及大学生公共礼仪知识，知礼、学礼，提高礼仪素养的一大平台。

(2)礼仪服务。

组织学生参与政府、企业、学院各类大型会务接待服务，搭建拓展学生实际能力的平台，展示学生的风采，提高学生学习礼仪运用礼仪的积极性和兴趣性，同时也进一步提升了社会及各级企业部门对课程教学和学生素质能力的认可度。

(3)茶艺社团。

面向全院女生，以培育女生的内在修养、气质形象、才情才干为重点，以促进女生成长为职场成功、家庭幸福、社会欢迎的现代女性为目的，以成就“完美女性”高雅、灵修的才艺修养为目标，开展茶文化和茶艺表演相关活动，引导同学们研练才艺，培养兴趣，社团活动深受同学们的喜爱。

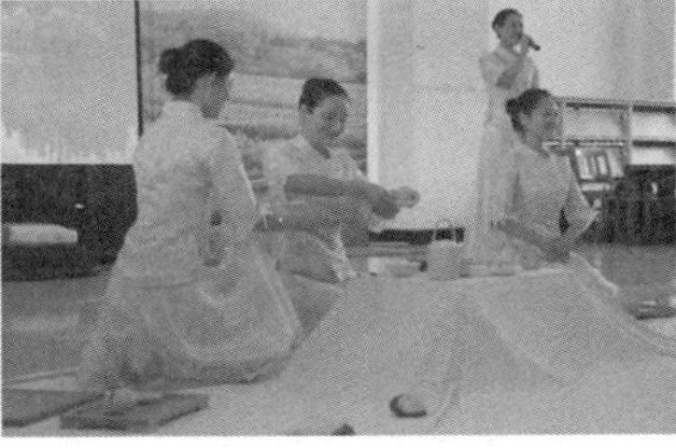

(六)构建专兼结合的双师教学团队

本课程组共有22位老师，其中11名专职教师、11名兼职教师，课程组教师治学严谨、态度认真，科研能力较强，教学效果良好。本课程教学团队学历层次较高，其中硕士11名，占50%，且教师学科背景较为丰富合理，有金融专业、社会学专业、文学、形体艺术专业等，较好地迎合了本课银行岗位的专业性、服务大众的广泛性和由内而外的素质养成性的特点。

教学团队有活力，富有开拓性。实践指导教师有丰富的从业资历和行业经验，表现出朝气蓬勃兼有稳重踏实的教学风格，深受学生共好评。职称结构合理，以中年骨干教师为主，较好地形成了“传帮带”的教学梯队。

总人数	职称结构（人）			年龄结构（人）			学历、学位结构（人）		双师结构（人）
	高级	中级	初级	≤35岁	35—40岁	≥45岁	研究生	本科	双师素质
22	9	12	1	8	9	5	11	11	15

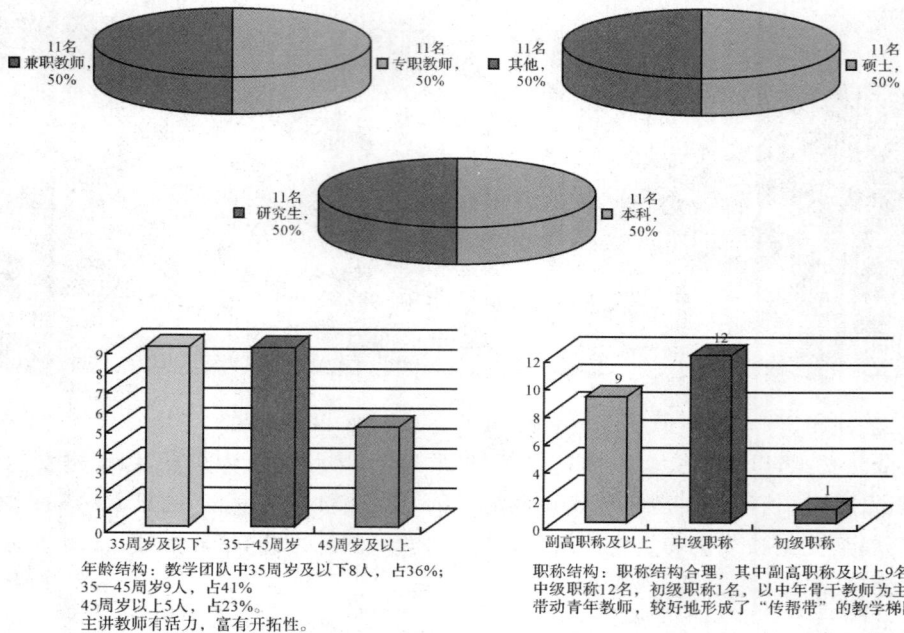

11名 兼职教师，50%
11名 专职教师，50%
11名 其他，50%
11名 硕士，50%
11名 研究生，50%
11名 本科，50%

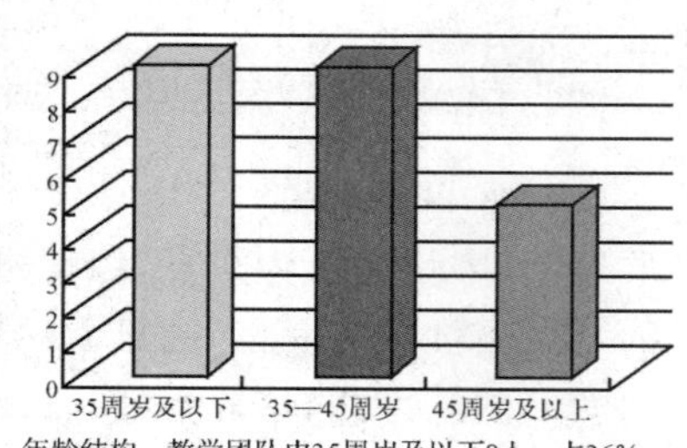

年龄结构：教学团队中35周岁及以下8人，占36%；
35—45周岁9人，占41%
45周岁以上5人，占23%。
主讲教师有活力，富有开拓性。

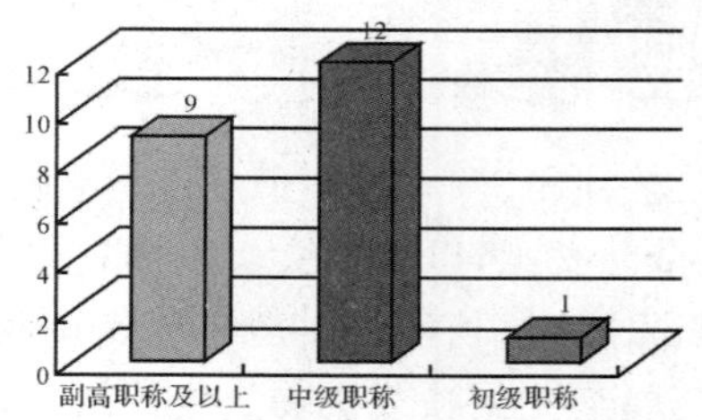

职称结构：职称结构合理，其中副高职称及以上9名，
中级职称12名，初级职称1名，以中年骨干教师为主，
带动青年教师，较好地形成了“传帮带”的教学梯队。

图 8　专兼结合的双师教学团队

1. 专职教师师资队伍建设。

建设期内，课程组的师资培养主要通过学术结对，双师培养、青蓝等载体注重教学团队教学、职业能力的提升，同时真正提高了课程教学团队的职教理论水平和专业技术水平。课程组还积极鼓励专职教师报考并取得本课程相关的中级专业技术职称或行业资格证书。课程组对教师培养实施目标管理，即由课程组和教师自己共同制定学习和发展目标，以学期检查、学年考核的方式进行管理。

表 3 专职教师基本信息一览表

序号	姓名	性别	出生年月	专业技术职务	职业资格证书	专业领域	在课程教学中承担的任务
1	王华	女	1965.10	教授	高级礼仪培训师 高级礼仪师 高级礼宾师 中级茶艺师	礼仪、公关关系	课程整体设计、课程建设指导、生讲课程及实训指导
2	吕虹	女	1965.6	副教授经济师	高级美容师 高级礼仪培训师 高级礼仪师 高级礼宾师 高级形象设计管理师	礼仪、公共关系	课程具体设计、教材开发与编写、主讲课程、实训设计与指导
3	王娟	女	1979.3	讲师	职业指导师	礼仪	课程具体设计、教材开发与编写、主讲课程、实训设计与指导
4	蒋含真	女	1982.2	讲师	课程具体设计、教材开发与编写、主讲课程		
5	张佳	女	1982.9	讲师	礼仪 传播学	课程具体设计、教材开发与编写、主讲课题	
6	来芬梅	女	1961.1	副教授	主讲及实训指导		
7	郭福春	女	1970.3	教授经济师	实训设计与指导		
8	董瑞丽	女	1968.7	副教授经济师	实训设计与指导		
9	徐烨	女	1981.11	讲师	主讲及实训指导		
10	李宏伟	女	1979.3	讲师	主讲及实训指导		
11	王媛媛	女	1982.10	讲师	主讲及实训指导		

课程组加强校内专职教师职教理论水平、专业技术水平提高，教学能力，职业能力培养等方面的师资培养。

(1)以传、帮、带的形式，落实青年教师的培养计划。

实施青年教师培养计划。课程组积极选拔和培养优秀青年骨干教师，通过检查教案、课前试讲、跟班听课、定期指导、课后交流等形式，不断提升青年教师教书育人能力，帮助他们尽早成为优秀的主讲教师。建设期内，课程组蒋含真老师、徐烨老师和李宏伟老师分别被评为院教坛新秀、院优秀教师。蒋含真老师微课堂教学视频获浙江省首届微课比赛一等奖、全国比赛优胜奖。

(2)开展教师职业教育理论培训，提高课程组教师的职教理论水平。

从职业教育思想、职业教育课程标准开发的探索与实践、工学结合课程的探索与改革三方面提升师资的高职教育理论水平。课程组鼓励教师多学习、多思考、多探索,为教师们提供了参加职教理论培训的机会,并选派部分教师赴国内其他兄弟院校学习,鼓励主讲教师将先进职业教育理念在“商业银行服务礼仪”中加以运用。

(3)利用学校与银行共建的平台。提升教师的职业能力。

为更好实现课程教学与职业岗位的相互融通,课程组较师利用寒暑假前往中兴银行、泰隆银行、温州银行等金融机构实习,了解金融行业的主要业务和岗位要求,以此提升专业教师的职业操作能力和水平。

(4)搭建平台。不断提高课程组教师的专业技术水平。

课程组鼓励教师通过各种途径加强自身专业水平的提升。

课程组制定了教师学历提升计划,对在职攻读硕士学位的教师给予大力支持,并积极为青年教师的深造和进修营造良好的发展空间。近两年来,有2名青年教师取得了硕士学位。在青年教师培养方面取得了显著的成效。通过专业技术职务的评审,促进教师提升专业水平。近二年来,有1名教师晋升副教授,2人晋升讲师。

(5)严格要求,提升课程组教师的教育教学的能力。

通过多途径提升职业教有教学的能力:

组织教师参加现代化教学手段培训,如制作课程多媒体课件、电子教案,充分利用声像等多媒体手段开展教学,提高教师现代教育技术的应用。

教学听课学习实行制度化。根据学院的相关规定本课程组制定了相应的相互听课、评课制度,通过制度化的方式加以落实,切实提高每个教师的课堂教学能力。

表4 教师参加培训一览表

姓 名	时 间	培训地点、内容	培训成果
王华	2012.5—2012.5 2011.7—2011.7	全国职业核心能力教师培训班 杭州市职业节能鉴定中心	礼仪培训班 取得茶艺师四级
	2008.9—2008.10	浙江毛戈平形象设计艺术学校专业化妆进修	取得结业证书
	2008.12—2009.1	全国高级礼仪礼宾师培训	取得高级礼仪培训师、高级礼(宾)仪师和全国专业人才教育专家委员会礼仪专家委员资格
	2008.12	参加教育部人事司和高等教育联合举办的财经政法旅游类国家精品课程建设高级研究班	
吕虹	2012.5—2012.5	全国职业核心能力教师培训班	礼仪培训师
	2011.5	全国高级形象设计管理师培训	取得全国高级形象设计管理师资格
	2008.12—2009.1	全国高级礼仪礼宾师培训	取得高级礼仪培训师、高级礼(宾)仪师和全国专业人才教育专家委员会礼仪专家委员资格
	2003.9—2004.1	浙江毛戈平形象设计艺术学校美容全科班进修	取得国家级高级美容师资格

续表

姓　名	时　间	培训地点、内容	培训成果
蒋含真	2012.5—2012.5	全国职业核心能力教师培训师	礼仪培训师
	2008.7.7—7.20	浙江毛戈平形象设计艺术学校专业化妆师培训	取得结业证书
	2009.3	参加全国高级礼仪礼宾师培训	
张佳	2011.1.4—1.18	浙江毛戈平形象设计艺术学校专业化妆师培训	即得结业证书

表5　教师参加行业实习、挂职锻炼一览表

姓　名	实习锻炼时间	实习单位
王华	2013.7.9—2013.8.31	温州银行杭州分行
	2011.7.9—2011.8.31	交通银行海南分行世贸支行
	2010.7.15—2010.8.30	温州银行杭州分行
吕行	2013.7.9—2013.8.31	中信银行宁波分行
	2011.7.9—2011.8.31	浙江省联合银行慈溪分行
	2010.7.10—2010.8.30	中信银行宁波支行
	2009.7.13—2010.8.30	浙江中兴金通证券股份有限公司
蒋含真	2013.7.9—2013.8.31	台州商业银行
	2011.7.9—2011.8.31	中国农业银行台州椒江支行
	2011.1.16—2011.2.18	中国工商银行台州椒江支行
张佳	2013.7.9—2013.8.31	浙江省农信联社银行卡客户中心
	2011.1.16—2011.2.18	浦发银行杭州分行德胜支行

2.兼职教师队伍建设。

本课程组在加强专职教师培养的同时，也注重兼职老师的教学和教育能力的提高，请教育专家举办讲座，使行业的兼职老师掌握最先进的教学方法和理念，参与相关课题的研究，准确及时掌握人才培养的方式方法，提高兼职教师队伍的整体素质和教学教作能力。

表6　兼职教师基本情况一览表

序号	姓名	性别	出生年月	专业技术职务	职业资格证书	专业领域	在课程教学中承担的任务	兼职教师在行业企业中所任职务
1	林庚	男	1967.11	高级经济师	注册会计师	金融实务	实训设计与指导	中信银行杭州分行信贷管理部副总经理
2	郦洪涛	男	1968.12	经济师	人力资源管理部	人力资源管理	实训设计与指导	浙商银行人力资源中心副主管经理

续表

序号	姓名	性别	出生年月	专业技术职务	职业资格证书	专业领域	在课程教学中承担的任务	兼职教师在行业企业中所任职务
3	李悦	女	1974.3	副教授	人力资源管理部	人力资源管理	实训设计与指导	中国进出口银行浙江省分行办公室
4	李小薇	女	1969.4	经济师		金融实务	实训设计与指导	中信银行杭州分行处安支行行长
5	张晶	女	1984.10	经济师		金融实务	实训设计与指导	浙商银行办公室
6	叶少航	男	1963.8	经济师		金融教育职业培训	实训设计与指导	中国农业银行浙江省分行办公室副主任
7	汤爱萍	女	1963.2	高级讲师		金融教育职业培训	实训设计与指导	中国农业银行浙江省分行教育科长
8	徐国民	男	1963.5	经济师	人力资源管理部	金融教育职业培训	实训设计与指导	杭州银行人力资源部总经理
9	周波	男	1962.3	经济师		金融教育职业培训	实训设计与指导	中国农业银行浙江省分行宣传部长
10	洪晓成	男	1967.8	高级讲师		金融教育职业培训	实训设计与指导	浙江省邮政储蓄汇兑局副局长
11	许跃成	男	1983.2	高级经济师	人力资源管理部	人力资源管理	实训设计与指导	浙江安信资产管理有限公司 HR 副总监

三、建设成效

(一)团队建设成绩显著

本课程团队的各位教师均具备较强的课程开发能力。精品课程项目建设几年来,在以下几方面取得一些成绩。

1.集体荣誉称号。

2008—2009 学年获院优秀教学团队。

2010—2011 学年职业礼仪教研室获院先进集体荣誉称号。

2012—2013 学年职业礼仪教研室荣获院先进集体称号。

学院第五届教学改革项目特等奖。

2. 个人荣誉。

课程负责人：王华老师。

2010 年获学院品位教师称号。

2009—2010 学年获学院教学名师称号。

2010—2011 学年获学院优秀教师称号。

浙江省第三届师德先进个人称号。

浙江金融职业学院首届三八红旗手称号。

国家教学成果二等奖。

王华、吕虹老师获浙江省优秀礼仪指导教师称号。

蒋含真、徐烨老师获教坛新秀称号。

蒋含真、李宏伟老师获优秀教师称号。

3. 教材建设。

几年来，教材建设成果丰厚，前后编写了数本教材，深受使用院校的欢迎。

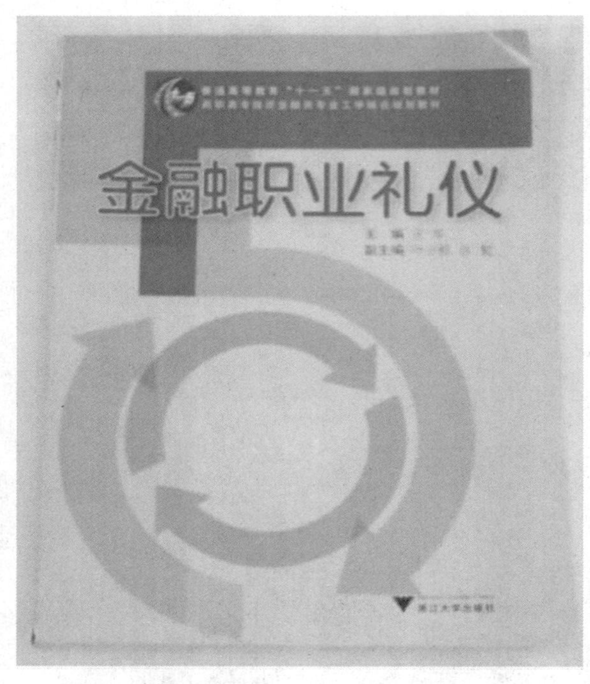

主编国家级高职高专“十一五”规划教材一本，主编教材四本，参编教材一本。其中2010年3月由浙江大学出版社出版的《金融职业礼仪》，是由课程组老师共同协作编写，被列为国家“十一五”规划教材。该教材具有鲜明的特点。打破了以往知识体系为线索的传统编写模式，结合当今金融职业特点和礼仪发展的最新趋势，采用以职业岗位要求的工作项目与任务为中心，以职业能力为依据，以金融工作过程为主线，体现工学结合、任务驱动、项目教学的教材编写模式。该模式注重以学生为主体，以培养职业能力为核心目标，强调能力训练，并紧紧围绕工作任务的需要来选取理论知识，努力做到体现培养高职学生目标的理论性、实践性、知识性和可操作性的一体化。

主编国家级高职高专“十二五”规划教材《金融服务礼仪》(中国高等教育出版社)、《金融职业礼仪》(浙江大学出版社)。

4. 教学研究、科研能力。

教学研究硕果累累。

(1)课题共10项，其中国家级1项，省级课题8项，校级课题多项。

表7　教学研究课题一览表

教学研究题题	
国家级	1项
省厅级	8项
院级	多项

课题名称	时　间	课题来源	完成情况
商业银行柜面服务礼仪研究与实践	2006	浙教科规办	已结题
公有制主体地位的衡量标准、评价体系与实现机制研究	2007	国家社会科学基金项目子项目	已结题
商业银行创造新服务管理研究	2007	浙江省教育厅	已结题
休闲教育与学生学习动机激发的研究	2006	院级课题	已结题
银行柜面礼仪研究实践	2007	浙江省教育厅	已结题
商业银行创新服务管理研究	2008	浙江省教育厅	已结题

续表

课题名称	时　间	课题来源	完成情况
基于商业银行柜面服务的职业形象管理研究	2010	浙江省教育厅	已结题
基于行业需求与职业能力培养为目标的银行服务礼仪课程实践研究	2011	浙江省教育厅重点科研课题	正在研究中
经济转型升级背景下金融服务创新研究——以浙江省商业银行为例	2011	浙江省社科联重点研究课题	正在研究中
基于岗位实践能力养成的银行服务礼仪课程改革与实践	2012	院级教改项目	正在研究中

表 8　教学研究论文一览表

论文题目	发表刊目	时　间
“基于工作过程中的银行服务礼仪课程教学改革与探索”	《职教论坛》	2010 年
“东西方礼仪教育的特点及启示”	《黑龙江高教研究》	2007 年 11 期
“加强礼仪教育与商业银行服务水平”	《金融与保险》	人大复印报刊资料 cn11-4291/f(原载《浙江金融》2006.12 p30—31)
“关于金融礼仪修养的若干思考”	《浙江金融》	2005 年第 12 期
“金融学院学生礼仪教育与成才发展培养模式”	《佳木斯大学社会科学学报》	2007 年第 4 期
“高职院校公关礼仪实践教学的探讨”	《职教论坛》	2007 年第 9 期
“金融院校学生礼仪教育与成才发展培养模式”	《佳木斯大学社会科学学报》	2007.4
“产学合作——高职实践教育有效途径的探索”	《南昌高专学报》	2007.4
“基于工作过程的银行服务礼仪课程教学改革与探索”	《职教论坛》	2010
“试论商业银行服务的职业形象管理”	《经营管理者》	2010.7
“情景教学法在高职课程教学中的运用研究——以《银行服务礼仪》课程为例”	《科学与财富》	2011.11

(2)职业资格。

王华:高级礼仪培训师、高级礼仪(礼宾)师,高级茶艺师。

吕虹:经济师、高级美容师、高级礼仪培训师、高级礼仪(礼宾)师、高级形象设计管理师。

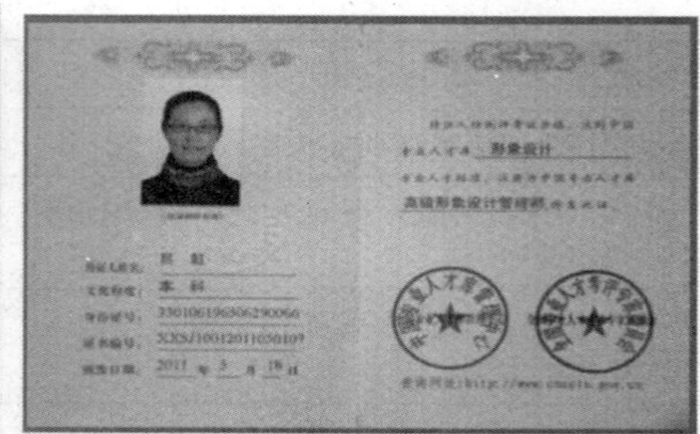

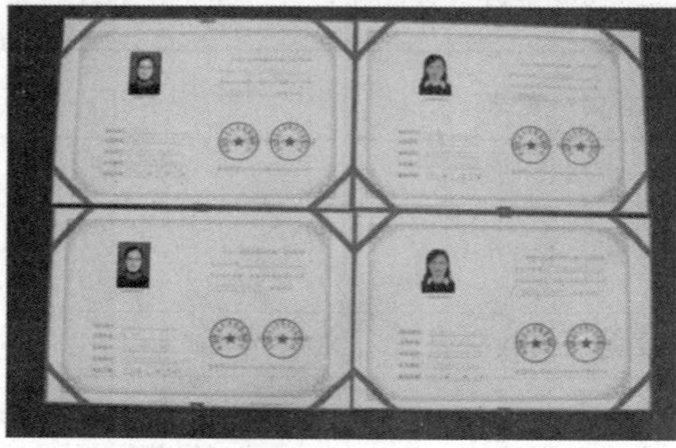

(二)校企合作有深度

课程建设中,校企合作的领域更为广泛、合作更有内涵,共同开发课程、共同参与教学、共同参与考核,校企合作贯穿课程建设始终。

1. 共同开发课程。

2.共同参与教学。

3.共同参与考核。

4.精品课程网站成为金融行业员工继续教育的主阵地。

5.校内教师每年多次为金融行业提供培训。

多年来,王华老师等为中国人民银行杭州中心支行、华夏银行杭州分行、华夏银行绍兴分行、中信实业银行杭州分行、浙商银行、北京银行杭州分行、邮储银行、恒丰银行杭州分行、义乌农村合作银行、温州农村合作银行等十多家银行员工进行职业礼仪培训。

(三)学生素质有提升

1.激发学生的学习兴趣。课程内容紧贴行业岗位实际,教学内容丰富,教学手段多样,充分调动了学生的学习主动性与积极性,形成爱学、乐学的良好氛围。

2.提高学生的个人修养。课程教学帮助学生改造提升了个人气质,美化了形象,增强学生的自信心,培养学生热爱生活、装扮生活的能力。

3. 提高学生的职业素质。学生掌握金融行业岗位一线的礼仪标准，并能规范运用，在大型会议礼仪服务、世博小姐选拔、职业礼仪大赛中得到充分的锻炼与提高，展示了风采。

世博礼仪小姐

浙江省礼仪大赛二等奖

浙江省中华茶艺技能竞赛团体二等奖

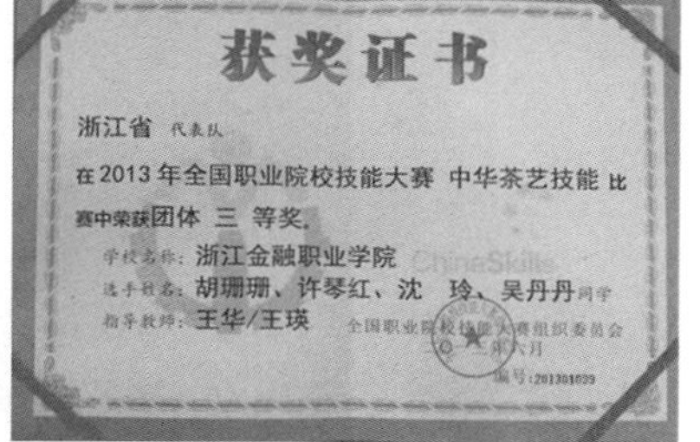
获奖证书

浙江省 代表队

在2013年全国职业院校技能大赛 中华茶艺技能 比赛中荣获团体 三 等奖。

学校名称：浙江金融职业学院

选手姓名：胡珊珊、许琴红、沈 玲、吴丹丹同学

指导教师：王华/王瑛

全国职业院校技能大赛组织委员会

编号：201301039

全国职业院校技能比赛团体三等奖

（四）示范辐射有成效

1. 组编写教材在全国高职同类院校中广泛使用。
2. “商业银行服务礼仪”课程成为金融行业员工在职进修的学习平台。

3. 成为淑女学院学生学习礼仪的平台。

4. 金融专业国家级教学资源库建设(牵头负责“商业银行服务礼仪”课程)。

(五)行业专家、学生评价高

"商业银行服务礼仪"课程深受校外专家、行业企业专家、校内督导和学生高度评价。行业专家给予了充分肯定:他们说根据行业的需求量身打造了我们想要的员工,学生在礼仪规范方面也比较到位,而且在形象、礼仪规范方面都让人满意,一来就可以上岗。客户反映根本不像刚出校的毕业生,好像是训练有素的员工一样。

浙商银行陈春祥行长说:"我们在和金院开展订单合作时,要求订单班学生和我们银行的员工一样必须穿职业装,配工号牌,根据行业的作息时间和工作要求进行学习,按照银行对员工的要求进行员工化管理和职业化教育。顶岗实习时,每一位订单班的学生都有位师傅进行业务指导,并和师傅共享一个工号工作。毕业后,学生定岗实习的分支机构也就从他们毕业以后的工作单位。事实证明我们与金院的合作是成功的,他们根据我们的要求量身打造了我们想要的员工,而且在形象、礼仪规范和动手能力方面都让人满意,一来就可以上岗。"

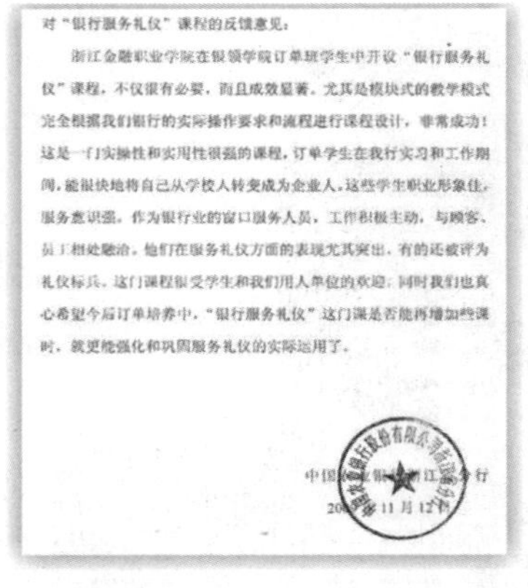

对"银行服务礼仪"课程的反馈意见：

浙江金融职业学院在银领学院订单班学生中开设"银行服务礼仪"课程，不仅很有必要，而且成效显著。尤其是模块式的教学模式完全根据我们银行的实际操作要求和流程进行课程设计，非常成功！这是一门实操性和实用性很强的课程，订单学生在我行实习和工作期间，能很快地将自己从学校人转变成为企业人。这些学生职业形象佳，服务意识强，作为银行业的窗口服务人员，工作积极主动，与顾客、员工相处融洽，他们在服务礼仪方面的表现尤其突出，有的还被评为礼仪标兵。这门课程很受学生和我们用人单位的欢迎；同时我们也真心希望今后订单培养中，"银行服务礼仪"这门课是否能再增加些课时，就更能强化和巩固服务礼仪的实际运用了。

中国[illegible]银[illegible]浙江[illegible]分行

20[illegible]年11月12日

致银领学院：

在金融业迅速发展、各大银行的竞争日趋激烈的今天，在产品日益同质化的前提下，服务水平的高低凸显了银行的竞争能力。贵校银领学院开设的《商业银行服务礼仪》课程，顺应形势，正符合企业的实际需求。订单班的学生通过在校的系统学习和专业培训，不仅专业技能过硬，服务礼仪素养更是有了很大的提升。这些学生在本行实习和工作期间，表现突出，得到同事和顾客的肯定，在此非常感谢浙江金融职业学院！希望以后能培养更多操作能力强、服务规范到位的综合素质较高的应用性人才。

中国邮[illegible]银[illegible]浙[illegible]分行

2[illegible]年12月3日

学生认为受益匪浅：本课程学习提升了素质，为今后的工作奠定了良好的基础，纷纷希望增加课时，2008—2009学年第二学期网上生评教课程负责人王华老师列全校前三名．其他老师教学效果也获得了较高评价。

姓名：黄鸽芳　班级：建行班　学号：307160211

通过对本课程的学习，我坐得正，站得直，明白礼仪的含义，做人做事的规矩，同时也注重自己的仪容仪表，通过对化妆课的实训，对自己的水平有所提高。在打理好自身之后，更让我清楚对待他人要文明、礼貌、主动、热情、周到，提前学习了金融行业服务人员的仪表、仪态，语言礼仪及金融服务岗位礼仪、金融公务服务礼仪。严格要求自身、仪容及服饰，正确的站姿、走姿等。标准的手势及语言，热情的表情。同时，对于有岗位的规范性服务办理业务，金融产品推销。这些礼仪的学习都在培养着我，对我日后进银行或是自身素质的培养都起着重要的作用。而在对涉外服务礼仪的学习中，对外宾的迎送和会见，涉外服务的禁区，涉外主要国家和地区的服务习俗的学习，让我开阔视野，礼仪不止在行更在神，每时每刻将礼仪所学到的知识适用于提高自己的气质。我想是学习这门课程最主要的任务。关于不足，我觉得有时候有些逼迫自己在学在练。同时希望学院老师对我们加大教育力度，让更多的实训课有练习。

姓名：黄晓秋　班级：工行07(1)　学号：507050104

学习了"银行服务礼仪"这门课，让我感受颇深，它让我深刻懂得礼仪在生活中的重要性，更清楚明白礼仪的内涵。对于个人来说，礼仪是外部形象和内在素质的集中体现，礼仪既是尊重别人也是尊重自己的表现，在个人事业发展中也起着相当重要的作用。正确的礼仪对于内部可以融洽关系。对于外界可以树立形象，营造和谐的工作和生活环境，它还可以提升人的涵养，增进彼此之间的了解沟通。

我想学习了这门服务礼仪课程之后将影响我的人生，对我今后的学习、工作都将起到至关重要的促进作用。正是由于当今社会生活中，礼仪在人际交往中具有不可忽视的重要作用，有时甚至会决定事情的最终结果，所以，任何人都不能轻视礼仪，都应积极主动去学习礼仪，讲究礼仪，让礼仪更加文明、和谐。

虽然学习了这门课程，对礼仪有了了解，但我还有很多不足。比如没有将礼仪贯穿于日常生活中，站姿、坐姿、蹲姿的方法不够严谨，在今后的细节中，我会慢慢改正，做一个很好的金融服务人员。

姓名：徐亮　班级：招行(1)　班学号：207010845

我觉得“银行服务礼仪”这门课，对于我们即将从事金融业的人员来说是十分有针对性，让我们受益匪浅的。如果让我们从事了金融业以后再学那已有点晚了，这门课，不但教会我们一些课本上的理论知识，而且还把理论用到实际操作上去。更形象生动，便于让我们吸收进去，在未学这门课之前，对穿衣要求等各种生活上的礼仪细节略知皮毛，平时的生活状态精神面貌也不是很好。自从上了这门课以后，经过老师的调教，很多坏习惯也改了过来。这门课里详细介绍了金融业的礼仪规范，有助于我们在以后的金融工作中有很好的表现。这门课就像面镜子，对照着平时的我，不断进步。王华老师也很好，是这门课的优秀范本，一本活生生的教科书，我们也是上得兴致勃勃，总的来说，这门课是非常实用的课，建议领导一个星期再多加几节课。谢谢！

(六)示范辐射有成效

本课程在全国同类课程建设中处于领先水平，在模块式教学内容整合、教学方法创新，尤其是高职特色鲜明的实践性教学方法等方面也具有较高水平。课程组编写教材在全国高职同类院校中广泛使用。网站为学生、企业员工共同使用，教育部高职高专金融教学资源库“商业银行服务礼仪”课程建设也由我院牵头。本课程建设已走在了全国同类院校的前列，具有辐射引领作用。

王华老师指导华夏银行杭州分行员工参加总行礼仪大赛，获第一名。

王华老师、吕虹老师指导广发银行清泰支行参加省分行员工礼仪大赛获第一名。

四、努力方向

精品课程建设是一项长期而系统的动态工程，如何适应高等职业教育校企合作、工学结合的要求，突出职业性与实践性，还有很多问题值得我们在今后的课程建设中去不断探索和实践。

以下是我们的努力方向：

1．加强教学内容的虚拟动画建设。

2．继续加强双兼教学团队建设。

3. 完善网络教学资源。